中国金融改革思考录

易 纲 著

商务印书馆
创于1897
The Commercial Press
2020年·北京

图书在版编目(CIP)数据

中国金融改革思考录/易纲著. —北京:商务印书馆,
2020
ISBN 978 - 7 - 100 - 17800 - 6

Ⅰ.①中… Ⅱ.①易… Ⅲ.①金融改革—中国—文集
Ⅳ.①F832.1—53

中国版本图书馆 CIP 数据核字(2019)第 189349 号

中国金融改革思考录

易 纲 著

商 务 印 书 馆 出 版
(北京王府井大街 36 号 邮政编码 100710)
商 务 印 书 馆 发 行
北京艺辉伊航图文有限公司印刷
ISBN 978 - 7 - 100 - 17800 - 6

2009 年 12 月第 1 版　　　　开本 787×960　1/16
2020 年 1 月第 2 版　　　　　印张 27¾
2020 年 1 月北京第 1 次印刷

定价:79.00 元

目　　录

自　序

　　本书是我的第二部论文集,收录了我在 2003—2009 年期间写的主要论文。我的论文集的第一部叫《中国的货币化进程》,收集了我在 1988—2003 年期间写的主要论文。两部论文集均由商务印书馆出版,在此对商务印书馆表示衷心的感谢。

　　书中的论文均是我写的或根据我讲课的录音整理的。为什么在工作十分繁忙的情况下还能写出这么多文章?原因很简单,是有感而发、有话要说。现在的出版物是太多了,信息量在爆炸式增长,可以说是好的东西不多,一般的、东拼西凑的、差的东西不少。我在想,这么多如此差的出版物得浪费多少纸啊。

　　我青年时,书很少,但我读的英语教材是许国璋教授的,汉语语法是王力教授的,历史教材是翦伯赞教授的,线性代数是丁石孙教授的,都是经典。现在的年轻人如何从堆积如山的出版物中选择好的呢?

　　如果是这样的话,我又要出一书,不是又多了一本书吗?是不是很快就被扔到垃圾堆中去了?我还有勇气出此书是因为我的文章是用心写的,在每篇文章的特定背景下,我想到前沿去了,我希望并相信能给年轻人以启发和帮助。虽然我对目前出版物垃圾横流的现状感到忧虑,但我还是相信市场有其甄别的办法,还是相信市场经济吧。每本书的出版都有其理由和成本,市场会给它一个公平的待遇的。

　　本书共分六部分,各部分的布局与它们之间的逻辑关系不需要我在此介绍,请读者阅读每部分文章就十分清楚了。许多读者和听众都问我,我现在在想什么问题?利率、汇率、货币政策、金融政策、宏观调控?这些问题在本书各部分的文章中都有明确的阐述,在此就不再啰唠了。可以告诉亲爱的读者们,我现在在思考如下两个问题,可以用忧心忡忡来形容。

一、环境保护问题

大城市堵车。中国的生产能力今非昔比,可以不夸张地说,你要多少台电视机,我们就能生产多少,你要多少辆汽车,我们就能生产多少。现在的问题是生产能力过剩,而我们所能生产、希望生产的要远远大于中国和世界的有效需求。于是就有拉动内需、刺激消费的政策。鼓励汽车消费,目前北京的汽车保有量接近 400 万辆,虽然有每周限行一天的措施,北京的交通拥堵还是不争的事实。真的堵起来,北京的环路上和许多主要街道上简直成了大停车场。我们知道堵车时汽车的排放量比正常行驶要大得多。本书收录一篇我组织研究的课题:《征收城区交通拥堵费是缓解北京交通拥堵的一种可选方案》。

电子垃圾。家用电器以旧换新,堆积如山的废弃的冰箱、彩电、洗衣机怎么处理? 汽车以旧换新,大量报废的汽车怎么办? 中国现在到了电子设备更新换代的时候了,无穷大的生产能力,将来就意味着无穷大的电子垃圾。

办公居住用房浪费。中国人多地少,节约土地才能可持续发展。但近来各大城市的房子越盖越多、越盖越大,浪费惊人。我因工作关系去过许多世界顶尖的大型金融机构的总部,如美国财政部、美国联邦储备银行,以及英、法、德、意、日的财政部和央行等重要部门,但我还是没有见过现在这样的奢华、浪费、粗糙与不舒服。我们去看看新建的机关办公楼,各大公司总部管理人员的办公室,面积之大超过正常人的想象。办公室里带卫生间、会客间、午休间。我去过几个重要国家政府部长的办公室,很少见到有这样配套齐全的。再看看各地新建的招待所、会议中心,动辄 100、200、300 平米的大套间,少数是大而奢华,多数是大而粗糙,所有的细节都不对。我统计过,有近一半卫生间的冷热水龙头装反了。宾馆房间太大,要把所有的灯都关上,一个聪明人需要花五分钟。中国人地关系紧张,但是中国的人均住宅面积相对于其他资源紧张国家却相对较高。如何树立高质量、舒适型的住宅建设导向,建设资源节约型、环境友好型社会,请读者阅读书中的《〈中国物业税研究:理论、政策与可行性〉前言》,这里讲的物业税就是**不动产税**或**房产税**。

国土荒漠化。在中国上空坐飞机旅行有时是件让人焦虑的事,因为在飞机窗外看到的是大片的荒沙秃山,当把中国和欧洲大陆及俄罗斯的西伯利亚相对比时,其反差更加鲜明。我曾对河北、山西、陕西、宁夏、内蒙古、甘肃及新疆沙漠化状况做过调查,也参加过全国及一些省份退耕还林还草政策的调研和制定,感触颇深。最使我高兴的是陕北退耕还林还草政策改变了陕北的面貌。2007 年我在陕北的延安地区和榆林地区驱车几百公里,确实看到了陕北植被的变化。内蒙古把草原包给牧民、打上护栏,也取得了一定效果,当然草原围护栏也有负面影响。但总体而言,我们并没有遏制住中国大片国土荒漠化,仍呈总体恶化、局部改善的态势。我在某地区考察,看到从机场到市区的公路两边的荒山都被各有钱的单位承包,种了许多杨树、松树等树木。这些树木必须靠扬黄河水上山,一年至少要浇 4—6 次才能成活,成树率慢并且死亡率高,许多地块的树种了就死,死了又种。反正承包荒山的都是有钱的单位,他们的任务就是修建引黄河水上山的设施,买树苗,雇农民工种树,死了再种,年复一年。上述绿化荒山的方法显然不正确。

正确的方法是:第一,要按降水量和温度将荒漠地区分类,比如降水量 200 毫米以上、150 毫米至 200 毫米之间、100 毫米至 150 毫米之间、50 毫米至 100 毫米之间和 50 毫米以下等,对不同的地区采取因地制宜的政策,推广不同的绿化植物。第二,资助农林业科研机构找到适于在各种干旱地区生长的植物。我请教过若干专家,专家向我推荐了甘蒙柽柳、柠条、红柳、白条等许多抗旱的低级灌木或乔木。而松树和杨树等景观树种如果没有人工灌溉根本不能在干旱地区成活。第三,也是最主要的一条,将荒山沙地承包给农民或私人企业,并在科技上指导他们如何种养抗旱灌木或乔木,承包期可以达 50 年甚至更长时间。要规定如果若干年之后,所承包的地块不能绿化,必须将地块的承包权收回并包给有能力绿化的农户。第四,财政金融政策给予支持,基本上可以白给农民种苗一次,使他们有能力启动绿化项目。国家要投钱给科研机构跟踪和辅导治沙绿化项目。我梦想我能成立一个基金专干此事。我的治沙梦想可以从河北张家口以北地区一直做到新疆,跨越几个省区。设计一个激励相容的可持续的机制,配有一定的财政金融资源,专门用于治沙是我退休以后最想做的事。

二、如何提高国民素质

一个国家最终的实力、财富、货币、形象是由其国民素质决定的;高楼大厦、金银财宝、巨大的生产能力,甚至强大的军队都可能成为过眼烟云。而国民素质是由历史、文化、教育和制度决定的。

我过去多次讲过如何判断中国房地产走势和人民币走势,我讲了中国房地产由不值钱到值钱的过程(详见本书《改革开放三十年来人民币汇率体制的演变》一文)。北京的房地产过去为什么不值钱?因为产权不清,无法交易或交易成本太高。现在为什么北京的房地产这么值钱?是因为产权保护,房主拥有房产证,可以比较自由地买卖交易,受法律保护。过去北京房地产价值的坐标系是计划经济,因此就不值钱;现在北京房地产价值的坐标系是市场经济,因此就值很多钱。现在要问,如何使北京的房地产成为越来越好的资产?我的回答是提高国民素质。人民币的走势也是一个道理。

我是一名教师,我的职责就是在传授知识的同时,提高同学们的素质。在我看来,我国国民素质在以下几个方面亟待提高。

缺乏公共意识。公共意识实际上是在私有产权清晰和法制环境下培养和逐步形成的。在产权清晰的条件下,可以拥有私有房地产、企业、花园等。有私才有公,公共领域是相对私产而言。不管你拥有多少私有财产,在生活中,你必然会遇到私产以外的公共领域。由于公共领域是许多人共享的,所以要建立在公共领域的行为规范。所谓公共意识,就是公民自觉遵守在公共领域的行为规范的意识,即要学会区分你的行为在家里和在公共领域是不同的,同时要求公民自觉遵守公共领域的行为规范。我国在历史上公共意识一直就比较弱,加上"文革"搞极左,以公共名义干了许多坏事,把好不容易建立起来的一点公共意识基本上摧毁了。所以我们公共意识相对较差,这体现在生活中的方方面面。

开车不遵守交通规则,从车里向车外随手丢抛垃圾;在公共场所随地吐痰、嗑瓜子,将瓜子皮丢到不容易清扫的角落。这些人没有算过成本,我们自己花很小的成本就可以将垃圾放在垃圾桶中,如丢在高速公路上或著名风景区的悬崖下,要费很高成本才能将垃圾清扫干净。有些污染是花多高的成本都不可挽回的。

尤其让人尴尬的是看见同胞们不讲公共意识和外国人讲公共意识形成鲜明对比的情形。在德国法兰克福机场,当你听到大声喧哗时,放眼望去,有很大的概率那是我们的同胞,因为外国人在公共场所说话是尽量压低声音的,怕影响别人。我曾多次在国际大空港候机室中看到同胞们打扑克(拖拉机)大声吵闹喧哗,有好几次发现是一些机关的代表团。周围的外国人以奇怪的眼光看着这帮大声喧哗争吵的东方人。当争吵激烈时,有的外国人甚至耸耸肩,显出无可奈何的样子。我望着这帮打扑克的同胞,心想他们大都是受过大学本科和研究生教育的人,为什么连最起码的公共意识都没有呢?

在音乐厅等各种高雅演出场合,我们常见迟到的、早退的、带小孩子的、打手机的、拍照的、聊天的,他们在做这些举动时非常坦然、旁若无人,全然不知他们的行为已经影响到了别人的权利。我曾建议有关部门统计一下北京居民平均几年住房装修一次,我想读者一定有过被邻居装修带来的噪音、垃圾和闲杂人员所困扰的经历。装修过于频繁是由于装修者只付装修的成本，而没有对其产生的负外部性付费，从而偏离社会福利最大化的结果。"这里是有公共意识人们的地狱，是无知人们的天堂"，我写这些就是试图改变这种状况。

做事不认真，缺乏风险意识。没有现代意识、风险意识的人是不应使用现代设备和工具的。近来，我们常看到的危险化学物品泄漏、恶性交通事故、重大安全生产事故等，这些多是责任事故，是人的失误，原因是这些人没有现代意识，做事不认真，缺乏风险意识。

农民用传统方法种地是不会出重大安全事故的。30 多年前我插队的村子叫西王路村，作为伙房管理员，我要到邻村南王路村去买菜和副食品。我经常套个牛车去买菜。有一次我在买菜回来的路上在牛车上睡着了，当我醒来时，牛车已经下了主路，跑到玉米地里吃庄稼了，我赶紧把牛车赶上主路回村了。这是一次事故，由于我赶的是牛车（低科技工具），其损失是微不足道的。但如果我开的是汽车，在高速公路上行驶，再加上汽车上装有化学物品，如果犯同样错误，损失就要大得多，可能危及生命。

我走在北京一条有许多名胜古迹的街道上，看到一位农民工给一户居民装防盗窗，他正在用电焊枪切割钢筋，电焊枪对着一棵至少有 100 多年树龄的国槐树，火焰把国槐树树皮烧焦了一大片。我上前制止了这位农民工，我问他装一个防盗窗能挣多少钱，回答是 100 多元。我问他，你知道这棵古树值多少钱吗？如果使用现代化工具设备的劳动者的素质没有相应提高，危险和恶性事故一定是频发的，造成的损失要比使用传统工具大得多。

一次我在朝阳公园散步，看见几名园林工在种树。有一位种树的小伙子的铁锹头掉了，小伙子就将铁锹头重新装上，用铁锹把的另一头在人行道上用力墩了几下。他墩在了盲道上，有三块盲道上的方砖被震碎并翘起。小伙子把铁锹修好，像根本没发现砖块被打碎一样，回去种树了。他种树是有指标的，种一棵挣几元钱。就这么碰巧，过了一会儿，一位盲人走了过来，被破碎方砖绊倒，重重地摔在盲道上。由此我想到我们周围有多少工人是这种劳动态度,在执行一项工作时破坏了周围其他更有价值的东西,造成了许多危险隐患。

现在很多事故的发生是因为我们还在用传统农业的态度和方法去使用现代科技设备,所以危险比比皆是。如何教育千千万万的工人、技术人员和各个岗位的负责人认真做事,遵守操作规程,建立风险意识,在做一件事时不损坏周围事物是当务之急。

本书是关于中国金融改革的思考,至少对我而言,**保护环境和提高国民素质**是和金融改革同等重要的事情。在此作序,将我在这两方面的思考与读者分享,并无意冲淡对中国金融改革思考这一主题。

最后,我要特别感谢周其仁、宋国青、刘鹤、樊纲、李扬、余永定、蔡昉、卢锋、姚洋、陆磊、郭京平、江小涓、汤敏、卢迈、雷鼎鸣、乔桐枫,我的这些文章是在和他们交流讨论中形成的。我还要感谢盛梅、赵婷、纪敏、辛晓岱、叶伟强、宋旺、李彬,他们为我做了很多助研工作。

易　纲

2009 年 12 月 6 日

第一部分

政府与市场的关系

宏观经济政策与市场配置资源[*]

提要　体制问题要靠改革解决，而结构调整则应该主要由市场机制自主完成。好的宏观经济政策应该有利于结构调整和优化，而不是试图用行政手段直接解决结构问题。

改革开放以来，我们对市场经济的认识不断深化。中国共产党十二大提出以计划经济为主、市场调节为辅的原则；十三大提出社会主义有计划的商品经济应该是计划与市场内在统一的体制；十四大明确提出了建立社会主义市场经济体制，并在十四届三中全会上指出建立社会主义市场经济体制，就是要使市场在国家宏观调控下对资源配置起基础性作用；十六大则进一步强调，要在更大程度上发挥市场在资源配置中的作用。

简而言之，中国改革开放的过程，是计划经济向市场经济转轨的过程，是市场配置资源比例不断提高的过程；相应地，以行政权力为依托的政府配置资源的比例也在不断下降。同时，这也是对市场配置资源合理性不断确认的过程。从范围上看，这种确认从农村过渡到城市，从消费领域过渡到生产领域，从生活资料方面转移到生产资料方面，从流通环节扩展到生产环节；从更深的层次看，这种确认，实际上经历了从对交易的保护到对各类产权的保护的过程。

一个重要的问题是，这个过程的极限在什么地方？显然，极限就是国家要保留适当的宏观调控权。认识到这一点，对于正在完成从计划

　＊　原文发表于《财经》2006 年第 3 期。

经济到市场经济的转变的中国尤为重要。我们既要看到宏观调控的重要性，又必须清楚地认识到将政府的首要职能转变到为市场主体服务和创造良好法治环境上来的必要性。当前和今后相当长的一段时间内，中国经济面临的困扰，仍然是行政力量将顽强地通过各种途径要求配置资源的权利，并且通过各种机会不断地表现出来。改革开放二十多年的成就不断证明，发挥市场配置资源的基础性作用是正确的选择，我们将坚定不移地沿着社会主义市场经济方向走下去。

像社会主义市场经济一样，**宏观调控**也是一个有中国特色的概念。宏观调控是相对于市场经济而言的，成熟市场经济更多地使用"**宏观经济政策**"而非"宏观调控"。这并非简单的字面差别，两者内涵也有所不同。在经典的现代经济学中，宏观经济政策主要指货币政策和财政政策。在中国，宏观调控除了使用货币和财政政策外，还包括国家计划和必要的行政手段。

经济学家对使用宏观经济政策调节经济有着不同的看法，多数学者对政府调控宏观经济持谨慎态度，并不主张政府过多干预经济。从亚当·斯密到新古典学派，再到理性预期学派和货币学派，都殊途同归地得出政府干预经济弊大于利的结论。凯恩斯学派从价格粘性的角度找到了政府干预经济的理由。另外一个理由是，经济学证明了在存在外部性和公共产品的情况下，市场机制可能无法达到最优。但**科斯定理**认为，在不考虑交易费用的情况下，只要私有**产权**界定清晰，各方可以通过市场自由交易达到最优结果。

大多数经济学家承认，政府对经济的干预可能有较大的负面作用，应慎而用之。经济学分析的主流共识认为，宏观经济政策的实施者是政府，其目的主要是熨平短期经济波动，理想的宏观经济政策应主要是总量政策和短期政策，主要运用经济杠杆，充分发挥市场配置资源的基础性作用。在认识上，有三个方面需要明确。

第一，宏观经济政策的总量性。宏观政策的主要作用是熨平经济周期，所考虑的变量是产出、物价、就业和国际收支等总量指标。货币政策基本上是总量政策,通过调整利率、汇率、货币供给等影响总供给和总需求,达到稳定物价的目的。财政政策是具有结构影响的总量政策,通过加税、减税、赤字或盈余预算来影响总量,主要通过税收结构和税率来调整结构。总量调控的目的是尽可能达到充分就业、物价稳定和国际收支平衡。

第二,结构调整十分重要,但这里并不愿意强调宏观经济政策的结构调整功能。为什么呢?经济结构的内涵非常丰富。宏观经济政策可以在调整经济比例方面大有作为。比如,在内需与外需中,我们将坚持扩大内需,内需主要包括消费和投资,我们将尽量提高消费率;在消费中,我们将着力扩大服务消费,等等。但对于产业和行业的结构调整,我们就要十分小心;对于企业或者投资项目的结构调整就要更加小心。政府必须制定企业准入标准、环保标准、质量标准等,并严格执法。但这是市场监管执法,不属于宏观经济政策的范畴。结构政策的代表是产业政策,其实政府很难制定应该支持哪些行业、企业、项目的产业政策。世界上多数研究者认为,以政府选择产业并给予优惠政策为特征的产业政策弊大于利,因为它有悖于公平竞争的市场原则(对农业的支持是例外,且有明确规则);即便是在产业政策"最成功"的日本和韩国,也仅仅得到了毁誉参半的评价。当然,通过基础科研、国防和政府采购等方式支持民族企业是有效的,但这也不属于宏观经济政策的范畴。因此,调整经济结构应主要通过市场力量进行;体制性障碍应主要通过改革来解决。

第三,宏观经济政策应该是短期的。凯恩斯主义学者认为,宏观经济政策合理性的主要原因,是在短期存在价格粘性。而在长期,新古典经济学、理性预期学派和货币学派的结论都成立,市场机制用"看不见的手"自动调节得到最优化的结果确信无疑,宏观调控的必要性自动消失了。就连最雄辩地论证了政府干预宏观经济必要性的凯恩斯也深知宏观经济政策是短期的,这也正是凯恩斯名言 ——"长期我们都将死去"的真正含义。

以上是宏观经济政策的基本属性。此外还强调两点：一是宏观调控的法治化。《行政许可法》的出台与实施具有里程碑意义；二是充分发挥经济杠杆的作用。在中国过去几次宏观调控中，尽管行政权力扮演了重要角色，利率、汇率和税收政策等经济杠杆仍然起着不可忽视的作用。在1997年到2000年间，真实利率偏高，使储蓄者受益而借钱者受损。过高的真实利率增加了企业的债务负担，减少了投资积极性，成为形成通货紧缩压力的主要原因之一。从2003年到2004年，实际利率偏低，甚至为负，可能诱发通货膨胀的压力。如果我们研究中国改革开放以来的真实利率，就会发现中国经济周期是随着真实利率的起伏而波动的，利率至关重要。汇率也是如此。

这些事实都表明经济杠杆能够起作用，通过经济杠杆来对经济进行总量调控是可行的。改革开放以来的经验教训和国际经验表明，使用价格杠杆调控经济（熨平短期波动）不仅有效，而且副作用较小。

中国的经济高成长性与高波动性相伴随的原因主要是产权制度不完善以及在此基础之上的行政干预。要解决这种高波动、高浪费的增长模式，需要推进产权制度改革、转变政府职能、改善宏观调控。

市场经济有着共同规律，中国的社会主义市场经济也符合市场经济的一般规律。尽管"宏观调控"和"宏观经济政策"概念不完全相同，但从以上分析来看，宏观经济政策应该注重总量问题和短期问题。体制问题要靠改革解决，结构调整则应该主要由市场机制自主完成。好的宏观经济政策应该有利于结构调整和优化，而不是试图用行政手段直接解决结构问题。

总之，所有的分歧和争论都归结为一句话：你是否相信市场经济，相信到什么程度？

转变政府职能与可持续发展[*]

提要 新形势下的以经济建设为中心,是指政府要为经济的可持续发展提供良好的法律环境,政府的职能要从直接抓经济项目转移到执法监管、社会管理和公共服务上来。

改革开放二十多年来,中国经济取得了举世瞩目的成就。然而,"中国奇迹"是在若干次经济的大幅波动中取得的。尽管市场经济都会出现周期,但中国经济波动却有不同于成熟市场经济的特点:一是经济波动幅度大;二是经济周期的高峰和低谷与行政力量密切相关,并且通常要使用行政力量来调控;三是经济效率低下,资源浪费严重,对环境破坏大;四是教育、卫生等社会事业发展滞后。因此,如何避免经济的大起大落,已经成为中国经济面临的一个重要课题。

过去二十多年的经验表明,在较多情况下,行政力量对经济的干预是经济大起大落的重要原因之一。中国共产党十六大明确提出了要完善政府经济调节、市场监管、社会管理和公共服务的职能,要减少和规范行政审批。这就是说要在更大程度上发挥市场在资源配置中的基础性作用,政府则主要负责为市场的自我调节提供一个稳定的法律和政策环境。

一、中国经济的深刻变化

邓小平是一位历史巨人。1978年,中国共产党十一届三中全会提

---

* 原文发表于《财经》2005年第21期。

出全党工作的着重点应该转移到经济建设上来,这具有伟大的里程碑意义。当时中国是计划经济体制,统计显示95％以上的生产资料和经济总量掌握在国有经济和集体经济手中。国家掌握各行各业从生产到流通的几乎所有环节,配置资源的权力掌握在各级政府手中。那时全党工作的着重点进行转移的含义十分明确,即不再以"阶级斗争为纲",取而代之的,是以经济建设为中心。要求各行各业搞好自己的本职业务。当时无所谓宏观调控,因为政府直接负责组织生产、流通、交换、分配等经济活动的各个环节。以经济建设为中心意味着党政干部的工作重点是直接抓好经济运行的各个环节。这在当时是完全正确的。

此后,1992年,中国共产党十四大确定建立社会主义市场经济的宏伟目标;1993年十四届三中全会做出了关于建立社会主义市场经济体制若干问题的决定;2003年十六届三中全会做出了关于完善社会主义市场经济体制若干问题的决定。中国经济体制发生了根本性变化,市场经济体制初步确立。十六大指出,坚持以经济建设为中心,用发展的办法解决前进中的问题,这是中国改革开放以来的宝贵经验总结。虽然都是以经济建设为中心,但目前面对的经济环境与1978年大不一样了。

一是经济主体不一样了。1978年政府和经济主体是一体的,几乎所有的经济主体的**产权**都在政府手中,其领导人是政府任命的干部。政府决定生产什么、如何生产、为谁生产。而目前中国经济主体的所有制是多元的,国有经济仅占三分之一左右。生产企业在法律上是独立和平等的,企业依法在利润目标的驱使下、在市场价格信号引导下,决定生产什么、如何生产和为谁生产。

二是分配关系不一样了。1978年时分配上基本是大锅饭、平均主义,分配多少、如何分配政府说了算。目前在分配制度上,是按劳分配为主体,多种分配方式并存,各种生产要素按贡献参与分配,分配制度基本上是由市场和企业决定的。政府作用仅限于确定公务员和国有企事业单位的分配制度,并用税收调节分配,用社会保障来维持最低生活标准等。

三是就业的责任不一样了。1978年时几乎所有人都隶属于政府的一个单位,政府包下全社会的就业。目前非公经济就业量已远远超过公有经济所能提供的就业岗位,公民自谋职业、自主择业。

四是在价格机制上,计划经济是政府定价,目前95％以上商品和劳务的价格是市场确定的。总之,中国在向社会主义市场经济方向前进,市场在越来越大的程度上发挥着配置资源的基础性作用。

二、转轨中的政府职能

谁是经济发展的主体? 经济发展的原动力和创新能力在什么地方? 谁在为经济发展不停地操心? 可以简单回答如下:在计划经济下主要是政府;在市场经济下主要是千千万万个家庭和企业,政府有执法、规划和监管职能;在转轨经济中是政府加家庭和企业。

在转轨经济中,政府在经济运行中发挥了重要作用。政府仍是组织各生产要素进行生产活动的最主要角色。所不同的是多元化产权的经济主体开始形成,企业追逐利润,个人为收入最大化而努力工作。这种激励制度为经济发展带来了前所未有的活力。

虽然政府的角色在过去二十多年发生了很大变化,但总体看来,中国经济仍在转轨中,政府配置资源的能力仍然很强,政府"有形之手"还没有退出,"看不见的手"的作用有限,这表现在政府追求高增长率的冲动。

中央提出了科学发展观和政绩观,但各级地方政府追求增长速度和政绩工程的现象普遍存在。各级地方干部的行为是理性的,追求速度的干部得到了重用和提拔,上马投产的工业项目为地方增加了税收,于是各级政府都在"大干快上"。首先,是党委和政府一齐上。在各级政府大都能见到分管工业的副书记和副行政首长,分管财贸的副书记和副行政首长,等等。第二,招商引资是龙头。各级政府招商引资分工负责,形成领导们在招商引资上的竞赛。竞赛的结果是领导的指标下派,动员自己分管的部门一齐上(发动群众)。也就是说,"以经济建设为中心"被许多地方政府官员理解为要直接抓经济建设项目,提高本地区的经济增长速度。

三、新形势下的政府职能定位

政府的公权对经济活动有决定性的影响,政府掌握着土地的批租权、工商注册权、税收权、卫生检查、环保执法、社会治安,再加上公、检、法等。相对政府这些公权而言,企业和家庭的私有产权从一定意义上说是相当脆弱的。是非、对错的裁决权在短期是在政府手里;当然,长期有历史的裁决。

那么,在新形势下怎样理解以经济建设为中心呢?政府职能转变的核心是什么呢?回答很简单:即政府要为经济的可持续发展提供良好的法律环境,地方政府的职能要从直接抓经济项目转移到执法监管、社会管理和公共服务上来。

执法主要指保护各类产权和各类合同的执行,保护人民生命财产安全,打击违法犯罪行为,依法征税。监管主要指市场监管、环境保护、维护市场秩序等。社会管理包括各类财产、人口的登记工作,其实政府的一项主要职能应该是登记、注册。各类财产特别是不动产的登记要准确、完整,这不仅是保护产权和税收的基础工作,还有利于减少社会纠纷。还有社会保障、弱势群体救助等。有效地提供公共服务包括:义务教育、社区医疗服务、社会治安、公共交通、信息服务等。

前不久,成都和杭州争论谁是最适合人类居住的城市,这是一个好现象。最适合人类居住的地方要自然环境好、基础设施好、社会治安好、教育质量好、公共秩序好、文化氛围好等。这些集中起来,都要求地方政府做好社会管理和公共服务。

实际上,自觉不自觉地,各地政府的观念也都在转变,如果有更多干部自觉认识到这一点,主动转变政府职能,把工作的重点转移到社会管理和公共服务上来,我们的经济发展会更可持续、环境保护更有效、法制社会更健全、社会更和谐。

寻求效率与公平兼得[*]

提要　只要坚持既定改革方向,一定会出现一个和谐的局面:中国平稳发展,中等收入者比重稳步上升并最终成为多数,效率和公平都得到充分体现。

随着中国经济的发展,居民收入水平不断增长,使得中等收入者在社会人群中的比重稳步增加;随着社会主义市场经济的深化改革和完善,这个比重将会持续增加,成为社会稳定的重要保障。

根据国家统计局对城镇居民收入的五等分分组划分估计,中国有30％的城镇人口(约为 16285 万人)年人均可支配收入在 11000 元以上,10％的农村人口(约为 7570 万人)年人均纯收入在 6931 元以上。以以上两组人之和为基础,考虑生活质量、购买力平价和主观认同率等因素,笔者粗略估计,中国在 2004 年中等收入者约有 2.3 亿人,约占人口总数的 18％。这个估计略高于一般其他估计。

中等收入者的概念可以商榷。值得一提的是,城市居民的自我"中产阶层"意识相当高,远远大于对中产阶层各种不同定义的测算和估计。社会科学文献出版社公布的《中国中产阶层调查》显示,约有85.5％的城市居民认为自己是中产阶层。统计局抽样调查显示,中国中等收入者的主观认同率为 36％。

中产阶级概念的发源地美国对中产阶级的定义有以下特征:一是依附于政府机关、大机构大企业、各种事业单位,专门从事行政管理与

＊　原文发表于《财经》2005 年第 23 期。

技术服务工作;二是对所服务的机构没有财产分配权;三是基本靠知识与技术谋生,领取稳定且丰厚的薪酬;四是思想比较稳健保守,循规蹈矩,缺乏革命热情;五是基本不寻求通过影响政府来达到某种目的。根据国际经验,当一个国家或地区的中产阶级占人口的比重达到40％以上时,政治和经济状况就会相对平稳,社会比较和谐。中国中等收入者的概念与美国中产阶级的概念有所不同,但这个群体的增加同样给生产与消费带来重大影响,成为带动消费结构升级、拉动经济持续增长、维护社会稳定的重要力量。

中国改革开放使广大社会成员的收入普遍提高,但由于经济发展水平、经济体制转轨和经济结构调整等原因,收入分配仍然存在一些矛盾和问题。其中最突出的矛盾之一,就是地区之间和部分居民收入分配差距扩大。对此我们应保持清醒认识。中国收入分配总的格局大体符合现阶段生产力水平,符合改革的大方向和广大人民群众的根本利益。收入差距的扩大与现阶段经济社会发展水平密切相关,从一定意义上说,有其客观必然性。

第一,中国是一个发展中的大国,处于社会主义初级阶段,生产力水平比较低,经济社会发展不平衡,经济增长和居民收入增加呈梯次性特点,具有形成收入差距的客观基础。第二,市场机制对调整分配的作用不断增强,管理、技术、资本等要素参与分配,市场竞争中的优胜劣汰,必然导致收入差距扩大;转轨过程中,旧体制没有彻底破除、新体制尚未完全确立,使制度存在缺陷,不合理的分配方式容易产生。第三,中国经济发展比较快,处于结构调整不断加快时期,产业结构升级会造成相当部分的劳动者无法适应,不利于就业增加和公平分配。第四,对外开放程度不平衡,部分高端行业和岗位的工资水平开始参照国际同类标准,内外趋同,相当一部分行业和岗位则仍然沿用计划经济的分配方式。第五,相当数量的劳动者素质难以适应市场竞争的需要,相应的教育制度需要加快改革。第六,收入分配的测量方式、量化指标不够完善,加上数据基础比较薄弱,收入分配差距的统计反映与客观现实之间存在一定的偏差。

当然,居民收入差距如果过分扩大且得不到及时有效的调节,就有可能影响消费需求增长和消费结构升级,进而影响国民经济的长期发展,影响共同富裕目标的实现。

必须清醒地看到,收入差距扩大不是市场经济导致的,而恰恰是改革不彻底的结果。现阶段收入差距扩大的症结,在于许多不合理的制度安排造成了很大程度的机会不平等,最终导致收入结果不平等。这一方面要求市场经济体制改革的不断深化,在完善市场规则的基础上实现最大限度的机会平等,从而有助于减少最终的收入差距;另一方面要求每一个社会成员要更有耐心,并积极参与这个进程,而不是由于当前的结果不平等而怀疑市场经济,甚至引发冲突,破坏多年的市场经济改革成果。

计划经济使人民共同贫穷,只有社会主义市场经济才可能使广大人民群众共享经济发展的成果。从中国香港地区、中国台湾省的发展经验看,从受东方儒家文化影响较深的新加坡、韩国的发展经验看,经济发展后,占人口比重超过一半的中产阶级的出现是完全可能的。中国再平稳发展一个时期后,一定会出现一个和谐的局面:中等收入者比重稳步上升并最终成为多数,基尼系数开始下降,效率和公平都得到充分体现。

环境问题的外部性与政府责任[*]

提要 解决经济活动对环境产生的负的外部性问题,可通过一定的制度安排、运用市场机制和经济手段来实现,同时政府要承担起保护环境、市场监管的职责。

古人观赏大自然的时候,喜欢凭吊历史,感慨当今。在李白、苏轼、辛弃疾等人的诗词中,我们不难有身临其境的感觉。在古人的眼里,所有的人都会成为匆匆的历史过客,惟有青山绿水长在。然而,当面对现在祖国不断减少的青山、污染日甚的绿水时,我的心头难免有几分沉重。

"惟江上之清风,与山间之明月,耳得之而为声,目遇之而成色。取之无禁,用之不竭。"这情景,难道只能在古诗赋中才可寻找吗?

我们这一代人经历了"文革"和改革开放,看到了祖国的巨变,也目睹了祖国山河被污染的触目惊心的变化。许多同龄的朋友聚会,往往会回忆起小时候在家乡小河、小湖中游泳玩耍的经历。我总要问,"现在那河里还能游泳吗?"回答基本上是早就不行了。现在的小孩,虽然能够吃饱,也有较多的玩具,但失去了在家门口小河里游泳的乐趣。

中国环境污染严重的原因十分复杂,但环境的外部性问题当属其中一个主因。所谓**外部性**,是指企业或个人的生产或消费活动,给予其没有直接经济关系的其他企业或个人带来了有益或有害的影响。显然,排污企业的经济活动具有负面的外部性,因为这给附近居民和其他

---

* 原文发表于《财经》2005 年第 24 期。

企业带来损害,即产生了社会成本;但该排污企业在核算成本时只计算自己的生产成本,没有为社会成本足额埋单。

由于这个原因,云南的滇池已经从40年前的一池清水变成现在散发着难闻气味的臭水。到目前为止,滇池治污已经耗资40多亿元,而水质还没有明显改善。那些造成污染的企业基本上没有为此付费,昂贵的治理成本需要政府和社会来承担。再比如,中国一年出口50亿双鞋,有些鞋厂的排污没有达标,结果是污染留在中国,外国消费者享用了物美价廉的鞋,而鞋的出口价格中没有包括足够治理污染的费用。

要保护环境,节约资源,实现可持续发展,就要坚持"谁污染,谁付费"的成本覆盖原则,使污染者付费能够完全覆盖其产生的负外部效应;对污染付费的成本要传导到商品和资源的使用者,使他们支付的价格足以补偿生产成本和社会成本。

如何让污染者付费?首先是严格执法。目前环保部门的监督执法难度相当大,严格执行排放标准涉及地方的就业、税收甚至社会稳定,要靠地方党委、政府下大决心。第二,可通过一定的制度安排,运用市场机制和经济手段来实现。在这方面,发达国家的污染权交易制度,就非常值得借鉴;其中心思想是政府根据当地的实际情况,确定可承受的排放污染物的总量和浓度,并据此向各经济主体发放(或者拍卖)排污许可证。持有者可以享有排放一定污染物的权利,也可以将许可证按市场价转让。只要持有者治理污染的花费小于许可证的价格,它就有动力治理污染,并将许可证转让以获取利润。而治理污染费用较高的企业,可以通过购买许可证来扩大其污染权。这种制度安排,将环境保护和市场机制有机结合了起来,一方面鼓励厂商降低污染的排放量,另一方面也减少了环保政策对市场机制的干扰。

大家知道,在存在外部效应的情况下,市场竞争并不一定导致帕累托最优。同时**科斯定理**认为,在不考虑交易费用的情况下,只要私有**产权**界定明确,被外部效应所影响的各方,可以通过自由买卖、讨价还价的方式取得帕累托最优的资源配置。

根据中国目前的状况,经济活动产生的负的外部效应,单靠市场机制是无法纠正和补偿的,政府要承担起保护环境、市场监管的职责;通过严格执法、征税或补贴等形式,使产生负外部效应的经济主体足额付费,用于治理污染和环境保护,以使广大人民受益。

为此,我们必须建立正确的地方政府政绩考核指标体系。我在2002年《财经》的一篇文章中提出,对地方政府政绩的考核,主要应当包括四个方面,依次为就业、环境、银行不良资产率和 GDP 增长率。

这四个考核指标都是可以量化的,比如一个地区的就业和再就业状况、水质变化、荒山绿化亩数、空气污染指数、不良资产率、经济增长率等。由于历史原因和客观地理环境不同,各地区的经济发展水平差异很大,因此,对上述指标应主要进行纵向对比。一个班子上任时各项指标要记录在案,等到书记、市长离任时考察各项指标是否有所改善,作为考核工作成效的重要依据。

中国历朝历代,不乏注重环境保护的官员。左宗棠在担任陕甘总督时,在西北广植柳树、杨树,栽种成活道柳就有二十多万棵,绿化了严酷的沙漠环境。一百多年后的今天,我们在西北还能看到他种下的“左公柳”,它已成为西部历史的一个标记。古人能做到的事情,我们更应身体力行。

创新的五个层次*

提要 对产权和其他基本权利的保护，是创新的最终动力来源。

中国历史上曾经做出过许多对人类文明具有重大意义的创新，留下了很多伟大的科技发明、制度发明和文化创造。相对于其他一些逐渐衰落的古老文明，具有五千年历史的中华文明可能是世界上唯一能够给现代西方文明提供参照并长期与之竞争的完全不同的伟大文明。

但近代以来，中国在创新意义上全方位地落后了。近年来中国经济虽然突飞猛进，但整个社会要想取得全面的发展，我们必须对创新进行反思，思考其源泉、机制和体制。

创新，在最浅的层次上，是产品的创新，比如电灯、手表、计算机、因特网，以及许多金融产品的创新，如期权、期货等。这些产品绝大多数不是中国人发明的。在这个层次上，我们所做的还不是创新，而是在一步一步地赶超。到目前为止，我们所说的大多数创新实际上都是复制、引进并学习别人的产品，并不真正具有独创性。正因如此，"十一五"规划才会用整整一节的篇幅讲自主创新。可以说，自主创新是"十一五"规划的一个核心词、关键词。

我们的产品创新之所以会落后，是因为缺乏支撑产品创新的一个必要基础——组织创新。这是创新的第二个层次。创新可能来自个人，但近现代以来，大多数创新是按照公司、企业、市场等组织模式完成

---

* 原文发表于《财经》2006年第20期。

的。没有这些组织，没有这些组织的机制和激励制度，很多创新是难以想象的。公司、企业、市场等组织创新，也不是我们的发明。中国表面是产品创新的落后，背后是组织创新的落后。

这就涉及创新的第三个层次。所有的组织都必须形成概念、形成制度、形成游戏规则，将组织的运作以概念、规则、法律等形式固定下来，从而具备可复制性、可预期性；所有人都可以按照规则操作，使得整个社会的竞争是有序的。在竞争中，真正的创造发明将得到奖励，假冒伪劣、抄袭剽窃等行为将会被惩罚、淘汰。只有这样，组织和社会才能正常运转并行之有效，否则只会是一片混乱，创新更是无从谈起。

恰恰在形成概念、形成规则、形成法律这方面，中国是落后的。世界通行的规则基本不是中国制定的。世界性的竞争规则，像世界贸易组织、国际货币基金组织、世界银行和布雷顿森林体系等，都是别国制定的规则。在法律方面，中国金融界的基本大法，如近些年颁布的《中国人民银行法》、《银行业监督管理法》、《证券法》、《保险法》等，具有中国的特色，但很大程度上也是借鉴别国的经验。

以上所有这些创新，都是由谁来完成的呢？是一个一个以某种形式组织起来并按照游戏规则行事的个人。因此，创新归根结底要落实到人，这是创新的第四个层次。

为什么在有些国家里能创新的人多，而中国能创新的人比较少？为什么很多中国人愿意到国外的大企业里去创新，而在国内的环境下创新却很少？因为创新者需要有独立的人格，而不是对权威惟命是从；他要有独立的思考能力和判断能力，而不是人云亦云；他要有平常心，而不是患得患失；他心里要有安全感，而不是战战兢兢，不敢越雷池一步；他是一个安宁的、踏实的人，而不是心情浮躁，急于求成。我们缺乏的就是这样的人。

近代中国发生的许多制度变迁，深刻地影响了我们的创新现状。中国人的智慧举世无双，但是我们经历过的那些历史，束缚了我们的创新精神。特别是计划经济，它把人固定在一个村庄、一个单位里，不能流动,更束缚人的思想,扼杀人们自由思考的能力,人们的创新能力因此成为无源之水、无本之木。我们有必要对此进行反思,从观察人开始,思考如何才能让独立的个人来进行创新。

比人这个层次更高的,是怎样才能创造一个环境,让个体具有真正独立的人格,成为我们上面所说的安宁的、踏实的、有创新精神的人。这就要求实现对产权的保护,对人的基本权利的保护。这是创新的第五个层次。

保护产权特别是知识产权,维护人的最基本的权利,依法治国,这也正是我国《宪法》的精神。在这样的制度环境下,才能产生稳定的预期,才能有着眼于长远的行为,才能够自然而然地产生有独立人格、独立思考的人。有了他们,才能够有创新。

现在,我们已经进入了中国历史上最好的时期。继中国共产党十四届三中全会作出了关于建立社会主义市场经济体制的决定后,十六届三中全会作出了关于完善社会主义市场经济体制的决定,就是要在中国实现社会主义市场经济体制,依法治国。创新的五个层次,在今天的中国已经具备了基本条件。如果在这个框架上不断完善,中国必将迎来创新的高潮。

转型名义个人账户制

——探索中国养老保障体制改革的新思路 *

提要 本文设计了转型名义个人账户制的中国养老保障体制改革新思路。整套体制在框架上延续了世界银行(1994,1998)的"三支柱"模式:第一支柱,我们建议采用刘遵义(2004)所提出的低水平、全国统一、由财政直接负担的补足制代替原来的现收现付制。第三支柱为补充性个人养老金,维持世界银行的设计。本文重点讨论的是对第二支柱个人账户的设计。在分析周小川等(1993)、世界银行(1994,1998)和刘遵义(2004)所建议的完全基金积累制方案和彼得·戴蒙德(Peter Diamond)等(2004)、李剑阁(2006)关于在中国建立名义账户制方案的基础上,本文创新性地设计由名义账户和基金积累账户共同组成养老个人账户,从较高比例的名义账户逐年向基金积累账户过渡最终实现全积累的转轨思路,并将其定义为"转型名义个人账户制"。考虑到与现行体系的接轨以及可行性,本文建议将个人养老账户的总缴费率确定为24%。从2007年开始,以工资收入的5%为起点从增量意义上做实个人基金积累账户。此后每两年将做实的比例增加一个百分点,到2045年实现增量意义上个人账户的全积累,即增量上工资收入的24%全部用于做实基金积累账户。再经过40年左右的时间,到2080年左右最终实现个人账户存量余额上的完全做实。本文从理论上分析这种新体制能够协调应对人口老龄化、解决转轨成本、提高激励机制和调节国民储蓄率这四个政策目标同时实现。通过数值模拟,本文得出结论:在转型名义个人账户制方案下,2007—2080年养老金每年的赤字流量,

* 原文发表于《比较》第29辑,中信出版社2007年版。作者:易纲、李凯。本文是北京大学中国经济中心宏观组课题报告《中国养老保障体制改革研究》的主要研究成果,得到了中国发展研究基金会的课题经费资助。作者感谢李俊杰等宏观组成员的背景研究,感谢曾毅教授、姚洋教授、高级经济学家高路易(Louis Kuijs)和马丁·费尔德斯坦(Martin Feldstein)教授的讨论与建议。

亦即政府每年需要对养老个人账户支柱的财政补贴,将被控制在可承受的范围之内,最后赤字将趋于收敛。这条转轨路径可能是可操作的最优转轨路径。本文行文中有时把名义个人账户制简写成名义账户制。

关键词 养老保障改革 转型名义个人账户制 三支柱老龄化转轨成本

一、中国养老保障体制改革的政策目标和制度选择

目前我国**养老保障改革**中的主要问题是体系中的资金缺口日趋严重。而造成资金困难主要有三个原因。第一,是经济活动人口的养老负担率大幅度提高。在社会基本养老体系下,1993 年平均每 4.4 个在职劳动者负担 1 个退休职工,到 2004 年该比率迅速下降到 3:1。在未来几十年,**人口快速老龄化**将使得养老负担率进一步快速地增加。根据世界银行[①]和我们的预测,每个劳动年龄人口需要负担的老人数百分比将从 2004 年的 31.6% 迅速增加到 2080 年的 83.3%。养老负担率的增加将使得现行的养老保险体制下以现收现付方式运行的社会统筹部分难以为继。

第二,按照目前的改革思路,将养老保障制度从单一的现收现付制向现收现付的社会统筹和基金积累的个人账户相结合的社会基本保障体制(以下简称为**"统账制"**)改革的过程中,谁来负担转轨成本的问题一直未能得到很好的解决。通过个人账户实行养老金的部分积累,对于已经退休的职工(即**"老人"**)和实施个人账户制度以前参加工作的在职工(即**"中人"**),却存在积累不足的问题。[②]在实行统账制以后,他们的个人账户中有一部分并没有积累。养老保险基金绝大部分用于当年养老金发放,个人账户的养老金几乎全部被挪用来支付养老金,因而成为**"空账"**。[③]此外,每年各级财政对社会统筹基本养老金进行巨额的补贴。[④]为了扭转个人账户"空账运行"的局面,2000 年国务院印发了《关于完善城镇保障体系的试点方案》,决定从 2001 年开始在辽宁全省进行试点"做小做实"个人账户,以"做小"来保证"做实",即缩小个人账户

规模,所缴费用与统筹账户缴费基金分账管理,以确保个人账户真实积累。经过几年的努力,到 2004 年年底,辽宁省积累起了 138 亿的个人账户基金。个人账户实现了与社会统筹账户的分离,以工资收入的8%计入个人账户缴费。但是,辽宁省个人账户的做实是以中央和地方政府每年巨额的财政补贴为代价的。从试点开始,每年中央和地方财政按 75%和 25%的比例对辽宁省予以补助,其中中央财政每年定额补助 14.4 亿元。⑤继辽宁之后,中央决定从 2004 年起,在黑龙江、吉林两省继续开展做实个人账户试点工作,但是将起步的做实目标降为 5%。黑、吉两省的试点同样依赖于财政补贴。根据新华网的报道(2005 年 3月 3 日),仅 2004 年,中央财政对黑龙江、吉林两省社保中"并轨"和"做实"就给予补助 45.7 亿元,其中对做实个人账户累计补助了约 18.2 亿元。2005 年 12 月,国务院颁布《关于完善企业职工基本养老保险制度的决定》,将"逐步做实个人账户"的思路写入文件。文件指出,从 2006年 1 月 1 日起,个人账户的规模统一由本人缴费工资的 11%调整为8%,并全部由个人缴费形成,单位缴费不再划入个人账户。2006 年年初,国务院又将天津、上海、山西、山东、河南、湖北、湖南和新疆八个省区市列为当年进行基本养老保险做实个人账户试点的地区(新华网报道,2006 年 3 月 20 日)。鉴于东三省试点的巨额财政负担,此次试点进一步将起步做实比例要求降低为 3%。可以预见,在历史性养老隐性负债未能较好解决的情况下,要在全国范围内逐步做实个人账户,巨额的补助将是整个财政体系所无法承受的。我们必须设计一整套可行并且优化的转轨方案,指导在全国范围内首先从增量上逐步做实个人账户,最终实现存量余额上完全的**基金积累制**。这正是本文所提出的转型名义账户制改革思路的题中之意。

第三,是现有体系的激励性不高,导致覆盖面难以扩大,并出现严重的拖欠、拒缴和逃避缴费的现象,限制了体系养老金缴费收入的来源。根据改革的进程和要求,迄今为止城镇职工被社会统筹养老覆盖的比例应该有较大的提高。但是,实际情况却并非如此。劳动和社会

22

保障部、国家统计局的《2005 年劳动和社会保障事业发展统计公报》显示,到 2005 年年底,参加基本养老保险的城镇职工只占全部就业人员数的 48.0％,离退休人员参加基本养老保险的比例为 85.8％。而在1996 年年底和 2002 年年底城镇就业人员参加基本养老保险的比例分别为44.0％和 44.9％。可见,社会基本养老制度对于城镇就业人员的覆盖面增加得比较缓慢。此外,很多个人和企业或者拒绝参加缴费,或者更普遍的做法是低报收入。⑥企业拖欠、拒绝缴费和逃避参与养老保险的背后原因在于缺乏积极性。其主要原因是社会统筹部分比例过大而个人账户比例很小,职工的社会基本养老金和个人的贡献没有多少联系,具有较强的收入再分配效应,因此,必然带来拒缴、偷逃缴费的动机。相反,如果缴费全部进入(或者名义上记入)个人账户,并且账户资金完全由个人所有,不再具有收入再分配效应,则逃费的动机一定会降低。因此设计一套符合中国国情的养老保险体制的另一个核心就是为企业和职工参与养老保险提供积极性。

政府和理论界都在积极地寻求能够解决或至少缓解现有问题的方案。针对目前存在的问题,任何成功方案的设计都必须要能够同时处理好应对人口老龄化、缓解转轨成本、提高激励机制以及调节过高的国民储蓄率这几个问题。

国际上主要有两种传统类型的社会保障制度,即**现收现付制**(Pay As You Go,PAYG)和**完全积累制**(Fully Funded,FF)。20 世纪 90 年代中期,瑞典社会保障专家提出了一种称为名义缴费确定型个人账户(Notional Defined Contribution,NDC,简称为**名义个人账户**)的养老保障新模式。这种模式继续保持缴费确定型的养老金形式,同时又采用非基金积累的形式。具体做法是:每个人都通过逐年缴费在名义账户里增加信用。养老金管理部门根据可以支付能力预先决定并且公布的名义利率,定期为账户中已经积累的资金注入名义利息。该账户只是一个缴费的记录。工人退休时所领取的养老金数额和这个名义账户中的缴费金额积累直接相关。意大利(1995)、拉脱维亚(1996)、吉尔吉斯斯坦(1997)、瑞典(1999)、波兰(1999)和蒙古国(2000)先后在养老保障体系中引进了名义账户,并取得了初步的成功。

政策目标的多重性和复杂性,使我们开始寻求采用多种制度相结合的方法,取长补短;或者探索由一种制度向另外一种制度逐渐过渡的模式,充分利用不同阶段的经济、人口结构的特点,实现养老保障体系可持续、平稳的发展。1994年世界银行提出了"三支柱"模式(Three Pillar Model,即社会统筹、个人账户和自愿养老金"三位一体"的模式),以及本文所提出的由名义账户制(NDC)向完全积累制(FF)逐渐过渡的**转型名义账户制模式**(Transitional Notional Defined Contribution,Transitional NDC)本质上来说都是前面这几种基本模式的相机组合。

下面我们分析一下上述这几种制度在应对各种政策目标时的利弊(参见表1)。我们从四个维度来进行比较,即受人口老龄化的影响程度、转轨成本要求、收入再分配效应(与激励机制有关)、积累性(与国民储蓄率有关)。

表 1　各种养老保障制度的比较

	受人口老龄化影响	转轨成本	收入再分配效应	积累性
现收现付制	强	无	强	低
完全积累制	无	巨大	无	高
名义账户制	强	无	无	低
统账制	较强	较大	较强	中等
转型名义账户制	随着个人账户比例逐步缩小,受老龄化影响减弱	平滑到转型中各期	无	随着做实比例逐步增加,积累性增加

现收现付制和名义账户制都是用现在这一代人的养老金缴费来养上一代人,因此它们受到人口年龄结构的影响很大。如果社会中老人比重不断上升,将使得每个在职职工的抚养负担加重,从而使得养老体系最终走向崩溃。而完全积累制则是人们用自己工作阶段的缴费来支付自己未来养老金的形式,基本不受人口老龄化的影响。

转轨成本的产生是由于从现收现付制向完全积累制或者统账制下

部分积累制改革的过程中,仍然需要在一定时期内偿还旧体系的债务。而若维持现收现付制则不会产生转轨成本。对于名义账户制,由于个人账户是"名义"的,不需要有"真金白银"投入,所以也可以认为没有转轨成本的要求。

在现收现付制下,个人缴存的养老金数量的多少与本人将来可以拿到的养老金并没有太多直接的联系,具有收入再分配效应,从而也影响了人们主动积累养老金的积极性,将使得社会养老保障资金的来源日趋不足。而在完全积累制和名义账户制下个人账户资金完全由个人所有,多积累者多使用,不积累者不受益,不具有再分配效应,这将会鼓励人们自觉地多予积累。

现收现付制和名义账户制,都没有真正的基金积累,因此在目前阶段,采用现收现付和名义账户制不会进一步推高国民储蓄率。但是,随着人口老龄化的进程,国民储蓄率将不断下降。那时候,积累性对于经济增长的重要性将重新凸显。因此,我们宜把具有较高积累性的基金积累制作为我们改革的最终方向。

统账制是现收现付制和基金积累制的结合,因此,它在上述这四种效应方面的作用都是均介于这两种制度之间,具体程度则取决于两者的比重。我们将在下一节重点论述转型名义账户制度的主要思想和设计框架。

二、转型名义账户制的主要思想和设计框架

中国养老保险制度最近的改革框架设立于 1997 年,基本采用了世界银行倡导的"三支柱"模式[7]。养老保险缴费 60% 进入现收现付制的社会统筹部分(第一支柱),40% 进入对应于基金积累制的个人账户(第二支柱),第三支柱为自愿补充养老金。第一支柱和第二支柱共提供 58.5% 的目标替代率。[8]

在过去十多年的改革中,国际组织、研究部门、各国政府对于这种"三支柱"的框架基本达成了共识。但是,养老金政策贯彻执行过程中

所暴露出来的诸多问题,也触发了各界对于各个支柱的具体设计提出了各自的政策方案,引起了很多讨论。而矛盾的焦点又主要集中在对于第一支柱社会基本养老金和第二支柱个人账户的设计上。

对于第一支柱大家都普遍接受采用受益确定型、具有收入再分配效应的社会基本养老金。不同的是筹资和支付方式的选择。我国现行体制采取的是世界银行(1998)所建议的现收现付的社会统筹方式。这种方式依赖于人口的年龄结构,容易受到人口老龄化的冲击。此外,由于现收现付的退休金和当地的平均工资而非个人过去的实际工资或者缴费历史相关,这就为个人及其所在企业隐瞒收入以及偷逃养老金缴费提供了强烈的动机。由此,马丁·费尔德斯坦建议第一支柱社会统筹部分的费用可以通过税基更加广泛、更加易于征收的增值税来代替收入税。[⑨]但是,在目前我国社会基本养老保障体系覆盖面较小的情况下,采用增值税将违背"谁受益谁付费"的原则,引起严重的社会不公。刘遵义提出了全国统一、低水平的,由政府财政负责支出的社会基本养老金体系。[⑩]

我们赞同刘遵义的方案。根据中国现在的基本国情,可以考虑将社会基本养老金金额定为 250 元/人·月(以 2004 年的不变价格计算,已经考虑通货膨胀因素,下文同)。[⑪]按照 2004 年社会平均工资 16024元计算,这个基本养老金标准基本达到当年工资总额的 20%(即**替代率为 20%**)。考虑到财政承受能力,建议对社会基本养老金实行补足制而非普惠制。[⑫]仅对没有个人养老账户(从未工作过)或者从个人账户中领取的养老金不足 250 元/月的城镇老年人口补足其不足 250 元/月的差额部分。社会基本养老金的涵盖范围是全部城镇老年人口,主要目的是保障城镇退休老人尤其是不在养老保障范围之内的退休老人的最低生活水平。资金的来源为中央政府的财政税收收入,这笔支出应列入政府财政的经常性支出。由于社会基本养老基金实行的是补足制,对于财政负担的压力较小。基本养老金保持全国一致水平,不能存在"地区差"。这种设计体现了向贫困地区倾斜、富裕地区补贴贫穷地区的再分配效应。同时,这也有利于促进劳动力在全国范围内的流动。

本文讨论的重点在于对第二支柱个人养老账户的设计。在这方面,已经有很多的理论创新和研究成果。例如,周小川[13](1994)、世界银行[14]、马丁·费尔德斯坦[15]、刘遵义[16]、赵耀辉等[17]均主张投资式的基金积累制个人账户。他们主要的理由是:一是引入基金积累制长期来看可以提高国民储蓄率;二是基金制可以避免养老保障体系受到人口老龄化的冲击;三是完全基金积累制没有再分配效应,具有较高的激励机制。但是,建立完全积累制的方案无法回避对于"老人"和"中人"的巨大的养老隐性债务的问题。上述这些研究提出了各种解决隐性债务问题的思路,如采用国有资产划转的方法,发行国债为转轨融资的办法,等等。虽然,我们赞成通过这些方法将历史遗留的养老隐性债务从社会保障体系中分离出来。但是,这些改革并非一蹴而就,而是一个"摸着石头过河"的渐进的过程,并且在具体操作的过程中往往会遇到一些争议和问题。[18]本文在设计由较高比例的名义账户制向完全基金积累制过渡的转轨思路的时候,并未将这种一次性解决历史遗留问题的方案纳入考虑范围。但是,这种思路并不和一次性解决方案矛盾。相反,如果在转轨的过程中政府采用国有资产划拨或者发行国债方式做实个人账户,则我们所设计的转轨过程将会被大大地加快,我们所预测的每年社会保障体系的赤字流量也会大大减少。此外,基金积累制取得效果的一个重要前提是有合理的管理成本和监管有效、运行良好的资本市场,但是目前中国似乎尚未做好充分的准备。[19]

彼得·戴蒙德、李剑阁[20]提出在中国建立名义账户制的方案。[21]与基金积累制相比,名义账户制可以缓解目前难以解决的转轨成本问题。同时,由于它不具有积累性,在目前国民储蓄率处于较高水平的情况下,它有利于减少国民储蓄。与传统的现收现付制相比也有明显的优势,例如,相对提高了平衡养老资金的灵活性,增强透明度,增加激励机制和具有个人账户可携带性等。但是,名义账户制从资金的筹集和支付过程看仍是一种现收现付的形式,没有从根本上解决人口老龄化对于现收现付制的冲击,长期来看仍然是不可持续的。而且,我国的国民储蓄率不会一直处于较高的水平。长期来看,由于不具积累性,名义账户制将会降低国民储蓄率进而降低经济增长规模。[2]

我们提出了一种新的养老个人账户的制度选择:**转型名义个人账户制**。转型名义个人账户由名义账户和基金积累账户共同组成,实行从较高比例的名义账户逐年向基金积累账户过渡最终实现全积累的转轨思路。我们将其定义为"转型名义账户制",既反映新制度的理论创新和主要特点,也体现了名义账户制和完全积累制在纵向(时间上)上过渡的程序感。这种新的体系有很多好处,可以较好地协调并同时实现应对人口老龄化、解决转轨成本、提高激励机制以及调节国民储蓄率这四个政策目标。

这种模式利用了人口老龄化到来的时序效应。在 21 世纪 20 年代以前,我们处于年龄结构比较有利的"人口红利"期[3],老龄化对名义账户制收支平衡的压力不是很大,这时建立较高比例的名义账户制,充分利用其平滑先期巨大的转轨成本的优势。随着人口老龄化的到来,我们已将名义账户制逐渐过渡到基金积累制,利用完全积累制几乎不受老龄化的影响的特点。随着时间的推移,虽然老龄化的程度逐渐增加,但是只要整个体系中完全积累制的比例越高,受到老龄化的影响就越小。从而在整个转轨过程中平滑了养老金赤字,将政府需要为养老个人账户支柱支付的财政补贴控制在可承受的范围之内。名义账户制和完全积累制都具有相同的激励机制,企业和职工始终可以保持较高的参与积极性。此外,这种转轨过渡还可以很好地和我国国民储蓄率的变动趋势互动配合。在目前我国国民储蓄率较高的阶段采用较高比例的不具积累性的名义账户制。当储蓄率随着人口老龄化的进程逐步下降,渐渐提高完全基金积累制的比重。从而既可以缓冲一步到位实行基金积累制推高储蓄率的效应,而在长期又以建立完全基金积累制为目标。

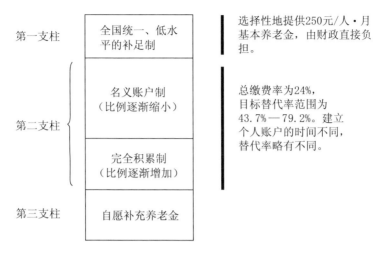

图 1　转型名义账户制(Transitional NDC)的设计框架

我们对转轨养老名义账户制方案的设计(图 1),其要点可以概括为以下四点:

(1) 社会基本养老金采用全国统一、较低水平的补足制,由政府财政负责支出。

(2) 个人账户采用名义账户制和完全基金积累制以一定比例相机结合的形式。逐步增加做实的比例,使名义账户制的比重不断下降,最终过渡到完全基金积累制。考虑到各地发展水平的不同,逐步做实的参数设定可以采用因地制宜的办法。

(3) 对"老人"仍然维持老(现行)办法,对"中人"则可以按照从新制度施行之日开始倒推的方法建立其个人名义账户。

(4) 维持世界银行设计的第三支柱补充性个人养老金不变,这一点不在本文中作讨论。

三、转型名义个人账户(第二支柱)的具体设计

从新体制开始运行,每个进入劳动市场的人都必须建立一个个人养老账户,该账户分为两个部分:名义账户和基金积累账户,统称为"转

型名义个人养老账户"(以下简称为"个人账户")。个人账户的建立和实施必须是强制性的,以避免"搭便车"。

个人账户养老金来自职工及其所工作的企业(或雇主)的共同缴费。账户持有人按月缴纳工资金额的8%,而其所在企业(或雇主)匹配相当于账户持有人工资收入16%的金额缴纳。这两部分金额之和即为养老金的总缴付,总缴费率为24%。考虑到与现行缴费率(个人8%、企业或雇主20%,各地的缴费率略有不同)的接轨,我们也可以将企业的缴费率在起点年份定为工资的20%,然后再逐年下降到16%。通过计算得到,一个代表性职工,只要养老金的总缴费率达到24%,在每年计入一定的投资回报率的情况下,他退休后的退休金就已经可以达到较高的替代率水平(范围为43.7%—79.2%)。我们在这里为企业设定略低于现行水平的缴费率,旨在减轻企业的负担,增加企业参加养老保障体系的积极性。

个人账户的养老金缴费按用途分为两个部分:一部分资金进入基金积累账户保值增值,另一部分资金则记入个人名义账户。

对于基金积累账户中做实的资金有保值增值和防范风险的问题。这部分资金的管理由各省负责。各省可以选择将资金委托社会保障基金委员会管理,或者通过公开透明的招投标方式交由基金管理公司等商业性投资机构管理。关于这部分资金的投资管理问题,尚需要进行专门的系统研究。

对于记入名义账户的资金,虽然它实际上均以现收现付的形式支付当期体系中的养老金支出,但是每个职工的缴费都清晰地记录在案,并且每年按照政府相关部门公布的名义利息率记入利息。考虑到我国目前养老保障体系的资金情况,我们可以考虑将名义利息率定为较低标准,例如,与消费价格指数(CPI)保持一致。而个人养老账户累计总余额的回报率就是这两部分账户资金回报率的加权平均。在实际操作中,无论是基金积累账户还是名义账户,其养老金余额和每年的回报率都是公开透明的。

个人账户在实际操作中还有其他一些原则。首先,个人养老账户的缴付可以抵扣个人所得税,从而鼓励人们主动增加个人账户的积累。允许账户持有人在收入或资金富裕时,以高于8％的比例多缴养老金。但是养老金的缴纳也将受到一定的限制,例如,由于多缴养老金,导致领取高额的退休金,账户的持有人同样有义务按照规定对超过纳税起征点以上的养老金缴纳个人所得税。其次,个人养老账户的资金全部归个人所有,如果账户持有人在退休前死亡,其账户资金由法定继承人继承。因此,个人养老账户不具有任何"社会统筹"的性质。那么对于那些特别长寿的老人,他们的账户可能枯竭,这时补足制的社会基本养老金计划将自动启动,同时政府可以另行设计对这些长寿老人的补贴计划。

四、转型名义个人账户(第二支柱)的转轨过程和可持续性分析

(一) 转型名义个人账户的转轨过程

那么,养老金总缴费在这两个账户之间如何分配呢?对于这个问题的回答正是本文所设计的转型养老名义账户制的关键所在。我们创新性地提出一开始建立较高比例的名义账户和低比例的基金积累账户,在转轨过程中由前者逐步向后者过渡,最终实现全积累的转型思想。我们可以考虑从2007年开始按照工资收入的5％为基准点从增量意义上做实个人基金积累制账户,而剩余部分的养老金(占工资收入的19％)则计入名义账户,实际资金用于现收现付支付当期退休金。该起点和近几年国家推出的一系列养老保障体制的试点和改革方案基本接轨。此后,每两年将做实的比例增加一个百分点,例如,到2009年按照6％的比例做实,以此类推。到2045年左右实现增量上的全积累。也就是说,从增量上来说,到2045年占工资24％的养老金全部缴费都用于做实个人账户。但此时存量个人账户还有一大块是名义的,要到2080年左右实现个人账户存量余额上的完全做实。

改革过程坚持"存量不动、增量改革"的原则,对于历史上未做实的部分,不再追溯性地做实。对于已经建立起高于5%比例实账的省份,例如,辽宁省,也不再退回到5%的做实比例。2007年5%的增量做实比例是一个最低基准,全国各省必须要达到。对于有能力的省份,可以提高起点或者加快做实的速度。

个人账户采用年金发放的形式。假定2007年退休后的预期寿命为79.68岁(为了计算简便,我们没有区分不同的性别,下同)。预期寿命和生存概率均来自作者计算的生命表③。则按照附录部分的模型和宏观经济假设,一个在2007年刚满20岁开始工作的代表性职工,历年都领取全社会平均工资,工作40年到60岁退休。他在2007年的年薪是20994元,到退休前一年年薪为86737元。如果该代表性职工及其工作企业(或雇主)按照24%的总缴费率缴纳养老金,他的工作年份刚好和整个转轨过程重合,即在2007年做实的比例是工资收入的5%,此后每两年增加一个百分点,到2045年完成增量上的全部做实。则退休后他每年可以从转型名义账户中领取的年金达37057元/年,替代率为43.7%。表2计算了该职工每年的缴费名义账户,和基金积累账户的累计余额、加权平均回报率以及退休后领取退休金及其替代率的情况。

需要指出的是,我们对于名义账户的利息根据我国养老保障体系的承受能力而设定为较低的标准,即盯住消费价格指数(CPI)。而对于基金积累账户的资金则预测以2%左右的实际投资回报率。如果对基金积累账户资金进行成功的投资管理,实际回报率可以超过2%。两个账户实际回报率的差异导致了在整个转型的过程中,越是晚建立个人养老账户的职工,由于一开始就能建立比较高的积累账户,他们的养老金的加权回报率以及退休后的所能领取的年金的替代率越高。根据我们的计算,如果一个代表者职工一开始就建立完全的个人基金积累账户,那么在2%的长期实际回报率的假设下,他领取的退休年金的替代率将可以达到79.2%。这种由于体制转轨而造成的代际之间的养老账户资金回报率以及退休年金的替代率不同可以认为是转轨所带来的成本。

养老保障体系第二支柱个人账户的建立和转型的责任宜在各省，可以采用省长负责制。各省负责在辖区内按照国家的最低基准建立名义账户和逐步做实基金积累账户，进行"老人"和"中人"工资的倒算（将在下一部分论述）以及采取扩大征缴面等措施为增加积累账户的做实比例做好资金上的准备，等等。应明确中央和地方财政的责任，中央财政负责第一支柱的补足制基本养老保险金。对于第二支柱的个人账户，中央财政仍然按照现行补贴公式为基数计算对各省养老保险个人账户补助的转移支付。对于少数特别困难省的问题，在专门研究后提出解决方案。各省的统筹层次也可由各省自主决定，因地制宜，分类指导，在设计过程中应尊重激励机制和责权利分明的原则。各省的个人账户必须可以随劳动者的迁移而跨省迁移。

表2　代表性职工转型名义制账户缴费、退休年金和替代率的计算

年份	实际工资(元)	进入实账比例%	实际回报率%	名义账户缴纳额(元)	实际账户缴纳额(元)	名义账户余额(元)	实际账户余额(元)	个人账户总额(元)	加权平均回报率/%	退休金(元)	替代率/%
2007	20994.3	5.0	1.0	3988.9	1049.7	3988.9	1049.7	5038.6	0.21		
2008	22096.5	5.0	2.0	4198.3	1104.8	8187.3	2175.5	10362.8	0.42		
2009	23223.5	6.0	2.0	4180.2	1393.4	12367.5	3612.6	15979.9	0.45		
2010	24373.0	6.0	2.0	4387.1	1462.4	16754.6	5147.1	21901.8	0.47		
...	...	...	...	...	...	...	...				
2043	79173.6	23.0	2.0	791.7	18209.9	144803.2	347152.3	491955.5	1.41		
2044	81051.2	23.0	2.0	810.5	18641.8	145613.7	372737.1	518350.9	1.44		
2045	82938.5	24.0	2.0	0.0	19905.2	145613.7	400097.1	545710.9	1.47		
2046	84834.3	24.0	2.0	0.0	20360.2	145613.7	428459.3	574073.0	1.49		
2047	86737.0	24.0	2.0	0.0	0.0	145613.7	437028.5	582642.2	1.50	37056.8	43.7

注：① 本表的计算均以2004年的不变价格计算，已经考虑通货膨胀的因素。
② 2045年实现增量意义上个人账户的全积累，即增量上工资收入的24%全部用于做实基金积累账户。

（二）转轨中"老人"和"中人"的处理方案

在推出转型名义账户制改革以后，对于以前没有个人账户积累的

退休人员（"老人"）以及实行新制度之前已经开始工作,但尚未退休的在职人员（"中人"）应该如何安排?

我们对于个人账户的建立可以采取分段处理的办法:

（1）对于改革前已经退休的"老人"的退休金,维持老（现行）办法不变。没有养老金的退休职工纳入国家补足制基本养老金体系。应该充分关注目前退休人员退休金上涨过快的问题。谁出台对"老人"退休金的政策,谁就要负责到底。

（2）对于工作年限跨越改革起始年前后的"中人",采用倒推建账的办法。对于有工资历史记录的职工,按照历史记录建账。对于没有工资记录的职工,政府相关部门应制定相关办法,以从低原则建账。得到的账户累计余额全部进入名义账户。此后,他们的养老金缴付将按照当年的增量做实比例分别计入基金积累账户和名义账户。等到他们退休时,就按照两部分账户中加总的养老金总额以年金的形式获得退休年金。

（3）对于改革后参加工作的"新人",则按照新体系的设计从他们开始工作时建立个人账户。

由于"中人"建立基金积累制账户的年限特别短,通过倒算得到的既往的养老金累计余额在增量做实的情况下,均计入名义账户,具有较低的回报率。因此,如果仅仅通过名义账户和基金积累账户的累计总额按照年金的方式给付,那么"中人"的养老金替代率将大大低于"新人"。为了避免改革前后替代率发生巨大的"落差"并且缓解由于改革带来的这种代际的养老金受益水平的差别,可以考虑由国家财政再另外拿出一块作为"中人"的转轨补充养老金。通过补充养老金将他们的养老金替代率水平补到与 2007 年加入转型名义账户制的"新人"一致的水平,即 43.7%。通过后面对于养老金体系赤字流量的数值模拟,我们发现由于最近十几年的人口年龄结构仍然比较有利,因此,补充养老金的负担尚在可以承受的范围之内。

（三）转型名义账户制的最优转轨路径和可持续性分析

本文所提出的转型名义账户制在财务上是否可持续？在多大程度上缓解养老保障体系中的财务赤字问题？为了回答这些问题，我们对于整个转轨路径上每年养老保险体系转型个人账户部分的赤字流量（相应的就是政府对该支柱需要进行的财政补贴）进行了数值模拟。这部分补贴的计算已经包括了前文提到的对于"中人"的转轨补充养老金。模拟的结果显示，在2007年以5%的增量做实比例为起点，每两年将做实比例增加一个百分点，通过约40年的时间完成增量做实，再用40年左右的时间到2080年实现个人账户存量余额上的完全做实，可能是一条具有可操作性的最优转轨路径。养老金账户赤字被控制在财政可承受的范围之内，随着转轨的进程赤字流量逐渐收敛，实现养老金体系的自给自足。

如图2和图3所示，无论覆盖率是否提高，在整个转轨过程中，赤字流量都呈现一个先增加后减少的"汤勺"型。在覆盖率没有提高的情况下，赤字规模被控制在实际GDP的15‰以内。即使在覆盖率提高的情况下，也只有2041—2048年增量做实的转轨过程完成前后的8年时间内，赤字的规模略微超过了实际GDP的15‰，峰值出现在2045年，达到17.4‰。如果在转轨的前20年（2007—2025年）中，国家决定通过国有资产划拨等方式来解决职工个人账户的空账问题，那么2025年以后的赤字流量形状将进一步改善。

我们注意到：在两种情况下，养老金赤字的峰值都是出现在2045年左右，此后，赤字逐渐收敛，到2080年左右基本完全收敛。这种模式刚好是和整个转轨过程中的个人账户的增量做实和存量余额上完全做实的转轨过程是吻合的。从2007年开始，个人基金积累账户做实比例逐渐上升，可以用于支付现有体系中退休工人养老金的缴费收入逐渐减少，这就使赤字流量呈现出逐年上升的情况。到2045年随着个人账户增量上的完全做实，所有养老金缴费都完全计入基金积累账户，而过去约 40 年建立的个人名义账户的资金都已经被用于支付当时的养老金,并没有实际意义的积累,这部分责任需要完全由财政负担。于是财政赤字在 2045 年达到峰值。此后,随着经历转轨过程的职工不断退出劳动力市场并且走向死亡,这部分财政负担逐年减少,到 2080 年左右基本递减完毕。此时,我国的养老体系最终完成了存量余额上的完全基金积累制。养老体系中的每个职工都是缴纳完全的基金积累账户,他们领取的养老金也完全来自于基金积累账户的年金,政府除补足制基本养老金外不再需要负担任何财政补贴。

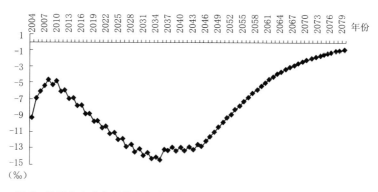

图 2 转型名义账户制养老金流量占 GDP 的比重:覆盖率没有提高的情形

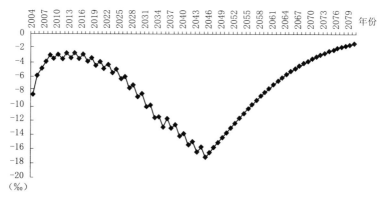

图 3 转型名义账户制养老金流量占 GDP 的比重:覆盖率提高的情形

五、结论

本文设计了转型名义账户制的中国养老保障体制改革新思路。整套体制在框架上延续了世界银行[②]的"三支柱"模式:第一支柱,建议采用刘遵义[③]所提出的低水平、全国统一、由财政直接负担的补足制代替原来的现收现付制。第三支柱补充性个人养老金,维持世界银行的设计。本文重点讨论的是对第二支柱个人账户的设计。我们创新性地设计由名义账户和基金积累账户共同组成养老个人账户,从较高比例的名义账户逐年向基金积累账户过渡最终实现全积累的转轨思路,并将其定义为"转型名义账户制"。同时,通过数值模拟得到,它可以将养老金每年的赤字流量,亦即政府的财政负担控制在可以承受的范围之内,最后赤字将趋于收敛。这条转轨路径可能是可操作的最优转轨路径。从长远来看,这种制度能够:

(1)通过补足制的社会基本养老金可以有条件地为全体城镇职工提供受益确定的养老保险收入(按照 2004 年的不变价格计算,给付标准为 250 元/人·月)。

(2)通过转型名义账户制的个人账户,可以为养老保险体系内的退休职工提供缴费确定的退休年金(替代率范围为 43.7%—79.2%)。转轨的后期,由于实际回报率较高的基金积累制账户的比重越来越高,个人账户的替代水平将超过 60%,此时还可以考虑进一步降低缴费率。

(3)通过从较高比例的名义账户向基金积累账户的逐步过渡,到 2045 年实现个人账户增量意义上的做实,到 2080 年左右实现存量余额上的完全做实。这一制度在财政上从 2007 至 2080 年都具有可持续性,最终财政负担逐步收敛。

(4)具有较现行体系低的缴费率,为 24%。

(5)通过结合个人账户养老金的期限与退休时的预期寿命,提供精算上的平衡性。

（6）有助于提高城镇职工参与养老保险体系的积极性，扩大养老金缴费的来源。

（7）全国统一的社会基本养老金和可携带的个人账户，将大大促进劳动力的流动。

（8）在国民储蓄率较高的阶段采用较高比例的、不具有积累性的名义账户制，当储蓄率随着人口老龄化的进程逐步下降，渐渐提高基金积累制的比重。

附录：模型和主要假定

（一）模型

学界一直对定量分析和评估养老金改革怀有极大的兴趣。本文也将对我们所设计的转型名义账户制的可持续性问题进行一个数值模拟。在此之前，我们先用一个完整的模型来刻画中国养老保险体系的资金运行。

在时间范围内，养老保险体制在时间 t 的收支平衡流量（balance flow）定义为 B_t。我们有如下表达式[②]：

$$B_t = (1+r_t)B_{t-1} + I_t + G_t - O_t - AE_t \qquad (1)$$

根据公式（1），给定 B_{t-1}，每年养老保险体制的收支平衡流量为体系收入现值和支出现值之差。其中收入现值由三部分组成，即上一年度的平衡正流量 B_{t-1} 乘以 $(1+r_t)$、当年的缴费流入（contribution inflow）I_t 以及政府的财政负担 G_t。而每年的支出为体系内的退休员工的总给付 O_t 以及管理成本 AE_t 之和。为了保证体系内退休员工的给付，每年公式（1）都必须要达到平衡，于是，我们可以将公式变形为：

$$G_t = \max\{B_t - (1+r_t)B_{t-1} - (I_t - O_t) + AE_t, 0\} \qquad (2)$$

公式（2）给出了每年政府对养老保险体系财政负担的定义。当体系入不敷出时,政府就需要对体系进行财政补贴,补贴额为 $B_t-(1+r_t)B_{t-1}-(I_t-O_t)+AE_t$;若体系本来就可以维持收支平衡或甚至有盈余,政府则不必再补贴,此时 G_t 为 0。

我们进一步来给出每年养老金缴费 I_t 和给付 O_t 的公式。首先,我们假设 i_1 是平均首次就业年龄,i_2 为退休年龄。为了计算简便,我们不再区分性别差异,假设男女员工的就业、退休和退休后的每年死亡概率及平均余命均相同。于是,社会养老体系的 t 年的总缴费公式[⑧]为:

$$I_t=\sum_{a=i_1}^{i_2}c_t W_t^a N_t^a \tag{3}$$

其中,c_t 为缴费率,W_t^a 为员工年龄为 a 时的平均工资,N_t^a 是指第 t 年养老保险体系内 a 岁缴费员工(或退休员工)的人数。

同时,体系的第 t 年的对退休员工的总给付公式为:

$$O_t=\sum_{a=i_2+1}^{i_3}An_t^a N_t^a \tag{4}$$

其中,i_3 为平均寿命,An_t^a 是第 t 年体系内 a 岁退休员工领取的退休年金。它是在转型名义账户制下,由员工退休时个人账户上记录的累计余额和其平均余命通过精算平衡得到的,其计算方法如下:

根据人口学中的定义,用 $_nQ_{a,t}$ 表示第 t 年 a 岁的人在年龄区间 $(a,a+n)$ 上的年龄别死亡概率。我们这里取 $n=1$。于是,第 t 年 a 岁的退休老人存活的概率 $S_{a,t}$ 等于第 $(t-1)$ 年他 $(a-1)$ 岁时的存活概率乘以年龄别生存概率 $(1-Q_{a,t})$。

$$S_{a,t}=S_{a-1,t-1}\times(1-Q_{a,t}) \tag{5}$$

在不再为退休后的名义账户余额计入利息的情形下,年龄 i、最终活动 N 岁的退休老人的生存余命可以用下式计算:

$$L_t^i=\frac{\sum_{a=i}^{N}S_{a,t}}{S_{i,t}} \tag{6}$$

此时,在退休阶段支付给该老人的年金即为:

$$An_t^i = C_t / L_t^i \tag{7}$$

在仍然为退休后的名义账户余额计入利息的情形下，年龄 i、最终活到 N 岁的退休老人的生存余命和每年的退休年金分别为：

$$Lr_t^i = \frac{\sum_{a=i}^{N} (1+r_t)^{-(N-i)} S_{a,t}}{S_{i,t}} \tag{8}$$

$$Anr_t^i = C_t / Lr_t^i \tag{9}$$

（二）基本假设

在本文的精算和数值模拟中，我们做了一些假设，包括对于 2004—2080 年宏观经济、人口、养老体系内的缴费和受益人数的预测（projection）。表 A1 总结了对于宏观经济指标的预测，包括实际 GDP 增长率、实际工资的增长率、通货膨胀率以及实际回报率。其中 2004—2005 年是真实值，2006 年及以后则为预测值。这些指标均为实际量，均以 2004 年的不变价格计算。

表 A1　基本宏观经济预测　　　　　　　　　（％）

年份	2004	2005	2006	2007	2010	2020	2030	2040	2080
实际 GDP 增长率	6.2	8.4	6.0	6.0	5.5	4.5	4.0	3.0	3.0
实际工资增长率	10.2	12.8	5.5	5.5	4.8	4.0	3.5	2.5	1.0
通货膨胀率	3.9	1.8	2.0	3.0	3.0	3.0	3.0	3.0	3.0
实际回报率	−0.3	1.8	2.0	2.0	2.0	2.0	2.0	2.0	2.0

对于人口、养老体系内的缴费和受益人数的预测，我们直接引用了世界银行 2005 年的报告（Yvonne Sin，2005）。世界银行报告是以 2001 年和 2002 年的真实值为预测起点。为了维持预测序列的完整性和与世界银行结果的可比性，我们并没有对最近几年的数据作更新。表 A2 直接引用了该报告对于中国 2001—2075 年的人口概览和预测数据，2076—2080 年的数据为本文作者通过简单的趋势外推法得到。从表中可以看到，我国的总人口将从 2004 年的 13.14 亿增加到 2040

年的峰值 15.12 亿,此后逐渐下降到 2080 年的 14.58 亿。与此同时,人口将经历快速的老龄化,这一点从老龄人口抚养比可以清楚地得到反映。**老龄人口抚养比**的含义是在人口结构中每个劳动年龄人口需要负担的老人数百分比,我国 2004 年抚养比为 31.6%,到 2080 年将迅速增加到 83.3%。

表 A3 预测了今后几十年参加中国城镇养老保障体系的企业职工和退休职工人数,以及覆盖率。这里我们同样引用了世界银行(Yvonne Sin,2005)^②的数据,并对 2076—2080 年的情况作简单的趋势外推。在两种覆盖率变动情形下,每年社会养老保险体系中新增加年届退休年龄的退休人数是本文作者所预测的。我们将城镇养老保险体系内的缴费职工数与社会全部劳动年龄人口之比定义为覆盖率。在预测的起点年份,我国的覆盖率水平在 12% 左右。对于未来几十年覆盖率的变化趋势,我们按照世界银行报告设定了两套情景。基本情景是假定 2004—2080 年间,中国养老保险体系的覆盖率水平基本不变。在这种假定下,我们可以考察当中国的养老保障体系没有受到引起覆盖率变化的一些外生因素影响时的可持续性问题。然而,现实中中国的养老保险政策要求进一步把覆盖面扩大到私营和外资企业以增加缴费、缓解财务赤字。同时,较快的城镇化速度也使得体系的覆盖率有一个自然的上升。此外,政府机关和事业单位员工将渐渐被纳入养老保险体系,而不再采取直接财政补贴,这将使得覆盖率进一步提高。除了上述这三种影响因素,进行转型名义账户制改革还将大大提高在职职工参加养老保障体系的积极性。综上,我们在情景二中假设覆盖率逐渐提高,到 2080 年将可以达到 48% 左右。图 A1 显示了有提高和没有提高这两种情下的覆盖率变动趋势。需要说明的是:上述情形仅仅是两套基准的假设,和现实情况,尤其是和最近几年正处于改革时期养老保障体系的覆盖率变化的实际值,存在一些出入。本文关注的重点是要通过这两种假设情形来模拟转型名义账户制框架在财务上的可持续性,而不在于数据本身。

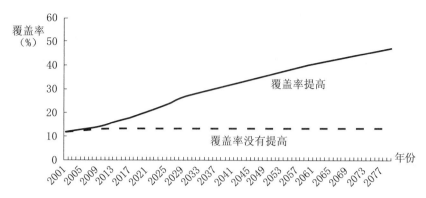

**图 A1　两种情形下的覆盖率(缴费职工数占
劳动年龄人口的百分比)趋势图**

表 A2　2001—2080 年中国人口概览和预测　　　　（单位:千人）

年份	2001	2002	2003	2004	2005	2006	2010	2020	2030	2040	2075	2080
总人口	1289613	1298078	1306183	1314287	1322392	1331111	1365987	1449267	1482915	1512276	1486422	1458291
男性人口	658837	663464	667858	672252	676646	681305	699942	743937	761507	777992	774375	759720
女性人口	630776	634614	638325	642036	645747	649806	666044	705329	721408	734284	712047	698571
总人口 （%， 下同)	100	100	100	100	100	100	100	100	100	100	100	100
0—14 岁人口	23.5	22.6	21.8	21.0	20.2	20.2	20.0	20.3	17.7	18.1	18.0	17.9
15—退休 年龄人口	59.0	59.5	59.8	60.1	60.4	60.0	58.3	52.3	50.1	46.7	44.9	44.8
退休年 龄以上	17.5	17.9	18.4	19.0	19.5	19.9	21.7	27.4	32.2	35.1	37.1	37.3
老龄人口 抚养比	29.7	30.1	30.8	31.6	32.3	33.2	37.2	52.4	64.3	75.2	82.6	83.3

表 A3　两种情形下养老保障体系内的缴费者和收益者人数预测

情形一　覆盖率没有提高　　　　　　　　　　　　　（单位:千人）

年份	2001	2002	2005	2010	2020	2030	2040	2050	2075	2080
缴费人数	91980	93720	98280	104650	100350	99470	93710	90640	88270	86404
受益人数	31650	36320	45050	57330	79860	98960	110950	115790	117190	115655
绝对抚 养比(%)	34	39	46	55	80	100	118	128	133	134
每年体系 内新增退 休人数[①]			1683	2162	2963	4647	3617	4382	3449	3569

情形二　覆盖率提高

年份	2001	2002	2005	2010	2020	2030	2040	2050	2075	2080
缴费人数	91980	94900	103190	115120	150520	198940	222570	249260	307790	311687
受益人数	31650	36410	45740	60290	93150	129210	161520	183460	201290	201075
绝对抚养比（%）	34	38	44	52	62	65	73	74	65	65
每年体系内新增退休人数			1709	2274	3456	6067	5265	6945	5923	6204

注：① 每年新增退休人口的估计是利用曾毅提供的方案中生育率下年龄别人口预测中未来每年的年届退休年龄人口乘以世界银行（Yvonne Sin，2005）估计的每年体系内退休人口占全社会退休年龄人口的比例（下同）。

注释

① Yvonne Sin，2005，"Pension Liabilities and Reform Options for Old Age Insurance"，working paper series on China，World Bank，Washington，D.C.，USA.

② 蔡昉、孟昕：《人口转变、体制转轨与养老保障模式的可持续性》，《比较》第 6 辑，中信出版社 2004 年版。

③ 根据劳动和社会保障部公布的《劳动和社会保障事业发展第十一个五年规划纲要草案》，到"十五"末期，个人账户空账规模达到 8000 多亿元。

④ 根据《2005 年劳动和社会保障事业发展统计公报》，2005 年全国各级财政补助基本养老金 651 亿元，其中中央财政 544 亿元，地方财政 107 亿元。

⑤ 世界银行：《老年保障——中国的养老金体制改革》，中国财政经济出版社 1998 年版。

⑥ 马丁·费尔德斯坦、杰弗里·利伯曼：《实现中国养老保险的潜力》，《比较》第 26 辑，中信出版社 2006 年版。赵耀辉、徐建国：《我国城镇养老保险体制改革中的激励机制问题》，《经济学》（季刊）2001 年 1 月。

⑦ World Bank，*Averting the Old Age Crisis*，Oxford University Press，1994.

⑧ 2005 年 12 月 14 日，国务院发布《国务院关于完善企业职工基本养老保险制度的决定》，公布了养老金缴纳和给付的新办法。与原办法相比，新办法仍然是统账制，仅仅是基本养老金的结构发生了变化，基础养老金增加，个人账户规模有所降低，总体水平与改革前大体相当。以职工缴费年限 35 年退休为例，改革前养老金的目标替代率是 58.5%，其中 20% 为基础养老金，38.5% 为个人账户养老金；改革后目标替代率调整为 59.2%，其中基础养老金替代率调整为 35%，个人账

户养老金替代率调整为 24.2%。

⑨ 马丁·费尔德斯坦、杰弗里·利伯曼:《实现中国养老保险的潜力》,《比较》第 26 辑,中信出版社 2006 年版。

⑩ 刘遵义:《关于中国社会养老保障体系的基本构想》,《比较》第 6 辑,中信出版社 2004 年版。

⑪ 刘遵义(2004)将补足制的社会基本养老金的标准定为 200 元/人·月(以 2000 年的不变价格计算),并指出随着房租市场化进程逐步加深,没有机会购买公房的年轻人逐步进入退休年龄时,可以考虑逐步提高社会基本养老金。

⑫ 刘遵义(2004)对普惠制和补足制进行了比较,出于政府财政负担的考虑,建议采用补足制。

⑬ 周小川、王林:《社会保障:体制改革与政策建议》,《改革》1994 年。

⑭ World Bank, *Averting the Old Age Crisis*, Oxford University Press, 1994;世界银行:《老年保障——中国的养老金体制改革》,中国财政经济出版社 1998 年版。

⑮ 马丁·费尔德斯坦:《中国的社会保障改革》,"中国社会保障国际研讨会"发言稿,1998 年 6 月;马丁·费尔德斯坦:《中国的社会保障养老金改革备忘录》,"中国社会保障体制改革"会议文章,2000 年 8 月;马丁·费尔德斯坦、杰弗里·利伯曼:《实现中国养老保险的潜力》,《比较》第 26 辑,中信出版社 2006 年版。

⑯ 刘遵义:《关于中国社会养老保障体系的基本构想》,《比较》第 6 辑,中信出版社 2004 年版。

⑰ 赵耀辉、徐建国:《我国城镇养老保险体制改革中的激励机制问题》,《经济学》(季刊)2001 年 1 月。

⑱ 2001 年,国务院颁布《减持国有股筹集社会保障基金管理暂行办法》,凡国家拥有股份的股份有限公司向公共投资者首次发行和增发股票时,均应按融资额的 10% 出售国有股,减持国有股收入全部上缴全国社会保障基金。2002 年 6 月,国务院基于种种考虑叫停了国有股减持。

⑲ Peter Diamond, 2005, *Social Security Reform in China: Further Notes on Issues and Options*.

⑳ 李剑阁:《养老金空账新解》,《财经》2006 年 6 月。

㉑ 较早开展名义账户制在中国的应用方面研究的还有 Williamson(2004)和郑秉文(2003)。

㉒ 马丁·费尔德斯坦、杰弗里·利伯曼:《实现中国养老保险的潜力》,《比较》第 26 辑,中信出版社 2006 年版。

㉓ 所谓"人口红利",指的是这一时期内生育率迅速下降,少儿与老年抚养负担均相对较轻,总人口中劳动适龄人口比重上升,在老年人口比例达到较高水平之前,形成一个劳动力资源相对比较丰富、对经济发展十分有利的黄金时期。

㉔ 该生命表为作者根据全国城市分年龄、性别死亡人口状况(2003.11.1—2004.10.31)计算而得到的生命表(数据来源《中国人口统计年鉴 2005 年》)。我

们假定中国死亡人口状况在本研究计算的时间范围内未发生改变。由于篇幅限制,生命表在附录中略去。

㉕ World Bank, *Averting the Old Age Crisis*, Oxford University Press, 1994;世界银行:《老年保障——中国的养老金体制改革》,中国财政经济出版社 1998 年版。

㉖ 刘遵义:《关于中国社会养老保障体系的基本构想》,《比较》第 6 辑,中信出版社 2004 年版。

㉗ 这里为了计算简便,实际计算并未考虑管理成本。

㉘ 这里为了计算简便,假设征缴率为 100%。

㉙ Yvonne Sin, 2005, "Pension Liabilities and Reform Options for Old Age Insurance", working paper series on China, World Bank, Washington, D. C., USA.

参考文献

Feldstein, Martin and Jeffrey Liebman, *Realizing the Potential of China's Social Security Pension System*, 2005.

Palmer, E., "The Swedish Pension Reform Model: Framework and Issues" (Social Protection Discussion Paper No. 0012). Washington, D. C., World Bank, 2000.

Palmer, E., "Swedish Pension Reform: How Did It Evolve, and What Does It Mean for the Future? in M. Feldstein and H. Siebert(eds.), *Social Security Pension Reform in Europe*. University of Chicago Press, 2002.

Peter Diamond, "Social Security Reform in China: Further Notes on Issues and Options", 2005.

Williamson, J. B., "Assessing the Pension Reform Potential of a Notional Defined Contribution Pillar", *International Social Security Review*, Vol. 57, 2004.

World Bank, *Averting the Old Age Crisis*, Oxford University Press, 1994.

World Bank, "Notional Accounts: Notional Defined Contribution Plans as a Pension Reform Strategy" (Pension Reform Primer). Washington, D.C., 2001.

World Bank, *Evaluation of the Liaoning Social Security Reform Pilot*, 2005.

Yvonne Sin, "Pension Liabilities and Reform Options for Old Age Insurance", working paper series on China, World Bank, Washington, D.C., USA, 2005.

北京大学中国经济研究中心宏观组:《中国养老保障体制改革报告》,中国发展研究基金会,2005 年。

蔡昉、孟昕:《人口转变、体制转轨与养老保障模式的可持续性》,《比较》第 6 辑,中信出版社 2004 年版。

劳动和社会保障部:《劳动和社会保障事业发展第十一个五年规划纲要草案》,
2006 年。

劳动和社会保障部和国家统计局:历年各期《劳动和社会保障事业发展统计公报》。

刘遵义:《关于中国社会养老保障体系的基本构想》,《比较》第 6 辑,中信出版社
2004 年版。

马丁·费尔德斯坦:《中国的社会保障改革》,"中国社会保障国际研讨会"发言稿,
1998 年 6 月。

马丁·费尔德斯坦:《中国的社会保障养老金改革备忘录》,"中国社会保障体制改
革"会议文章,2000 年 8 月。

国务院《关于完善城镇社会保障体系的试点方案》,2000 年。

国务院《减持国有股筹集社会保障资金管理暂行办法》,2001 年。

国务院《国务院批转劳动保障部等部门关于辽宁省完善城镇社会保障体系试点情
况报告的通知》,2003 年。

国务院《关于扩大做实企业职工基本养老保险个人账户试点有关问题的通知》,
2005 年。

李剑阁:《养老金空账新解》,《财经》2006 年 6 月。

世界银行:《老年保障——中国的养老金体制改革》,中国财政经济出版社 1998 年
版。

王燕、徐滇庆等:《中国养老隐性债务、转轨成本、改革方式及其影响》,《经济研究》
2001 年第 5 期。

吴敬琏、林毅夫:《关于划拨国有资产归还国家对老职工社会保障基金欠账的建
议》,《比较》2003 年第 6 辑。

新华网:《中央补助 18.2 亿为黑龙江吉林做实社保个人账户》,2005 年 3 月 3 日。

新华网:《养老险个人账户试点扩大 今年将选八省市做试点》,2006 年 3 月 20 日。

易纲、李凯:《转型名义账户制的设计和构想:可持续和转轨问题》,第六届中国经
济学年会会议论文,2006 年 12 月。

曾毅:《中国人口老化、退休金缺口与农村养老保障》,《经济学》(季刊)2005 年 7
月。

赵耀辉、徐建国:《我国城镇养老保险体制改革中的激励机制问题》,《经济学》(季
刊)2001 年 1 月。

郑秉文:《"名义账户"制:我国养老保障制度的一个理性选择》,《管理世界》2003 年
第 8 期。

中国经济研究咨询项目:《中国社会保障改革:问题及对策选择》,外方专家包括:
Mukul Asher,Nicholas Barr, Peter Diamond 等等,报告的中方负责人是李剑阁
和高西庆,2004 年 11 月。

周小川:《社会保障与企业盈利能力》,《经济社会体制比较》2000 年第 6 期。

周小川、王林:《社会保障:体制改革与政策建议》,《改革》1994 年。

《中国物业税①研究：理论、政策与可行性》前言*

一

物业税的开征是近年来的一个热门话题。无论是在政界、学术界，还是在寻常老百姓之间，关于物业税的讨论都不绝于耳，各种消息、评论与传闻也常常见诸报端。这些文章中不乏意见相左乃至互相矛盾者。有人宣扬物业税对国家经济和财政的种种益处，也有人视物业税为洪水猛兽；有人认为物业税将大大抑制房产投机行为，也有人称物业税对房价上涨的影响微乎其微……

物业税之热并不是一个偶然的现象，因为它是有关国计民生的问题。说它有关国计，是因为物业税的开征直接影响地方政府的财政收入，关系其财政职能，是我国财税体制改革的重要部分；说它有关民生，是因为物业税的纳税人直接是广大民众，它对房价的影响也与百姓的生活息息相关。2003年10月中共十六届三中全会《中共中央关于完善市场经济体制若干问题的决定》中有"条件具备时对不动产开征统一规范的物业税，相应取消有关税费"；2005年10月中共十六届五中全

---

① 本文中的物业税就是不动产税或房产税。

* 《中国物业税研究：理论、政策与可行性》，北京大学中国经济研究中心宏观组著，北京大学出版社2007年版。北京大学中国经济研究中心宏观组成立于1998年，主要成员是师从易纲教授的硕士生及博士生。多年来，易纲教授一直带领着中国经济研究中心宏观组的同学们进行着卓有成效的研究讨论，对宏观理论与政策做了全面深入的研究。

会关于第十一个五年规划的建议中有"稳步推行物业税",其重要性可见一斑。

尽管各界已经对物业税展开了广泛的讨论,但是到目前为止,大部分的讨论仍然有流于表面之嫌,这主要表现在如下几个方面:一是对国外物业税实际征收经验的介绍不够深入,往往只是一般性地论述物业税在各国税收中的地位和影响,对具体征收过程如何设置、为什么这样设置的研究仍不够细致;二是理论深度不够,对国外经济学、财政学界数十年来与物业税相关的研究成果缺乏深入的了解与介绍;三是容易"一叶障目",往往缺乏把物业税放在财税体制改革乃至整个中国政治经济体制变革的大环境、大框架中看问题的高度;四是大部分观点都是概念性、逻辑性的论述,缺少实证上的量化分析作为支持。

一方面物业税是社会热点,试点开征乃至全国范围的推行将逐渐出台;另一方面,国内的研究讨论仍有不少欠缺。北京大学中国经济研究中心宏观组在此时推出这本《中国物业税研究:理论、政策与可行性》,可谓正当其时。本书的主要目的是全面介绍物业税的方方面面,包括物业税的历史和政治、经济理论,以及各国经验、征收过程、与公共财政的关系、对房地产市场的影响等各个方面;以事实性材料为主,辅以逻辑分析与数据支持,意在为这一领域提供一个比较全面的背景材料,为进一步的讨论和将来政策的出台提供支持。

本书的章节安排就是针对以上阐述的几方面展开论述。在全书的开始,第一章是对于物业税整体的论述。第二章至第四章详细介绍了物业税最基本的征收流程、税基和税基评估方法等问题,并回顾了中国自身的房地产税费的历史和别国物业税改革的经验。这一部分主要是实践性或者经验性的介绍,基本不涉及理论探讨。第五章综述了物业税征收的理论——受益论和新论,试图从理论角度去理解物业税的税收负担群体。第六章和第七章分别从理论和实证的角度将物业税放在财政体系下去思考物业税征收的影响和可行性。第八章则从政治经济学的角度阐述了在物业税改革中各个利益集团之间的博弈关系。最后,社会上最受关注的问题之一是物业税的征收对于不动产价格的影响。本书的最后一章基于中国的数据指出征收物业税会提升持有不动产的成本,对消费性需求与投资性需求都有抑制作用,因此能有效遏制房价上涨。

希望不同背景的读者阅读此书时都能有所收获。一般读者能借由此书对物业税有一个全面的了解;有一定经济学背景的读者能了解这一领域的主要观点,作为进一步阅读其他文献的准备;对这一领域已有相当了解的学者能够从书中的论述中获取灵感,利用书中的材料来支持进一步的研究;此外,对政府,特别是地方各级政府中税务部门的同志在研究制定和操作物业税的过程中也能有帮助。本书由中国经济研究中心宏观组在充分讨论与交流的基础上合作撰写完成。各章执笔人为:第一章至第四章由吴慧敏执笔;第五章由梁东擎执笔;第六章由熊奕执笔;第七章由易纲、韦志超执笔;第八章由宋啸啸执笔;第九章由李可、宋啸啸执笔。当然,各作者分别对自己所撰写的章节文责自负。

二

物业税既不像所得税那样容易受企业、人口流动的影响,也不像营业税、增值税等流转税种那样与经济结构、经济周期极度相关,对经济活动的扭曲也较小,能给地方政府提供稳定的收入来源,这些特点都奠定了物业税作为地方性主力税种的地位。

在许多国家尤其是西方国家,物业税有着悠久的历史,长期以来一直是地方性的主力税种。尽管随着所得税、流转税等税种收入的增加,物业税占总体税收的比例有下降趋势,但其作为地方主力税种的地位仍然没有动摇。例如,2002 年物业税收入占美国州级以下(不包括州级)地方政府税收收入的 70% 以上。数十年来,许多没有物业税征收历史的亚洲新兴国家也引入了物业税。除了增加地方政府财政收入之外,抑制房价投机也是这些国家引入物业税的重要政策目标。日本在

1950年代初废除地租(农业税)而引入固定资产税,1990年代之后又有数次改革;韩国在1980年代末进行了房地产税收改革,都是这样的例子。

与多数东方国家类似,我国并没有征收物业税的传统,历史上我国对土地一般征收田赋,这是对土地农业产出物的课税,具有所得税性质。新中国成立以来,我国逐步推行了城市房地产税、房产税、城镇土地使用税、土地增值税等多种与地产、房产相关的税种,但存在税种过多、缺乏协调、实际征税面窄等许多问题。随着中国经济环境的不断发展,引入统一的物业税逐渐水到渠成,作为整体财税改革中配套的一环,可以起到多方面的作用。

第一,征收物业税有利于优化我国房地产税制。

物业税是一种保有税,只要持有物业就要交税。在目前中国的不动产税收体系下,大部分税负都在流转环节,保有环节的税负很轻,当下需要强化的正是保有税而非流转税。但是,征收保有税的难度往往高于流转税,需要经过长时间的调查、研究和准备工作后才能顺利开征。正是由于这个原因,短期内出台的、以调控房价为目的的税种,往往是针对流转、交易环节的。流转税虽然易于开征,其弊端也是明显的:一方面限制了房屋的交易和流转,不利于房地产市场的有效运行;另一方面,交易税越多,总税负就越重,税种也越复杂,出台物业税的难度和阻力进一步加大。所以,尽管物业税开征的难度高,还是应该坚决开征,并且越早越好;出台的同时还要相应简化流转税种,降低税率,达到优化房地产税制的目的。

第二,征收物业税有利于理顺中央政府与地方政府的关系。

中国自古就是中央集权的国家,实行郡县制,地方各级官员由中央政府委派,对中央政府的责任是硬约束;为官一任造福一方、对当地百姓负责是第二位的。地方政府基本上没有立法权。高度集权的国家不仅造成社会组织、社区的缺失，也造成没有真正意义上自我管理的地方政府，地方政府仅仅成为中央政府的派出机构。征收物业税是对这一状况的改进。首先，物业税赋予了地方政府更多的立法权，增强了地方政府自我管理的压力；促使地方政府不仅要对上负责，更要对作为纳税人的当地百姓负责，配合公众舆论监督的加强，改变地方政府的行为准则。其次，物业税作为相对稳定的地方税种，有利于稳定地方财政收入、匹配财权与事权。

第三，征收物业税有利于建设环境友好型社会与资源节约型社会。

众所周知，中国人地关系紧张，但是相对于其他资源紧张国家，中国的人均住宅面积却较高，而物业税是基于房屋持有成本的税种，房屋面积越大、价格越高，税收也相应越高。因此，这种税收有利于高质量、舒适型的住宅建设导向，也有利于降低人均住宅面积，保护环境，建设资源节约型社会。

第四，征收物业税有利于转变政府职能，使其向提供公共建设、公共服务方向发展。

因为工业项目能带来就业和税收，于是目前各级政府都在"大干快上"地推出工业项目。随着社会主义市场经济体制的建立，地方政府的职能要发生转变，要从直接抓经济项目转移到执法监管、社会管理和公共服务上来。前不久，成都和杭州打擂台，争论谁是最适合人类居住的城市，这是一个好现象。最适合人类居住的地方要自然环境好、基础设施好、社会治安好、教育质量好、公共秩序好、文化氛围好，这些都要求地方政府做好社会管理和公共服务。如果开征物业税，那么一方面该税收的收入与居住环境挂钩，公共服务越好，房价就越高，税收收入也就越多，可以激励地方政府加强社会管理，改善居住环境；另一方面也有利于民众监督政府的政绩，有利于改善目前以工业发展为中心的政府导向，使政府向公众服务型转变。

在现行房地产税制与土地出让金制度之下，地方政府从土地上获得的收入主要是土地出让金的一次性收入，不稳定性很大，这在一定程度上加剧了地方政府的短期行为问题。征收物业税使房价和地价下降，实际上是把一部分的一次性收入变成了长期现金流，增强了政府收入的长期性，有利于激励地方政府作决策时更长远地看问题，减少短期行为。

三

中国的物业税如何立法、如何征收，一直都有广泛的争议。物业税改革方案的设计是一项系统工程，既要考虑到物业税本身的特点和政策目标，又要结合中国国情，还要兼顾可行性以避免过于复杂的机制设计使得征收成本过高。因此，遵守下面几个原则是非常重要的：

第一，物业税的推出和税率的制定应当遵循"中央作决策，立法在省一级，征收和规范在县市"的原则。

物业税是地方性税种，应当给予地方政府一定范围内的决定本地的税率的自主权，借此控制地区税收的规模。所以，可以建立一个分级决策的机制：先由中央制定征收物业税的政策，定出税率的上限与下限；再在遵照中央政策的前提下，由省级人民代表大会立法征收物业税，根据地方经济情况差异进一步限定可行税率的范围；最后由市、县级地方政府考虑自身财政状况、辖区内房地产市场、居民收入等各方面情况后决定当地物业税的实际税率，并具体规范和执行物业税的征收过程。

为什么决策权要在中央政府？中国是一个统一的国家，重大税收制度要由中央决策。实际上党的十六届三中全会和十六届五中全会的文件已经表明了执政党和中央政府的决策方向。

立法权赋予省一级，则是基于如下原因。中国是一个大国，各省情况有很大的不同。省级是行政管理权中的一个重要层级,物业税是一个地方税,省级政府和人大立法有利于增加物业税的公信力和对当地的适用性,增加物业税的可操作性,同时也是各省发挥特点和适度竞争的一个平台与窗口。

实行物业税,是在立法意义上稳定地将物业税的征收权永久地交给地方政府。如果说地方政府的绝大多数权利是中央政府赋予的,那么物业税应该是另类,是地方政府自己的权利。有权利就有义务,就要解决监督和问责制的问题。绝大多数权利是中央给的,地方政府官员当然要对中央负责。而物业税的监督来自纳税人,制衡来自地方间的竞争。问责制的压力来自纳税人和媒体舆论。因此,实行物业税不仅是增加了一个税种,而且引入了一种新机制。它会改进人们的思维模式和地方官员负责任的方向,创造出一个向纳税人负责的机制。

第二,物业税的征收对象必须是全部住房,包括城市住房与乡村住房、商业用途住房与居住用途住房、存量房与新房;也不应区分是房主的第几套房产。

物业税的征收本身已经是一个复杂的过程,如果再区分征收对象,对一部分房产进行免税处理,那么一方面会增加税制的复杂性,使管理难度加大;另一方面也不能体现公平原则。更重要的是,对部分房产免税会滋生逃税的空间,部分人可以通过各种方式将自己的房产划为免税的类别,从而免交物业税,这对物业税的推行与社会的稳定都是十分不利的。

我们的原则是所有房屋都要缴纳物业税,包括各种存量房、新房和二手房。有人说,存量房主在购房时已经直接或间接负担了各种税费,是不是可以不缴纳物业税?回答是,存量房业主也要缴纳物业税,因为物业税中不仅含有各种和土地相关的税费,还含有今后每年市政公共服务的费用。考虑到存量房业主在购房时已经负担了各种和土地相关的税费,可以考虑引入一个十年左右的过渡期,在过渡期内对存量房业主实施税率优惠,比如基于法定税率减半征收。过渡期之后,对所有房屋征收统一规范的物业税。

但是,有一类观点认为自住房可以不征物业税。这种观点是存在疑问的。物业税的征收对所有房产应一视同仁,自住房也要交物业税。原因有以下几点:

其一,物业税只有绝大多数人参与,才能达到上述目的。只有广大纳税人都参与,才能充分发挥他们的监督职能,才能实行真正意义上的问责制,督促地方政府做好社会管理和公共服务工作,而不是忙于招商引资。如果自住房不用交纳物业税,大多数人就不会关心物业税的征收和使用,没有了监督政府的动力,这项税收政策的推出就丧失了意义。

其二,自住房不交物业税不存在可操作性。有的居民一家有好几套住房,如果自住房不用交物业税,那么父母一套,儿女一套,最后还是没人交税,提高了征税的操作成本,使物业税的征收流于形式。

其三,若自住房应分"豪华"与"非豪华",且只有豪华自住房才需缴税,那么豪华与非豪华又该如何界定?要多大、多豪华才要交物业税,300平方米交不交?这种划分在实践中会遇到许多困难。事实上,下文将提到的起征点就是对缴税与免税房屋的最好的划分,在起征线以上的所有房地产持有者都应该缴纳物业税,否则就达不到建设资源节约型、环境友好型社会的目的。

第三,充分考虑纳税人的经济能力,合理制定物业税税率。

物业税税率的设定必须适宜。过低的税率难以弥补征收过程本身的成本,会降低地方政府征税的积极性;过高的税率则会加重百姓的负担,还可能引发逃税、抗税等各种问题。

首先要明确的是,物业税的征收更应看做是税收体制的调整,而非简单地增加一种税收。因此,在开征物业税的决策和立法过程中要坚持总体税率不变的原则,做到有增有减,使开征物业税后的影响为中性。这意味着在开征物业税的同时,要实施城镇建设税费改革,相应取消有关收费,适当降低其他有关税率(例如,可以考虑适当降低个人所得税税率),以维持税收总负担基本不变。

在征收物业税前,首先要评估待征税住房的市场价格,以确定**税基**。考虑到评估的成本,借鉴各国经验,中国物业税税基的评估周期可以因地制宜,大致设为三年至五年评估一次。在两次评估之间,可以采用固定税基,也可以采用指数化方法计算税基。由于房价趋势一般是上涨的,以评估时的房价为固定税基,定后几年不变(直至下次评估),既简单易行,又对纳税人有利。

税率的具体设置也应遵循简单易行的原则,不宜过于复杂。以下两个标准可以作为参考:一是年税率为市场房价的 0.3%—0.7%,二是年税率为房屋租赁市场月租金价格的 0.4—0.8 倍。举例来说,一套市场价格为 50 万元、月租 3000 元的房产,按照第一个标准每年需缴纳的物业税应为 1500—3500 元;按照第二个标准,则应为 1200—2400 元。上述两种标准给出了比较适当的税率范围,实际税率的确定需要各方面综合考虑,但如无特殊原因,应都落在这两个范围内才比较合理。

此外,还应设定适当的**起征点**,使价值较低的房产可以免于缴纳物业税。起征点的决定应当符合这样的判据:保证真正以农业收入为主要收入来源的农村地区的住房价格在起征线以下,使此类地区的居民可以免于缴纳物业税,而城市住房,或是工商业收入占居民收入较大部分的农村地区住房则在起征线以上。考虑到各地经济、房价存在差异,起征线也应由各地方政府具体决定,中央及省级政府只负责设定大致的区间,并对地方政府予以指导。这里的原则是:物业税是城乡统一的物业税,不要在物业税的设立上再搞城乡分割的立法和政策;但借助于起征点的设定,在事实上达到免除以农业收入为主的农村居民的物业税负担的效果。

按照以上原则征收物业税,可以真正体现"公平纳税",所有房产都计入税基;同时,富则多交、穷则少交,低于起征点更可以免于交税。地方政府制定税率,充分体现地方灵活性,但是国家也有能力对总税率进行控制,能够调控全局。当然,上述的几个原则只是基础性的,并不能涵盖物业税的方方面面。物业税在其推出与征收的过程中还会遇到各式各样的问题,每个问题都需要在事实基础上经过细致考虑才能很好地解决。试举两例:

一是房价与地方政府积极性的问题。物业税一旦开征,房价必然会受到影响,哪儿先征,哪儿的房价就可能会先下跌或少涨,这会影响地方政府对征收物业税的积极性。对此,一篇论文专门研究了物业税与房价的关系,研究结果表明,征收物业税对房地产市场有一定影响,但房地产价格的跌幅有限;从长远来看,征收物业税能给地方政府带来稳定的收入。即便如此,对于地方政府积极性问题,中央要尽快做出启动试点的决策,通过中央财政转移支付和税收返还等渠道,建立激励机制,鼓励地方政府试点。

二是听证会的问题。听证会是一种很好的民众与政府沟通以使民意上达的方式,在许多国家的物业税征收与政府预算决定的过程中都具有一定地位;但也要注意其适用性。以美国伊利诺伊州物业税的征收为例,听证会是地方政府以支定收过程中的一步,其作用是与居民商讨地方政府开支,限制地方财政支出无效率膨胀。但如果中国要在物业税开征之前举办一个听证会来询问是否应征物业税,结果必然是遭到广泛的反对,因为所有的老百姓都会赞成税种越少越好,税率越低越好。因此,听证会可以开,但前提条件是中央开始征收物业税的决策已经做出,省一级立法已经通过,税率的范围已经确定。如果开听证会讨论是否开征物业税,那就大错特错了。听证会可以讨论开征物业税的一些有关民生的技术细节,老百姓如何监督地方政府使用物业税,等等。政府应当有魄力在当下尽快做出决定,立法征收物业税;随着时间推移,引入物业税的难度只会越来越大。

纵观世界各国,如果把征收物业税的国家与未征收物业税的国家做一比较,就会发现,绝大多数发达国家都开征了物业税,有物业税的国家往往对产权更加尊重、对私产有保护、对权力有制衡。物业税实际上体现了对私产的尊重。这既是因为物业税本身就建立在承认私产的基础之上,征收物业税意味着国家承认了房主对房产的所有权不容侵犯;也是因为物业税能够改变政府激励、增加纳税人意识、加强舆论监督,从而增强对个人财产的保护意识和保护力度。相反,穷国、不发达国家、法制不健全的国家一般无法规范地开征物业税。能否成功地、平稳地开征物业税,标志着中国能否成功地在市场经济的道路上再上一个高度。物业税的开征是法制建设与产权保护的里程碑,是理顺中央政府与地方政府关系的突破口,是加强百姓对政府监督的催化剂。尽管房屋业主、经济学家乃至社会各界可以从不同的角度举出许多质疑开征物业税的理由,但这些理由都可以在听证会和讨论中逐步取得共识。从长久来看,开征物业税对社会公众和政府是有利的。我能想象出开征物业税的"阵痛",我真诚地希望公众能以平常心度过此"阵痛",使中国各地能平稳地开征物业税。

以购买力平价测算
基尼系数的尝试[*]

提要 本文采用购买力平价的思想,探讨编制地区间价格指数的方法,进行我国内部地区间的价格水平比较,并且利用地区间价格指数将名义收入转换为实际收入,重新测算基尼系数。地区间价格指数显示,我国的地区间价格水平差异大,可贸易商品地区间价格差异相对较小,不可贸易商品地区间价格差异相对较大;各地价格水平与居民名义收入水平成正相关关系,因此,各地居民实际收入差距小于名义收入差距,按居民实际收入测算的基尼系数较小。

关键词 基尼系数 购买力平价 地区间价格差异

基尼系数是一个以基尼的名字命名的综合统计指标,有关基尼系数的研究从未停顿。国内学术界关于基尼系数的讨论,通常集中在收入分配差距的趋势、成因及评价这几个方面,较少涉及基尼系数的测算过程和方法。迄今为止,我国的基尼系数的测算都是使用居民名义收入。但是与名义收入相比,居民实际收入水平更能代表居民的真实生活水平和真实贫富程度。为了更为准确地衡量我国居民的真实贫富差距,本文采用购买力平价的思想,探讨编制地区间价格指数的方法,进行我国内部地区间的价格水平比较,并且利用地区间价格指数将名义收入转换为实际收入,重新测算基尼系数。

一、以居民实际收入测算基尼系数的合理性分析

(一)基尼系数的变化趋势和特点

改革开放以来,我国经济的高速增长和居民生活水平的大幅度提

---

* 原文发表于《经济学》(季刊)第 6 卷第 1 期。执笔人:易纲、张燕姣。

高已成为举世瞩目的事实,但是作为衡量居民收入分配差距的重要指标,我国的基尼系数随着经济发展和人均收入水平的上升呈现出扩大趋势,2002 年就已经超过 0.4 这一国际警戒线[①],引起广泛的注意。在上升过程中,基尼系数表现出两个明显的特征,一是相对于总体基尼系数,农村内部基尼系数和城镇内部基尼系数较小。图 1 显示了改革开放以来,**城镇基尼系数**、**农村基尼系数**和**全国基尼系数**的变化趋势。二是相对于全国基尼系数,地区内基尼系数较小。从 1997 年和 2002 年两年的数据来看,我国农村基尼系数有两大地域性特点:全国农村基尼系数高于各省农村基尼系数(唯一的例外是 1997 年云南农村的基尼系数);全国范围内收入越低的省份,省内农村基尼系数越高。

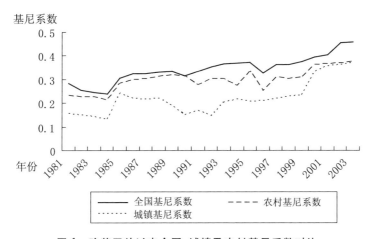

图 1　改革开放以来全国、城镇及农村基尼系数对比

数据来源:周文兴,《中国:收入分配不平等与经济增长》,北京大学出版社 2005 年版。

　　采用**泰尔指数**分解方式对全国范围的名义收入差距进行考察,可以证明:城乡差距与地区间差距是造成基尼系数偏大的重要原因。

　　表 1 是 1995 年和 2002 年泰尔指数在城镇内部、农村内部和城乡之间分解所得的各部分贡献率。城乡之间差距的贡献率有所增加,由 1995 年的 35.9% 上升到 2002 年的 43%,已经达到相当大的比重。

表 1　全国个人收入差距在城乡之间的分解

	城镇内部	农村内部	城乡之间
2002 年贡献率(%)	18.5	38.5	43
1995 年贡献率(%)	11.4	52.7	35.9

数据来源:李实、岳希明,《中国城乡收入差距调查》,《财经》2004 年第 3 期。

　　图 2 是对泰尔指数做地带间分解得到的地带间差异和地带内差异对整体基尼系数贡献率的对比图。地带间差距对全国收入差距的贡献率 2001 年已经接近 50%,成为一股不可忽视的力量。

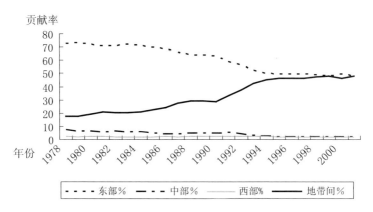

图 2　地带之间和地带内差异对整体差异的贡献率(1978—2001 年)

资料来源:鲁凤、徐建华,《中国区域经济差异:来自 Gini 系数和 Theil 系数的实证》,《中国东西部合作研究》2004 年第一卷。

(二) 计算反映居民实际生活水平差距的基尼系数

　　中国地域广阔,地区之间发展不平衡,中国经济的转轨过程中,不同地区的市场化进程也有所不同,这些因素都造成我国显著的地域间差异。我国的地域性差异不仅表现为城乡间、地带间的名义收入差距,也表现为城乡间、地带间价格水平的差异。我国居民名义收入与物价水平的双重地域性差异决定了居民的名义收入无法真实反映居民的实际生活水平。

　　目前我国的基尼系数都是运用名义收入测算,若想更准确地衡量我国的贫富差距,测算一个能够真实反映居民实际生活水平差异的基尼系数是非常有意义的。

（三）影响居民实际生活水平的因素

决定居民实际生活水平的首要因素是居民的实际收入,而这一指标由居民的名义收入与当地的价格水平共同决定。江小涓对我国 36 个大中城市的价格水平进行初步考察,得到一个方向性结论:我国地区之间实际收入差距小于名义收入差距。[②]

城乡公共产品是除居民实际收入外影响居民实际生活水平与质量的另一种因素。我国的二元经济结构导致我国城乡公共产品的供给体制不均衡,城市公共产品的供给与质量远胜于农村地区。但是与此同时,城市的发展为居民的生活质量带来了很多不可忽视的负面影响,例如空气污染、交通堵塞、生活节奏紧张、犯罪率增加、人口密度高、居住拥挤,都使居民的实际生活水平与生活质量大打折扣。综合来看,公共产品供给失衡究竟对城乡居民实际生活水平差距造成怎样的影响,无法简单得出结论。因此,本文暂不考虑公共产品供给所带来的影响,仅用居民实际收入水平来衡量居民实际生活水平差距。

此外,商品的品质与质量也是影响居民实际生活水平的重要因素。同种商品的品质与质量在各地间可能有所差异,这种情况在不可贸易商品中较为常见。例如,不同地区理发店制作相同发型的价格不可避免地存在着差异,但不可否认的是,不同地区理发店所提供的服务质量可能也是存在着差异的。这种差异只能够通过抽样过程中的细致工作尽量减少,例如在各地选取相同品牌、同等规格、同等质量的可贸易品,以及水平相近的不可贸易品作为价格监测的规格商品。由于人力物力的原因,我们不能亲自进行价格采样,所能做的非常有限,只能谨慎处理和选择现有数据,以降低商品质量差异带来的影响。

（四）用居民的实际收入计算基尼系数

由于我国地域广阔,又具有特殊的户籍制度,中国劳动力在地区间及城乡间的流动受到限制,我国内部地区间的比较与国际比较具有一定的相似性。因此,利用购买力平价思想计算反映地区间价格差异的横截面价格指数是可行的。用所得的横截面价格指数对居民名义数据进行处理,可以得到居民实际收入数据,进而测算基尼系数,衡量居民的实际收入差距。

二、编制地区间价格指数

编制反映**地区间价格差异**的**横截面指数** CSI (Cross-Section Index),基本思路是:选择满足一致性、可比性、代表性、相同代表性原则的商品和服务作为规格品,根据其价格编制综合指数。编制横截面价格指数,需要两方面的数据:一是居民支出基本分类的数据,作为计算横截面价格指数的权数;二是所选取的规格品的价格数据。

根据研究目的,将全国(或者所考察的区域)划分为 n 个地区编制指数,对第 $i(i=1,\cdots,n)$ 个地区,用对应的横截面价格指数 CSI_i 去处理该地区的名义收入数据,从而剔除地区间、城乡间的人民币购买力失衡带来的基尼系数测算偏差。将规格品分为 K 个基本分类,先计算每个基本分类下的价格指数,再汇总为综合指数。

(一)居民基本分类一级

采用**最小间隔树法**[③] (Minimum-Spanning Tree Method,简称 MST)计算不同地区间各个基本分类一级的横截面价格指数。共设 K 个基本分类,每个基本分类下选取 m_k 种规格品,$k=1,\cdots,K$,则规格品总数为 $m=\sum_{k=1}^{K}m_k$。由于地域上的差别,各个地区间的代表性商品不尽相同,将所有在当地有代表性的商品和服务以星号标记。任意选取两地区 $i,j\in[1,n]$ 进行比较,计算分为四个步骤。

第一步,计算**拉氏价格比率**,即各个基本分类下对基准地区有代表性的商品和服务的价格比率。

$$L_{i/j} = \left[(P_{i1}/P_{j1}^*)(P_{i2}/P_{j2}^*) \cdots (P_{ir}/P_{jr}^*) \right]^{\frac{1}{r}} \tag{1}$$

其中 r 是基准地区 j 的具有代表性的规格品的数目，$r \leqslant m_k$。

第二步，计算**帕氏价格比率**，即计算各个基本分类下对伙伴地区有代表性的商品和服务的价格比率。

$$P_{i/j} = \left[(P_{i1}^*/P_{j1})(P_{i2}^*/P_{j2}) \cdots (P_{it}^*/P_{jt}) \right]^{\frac{1}{t}} \tag{2}$$

其中 t 为伙伴地区 i 具有代表性的规格品的数目，$t \leqslant m_k$。

第三步，利用最小间隔树方法，寻找基本分类水平上的多边比较的最佳组合方式。

最小间隔树法利用拉氏指数和帕氏指数的特殊性质，利用双边比较的结果选择最佳组合方式。由于帕氏指数与拉氏指数构成实际值的边界④，两个对比地区的帕氏和拉氏指数值之差（Paasche－Laspeyres Spread，即 PLS）越小，其比较结果越准确。在 n 个地区间进行两两双边比较，得到如下矩阵

$$\begin{pmatrix} PLS_{11} & PLS_{12} \cdots & PLS_{1n} \\ PLS_{21} & \ddots & \vdots \\ \vdots & & \\ PLS_{n1} & \cdots & PLS_{nn} \end{pmatrix}$$

任意两个地区之间的 PLS 值为

$$PLS_{ij} = \log \left[\text{Max}(P_{ij}, L_{ij})/\text{Min}(P_{ij}, L_{ij}) \right] \tag{3}$$

$$PLS_{ji} = \log \left[\text{Max}(P_{ji}, L_{ji})/\text{Min}(P_{ji}, L_{ji}) \right]$$

$$= \log \left[\text{Max}\left(\frac{1}{L_{ij}}, \frac{1}{P_{ij}}\right)/\text{Min}\left(\frac{1}{L_{ij}}, \frac{1}{P_{ij}}\right) \right] \tag{4}$$

若 $P_{ij} > L_{ij}$，则有

$$PLS_{ij} = \log P_{ij} - \log L_{ij} \tag{5}$$

$$PLS_{ji} = \log \frac{1}{L_{ij}} - \log \frac{1}{P_{ij}} = \log P_{ij} - \log L_{ij} = PLS_{ij} \tag{6}$$

当 $i = j$ 时，

$$PLS_{ii} = \log\left[\mathrm{Max}\,(P_{ii},L_{ii})/\mathrm{Min}\,(P_{ii},L_{ii})\right] = \log 1 = 0 \qquad (7)$$

因此 n 个地区两两比较所得的 PLS 矩阵是一个对角线为 0 的 $n \times n$ 矩阵。

当 n 个地区进行比较时,会产生 n^{n-2} 个间隔树,即 n^{n-2} 种不同的组合方式,每个间隔树中有 $n-1$ 个双边比较,依次将它们连成多边比较。每一个间隔树中的 $n-1$ 个 PLS 都是从 PLS 矩阵中得来。设 $S = n^{n-2}$,第 S 个间隔树的 PLS 值为

$$PLS_S = \sum_{i=1}^{n-1} PLS_{is}\,,s \in [1,S] \qquad (8)$$

在 S 个间隔树中进行比较,取最小间隔分布组合

$$\mathrm{Min}\,(\sum_{i=1}^{n-1} PLS_{i1}\,,\sum_{i=1}^{n-1} PLS_{i2}\,,\cdots,\sum_{i=1}^{n-1} PLS_{iS}) \qquad (9)$$

根据这个最小间隔树分布,进行各个地区之间的双边比较,并依次连接成为多边比较。

第四步,根据所选定的最佳组合计算每一基本分类下各地区间多边比较所得的购买力指数。以选定的最佳组合方式为参加比较的各个地区排序,并计算 i,j 两国间的 Fisher 价格比率

$$F_{ij} = [L_{i/j} \cdot P_{i/j}]^{\frac{1}{2}}\,,j = i+1 \qquad (10)$$

得到 K 个基本分类下各地区的横截面价格指数

$$\begin{pmatrix} F_{12}^1 & F_{23}^1 \cdots & F_{(n-1)n}^1 \\ F_{12}^2 & \ddots & F_{(n-1)n}^2 \\ \vdots & & \\ F_{12}^K & F_{23}^K & F_{(n-1)n}^K \end{pmatrix}$$

其中 F_{12}^1 表示以第二个地区为基准,在第一个基本分类下的第一个地区的相对横截面价格指数。$F_{i(i+1)}^k$ 下标的两个数字,前者表示的是所考察地区的编号,后者表示基准地区的编号;上标 k 表示规格商品基本分类的编号。在上述矩阵中

$$F_{ij}^k = \frac{1}{F_{ji}^k} \tag{11}$$

$$F_{ij}^k = F_{i(i+1)}^k \cdots F_{(j-1)j}^k, j > i \tag{12}$$

因此,将所得的双边比较矩阵转化为多边比较,只需以某地区的横截面价格指数为 1,对双边比较矩阵作标准化。例如,以第 n 个地区的价格为基准,将其价格指数标准化为 1,可以得出各个基本分类下,第 i 个地区的横截面价格指数

$$\begin{pmatrix} CSI_1^1 & CSI_2^1 & \cdots & CSI_n^1 \\ CSI_1^2 & \ddots & & CSI_n^2 \\ \vdots & & & \\ CSI_1^K & CSI_2^K & & CSI_n^K \end{pmatrix} \tag{13}$$

其中 $CSI_i^k, i=1,\cdots,n, k=1,\cdots,K$,表示第 i 个地区在第 k 个基本分类下的价格指数。

若第 i 个地区,基本分类 k 下某居民可支配收入为 y_i^k,则利用横截面价格指数对其处理,所得的物品量意义上的实际收入为 $\frac{y_i^k}{CSI_i^k}$。

(二) 基本分类以上一级

在基本分类以上,以各地区基本分类的平均支出比重为权重汇总价格指数

$$CSI_i = \frac{1}{\sum_{k=1}^K \left[\frac{W_k^*}{CSI_i^k} \right]}, i=1,\cdots,n \tag{14}$$

其中 $W_k^* = \frac{1}{n} \sum_{i=1}^n \left(\frac{e_{ik}}{\sum_{k=1}^K e_{ik}} \right) \tag{15}$

若第 i 个地区,某居民可支配收入为 y_i,则利用横截面价格指数对其处理,所得的物量意义上的实际收入为 $\frac{y_i}{CSI_i}$。

三、实证部分

本文所采用的数据来自《中国物价年鉴 2004》及历年《中国统计年鉴》。由于我国目前对外公布的统计数据有限,本文分别考察 36 个大中城市的价格差异,25 个省、自治区、直辖市农村地区的价格差异及其对基尼系数的影响。

(一) 考察 36 个大中城市之间的价格差异和收入差距

由于数据样本有限,选取 76 种规格商品,共分为四大类:食品、衣着及日常用品、居住(包括住房、水电气)、服务及其他(包括教育、医疗、交通及通信)。

表 2　36 个大中城市价格比较规格商品目录

基本分类		规格商品
食　品		绿豆(一级)、粳米标一、面粉特一粉、面粉标准粉、玉米粉精制、花生油一级桶装(5 升)、色拉油一级桶装(5 升)、鲜猪肉去骨后腿肉、鲜牛肉去骨后腿肉、白条鸡开膛上等、草鱼(活,750 克左右一条)、菠菜新鲜一级、芹菜新鲜一级、大白菜新鲜一级、油菜新鲜一级、黄瓜新鲜一级、冬瓜新鲜一级、萝卜新鲜一级、茄子新鲜一级、西红柿新鲜一级、土豆新鲜一级、尖椒新鲜一级、圆白菜新鲜一级、大葱新鲜一级、韭菜新鲜一级、芦柑一级、苹果红富士一级、鸭梨一级、香蕉国产一级、西瓜地产主销一级、豆腐、白砂糖、鲜奶 500 毫升、国产红塔山硬 84mm 盒、啤酒青岛 335 毫升 11 度、葡萄酒长城干红 750 毫升 11 度
衣物及日用品、居住	衣　物	女式纯棉棉毛衫(宜而爽普通全棉 L 号)/件、女式纯棉棉毛裤(宜而爽普通全棉 L 号)/件、男式纯棉背心(宜而爽普通全棉 L 号)/件
	日用品	香皂舒肤佳 125 克、洗衣粉白猫超浓缩 400 克、洗发液飘柔二合一 200 毫升、黄金饰品纯金 24K/克
	住　房	住房综合租金、普通物业管理费(元/月平方米)、大学生公寓住宿费四人间(元/年)
	水电气	居民生活用水不含污水处理费(元/吨)、污水处理费(元/吨)、居民用电 220V(元/百千瓦时)、液化石油气民用议价(元/罐)

基本分类		规格商品
服务	交通及通信	公共汽车普通一票制、出租汽车租价普通桑塔纳基价、移动电话资费(中国移动本地通话费)(元/次分钟)、移动电话资费(中国联通本地通话费)(元/次分钟)
	娱乐	有线电视收费/年
	医疗	挂号费(普通门诊复诊)、注射费肌肉注射(元/次)、手术费(阑尾)(元/例)、住院费(普通病房)(四人间)(元/床日)、检查费(CT头颅)(元/次)
	教育	大学学费普通综合性院校(元/学年)、大学学费(艺术类院校)(元/学年)、大学学费(师范院校)(元/学年)、高中学费(市重点学校)(元/学年)、高中学费(普通学校)(元/学年)、普通职业(高中学费)(元/学年)、普通初级中学学费(元/学年)、普通小学学费(元/学年)

经调整后的指数以北京为基准。表3所显示的是按综合指数由高到低排序的36个大中城市的各项分类指数。用某城市的名义收入除以该城市的综合价格指数,便得到该地的相对实际收入(以北京为基准)。

36个大中城市的横截面价格指数可以验证关于地区价格差异的两个结论。

第一,住房和服务是典型的非贸易商品,因此价格的地域间差异大于食品、衣着及日用品类的可贸易商品。从四类商品的价格指数来看,住宅和服务的地区差距比较大,住房价格最高的城市是广州市,最低的是兰州市(不考虑拉萨,由于数据原因,在住房这一基本分类,拉萨不参与比较),两者横截面指数之比是2.48。同时,服务类商品这一基本分类下,深圳的指数最高为1.7208,最低的是兰州,为0.5880,前者是后者的2.93倍。相比之下,食品、衣着及日用品这两类商品在各大城市间价格差异相对比较小,最高与最低价格指数之比分别为1.67和1.45。

值得注意的是,居住这一基本分类下所选取的规格商品不是房价,而是各种租金,若取房价数据进行比较,价格差异将比租金的地区间差异更大。房租与房地产价格之间是成正相关关系的,两者的变动方向基本一致,但与房价相比房租相对稳定,当市场供求矛盾超出一定范围或出现投机现象时，会出现房价上升速度快于房租上升速度的情况。⑤

第二，总体来看，东部地区价格水平高，中西部地区价格水平低，价格水平与经济发展水平成正相关关系。价格水平前十位的城市中有90％是东部城市，而价格水平最低的十个城市中80％是中西部城市。

表 3　2003 年 36 个大中城市横截面分类价格指数

城市	综合	服务	食品	居住	衣物及日用品	城市	综合	服务	食品	居住	衣物及日用品
深圳	1.387	1.721	1.3895	1.159	0.998	贵阳	0.940	0.7446	1.144	0.897	1.029
广州	1.261	1.343	1.2910	1.231	1.198	重庆	0.939	0.7828	1.119	0.912	0.989
上海	1.207	1.319	1.2528	1.195	1.020	太原	0.928	0.8474	1.029	0.776	1.081
拉萨	1.165	1.003	1.4590		1.355	呼和浩特	0.928	0.8566	1.074	0.593	1.080
厦门	1.151	1.300	1.2117	0.887	1.017	南昌	0.900	0.7942	1.037	0.742	1.026
海口	1.137	1.232	1.1549	0.982	1.140	武汉	0.898	0.8334	1.042	0.717	0.936
福州	1.089	1.170	1.0804	0.901	1.197	沈阳	0.891	0.8048	1.010	0.569	1.127
南京	1.051	1.090	1.0662	0.986	1.106	南宁	0.885	0.8658	0.907	0.823	1.025
杭州	1.020	0.985	1.1845	0.815	0.978	大连	0.882	0.8711	0.916	0.728	1.037
宁波	1.008	1.066	1.1382	0.588	0.989	石家庄	0.878	0.8479	0.935	0.792	0.978
北京	1.000	1.000	1.0000	1.000	1.000	成都	0.867	0.7827	0.973	0.711	1.012
长春	0.977	0.890	1.1581	0.800	0.980	西宁	0.855	0.6326	1.099	0.521	1.007
济南	0.973	1.047	1.0165	0.694	1.023	西安	0.834	0.6794	1.018	0.594	1.064
长沙	0.972	1.169	0.8714	0.804	1.017	郑州	0.830	0.7373	0.938	0.706	0.963
哈尔滨	0.961	0.856	1.1276	0.695	1.099	银川	0.807	0.5923	1.020	0.646	0.997
青岛	0.959	0.981	1.0576	0.732	0.954	兰州	0.801	0.5880	1.022	0.497	1.029
合肥	0.950	0.909	1.0382	0.828	1.029	乌鲁木齐	0.798	0.6593	1.080	0.619	1.071
天津	0.946	0.973	0.9817	0.758	1.052	昆明	0.793	0.7077	0.885	0.598	0.987

为考察居民名义收入与当地价格水平的相关关系，以北京为基准，求出各大中城市的相对名义收入，例如，北京居民的人均名义收入为12454 元，上海居民的名义收入为13250 元，则以北京为100，上海市居民的相对名义收入为106.39 元。图 3 是 36 个大中城市的横截面价格指数与城市的人均名义收入的对比图，居民名义收入指数以北京为100 进行计算。两者的相关系数为0.77，其变动趋势大体一致。名义

收入与价格水平的高度相关性,说明各大城市之间的人均实际收入差距低于各大城市间的名义收入差距。

表4　各基本分类下商品价格差异比较

	综合指数		衣着及日用品		食　品		居　住		服务及其他	
	城市	指数值	城市	指数值	城市	指数值	城市	指数值	城市	指数值
最高价格指数	深圳	1.3868	拉萨	1.3546	拉萨	1.459	广州	1.2311	深圳	1.7208
最低价格指数	昆明	0.7926	武汉	0.936	长沙	0.8714	兰州	0.4965	兰州	0.588
最高/最低	1.750		1.447		1.674		2.480		2.927	

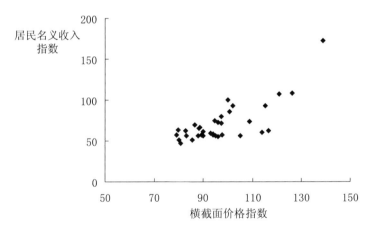

图3　2003年36个大中城市的价格水平与居民名义收入散点图

（二）考察25个省、自治区的农村省间价格差异和收入差距

由于数据的局限性,本文考察除北京、上海、天津、重庆、西藏、青海之外的25个省、自治区农村地区的价格差异和收入差距问题。选取20种规格商品,分为居住和服务(包括交通与通信、医疗服务、教育与娱乐)两个基本分类。表5为规格商品目录。

表 5　25 个省、自治区农村地区价格比较规格商品目录

基本分类		规格商品
居　住	水　电	农村居民用电完成农网改造到户价(220V)、农村居民用电未完成农网改造到户价(220V)、排灌用电、农村居民生活用水、农村灌溉用水
	住　房	宅基用地农业户口使用
服　务	通　信	农村电话通话费(本地网营业区内每次三分钟)
	医　疗	挂号费(乡镇医院普通门诊复诊)、注射费(乡镇医院肌肉注射)、住院费普通病房(4 人间)乡镇医院、检验费(尿常规 5 项指标)(乡镇医院)
	娱　乐	农村有线电视收费
	教　育	农村小学学费、农村初中学费、农村高中学费

以河北为基准,记河北省农村的横截面价格指数为 1,可以测算出 2003 年各省农村地区之间居住、服务两个基本分类下的横截面价格指数。作为不可贸易品的居住和服务类商品,在各省农村间的价格差距比较明显,居住类价格指数最高的是广西农村,为 1.6480,最低的是黑龙江省农村,为 0.6322,前者是后者的 2.6 倍。服务类价格指数最高与最低的分别是广东省农村和甘肃省农村,两者的比值为 3.6。

在计算综合横截面价格指数时,假设各地食品、衣着及日用品的指数均为 1,即忽略这两类商品的价格差异,可得到如表 6 所示的综合价格指数。

表 6　2003 年 25 个省、自治区农村地区横截面分类价格指数

地区	横截面价格指数	居住	服务	地区	横截面价格指数	居住	服务
广东	1.4063	1.3221	2.2717	云南	1.0422	1.3336	0.9097
湖南	1.2002	1.4893	1.1628	安徽	1.0395	1.2888	0.9575
吉林	1.1755	1.4276	1.3581	湖北	1.0224	0.9085	1.1231
浙江	1.1369	1.0364	1.3882	河北	1.0000	1.0000	1.0000
福建	1.1231	1.1074	1.3627	宁夏	0.9945	1.0032	0.9804
广西	1.1033	1.6480	0.9293	新疆	0.9935	1.1513	0.8654
海南	1.0993	1.6414	1.1628	贵州	0.9928	0.9529	0.9982

地区	横截面价格指数	居住	服务	地区	横截面价格指数	居住	服务
辽宁	1.0960	0.8739	1.3852	四川	0.9843	0.7751	1.0540
陕西	1.0818	1.1079	1.1880	山西	0.9831	1.0173	0.9383
山东	1.0690	1.1163	1.1598	河南	0.9778	1.2069	0.7845
内蒙古	1.0655	1.0351	1.1774	黑龙江	0.9634	0.6322	1.1043
江西	1.0644	1.3002	1.0882	甘肃	0.8896	1.0455	0.6245
江苏	1.0517	0.6401	1.3453				

以河北省农村居民人均名义收入为基准,即以河北省农村居民名义收入为 100 元,将各省农村居民的人均名义收入换算成相对名义收入,同时,将各省农村的横截面价格指数乘以 100,以便于考察各地横截面价格指数与名义收入变动趋势的相关性。图 4 即为两指标的散点图,可以看出,25 个省、自治区农村地区居民的名义收入与当地的物价水平也具有正相关性,地区间居民的实际收入差距小于名义收入差距。

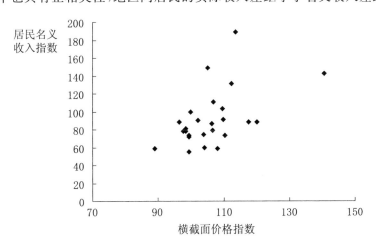

图 4 2003 年 25 个省、自治区价格水平与居民名义收入散点图

(三)测算基尼系数,考察剔除地区间价格水平差异对基尼系数的影响

分别以居民名义收入数据与实际收入数据为基础,计算样本区域

的基尼系数。在计算 36 个大中城市的基尼系数时,利用原始的基尼系数计算公式,即(2)式,结果分别为 0.16 与 0.11。请注意,这里计算的是 36 个大中城市之间的基尼系数,即用每个城市名义收入的平均值和实际收入的平均值计算的基尼系数,而不是我们常用的一般意义的基尼系数。计算 25 个省、自治区农村地区的基尼系数时,选择几何法传统公式

$$G = 1 - \sum_{i=1}^{n} p_i(2Q_i - w_i), Q_i = \sum_{i=1}^{i} w_k \tag{16}$$

其中,w_i 为第 i 组收入占总收入的比重,Q_i 为第 i 组收入累计百分比,p_i 为第 i 组人口占总人口的比重。各个省份收入数据与人口数据均取自统计年鉴。根据这一公式,先后采用人均名义收入与实际收入数据测算,25 个省、自治区农村地区的基尼系数分别为 0.13 与 0.11。同样,本文所计算的是 25 省、自治区农村地区之间的基尼系数,采用的数据是每个省、自治区居民收入的平均值,并没有包括各个省、自治区内部的居民收入差距。

综合本文的实证研究,考虑地区间的价格差异,利用各地居民实际收入测算的基尼系数与利用名义收入测算所得的基尼系数如表 7 所示。

表 7　考虑地区间价格差异前后基尼系数比较

	36 个大中城市	25 个省、自治区农村地区
基尼系数(名义收入)	0.16	0.13
基尼系数(实际收入)	0.11	0.11
价格调整后变化率	−31%	−15%

我国 36 个大中城市与 25 个省、自治区农村地区的基尼系数测算结果显示,剔除各地价格水平因素,基尼系数的降低幅度分别为 31% 与 15%。可以推断,全国范围的基尼系数在剔除各地价格水平差异因素后,也会有所下降。首先,作为考查对象的 36 个大中城市分布于我国的各个省区,所考察的农村地区也包括除直辖市与西藏之外的全部省区。样本区域覆盖范围广,对全国各区域都具有代表性。其次,从对

36 个大中城市的实证研究来看,我国城市中居民名义收入与价格收入成正比,尤其是在住房和服务类商品上,物价水平与居民名义收入的正相关性表现得非常显著。我国 25 个省、自治区农村地区的实证研究显示,我国农村地区价格水平与名义收入也呈现正相关关系。由此可见,我国全国范围内的城市、农村都表现出价格水平和居民名义收入的正相关关系,也就是说剔除各地价格水平差异,各地实际收入差距应当小于名义收入差距。由基尼系数的分解可知,只要城乡价格水平与城乡居民收入水平没有显著的负相关性,剔除价格差异因素,全国基尼系数的测算值会减小。

四、基本结论及局限性

(一) 基本结论

基尼系数是用于考察收入分配差距的重要指标,在计算基尼系数时,采取的数据不同,所得的基尼系数具有不同的政策含义,以居民实际收入测算的基尼系数反映了居民实际生活水平的差距。

利用价格指数剔除地区间价格差异的影响,所得居民的实际收入与名义收入相比可能变大,也可能变小。名义收入与实际收入的分布不同,因此以两者为基础衡量的收入分配差距也有所不同。通过编制横截面价格指数,以居民实际收入测算基尼系数在理论上是可行的,并且新的基尼系数能够更加真实地反映各地居民的实际生活水平。

本文探讨了编制横截面价格指数的方法,并在实证部分将这一思想实现,分别计算了 36 个大中城市以及 25 个省、自治区农村地区两组横截面价格指数,得到各个地区居民的实际收入,并进一步用居民实际收入测算基尼系数。实证部分所得结果显示,各地区居民名义收入与当地价格水平成正相关关系,用实际收入测算的基尼系数小于用名义收入计算的基尼系数,这一结果说明我国城市内部及农村内部样本区域的居民实际收入差距小于居民名义收入差距。以居民的实际收入作为衡量我国居民贫富水平的基础,以基尼系数作为衡量我国居民收入分配差距的指标,本文结果意味着,现有文献对我国居民的贫富差距可能存在高估。

(二) 局限性

由于数据的局限性,本文还存在着一些问题,有待进一步完善。

一方面,价格数据有限,计算横截面价格指数时样本过少,容易造成代表性不足的问题,引起偏误。尤其是在测算 25 个省、自治区农村横截面价格指数时,食品、衣着与日用品方面的价格数据也缺乏,影响横截面价格指数的测算。另一方面,在有限的样本中也存在着潜在问题:同种商品在各地取样时很难保证同质性。虽然对我们来说,这是一个不可控的因素,但是这一问题关系到样本数据的准确性,也会影响测算的结果。

鉴于目前统计数据所存在的问题,建议有关统计部门建立相应的统计制度,加强常规性的价格统计调查、测算工作,以便取得更为全面、准确的统计数据,为研究我国居民的收入差距打下良好的基础。只有这样,才能帮助我们正确认识我国居民收入差距的现状,为采取相应的对策做好准备,促进我国社会经济的健康和谐发展。

注释

① 周文兴:《中国:收入分配不平等与经济增长——公共经济与公共管理的制度创新基础》,北京大学出版社 2005 年版。

② 江小涓、李辉:《我国地区之间实际收入差距小于名义收入差距——加入地区间价格差异后的一项研究》,《经济研究》2005 年第 9 期。

③ 最小间隔树法是澳大利亚学者 Robert J.Hill 在 1993 年亚太地区国际比较项目数据处理时,提出的一种新的购买力平价汇总方法,参见江小涓、李辉(2005)。余芳东(2005)在《中国购买力平价和经济实力的国际比较研究——国际比较项目(ICP)方法的实证分析》一书中,对包括最小间隔树法在内的购买力平价多边比较方法做了详实的整理和汇总。本文选用最小间隔树法这一多边比较方

法进行价格比较的汇总,是考虑到我国各地区之间、城乡之间消费模式和消费结构有所不同,运用这一方法可以保证双边比较的地区之间具有较好的可比性,从而选取误差最小的双边比较组合。

④　一般认为,当价格与数量权数变动成正比时,帕氏公式计算结果上偏,拉氏公式下偏;当价格与数量权数变动成反比时,拉氏公式计算结果上偏,帕氏公式下偏。

⑤　谢经荣、吕萍、乔志敏编著:《房地产经济学》,中国人民大学出版社 2002年版。

参考文献

A. F. Shorrocks, "The Class of Additively Decomposable Inequality Measures", *Econometrica*, Vol.48, No.3. (Apr., 1980), pp.613 - 626.

Hill, R. J., "Comparing Price Levels Across Countries Using Minimum-Spanning Trees", *The Review of Economics and Statistics* 81, pp. 135 - 142, 1999.

江小涓、李辉:《我国地区之间实际收入差距小于名义收入差距——加入地区间价格差异后的一项研究》,《经济研究》2005 年第 9 期。

孔泾源主编:《中国居民收入分配年度报告 2004》,经济科学出版社 2004 年版。

李实:《11.8∶1 解码收入差距》,《数据》2005 年第 7 期。

李实、岳希明:《中国城乡收入差距调查》,《财经》2004 年 2 月第 3 期。

李实、赵人伟:《中国居民收入分配再研究》,《经济研究》1999 年第 4 期。

鲁凤、徐建华:《中国区域经济差异:来自 Gini 系数和 Theil 系数的实证》,《中国东西部合作研究》2004 年第 1 卷,第 60—85 页。

谢经荣、吕萍、乔志敏编著:《房地产经济学》,中国人民大学出版社 2002 年版。

余芳东:《中国购买力平价和经济实力的国际比较研究——国际比较项目(ICP)方法的实证分析》,中国统计出版社 2005 年版。

赵人伟:《对我国经济改革二十年的若干思考——特点、经验教训和面临的挑战》,《经济社会体制比较》1999 年第 3 期,第 9—16 页。

赵人伟:《关于收入分配改革若干问题的思考》,《中国经贸导刊》2003 年第 22 期。

赵人伟、李实:《对我国收入分配现状的三点基本判断》,《经济学文摘》1999 年 7月。

赵人伟、李实:《中国居民收入差距的扩大及其原因》,《经济研究》1997 年第 9 期。

赵人伟、李实、卡尔·李思勤主编:《中国居民收入分配再研究——经济改革和发展中的收入分配》,中国财政经济出版社 1999 年版。

周文兴:《中国:收入分配不平等与经济增长——公共经济与公共管理的制度创新基础》,北京大学出版社 2005 年版。

征收城区交通拥堵费是缓解北京交通拥堵的一种可选方案[*]

提要 随着经济发展和城市化进程的加快,近年来北京市交通拥堵问题日益严重。"十五"期间,北京市车辆年增长率约为 15%,车流量年增长速度约为 18%,中心城区主要干道高峰小时平均负荷度由 2000 年的 0.86 上升到 2005 年的 0.9。交通拥堵带来了环境污染加重、资源消耗攀升、出行成本增多、交通效率低下等诸多问题,因此,解决交通拥堵问题已经成为保持首都经济社会持续健康发展的迫切任务。为缓解日益严重的交通拥堵,北京市大力推行公交优先战略并取得了初步成效。在此基础上,对进入或行驶于城区的汽车征收交通拥堵费,将有助于进一步改善北京市交通状况。

一、治理城市交通拥堵的供求分析

(一)城市交通拥堵的内涵

城市交通拥堵是一种对道路空间的需求超过道路空间供给的现象,是城市化进程的必然产物。在发展中国家,私人汽车数量的急剧增加成为城市交通拥堵的直接原因。

某种程度的交通拥堵既是不可避免的,又是可以接受的。这是因为,道路使用者不仅关心行驶速度,而且关心行驶时间的稳定性和可靠性。他们实际上将某种程度的交通拥堵纳入预期并予以接受,只要道路系统能够保证行驶时间的稳定和可靠。而且,从城市化进程来看,顺

---

* 本文为中国人民银行营业管理部 2007 年"提高汽车收费水平,缓解北京交通拥堵"课题的主要研究成果。课题主持人:易纲。

畅无阻的交通不仅是一种难以负担的奢侈品,而且也不是我们从城市生活中获得的主要收益。因此,问题的关键不在于如何消除交通拥堵,而在于如何消除过度的交通拥堵。如果治理交通拥堵努力的边际成本超过了交通拥堵的边际社会成本,则现有的交通拥堵水平就是最优的。

城市交通拥堵水平常常偏离最优标准,其根本原因在于私人驾车的负外部性。道路使用者只会考虑交通拥堵给其带来的额外时间耗费,而不会考虑其出行对交通拥堵水平的影响。负外部性的存在使得驾车出行的边际私人成本低于边际社会成本,从而导致有限的道路空间被过度利用,实际的交通拥堵水平超过最优交通拥堵水平。因此,对道路使用者施加的负外部性收费,消除边际私人成本与边际社会成本之间的差异,就成为有效配置稀缺的道路空间、维持最优交通拥堵水平的可行选择。

(二)城市交通拥堵的治理措施

城市交通拥堵的**根源**在于对道路空间的需求超过道路空间的供给,那么缓解城市交通拥堵的措施不外乎两条,即减少对道路空间的需求和增加道路空间的供给。前者包括直接限制对道路空间的需求(例如车辆限制通行)和转换对道路空间的需求(例如从高峰时段向非高峰时段的转换、从拥堵路段向非拥堵路段的转换等),后者包括充分释放原有交通基础设施能力(例如采用智能化交通管理系统合理疏导交通流量)和新建交通基础设施(例如地铁和城市轻轨的建设)。

道路空间供给的增加能在较短时间内迅速缓解相应区域的交通拥堵,而且其本身就是城市化进程的组成部分和城市活力的体现。但是,仅靠增加道路等交通基础设施的供给难以长期缓解交通拥堵。交通拥堵的**"当斯定律"**告诉我们,交通需求总是趋于超过交通设施的供给能力,因而道路建设并不能真正解决城市交通拥堵问题。原因在于,新道路建设降低了出行时耗,但也吸引了其他道路的交通量或者诱发了新的交通量。新道路建设的引致需求效应必然使得新建道路陷入初始使用不够、继而使用充分、最终使用过度的周期,交通拥堵水平也相应地先降后升,无助于城市交通拥堵的长期缓解和道路使用者心理评价的改善。以北京市为例,2000—2005 年,北京市新增公路 327 条、新增公路里程 1099 公里,分别增长 10.9％和 8.1％,而同一期间,新增机动车 109.6 万辆,其中,私人小汽车增加 74.9 万辆,分别增长 80.2％和 3.08 倍,机动车辆增长速度远远快于道路增长速度。

根据交通拥堵的"当斯定律",道路能力的长期投资固然非常重要,但旨在限制和转换对道路空间需求的管理措施往往更富成效。如果道路空间的供给无法在短期之内迅速增加,需求管理就应成为治理城市交通拥堵的主要手段。需求管理政策可以有效调整交通需求的结构,维持道路负荷程度的缓慢增长;可以减轻交通基础设施供给和运营的压力,提高现有交通基础设施的利用效率;可以跳出"车多修路,路多车多,车多再修路"的循环,为建立可持续发展的城市交通系统奠定基础。从国外治理交通拥堵的经验来看,重点也是放在需求管理上。

表 1 城市交通拥堵的治理措施

类别	减少对道路空间的需求		增加道路空间供给	
	价格手段	非价格手段	释放原有交通基础设施能力	新建交通基础设施
具体措施	征收燃油税、车牌费、停车费、年检费、交通拥堵费、公共汽车低票价	车辆配额制、车辆标准等级制、车辆限行、鼓励合乘车、错峰上下班	采用智能化交通管理系统,合理疏导交通流量	地铁和城市轻轨的建设
评价	可有效调整交通需求的结构;可减轻交通基础设施供给和运营的压力;可跳出"车多修路,路多车多,车多再修路"的循环;与非价格手段相比,价格手段可以弥合或缩小边际私人成本和边际社会成本之间的差额,为消除过度拥堵的根源、实现最优拥堵水平创造了条件,价格手段应成为治理城市交通拥堵的首选		能在较短时间内迅速缓解相应区域的交通拥堵;仅靠此类措施难以长期缓解交通拥堵	

需求管理既可以采用价格手段,也可以采用非价格手段。价格手段既包括征收燃油税、车牌费、停车费、年检费、交通拥堵费等直接限制私人汽车拥有和使用的措施,也包括公共汽车低票价等促进市民从私人汽车向公共交通转换的措施。价格手段旨在提高拥有和使用私人汽

车的成本,将私人驾车的负外部性内部化,通过引导居民的出行决策来控制和转换对道路空间的需求,实现道路空间的最优负荷,最终缓解交通拥堵。非价格手段主要涉及两个方面:一是调节和控制私人汽车的拥有量,包括车辆配额制、车辆标准等级制等;二是调节和控制私人汽车的使用量,包括车辆限制通行、鼓励合乘车和错峰上下班、公共交通优先、智能化交通管理系统等。非价格手段旨在因时因地采取交通组织管理措施,合理分配道路空间,保护那些交通环境最为敏感、供给条件最为脆弱的地区免受交通拥堵之苦。

与非价格手段相比,价格手段主要依靠市场机制配置道路资源。通过提高拥有和使用私人汽车的成本,价格手段可以弥合或缩小拥堵的边际私人成本和边际社会成本之间的差额,避免或减少市民对道路空间的过度利用,这就为消除过度拥堵的根源、实现最优拥堵水平创造了条件。因此,从经济学角度来看,价格手段要比非价格手段更有效率,价格手段也应成为治理城市交通拥堵的首选。

非价格手段在治理城市交通拥堵上也自有其独到之处。例如,新加坡的车辆配额拥车证制度、法国的公共交通优先战略、汉城在奥运期间采用的车辆限制通行措施,都有效缓解了城市交通拥堵。同时,某些非价格手段还是价格手段的重要配套措施,新加坡和伦敦的交通拥堵收费计划之所以取得成功,其高度发达的公共交通系统就是一个非常关键的前提条件。当然,随着人均收入水平的提高,车辆配额制限制私人汽车拥有量的效果有所削弱;公交优先战略对高收入群体出行方式的调节力度不够;而依赖行政强制的车辆限制通行措施只能作为其他措施难以奏效之时最后诉诸的手段。这时,价格手段就成为缓解城市交通拥堵的更为灵活和有效的手段。

二、可能缓解北京交通拥堵的价格手段

以价格手段来缓解城市交通拥堵,需要对拥有和使用汽车的成本

进行分析。消费者拥有一辆汽车所付出的成本包括该车的购买价格以及政府有关部门和机构依法征收的各项税费。汽车的售价由生产企业根据其生产成本、目标利润以及市场供需情况自主决定,这里不作分析,主要讨论除汽车售价外的各种税费构成。汽车整车产品从生产到使用环节主要经历生产、销售、购买、保有和使用等四个阶段,不同阶段对汽车征收不同的税费(表2)。

表2 我国汽车主要税费构成

阶 段	税目或费种	纳税人	征缴单位
生产销售阶 段	增值税和消费税	汽车生产企业、经销商代缴(最终由消费者承担)	国家税务局
	关税		海关总署
购买阶段	车辆购置税	消费者	国家税务局
	新车检验费		交管局所辖的车辆管理所
	新车牌证费		
保有使用阶 段	车船税	消费者	地方税务局
	养路费		各地养路费征稽部门
	保险费		保险公司
	年度检验费		车辆管理所
	停车费		停车场经营者

表3比较了北京和上海两市**汽车收费**的状况。从中可见,上海的汽车政策导致上海的汽车拥有和使用成本大大高于北京。以一辆价值10万元的轿车为例,与北京相比,上海的车主每年少支付30元车船税,而年检费、强制保险费情况则大体相同,交通拥堵费都未征收。不过,上海的车主将被迫支付高额的牌照拍卖费、停车费和通行费。其中,2007年8月的牌照拍卖费均价为4.6897万元;按每天在繁华地区停1小时计,每年将多支付停车费约$15×360-5×360=3600$元;每车每年交纳的通行费为$150×12=3000$元。因此,上海的车主在10年使用期的总成本至少要比北京的车主多11万元。

尽管对汽车征收的税费项目较多,但对汽车购买成本有较大影响的税费都是由中央政府确定的,例如17%增值税、3%—8%消费税、25%关税,而地方政府只对除此之外的税费项目有决定权。为提高汽

表 3　北京和上海汽车收费比较

	北京	上海
车船税	大型客车每辆 600 元,中型客车每辆 540 元,小型客车每辆 480 元,微型客车每辆 300 元	大型客车每辆 540 元,中型客车每辆 510 元,小型客车每辆 450 元,微型客车每辆 300 元
停车费(小型车)	四环路内露天停车场 1 元/半小时,四环路外露天停车场 0.5 元/半小时,王府井、西单等八处繁华商业区 2.5 元/半小时,独立经营的地下停车场、停车楼收费标准,实行市场调节价,计时方式为半小时	道路停车场采用政府定价,白天(7:30—19:30)首次按 1 小时计费,收费标准 15 元,超 1 小时后,每半小时收费 10 元,夜间(19:30— 7:30)按次计费,每次 10 元;道路外公共停车场实行最高限价,最高收费不超过每次 10 元,超 1 小时后每半小时为计费单位,收费单位相应减半;居民在居住地周边道路停车场停车,可按月购买停车时间,重点区域、内环线区域以及外环线区域分别收费 400、300 和 200 元
养路费	按载重量 1 吨每月 220 元计算;客车每十个核定座位折合 1 吨(含驾驶员座位);私家车需上缴 110 元;货车,不足 1 吨的按实际核定载重吨位计算;客货两用车,核定载客人数折合吨位与核定载重量合并计算	客车按最高载客人数,每 10 人(不包括驾驶员)折合 1 吨位计征,每吨每月 140 元;铰接式大客车,每辆按 10 吨位计征,每吨每月 140 元;客货两用汽车,按载重吨位与载客座位折合吨位合并计征,每吨每月 140 元
通行费	无	150 元/月
年检费	约 200 元/年	约 200 元/年
强制保险费	车辆损失保险费为车价×1.2%,再加上 240 元的基本保费;第三者责任险保费根据投保金额 5 万、10 万、20 万、50 万、100 万分为交 800 元、1040 元、1250 元、1500 元、1680 元;另外,还有盗抢险、车上人员责任险等附加险种	与北京相同
牌照拍卖费	无	2007 年 8 月,牌照的投标额度为 8000 个,竞标人数 12943 人,平均中标价为 4.6897 万元,最低中标价 4.65 万元
交通拥堵费	无	无

车的拥有和使用成本,地方政府只有两种途径:一是提高现有项目的税费标准,二是在现有的行政权力边界内,开征新的收费项目。

　　如前所述,上海的车主在 10 年使用期内至少比北京的车主多支付 11 万元。因此,和上海相比,北京在提高汽车使用成本方面无疑具有较大空间。从经济学角度来看,通过提高拥有和使用私人汽车的成本,弥合或缩小拥堵的边际私人成本和边际社会成本之间的差额,价格手段应成为治理城市交通拥堵的首选。然而,交通收费不仅仅是一种经济行为,经济效益也不是唯一的决策标准。提高汽车收费的举措都会涉及相关利益的调整、政府的政策导向等诸多社会问题。因而北京提高汽车收费的政策需要广泛、充分和严谨地论证。

（一）停车费

北京市的汽车拥有量比上海多得多，但停车泊位却相对较少。截至 2006 年年底，北京市的汽车数量约 244.1 万辆，其中私人汽车 181 万辆，市区经营性汽车停车泊位约有 94 万个；而上海的汽车数量约为 107.94 万辆，私人汽车约为 50.94 万量，汽车停车总泊位约 49 万个。北京与上海的停车泊位与汽车拥有量之比分别为 0.39 和 0.45。

尽管北京的停车泊位更为紧缺，停车收费标准却比上海市低很多。在北京，即使在西单等繁华地段，每半小时收费也只有 2.5 元；而在上海，经营公共停车场（库）收费一般每小时 10 元，以后按半小时计费，收费相应减半，路面停车场的第一小时收费为 15 元，以后每半小时为 10 元。

目前，北京市城区内很多繁华地段停车场车位紧张造成交通拥堵已经非常普遍。早晨和中午高峰时段车辆要排成长龙，地下和地上车位车满为患。由于短期内在西单等繁华地段停车位增长幅度非常有限，因此，仅靠增建车位难以解决如今越发严重的停车难问题。一个有效办法就是提高停车费，提升这个地区的用车成本，鼓励大家乘坐公共交通工具。

但北京通过提高停车费来减少交通拥堵也存在一些问题：第一，只应向高峰时期拥堵区域内的通勤者提高停车费收费，因而收费标准应随时间和地点的不同而变化，费率设置和调整的难度较大。第二，对于特定的交通需求而言，这一措施收效甚微，需要辅以其他交通拥堵管理措施。例如，停车费并不会减少接送孩子上学的父母的行车需求，对过境穿行的行车需求也没有多大影响。第三，停车费容易被公众视为限制了基本权利，被商界视为损害了商业活力，容易招致社会公众的反对。因而，提高停车费只能作为缓解北京交通拥堵的一个辅助性手段，不能作为主要手段。

(二)车牌费

1. 上海市车辆牌照拍卖的实践

上海市车辆牌照拍卖已经实行多年,其实践经验无疑可以为北京车辆牌照拍卖的制度设计提供良好的参照。

上海市的车辆牌照拍卖制度收效显著。首先,汽车数量得到有效遏制,上海严重的交通拥堵得到相对缓解。目前公认,上海比北京交通状况之所以要好,一个重要原因就在于上海汽车比北京的少。据资料显示,2000—2006年,北京市新增汽车140.9万辆,而同期上海市新增汽车57.8万辆,北京市新增车辆是上海的2.44倍。其次,上海市政府得到了高额牌照拍卖收入,并被用于改善上海市的公共交通状况。从2001年1月至2007年8月,上海共投放350933张车辆牌照,共获得119.45亿元左右的收入,每张牌照均价为34032元。上海市政府利用牌照拍卖收入改善公共交通系统,既进一步缓解了上海的交通拥堵状况,又赢得了社会公众对车辆牌照拍卖政策的支持。

上海市政府也采取了一系列针对性措施,以解决车辆牌照拍卖制出现的问题。第一,上海市曾将私车牌照和公车牌照按不同方式发放,其中私车牌照采取竞价拍卖方式,公车牌照采取申请配额或竞价拍卖方式。因此,私车牌照的价格远远高于公车牌照,这有违背市场经济的公平原则之嫌。鉴于这一考虑,2004年9月,上海市开始对公务客车额度实行竞价拍卖。第二,上海市实行车辆牌照拍卖之后,许多私家车主采取了异地上牌照的方式,对这一制度造成较大冲击。随后,上海市交警总队做出规定,上海道路上通行的外地牌照车辆在每天的上下班交通高峰时期不能上高架路行驶,这就对异地上牌照形成了很大制约。目前,在上海行驶的异地牌照车辆大约有10万辆。

2. 北京市征收车辆牌照费的可行性

2006年年底,北京汽车保有量为244万辆,其中,北京市公务用车达到 80 多万辆,出行比例达到 40%,超过私家车和公交车出行比例(分别为 30.2% 和 29.8%)。庞大的汽车数量和公务用车的较高出行比例成为北京交通拥堵的重要原因。尽管上海模式的车辆牌照拍卖制度在技术上易于操作和执行,政策的直接成本也较低,但增量调整易,存量调整难,它对北京市已经投放的车辆牌照无法产生影响,[①] 只能控制未来的新增车辆牌照,从而难以通过控制小汽车保有量来削减交通流量。牌照拍卖做到公车私车一视同仁的难度很大,稍有不慎容易造成公务车在高峰时段排挤私家车通行的现象,导致社会公众的不满和质疑。因此,上海模式的车辆牌照拍卖制度在北京并不能直接照搬。

(三)养路费及燃油税

公路养路费是国家按照"以路养路、专款专用"的原则,向有车单位和个人征收的用于公路养护、修理、技术改造、改善和管理的专项事业费。目前养路费由各城市自行安排。作为公路养护和建设的重要资金来源,养路费的征收具有十分重要的意义。目前,北京市养路费处于较低水平,养路费存在提高的空间。提高养路费,不仅可以为加快道路基础设施升级改造提供资金支持,还可以通过增加汽车的使用费用引导交通需求,减少汽车出行,从而缓解交通拥堵。但是,养路费的征收难度较大,逃缴、欠缴严重,甚至暴力抗法事件时有发生,如北京市 2006年被拖欠的养路费就高达 3 亿元。因此,2007 年 7 月北京市十二届人大常委会第 37 次会议表决通过的《北京市公路条例》加大了对欠缴养路费车主的处罚,强化了对养路费的征收,规定机动车所有人应当按照规定缴纳公路养路费,未按照规定缴纳公路养路费的机动车不得上路行驶。目前征缴养路费尚存在较大难度,提高养路费的阻力必然会很大,因此,为缓解交通拥堵而提高养路费并不可行。

作为燃油和燃气生产、销售或零售环节的附加税,燃油税可在车主加油时自动实现征取,其征收难度比养路费要小。关于燃油税改革的可行性,有关部委和社会各界早已达成共识,但具体方案却迟迟未能推出。究其深层原因,主要是燃油税涉及的部门繁多,关系庞杂,如何在其间找到一个分配的均衡点十分困难。另外,即使开征燃油税,也只能在全国执行统一的税率,不可能存在地区差异,否则会导致大量的套利行为。燃油税缓解北京交通拥堵的作用也比较有限。

(四)车船税、年检费及强制保险费

车船税、年检费、强制保险费的收费标准可调整空间很小,即使有所提高,缓解**交通拥堵**的效果也不会明显。例如,国家已规定车船税征收额度区间,而北京目前对小汽车征收的车船税已处于较高水平,难以再大幅提高。作为汽车标准检测的专项收费项目,年检费一般按年征收,且金额不大,也难以显著提高。强制保险费的费率是由保监会规定的,其他汽车保险费又由市场决定,北京市并没有调控权。因而,这些税费项目也都难以作为北京提高收费水平、缓解交通拥堵的选择。

(五)交通拥堵费

上述分析表明,要想真正实现缓解北京交通拥堵的目的,必须跳出现有汽车税费项目的限制,从更宽广的视野来思考这一问题。

伦敦中心城区(Central London)就业人口众多,通勤密度显著高于周边地区,交通流量巨大,交通拥堵程度严重。2003 年 2 月 17 日,伦敦中心城区交通拥堵收费计划正式启动。该计划的大致思想是:在伦敦中心城区划出特定区域,在固定时间段内对出入该区域的车辆实行交通收费管制,以此控制交通流量,改善出行结构,促进部分居民从私人汽车转向公共交通,最终降低中心城区的交通拥堵水平(参见附录)。

在美国,汽车年检费实际上也有交通拥堵费的性质。大城市的年检费大约是小城市年检费的五倍。交付年检费之后的汽车会被贴上一个粘贴物(sticker),以备查验。

根据国外城市的经验,我们认为,北京可以在提高部分汽车税费项

目收费水平的基础上，开征城区交通拥堵费。开征城区交通拥堵费的作用在于：

一是可有效缓解城市交通拥堵状况。通过征收较高水平的城区交通拥堵费，可以提高汽车使用成本，控制不必要的交通需求，引导乘车者从私人汽车向公共交通转换、从高峰时段向非高峰时段转换、从拥堵路段向非拥堵路段转换，从而纠正过度或不经济地使用道路空间的状况，实现道路资源的优化配置，缓解交通拥堵。

二是可以解决车辆异地挂牌规避现有税费的问题。北京每天有大量的进京车辆，这也是形成交通拥堵的一个重要原因。对这些车辆，现有的一些汽车税费基本上无法征收，因而也不能控制其使用量。开征城区交通拥堵费，不论是本地牌照车辆，还是外地牌照车辆，只要进入市区，都要缴纳通行费，从而在一定程度上能够减轻外地来京车辆带来的拥堵。此外，开征城区交通拥堵费还可以解决一些本地车辆为规避交费而采取异地上车牌的问题。

三是有利于改善北京现有通行车辆的车型结构。通行费作为支出数额较大的汽车使用成本，势必会对车主的购车和行车决策产生较大影响。在汽车的整个使用期内，车主会将购车成本和用车成本进行比较，使二者在汽车总成本中保持一个合理结构。如果用车成本接近或高于购车的成本，理性的车主一般会倾向于购买价位较高的汽车。这样，会加速淘汰接近使用年限的旧车和使用不经济的车辆，促进车辆的更新换代。

四是有利于为北京市交通基础设施建设开辟新的可持续资金来源渠道。近年来，市政府为改善首都交通状况，投入了大量资金，改建和兴建了众多公交线路、地铁和交通枢纽。随着北京城市建设现代化、国际化步伐的加快，城市交通建设还需要投入大量资金，开征城区交通拥堵费，将费用全部用于城市交通建设和日常维护运行，可以提供持续性的城市交通建设资金。

三、北京市征收城区交通拥堵费的可行性

征收城区交通拥堵费不仅仅是一种经济行为,还会涉及相关利益的调整和政府的政策导向等诸多社会问题,是否可行,需要认真分析。总体来看,北京市征收城区交通拥堵费具有可行性。

第一,北京市在提高汽车收费水平方面具有较大空间。与上海相比,北京市的汽车收费水平较低,项目较少。比较两地的汽车税费水平,在10年的汽车使用期内,北京的车主至少比上海的车主少支付11万元。因此,北京市提高汽车收费水平的余地较大。

第二,北京市具有征收城区交通拥堵费的技术条件。北京市内环路已经建成,拥堵区域相对集中,有利于对高峰时段进入城区的车辆进行收费电子检查。同时,北京市已建成了交通信息采集与处理、数字化执法等智能化交通管理系统,也为征收城区交通拥堵费提供了必要的技术条件。

第三,公交优先战略为私人汽车向公共交通转换奠定了基础。征收城区交通拥堵费之后,势必会有相当一部分私人汽车需求转换为公共交通需求。北京市实施公交优先战略为实现这种转换提供了保证。动物园、六里桥等大型交通枢纽先后投入使用,乘车者换乘的便捷性得到了显著改善;公交低票价政策增加了公共交通方式的吸引力;正在兴建或拟建的多条地铁和快速公交线路,也将大大提高公共交通系统的承载能力。

第四,征收城区交通拥堵费在法律上也具有可行性。征收城区交通拥堵费,必须有法可循。根据《中华人民共和国立法法》的规定,省级人大及其常委会可制定地方性法规。因此,出台征收城区交通拥堵费的条例,需要经过北京市人大审议并通过。上海市实行的车辆牌照拍卖制度,依据的就是上海市人大常委会通过的《上海市道路交通管理条例》。当然,城区交通拥堵费的具体实施方案需要召开听证会,广泛听

取社会公众的意见。

第五,征收城区交通拥堵费能够得到大多数市民的理解和支持。 征收城区交通拥堵费既不会增加无车市民的经济负担,又能改善公共交通状况,无疑会得到他们的支持。对于有车的市民来说,只要城区交通拥堵费的征收额合理并留出适当的过渡期,而且,资金切实用于改善交通基础设施,承受能力强的车主可以支付通行费,承受能力弱的车主则可以转向公共交通,两者的出行需求都能得到满足,从而能够获得大多数市民的理解和支持。

四、政策建议

在借鉴其他城市缓解交通拥堵的成功经验的基础上,提出以下建议。

第一,开征城区交通拥堵费。 北京市交通管理部门可以根据拥堵的情况,合理划定城区的范围,对高峰时段进入城区的车辆征收通行费。通行费的缴纳方式为购买城区通行证,通行证可分为年通行证、假日和周末通行证、临时通行证三类。年通行证有效期为一年内的每一天,假日和周末通行证仅在法定假日和周末有效,临时通行证有效期可分为一天、三天、七天、一个月等。不常进城的北京本地车辆或外地车辆,可购买临时通行证。车主购买通行证后,其车牌号自动输入交管部门的缴费数据库。可在城区的多个路段设置摄像点,并采用计算机自动车牌识别技术判断过往车辆是否缴费,对未在规定时间内缴费的车辆予以罚款。对于因实行城区交通拥堵费而增加的公务用车支出,建议由财政部门予以补贴,以减轻城区交通拥堵费政策的实施阻力。在实施城区交通拥堵费政策的同时,可以将提高部分汽车税费项目的收费水平作为配套措施,以切实提高汽车使用成本,强化城区交通拥堵费缓解交通拥堵的效果。

表 4　城区通行证类型

类型	描述
年通行证	有效期为一年内的每一天
假日和周末通行证	仅在法定假日和周末有效
临时通行证	有效期可分为一天、三天、七天、一个月等,适于不常进城的北京本地车辆或外地车辆

　　第二,公布一个逐年提高城区交通拥堵费的时间表,促使车主形成明确预期。截至 2006 年年底,北京市汽车保有量高达 244 万辆。增量调整易,存量调整难。因而,在政策制定过程中应当留出充分的调整时间。比较北京和上海的汽车使用成本,并考虑社会公众的承受能力,可公布一个为期 10 年的起点较低、逐年提高的汽车收费时间表。例如,城区交通拥堵费实施的当年,每辆小汽车按 1200 元/年征收,以后每年增加 1200 元,直至第十年提高到 12000 元/年为止。假日和周末通行证的价钱大约相当于年通行证的 20%。即使这样运营,北京车主的收费也只达到和上海持平或略高的水平。通过公布时间表的方式,一方面,汽车车主可以形成明确的收费提高预期,并将之纳入购车和用车决策中去,承受能力较低的车主可以选择最优时机处置其所拥有的车辆,从而实现控制汽车总量、缓解交通拥堵的目的;另一方面,在此调整期内,北京市政府可以继续大力发展公共交通系统,积极推进轨道系统建设,并在环路周围兴建公共停车场等公交换乘设施,以有效改善公共交通服务条件,保证私人汽车向公共交通的顺利转换。

表 5　城区交通拥堵费的时间表　　　　　　　　　　　　　（单位:元）

实施年份	第一年	第二年	第三年	第四年	第五年
收费水平	1200	2400	3600	4800	6000
实施年份	第六年	第七年	第八年	第九年	第十年
收费水平	7200	8400	9600	10800	12000

　　第三,确保所征收的城区交通拥堵费等汽车税费切实用于公共交通系统的改善。国外城市的经验表明,一旦征收的费用真正用于改善公共交通系统,公众还是理解和支持的。因此,应加强对所征收的城区交通拥堵费等汽车税费的监督和管理,保证其全部用于公共交通系统

的建设和日常维护运行,做到"取之于民,用之于民",赢得社会公众的理解和支持,有效化解城区交通拥堵费政策的实施阻力,并为北京市交通基础设施建设提供可持续的资金来源。

附录:伦敦征收交通拥堵费的实践

(一)伦敦征收交通拥堵费的背景

伦敦中心城区(Central London)就业人口众多,通勤密度显著高于周边地区,交通流量巨大,交通拥堵程度严重。仅 2001 年,在每一个工作日的早 7 点至上午 10 点之间,有超过 100 万人需要进入伦敦中心城区,其中大约 15 万人(占 13.7%)选择私人汽车方式。2002 年,伦敦中心城区全天平均车速仅为每小时 8.6 英里(14.3 公里/小时),在夜晚和不堵车的非拥堵时段,平均车速则为每小时 20 英里(32 公里/小时),交通拥堵时段比畅通时段平均每英里多耗费 3.98 分钟。交通高峰时段也不断延长,伦敦市交通局(Transport for London,TfL)甚至指出,在早 7 点到下午 6 点半之间伦敦已经不再有高峰交通流量和非高峰交通流量之分了。伦敦的交通拥堵已占全英交通拥堵总量的40%,每年伦敦因交通拥堵而增加的成本高达 20 亿英镑。日益严重的交通拥堵损害了伦敦的经济社会运行和生活环境质量,阻碍了伦敦城市运行效率和城市竞争力的提升。

交通拥堵的加剧引起了公众的高度关注,缓解交通拥堵的举措也提上了议事日程。在 2000 年当选"大伦敦政府(the Great London Authority)"首任市长之后,肯·列文斯通承诺推行交通拥堵收费制,已在2010 年之前将伦敦的交通拥堵削减 15%。在伦敦道路收费选择复议小组(Review of Charging Option for London,ROCOL)研究基础上,肯·列文斯通于 2001 年 7 月发表了《市长交通战略》(*The Mayor's Transport Strategy*),决定在伦敦中心城区实行区域准入制,即在办理许可证之后,牌照持有者才能自由出入于付费区域。在经充分论证和广泛咨询之后,伦敦中心城区交通拥堵收费计划于 2003 年 2 月 17 日正式启动。该计划的大致思想是:在伦敦中心城区划出特定区域,在固定时间段内对出入该区域的车辆实行交通收费管制,以此控制交通流量,改善出行结构,促进部分居民从私人汽车转向公共交通,最终降低中心城区的交通拥堵水平。该计划对收费区域、收费时间、收费金额、适用对象、交费方式和处罚规定等均有明确规定。

(二)伦敦征收交通拥堵费的方案

1. 实施方案

收费区域:收费区域由伦敦中心城区几条街道组成的内环路(Inner Ring Road)围成。该区域占地 8 平方英里(约 21 平方公里),占大伦敦都市总面积 617 平方英里(约 1579 平方公里)的1.3%,有 8 个区全部或部分位于该收费区域内。该区域包括议会大厦、唐宁街 10 号首相官邸、大本钟、伦敦塔桥、商业金融区以及中国大使馆等,是伦敦最繁华和最拥堵的区域。在引入拥堵收费方案之前,该区域交通流量大致为伦敦市区的四分之一。选择内环路作为收费边界,旨在实现环形道路对交通的有效分流,所以,只有进入内环路以内的车辆才需要付费,而在内环路上行驶则无需付费。2004 年,伦敦交通局又考虑将收费区域向西扩展至威斯敏斯特和切尔西等区域。

收费时间:星期一到星期五的 7:00—18:30,周末与公共假期除外。

收费金额:8 英镑/车·天(2005 年 7 月调整之后)。进入收费区域的车辆无论大小、型号、种类只收一次费用,交费之后当日允许多次进出该区域。

适用对象:并非所有居民都要支付交通拥堵费,某些驾驶员、车辆以及个人可以享受减免优惠和免费,但是必须经过注册。这些群体和车辆包括:获得蓝章(Blue Badge)的残疾人或为残疾人服务的公共机构,9 个以上座位的车辆,在收费区域内居住的人口(90%优惠),采用石油替代燃料(电力)的车辆、两轮车、伦敦许可的出租车和微型出租车、提供救护服务的车辆、某些紧急救险的车辆、军队以及皇家园林局的车辆等。

交费时间:交费时间既可每天缴纳,也可按周、月、年缴纳。如果事先知道所需通行的天数,也可一次性付清。根据最新的次日支付(Pay Next Day,PND)安排,在出行当日午夜之前支付,费用为 8 英镑,而在下一个收费日午夜之前支付,则费用为 10 英镑(只能通过电话中心或网站提前支付下一个收费日的费用)。

交费方式:支付拥堵费的渠道灵活多样,包括零售商店(35%)、电话(20%)、互联网(25%)、手机短信(19%)以及邮寄(1%)。括号内为选择该种缴费方式的人数的百分比,多年来这一比例基本保持不变。如果运营车辆在 25 辆以上的,还可以按照车队方案(Fleet Scheme)更方便快捷地支付。

收费系统:在收费区内,不设收费站,也无需票证。司机或者车主必须预付交通拥堵费,并将汽车牌照输入到计算机数据库里。共有 174 个进出口可以进出收费区,主要街道上也有醒目标志(红色的 C)提示司机他将驶入收费区。通往收费区的各个路口以及收费区域里的多个路段均设有摄像点,所有进出或行驶于收费区的车辆都会被拍摄下来。计算机系统采用自动车牌识别技术(Automatic Number Plate Recognition,ANPR)识别过往车辆的车牌号码,并与计算机数据库内的交费车牌号或豁免车牌号进行比对,已交费车辆或豁免车牌号进行核销,每天午夜之前仍未交费的车牌号则送往驾驶员和车辆许可专署(the Driver and Vehicle Licensing Agency,DVLA)。从该处获取车辆登记所有者的详细情况,工作人员核对无误之后就会送出罚款通知单(Penalty Charge Notice,PCN)。自动车牌识别技术准确率可达 90%以上,这一技术是实施拥堵收费的必要技术保障,它可以避免建立收费站进行手工操作的烦琐。

处罚规定:延期缴纳交通拥堵费的,将会被予以加倍罚款的惩罚。如果在下一个收费日午夜之前仍未缴纳拥堵费,则将收到 100 英镑的罚款通知单。若在签发罚款通知单 14 日之内支付,则罚款减至 50 英镑。若在签发罚款通知单 28 日之内仍未支付,则罚款增至 150 英镑。一旦罚款增至 150 英镑,车辆的登记保管人就会收到一张收费证明书(Charge Certificate),以提醒其采取行动结清罚款,否则会导致进一步的行动。如果累计的罚款单超过三张,车辆将被扣押,直至缴清所有款项为止。如果继续拒绝支付,将会采取进一步的行动,包括诉诸地方法院并任命执行官结清债务。

2. 实施效果

收费区内的拥堵程度:伦敦交通局采用下述指标度量交通拥堵,即"某一时间段内道路的实际平均通行时间与无拥堵正常行驶时的通行时间之间的差异"。这一指标剔除了道路通行容量的影响,因此可以公平地反映任何道路的拥堵状况。2002—2003 年间,收费区域内每公里交通延误时间由收费前的 2.3 分钟/公里降至 1.7 分钟/公里,即交通拥堵程度减少 26% 左右;全天平均车速也由收费前的每小时 8.6 英里(14.3 公里/小时)提高到收费后每小时 10.4 英里(16.7 公里/小时),增长近 21%;通行时间的稳定性平均增长 30%。

进入收费区的交通流量:2002—2003 年间,进入伦敦中心市区的车辆(指的是四轮及四轮以上的车辆)减少了 27%,到达伦敦中心城区的时间减少了 10% 以上。收费区内小汽车返程交通次数下降 33%,即小汽车出行减少了接近 7 万次,其中,大约 55% 的出行由公共交通所替代,25% 的车辆在收费区外分流,10% 的出行改为其他私人汽车方式,另外 10% 的出行被取消。而在早高峰乘坐公交车进入收费区的乘客上升到 2.9 万人次,增长 38%,其中,大约一半的增长归因于公交服务的改善,一半归因于交通拥堵费的征收。征收交通拥堵费对道路使用者边际决策的影响初步呈现。

内环路和收费区外的交通状况:由于在内环路上行驶并不收费,因此伦敦交通局曾经担心收费会使内环路以及从内环路向外的放射状道路上的拥堵状况恶化。但伦敦交通局的评估报告显示,2002—2003年间由于总体车流量减少,内环路和放射状道路上的拥堵状况反而分别减少了16%和20%。其他市内以及市外主要道路的拥堵状况则没有显著变化。

成本效益状况:根据伦敦市交通局的成本效益分析估计,拥堵收费方案每年成本在1.3亿英镑左右,包括管理成本、运行成本和增加公共交通设施成本等;而拥堵收费方案的效益每年在1.8亿英镑左右,包括伦敦中心城区以及周边地区拥堵状况的改善、时间和能源的节省以及污染和事故的减少等。因此,拥堵收费方案的实施每年对伦敦经济的净贡献值在5000万英镑左右。

3. 借鉴意义

在征收交通拥堵费之后,伦敦中心城区内的交通延误减少了30%,付费时段里的交通涌入量减少了18%,通行时间稳定性平均提高了30%。可以说,伦敦的交通拥堵收费计划获得了极大的成功。在伦敦成功经验的推动下,计划推行拥堵收费的城市不断增加,例如爱丁堡、卡的夫、斯德哥尔摩、巴塞罗那、米兰、旧金山、圣保罗等。我国上海市也已开始了对交通拥堵收费的研究。

伦敦拥堵收费计划的成功有赖如下条件:第一,伦敦交通拥堵区域在空间上高度集中,而收费区域外的路段交通疏导能力很强,这有利于最优收费边界的确定。第二,小汽车是造成伦敦中心城区交通拥堵的主要原因。2002年,伦敦中心城区收费时段内小汽车的交通总流量为77万车·公里,占交通总流量的47%,对潜在收费交通流量的贡献份额高达68%。截至2004年,小汽车交通流量净缩减30万车·公里,对潜在收费交通流量的贡献份额相应降低到59%。小汽车交通流量的减少成为伦敦中心城区交通状况改善的关键原因。第三,高度发达的公共交通系统,能够承担并分流转移的交通需求量。第四,伦敦在制定交通拥堵收费计划过程中,最大限度地确保了公众的知情权和参与渠道的畅通,将公众参与的理念落到实处。在适用对象、收费金额和减免、交费方式等方面做到了人性化设计,征收的交通拥堵费也用于改善公共交通,可谓"取之于民,用之于民"。因此,交通拥堵收费计划最大程度地赢得了公众的理解和支持。

当然,伦敦交通拥堵收费并非尽善尽美。伦敦的交通拥堵收费本质上是区域通行证方案(ALS),因此,它也具有区域通行证方案的固有缺陷:交通拥堵在时间和空间上的转移(这一点在伦敦表现不够明显,因为征收交通拥堵费之后整体车流量的减少反而缓解了内环路和收费区域之外的交通拥堵);征收交通拥堵费的财富再分配效应可能损害低收入群体的利益;单一的费率设置,加之无法限制车辆进入控制区域的次数,因而拥堵费并不能准确体现拥堵的边际成本等。

注释

① 将已发牌照收回再通过配额拍卖方式发放并不具备可行性,除会遇到私家车主强大的反对阻力外,还必将导致大量的私家车闲置浪费。

第二部分

宏观经济与货币政策

改革开放三十年的
中国货币政策[*]

提要 中国改革开放之路走得比较平稳成功有两个原因。一是认定市场经济的方向,中途路经了"以计划经济为主、市场调节为辅"[①]、"有计划商品经济"[②]、"计划与市场内在统一"[③]等中间站,但向市场经济转轨的方向基本没变,目的是在整体经济运行和社会秩序相对稳定的环境下实现新旧体制的转换。二是市场经济的参照系是什么样子是基本清晰的。这两点对改革开放三十年的货币政策轨迹也同样适用。具体到货币政策的转轨,我们的基本经验是:第一,搞清楚中国的国情,在艰巨的宏观调控任务中转轨,保持宏观经济大体平稳发展;第二,现状清楚、彼岸清晰,我们的任务是找到从目前到彼岸的路径;第三,辩证地对待从计划经济继承下来的各种工具,在特定的时间和条件下,计划经济的工具可能成为通向市场经济的桥梁,要使用好并逐步淡出;第四,借鉴成熟经验,以科学的态度,实事求是、立足中国国情进行渐进式改革和工具创新。这就是摸着石头过河和渐进主义的中国智慧。

渐进式改革模式意味着**货币政策工具**将有一个必然的转轨时期,其间新旧政策工具平行和交叉运行,不可避免地会出现孰轻孰重、如何取舍的问题,这就需要我们在实践中搭配使用多种政策工具,妥善处理好新旧政策工具间的关系,不断提高货币调控的艺术。三十年来,中国人民银行适应我国不同时期经济发展的需要,根据不同历史发展阶段经济形势、货币政策主要任务和调控方式的变化,综合运用计划经济和

　＊　原文载于《中国改革 30 年》,中国发展出版社 2009 年版。作者感谢赵婷同志的助研工作。

市场经济的多种货币政策工具,并有意识地形成前者淡出、后者渐入的发展趋势,不断优化货币政策工具组合,取得了积极的政策效果。本文将三十年来货币政策工具的发展按时间顺序进行讨论和总结。

1978 年至 1983 年,**货币政策**工具以**指标管理**为主。在计划经济体制下,当时中国人民银行作为大一统银行,集中央银行和商业银行的功能于一身,其金融业务占全国的 93％左右,主要通过信贷资金计划管理的模式实行金融**宏观调控**。适应经济发展和经济体制改革的需要,信贷资金管理体制先后经历了"统存统贷"、"差额包干",在当时起到了一定的积极作用。在高度集中的计划管理体制下,货币政策的实施过程主要表现为信贷计划的实施过程,以此实现金融调控的目标。因此,可以说这个阶段并无所谓真正的货币政策工具。

(一) 1984 年至 1996 年,货币政策工具以直接调控为主要特征,反通胀是此阶段货币政策的主要任务

中国人民银行自 1984 年起正式行使中央银行职能,并于 1985 年起正式实行"实贷实存"的信贷资金管理办法,从制度上实现了信贷和货币发行职能的分离,为建立独立的货币政策操作机制和商业银行"以存定贷"的内在经营约束机制奠定了制度基础。在此阶段我国主要经历了 1984—1985 年、1988 年以及 1993—1994 年三轮通货膨胀,防止通货膨胀成为这一时期中央银行的主要政策目标。

从各年份现金投放、贷款增量及 M2① 增速的变化情况看,这三轮通货膨胀均表现为显著的货币现象特征。1984 年净现金投放为 262 亿元,比上年增长 50％;贷款增量为 1180 亿元,比上年增长 33％;M2 增幅为 33％,直接导致了 1985 年 9％的通货膨胀。1988 年净现金投放为 680 亿元(年初计划为 200 亿元),比上年增长 47％;贷款增量为 2150 亿元,比上年增长 22％;M2 增幅为 21％,导致了 1988—1989 年超过 18％的通货膨胀。1993 年、1994 年的净现金投放分别为 1530 亿元和 1424 亿元,比上年增长 35％和 24％;贷款增量分别为 6335 亿元

和 7217 亿元,比上年增长 28％和 21％;M2 增幅分别为 37％和 35％,
导致了 1993 年和 1994 年的通货膨胀率高达 15％和 24％。

与高度集中的计划经济体制相适应,在此阶段中国人民银行主要
通过严格控制货币发行规模、实行贷款规模指令性管理、中央银行再贷
款等行政性手段来实施货币调控,对价格型调控手段也进行了一些大
胆尝试。总的来看,这一时期的货币政策工具主要呈现出以下几方面
的特点:

1. 以货币、信贷计划等行政性手段为主紧缩银根、治理通货膨胀

一是在当时计划经济体制的市场环境下,1985 年中国人民银行主
要采取了严格控制货币发行规模、对贷款规模实行指令性管理、加强现
金管理、扩大中央银行信贷资金管理范围、加强外汇和外债管理等行政
性的调控措施,这些行政性的调控措施很快取得了显著成效。1986 年
零售物价总水平上涨率由上年的 8.8％回落到 6％,国民生产总值增速
由上年的 12.8％回落到 8.1％。二是面对 1988 年价格改革闯关计划引
起的经济过热和明显通货膨胀,中国人民银行继续以行政手段为主对
信贷、货币、现金等采取了十分严厉的紧缩措施,主要措施包括:强化计
划手段在控制信贷总量方面的作用,按月实行贷款规模限额管理;严格
货币发行的指令性计划管理和现金管理;开办保值储蓄;严格控制再贷
款资金来源及投向,向重点产业和重点行业倾斜等。这些调控措施相
当于一剂"猛药",在一定程度上导致经济运行出现了"急刹车"。以
1989 年 8 月社会商品零售总额出现负增长为标志,中国的经济增长转
入了长达一年多的衰退期。三是 1992 年邓小平南方讲话后,针对
1993 年新一轮的通货膨胀,中国人民银行首先通过带有严厉行政色彩
的信贷计划来进行规模控制、编制贷款年度计划;7 月份干预外汇调剂
市场汇价,重点整顿违章拆借和清理、制止非法集资。此外还采取了加
强金融纪律、国有银行与其隶属的信托投资公司脱钩、所有商业银行必
须立即取消计划外贷款、限制地区间贷款、派出工作组到各省检查执行

情况等强制性措施。

客观地讲,在当时的市场环境下,行政性调控措施有助于快速实现货币调控目标,有效制止通货膨胀,但其重要的弊端在于调控的灵活性差,容易对宏观经济运行造成重创。以 1993 年的通货膨胀治理为例,在取得较好调控效果的同时,导致金融机构不良资产增加,对非国有经济产生了较大的损害。

此外,1993 年的经济调整开始对中央银行的货币调控能力提出了新的要求。资金体外循环及由此导致的金融秩序混乱大大削弱了我国中央银行传统调控方式的效果,最后还是 1992 年中共中央下发的"8号文件"和 1993 年下发的"6 号文件"提出的 16 条措施起了关键作用,成为经济、金融运行的转折点。

2. 对以间接调控手段实施货币紧缩进行了有益尝试

一是在 1987 年的紧缩货币政策中首次开展特种存款、提高法定存款准备金比率、提高对商业银行存贷款利率等间接调控手段,并开始重视对基础货币的吞吐,大幅收回了再贷款。这些举措均可视为中央银行调控方式由直接向间接转变的开始。二是 1988 年在恢复贷款限额管理,运用间接调控手段抑制经济过热、货币投放过多的同时,尝试着通过制定信贷政策和控制中央银行再贷款投向对重点产业加以扶持,取得了成效。但必须承认的是,后一项措施加大了中央银行资金在政策性贷款上的占用,削弱了中国人民银行调控基础货币的主动性和灵活性。三是在 1993 年经济过热导致宏观经济失衡、经济秩序紊乱的情况下,两次提高了存贷款利率,但收效甚微。

3. 再贷款作为 1994 年以前中央银行吞吐基础货币的主要渠道,在紧缩银根、控制基础货币投放方面发挥了积极作用

在 1994 年以前实行严格贷款规模管理时期,再贷款是中国人民银行吞吐基础货币最为重要的渠道,每年约 70％以上的基础货币都是通

过再贷款投放的。巨额再贷款保证了信贷计划的实施,但其投放具有很强的刚性和被动性,大大削弱了中央银行的货币调控能力。主要原因在于:一方面,商业银行通过存贷"硬缺口"倒逼中央银行多投放再贷款;另一方面,中央银行在当时尚未完全摆脱商业银行资金分配者的角色,尤其是在金融监管不够健全的背景下,中央银行需要发放大量的再贷款来维持商业银行的清偿能力。这就不难理解1995年之前中国商业银行体系为什么总体上是"贷差"(即总贷款大于总存款)、中央银行提供的再贷款是商业银行资金来源重要组成部分的原因了。

自1994年我国进行外汇体制改革,实行银行结售汇制度以来,基础货币供应渠道发生了重大变化,外汇占款从此成为投放基础货币的主要渠道,中国人民银行面临着如何解决好国外资产膨胀引发基础货币供应量扩张的新挑战。在当时市场条件下,收回再贷款成为改善中央银行资产结构、控制基础货币投放的主要对冲手段,对有效控制货币供应量过快增长起到了积极作用。在此阶段,再贷款不仅增幅趋缓,而且在基础货币的占比也呈下降趋势,从1993年年末的78%逐步下降到1996年年末的48%左右。

4.稳步推进金融体制改革和货币调控方式的转变

1992年后,随着社会主义市场经济体制的逐步建立,商业银行信贷约束机制逐渐形成,中央银行的宏观调控能力进一步强化,货币调控方式向间接调控转型的条件日趋成熟。1993年7月,收回了原属省级分行7%的贷款规模调剂权,将中央银行再贷款发放权集中于中国人民银行总行;1994年,停止对财政透支,停办专项贷款;1995年,颁布实施《中华人民共和国中国人民银行法》,从法律上确定了中央银行在货币政策上的相对独立性,稳定币值成为货币政策的首要目标。同时实行商业金融与政策金融分离,稳步推进金融体制改革。1994年组建了政策性银行,为国有银行的商业化改革、建立市场金融的微观基础进而促进货币调控方式的转变奠定了组织制度基础。

与经济体制转型相适应,按照 1993 年《国务院关于金融体制改革的决定》⑤的有关要求,中国人民银行逐步改革了货币调控方式:一是从 1994 年起对金融机构实行资产负债比例管理和风险管理,1996 年正式把货币供应量纳入货币政策调控目标,为以贷款规模管理为主的直接调控向间接调控的转变创造了政策条件;二是着手公开市场操作的准备和运用;在 1996 年宏观经济成功实现"软着陆",但同时出现有效需求不足新情况的背景下,中国人民银行于 1996 年 4 月开始尝试开展公开市场业务,主要通过逆回购操作投放基础货币;三是按照存量划转、不增加基础货币投放的原则,划转了 20 世纪 80 年代以来中国人民银行直接向国家重点支持地区及行业发放的各类专项贷款,为实现货币调控方式的转变创造了基本条件。

值得关注的是,这一时期的公开市场操作尽管规模很小(1996 年共进行交易 51 次,交易总量不足 50 亿元),但为日后的业务发展与创新带来了宝贵经验与启示:其一是在以直接调控方式为主的货币政策框架下,以公开市场操作为代表的间接调控工具作用的发挥必然会受到限制;其二,在货币市场、债券市场欠发达的市场发展阶段,通过公开市场操作实施、传导货币政策的空间非常有限。

(二)1997 年至 2002 年,货币政策成功实现了向间接调控方式的转变,比较成功地化解了通缩压力

随着亚洲金融危机的快速蔓延,宏观经济中隐含的总需求不足、就业压力加大、银行体系不良资产增加及出口需求急剧减少等问题对经济的负面作用显现,首次出现了通货紧缩现象。不仅经济增长速度、固定资产投资增速出现了不同程度的持续下滑,分别由 1996 年的 9.6%、18.2% 下降至 8.8%、9%,而且国内供大于求的格局加剧,1997 年 10 月零售物价首次出现了负增长,1998 年社会商品零售总额仅增长 6.8%,增幅为 20 世纪 90 年代以来的最低水平。鉴于此,中国人民银行及时调整了货币政策取向,从 1998 年开始致力于反通货紧缩并保持必要的经济增长,相继采取了取消贷款规模管理、大幅下调法定存款准备金率、开展公开市场操作、降息等坚决放松银根、反通缩的有力措施,同时坚持市场化改革取向不动摇,实现了由直接调控向间接调控的转变。

1. 取消贷款规模限额控制,赋予商业银行充分的贷款自主权

贷款规模管理是中央银行通过确定商业银行新增贷款限额以控制货币总量的一种措施。在传统体制下,由于一切信用集中于银行,银行授信的形式几乎全部是贷款,故贷款规模管理成为控制信用、平衡信贷的基本手段。但 20 世纪 80 年代中期以后,随着市场化改革进程的推进,贷款规模管理在总量控制方面的有效性逐步减弱。究其原因在于:一是资金配置方式正在由计划分配转向市场调节;二是金融机构、金融创新和资金融通渠道的多元化,使其发挥作用的条件逐步丧失;三是对外开放扩大造成外汇流动对国内货币供应的影响日益加大,单纯控制国有商业银行贷款规模难以实现对货币供应总量的控制。在此背景下,中国人民银行于 1998 年 1 月 1 日正式取消贷款规模限额控制,实行"计划指导、比例管理、自求平衡、间接调控"的信贷资金管理体制,在制度上为货币政策中介目标真正转向货币供应量、实施以数量型为主的间接调控奠定了基础,也为商业银行自主运用资金创造了条件。

2. 灵活运用再贷款手段,促进信贷投放和信贷结构优化

需要指出的是,对再贷款这种计划经济时期的货币调控工具,中国人民银行在创造市场环境引导其择机淡出的同时,采取了因势利导、充分利用的方式,并没有全盘予以否定。针对 1998 年以来外汇储备增速减缓的新情况,中国人民银行及时运用这类直接调控手段增加基础货币供应。一是 1998 年 1 月首次向国有商业银行发放再贷款 780 亿元,并鼓励商业银行向中央银行融通资金,满足经济增长合理的资金需要;二是增加了对符合条件的中小金融机构再贷款 200 亿元,进一步发挥其在支持中小企业发展中的积极作用;三是针对农业生产基础薄弱、农

村资金流出和农民贷款难问题,从 1996 年起逐年增加对农村信用社再贷款,以支持农村信用社发展和农村经济建设;四是基本上停止了类似老少边穷地区发展经济贷款、地方经济开发贷款、沿海城市及经济特区开发贷款、投资企业贷款等以具体项目为目标的专项再贷款发放。

3. 降低存款准备金率,增加商业银行的可贷资金

长期以来,我国中央银行存款准备金制度的主要功能不在于调控货币总量,实际上发挥着集中资金、调整信贷结构的作用;为满足支付和清算需要,金融机构还按规定⑥在中国人民银行开设了一般存款账户(备付金存款账户)。在长期维持较高头寸水平的同时,金融机构向中国人民银行借入了大量的再贷款。截至 1997 年年末,金融机构在中国人民银行的准备金存款余额为 9250 亿元,向中国人民银行的借款余额高达 14490 亿元,借款大于准备金存款 5240 亿元。此外,受准备金和备付金利率较高的影响(分别为 7.56％和 7.02％,大大高于商业银行资金成本),商业银行资金运用的主动性不高,既不利于货币市场的发展,也不利于公开市场操作等间接调控工具的运用。

鉴于此,中国人民银行于 1998 年 3 月对金融机构的存款准备金制度进行了重大改革:一是将原各金融机构的法定准备金存款、备付金存款账户合并为"准备金存款"账户,恢复了其原有的支付清算功能;二是将法定存款准备金率由 13％下调到 8％,有助于抑制通货紧缩,也为金融机构归还中央银行再贷款、改善资产结构创造了条件;三是将金融机构法定存款准备金按法人统一存放并考核,有利于其加强系统内资金调度和管理。此外,考虑到通货紧缩持续的情况,中国人民银行于 1999 年 6 月再次下调存款准备金率 2 个百分点,进一步增加商业银行的可用资金。存款准备金制度的改革,有利于恢复准备金支付、清算和调控货币总量的功能,为灵活发挥其间接调控工具作用创造了制度条件。

4. 多次降息并放松银根,稳步推进利率市场化改革

一是多次下调金融机构和中央银行存贷款利率,发挥价格型政策工具在扩大内需中的作用。1998 年 3 次降息减轻企业年度利息负担800 多亿元,并理顺了中央银行的利率结构,准备金利率和再贷款利率经过本轮下调,已分别低于商业银行的筹资成本和平均贷款利率,有助于调动商业银行贷款的积极性。二是改革贴现和再贴现利率生成机制,再贴现利率首次成为独立的基准利率种类,贴现利率由商业银行在再贴现利率基础上自行加点生成。三是逐步将对中小企业、农村信用社的贷款利率浮动幅度分别扩大到 30% 和 50%,放开了外币贷款利率和大额外币存款利率,为最终实现市场供求关系决定利率迈出了重要一步。四是形成了"先外币、后本币,先贷款、后存款,先长期、后短期"的利率市场化改革总体指导原则,1999 年年底已基本实现了货币市场利率的市场化。

5. 积极推进银行间债券市场建设,为开展公开市场操作提供操作平台

中国债券市场从 1981 年恢复发行国债开始,到 1996 年年底债券中央托管机构——中央国债登记结算公司成立之前,先后经历了长达七年的"有债无市"、1993 年推出国债期货交易、两年后因国债"3·27"事件关闭国债期货市场等曲折探索。在此期间,中国人民银行积极致力于市场基础建设,为实施间接调控提供操作场所。1996 年年初开始建立全国统一的同业拆借市场,并于同年 6 月正式放开银行间同业拆借利率;1997 年 6 月,以下发《关于各商业银行停止在证券交易所证券回购及现券交易的通知》《关于禁止银行资金违规流入股票市场的通知》为标志,商业银行撤出交易所,转为在银行间拆借市场办理银行间债券回购和现券交易,由此正式形成了全国银行间债券市场。目前,我国已初步形成了以场外大宗市场(银行间债券市场)为主导,包括交易所市场和场外零售市场(商业银行柜台市场)的多元化、分层次的债券

市场体系。

此外,抓住市场利率水平较低的有利时机,积极推动政策性银行债券的市场化发行。在中国人民银行的协调下,1998年9月,国家开发银行、中国进出口银行相继在银行间债券市场通过市场化招标方式发行政策性金融债券;1999年起,财政部在银行间债券市场上也逐渐开始采用招标方式发行国债。总的来看,银行间债券市场的发展,为商业银行流动性管理和资产多元化、支持积极财政政策的顺利实施、有效降低国债和政策性银行金融债的发行成本做出了重要贡献,同时也为应对通货紧缩、恢复和扩大公开市场操作提供了重要的操作平台。

近年来,在国民经济持续、快速发展和居民收入水平大幅提高的带动下,银行间债券市场规模稳步扩大。目前,银行间债券市场的债券总托管量已达到13万亿元人民币,占债券市场托管总量的97%左右。银行间债券市场不仅成为我国债券市场融资的主要渠道,而且也成为中央银行开展公开市场操作、实施间接调控的主要平台。

6. 恢复和扩大公开市场操作,灵活调控货币供应量,恢复公开市场操作,以逆回购操作积极应对通货紧缩

1998年5月26日恢复了公开市场操作,主要通过逆回购操作投放基础货币,并将政策性银行金融债扩展为可质押工具,大大拓展了公开市场操作空间。截至1999年12月末,中央银行通过公开市场逆回购操作累计投放基础货币2600多亿元,占同期基础货币增加额的85%左右,较好地满足了商业银行合理贷款增长的资金需要,同时也避免了积极财政政策可能产生的"挤出效应"。

及时开展正回购操作进行流动性对冲,货币市场利率基本由供求关系决定。针对2000年进出口贸易开始出现恢复性增长,外汇占款增速加快,银行体系出现了流动性过剩的新问题,中国人民银行及时调整公开市场操作方向,由以投放基础货币为主转为以回笼货币为主,于

2000 年 8 月 1 日首次开展正回购操作,通过多种期限工具组合,适度对冲外汇占款增长产生的新增流动性,有效促进了基础货币平稳增长。

适时开展现券交易,灵活调节银行体系过多流动性。2001 年下半年通货紧缩迹象再次出现,中国人民银行及时调整公开市场操作方向,以买入现券为主要操作向银行体系提供流动性支持。并根据 2002 年春节后信贷增长过快、银行体系流动性宽松的新情况,及时以现券卖断和正回购操作收回银行体系过多流动性。为解决央行持有债券规模不足问题,实现对冲操作的可持续性,于 2002 年 9 月 24 日将未到期正回购余额 1937 亿元转为了央行票据。

7. 积极运用信贷政策引导贷款投向,促进经济结构调整

信贷政策是中央银行关于信贷资金投向的指导意见,理论上是一种建议性、指导性的"窗口指导",并不能直接影响基础货币、货币乘数。信贷政策在传统计划经济体制下曾扮演了非常重要的角色。随着中国经济体制由计划经济向市场经济的转变,社会经济关系发生了快速变化,现存的信贷政策规定不可避免地带有计划经济烙印,既不利于商业银行信贷创新和竞争力提高,也不利于提高金融效率,必须及时进行调整。为此,中国人民银行根据经济发展的需要,1998 年以来先后出台有关改进金融服务、增加消费信贷和中小企业贷款、做好农村信贷工作等管理办法和指导意见,引导、规范和促进金融创新,对防范信贷风险、促进经济结构调整起到了积极作用。

此外,适应取消贷款规模管理、加强间接调控的需要,中国人民银行 1998 年起开始通过调整再贴现限额来引导信贷资金流向、促进货币信贷总量目标的实现;从 1999 年 9 月 18 日起明确将再贴现作为缓解部分中小金融机构短期流动性不足的一项政策措施。

总的来看,货币政策工具的选择,必须与一定的经济环境相适应。根据宏观经济金融形势的发展变化,中国人民银行在此阶段开始综合运用再贷款、存款准备金率、利率、公开市场操作、再贴现等多种货币政

策工具,在方向上均是放松银根的,目的在于适当扩大货币供应量,防止通货紧缩。2000 年开始政策效果逐步显现,GDP 增速减缓、物价持续下跌的趋势均得到了有效遏制。在致力于反通缩的同时,中国人民银行注重以公开市场操作、利率等市场化方式实施货币调控,基本实现了向间接调控方式的转变。

(三) 2003 年以来,以保持币值稳定为目标,以反通货膨胀为首要任务,兼顾经济增长、就业和国际收支平衡,实施间接调控

在长期以来依赖投资、出口带动经济增长的模式下,2003 年国民经济运行中出现了粮食供求关系趋紧、固定资产投资增长过猛、货币信贷投放过多、煤电油运供求紧张等问题;加之受国际收支不平衡影响,我国国际收支持续双顺差,货币信贷保持高位增长,如何促进货币信贷平稳增长、调控银行体系过剩流动性成为此阶段货币政策调控的核心环节。为此,中国人民银行不断加强和改进金融宏观调控,注重提高调控的预见性和科学性,以经济手段为主调节货币政策方向和力度,加强流动性管理,紧缩银根,增强本外币政策协调,对于遏制新一轮通货膨胀、防止经济大幅波动发挥了重要作用。

1. 创造性地以发行央行票据为主,开展大规模的流动性对冲操作

在传统的公开市场操作方式中,通过正回购交易和现券卖断交易都可以实现收回流动性的目的,但这两种交易方式都受到中央银行持有债券资产规模的约束,难以满足大规模收回流动性的调控需要。为此,中国央行在原有公开市场交易方式的基础上进行了工具创新。从2003 年 4 月起开始将发行央行票据作为收回银行体系多余流动性的主要工具,在不到五年的时间里,累计发行央行票据数量超过 12 万亿元,通过公开市场操作净收回流动性超过 4 万亿元。实践证明,以发行央行票据为主的公开市场操作是中央银行实施从紧货币政策、灵活调控货币供应量、对冲外汇占款过快增长的一种有效方式。这一工具创

新是适应当前货币政策调控需要的现实选择。

2. 连续提高法定存款准备金率,为货币政策理论和实践提供了宝贵素材

在流动性偏紧的国家,提高存款准备金率会引起市场较大波动,因而被认为是一剂"猛药"。但在中国当前流动性相当充裕的条件下,小幅提高存款准备金率属于适量微调,可以起到深度冻结流动性的效果,是加强流动性管理、保持货币政策主动性和有效性的必要举措。考虑到法定准备金率具有强制性的特征,中国人民银行在政策出台后通常会预留一定的执行间隔期,金融机构有充分时间在头寸管理上做准备。2003 年至 2007 年先后 15 次上调存款准备金率共计 8.5 个百分点,深度冻结流动性约 4.3 万亿元,在一定程度上缓解了流动性过剩状况。同时,也为流动性过剩条件下的货币政策理论和实践提供了宝贵经验和素材。

3. 充分发挥利率杠杆的调节作用,进一步优化利率结构

为了维护价格总水平的基本稳定,引导货币信贷合理增长,中国人民银行充分发挥利率杠杆的调节作用,适时调整存贷款基准利率,进一步优化利率结构。一是 2003 年以来,先后八次上调存款基准利率,九次上调贷款基准利率,分别累计上调 2.16 个百分点;二是进一步扩大存贷款利率浮动幅度,贷款利率上限和存款利率下限放开,实现了利率改革关于"贷款利率管下限、存款利率管上限"的阶段性目标;三是货币市场基准利率体系建设步伐加快,上海银行间同业拆借利率(shibor)自 2007 年 1 月 4 日正式运行以来,总体运行良好,正逐步成为货币市场、票据市场、债券市场以及衍生产品市场的定价基准,为将来管制利率的进一步淡出创造了条件;四是中央银行运用货币政策工具引导市场利率的能力进一步提高,利率在调整资源配置和传导货币政策中的作用显著增强。

4. 加强本外币政策协调,促进汇率形成机制改革的顺利启动

在全球经济一体化的背景下,中国人民银行密切关注国际经济金融形势,不断加强本外币政策协调,前瞻性地采取了系列政策措施配合2005年汇率形成机制改革的顺利进行。于 2005 年 3 月 17 日果断地将超额存款准备金利率由 1.62% 下调到 0.99%,有利于促进商业银行进一步提高资金使用效率和流动性管理水平,稳步推进利率市场化。同时,有助于引导国内货币市场利率水平整体下行,在客观上为汇率形成机制改革创造了流动性相对宽松的低利率环境(图 1)⑦。

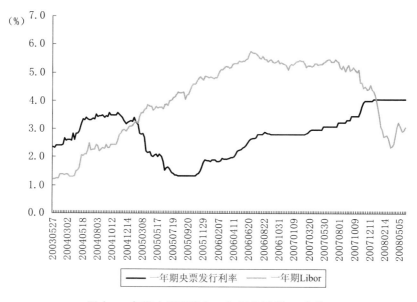

图 1　一年期央票利率与一年期美元 libor 走势

2005 年 7 月 21 日,人民币汇率形成机制改革迈出了重要步伐,开始实行以市场供求为基础、参考一揽子货币进行调节、有管理的浮动汇率制度。两年多来,中国人民银行按照主动性、可控性和渐进性的原则,不断完善人民币汇率形成机制,人民币汇率弹性显著增强。截至2008 年 3 月 31 日,人民币对美元汇率累计升值 17.9%。根据国际清算银行数据计算,汇改以来人民币名义有效汇率升值 11.9%,实际有效汇率升值 5.5%。汇率在调节国际收支、引导结构调整及抑制物价上涨

中发挥了积极作用。

5. 加强窗口指导和信贷政策指引,促进信贷结构优化

在加强总量调控的同时,综合运用窗口指导和信贷政策指引,提示商业银行关注贷款过快增长的风险以及资产负债期限错配问题,引导其合理均衡放款,优化信贷结构。坚持有保有压的宏观调控方针,严格限制对高耗能、高排放和产能过剩行业劣质企业的贷款;继续加强信贷支农,改进农村金融服务;加大对服务业、中小企业、自主创新、节能环保等薄弱环节和结构调整的信贷支持,积极拓展中间业务。

此外,进一步改进房地产信贷服务,维护房地产业健康发展。在2003 年 6 月适时加强对房地产信贷的风险提示;2005 年调整商业银行自营性个人住房贷款利率政策,对房地产价格上涨过快的城市或地区,引导商业银行适当提高个人住房贷款最低首付款比例至 30%;2007 年9 月进一步重点调整和细化了房地产开发贷款和住房消费贷款管理政策,严格房地产开发性贷款条件和住房消费贷款管理,提高第二套住房贷款首付款比例和利率水平,对防范房地产信贷风险、稳定住房价格发挥了积极作用。

6. 注重提高货币政策的预见性和科学性,加强分析、早做预案

中国人民银行在实践中不断提高货币政策的预见性和科学性。针对 2003 年年初开始显现的经济周期性变化及出现流动性偏多的苗头性问题,考虑到外贸顺差至少是一个中期现象,中央银行应提前做好相关对冲操作预案的需要,在 2003 年"非典"疫情猖獗、伊拉克战争爆发对中国经济影响不确定性较大的情况下,就开始致力于协调运用公开市场操作、准备金率、利率、汇率等多种政策工具紧缩银根,加强货币调控。于 2003 年 4 月前瞻性地调整货币政策取向,启用央行票据收回过剩流动性,并于当年 8 月实施了上调存款准备金率 1 个百分点的操作,这在判断上需要相当的勇气和决心。

值得注意的是,在间接调控方式下,中国人民银行更加注重对公众预期的引导。除了传统的"窗口指导"方式外,综合采取及时发布货币政策委员会新闻稿、货币政策执行报告等多种方式加强与公众沟通,提高货币政策传导效率。在货币政策日常操作中,充分发挥公开市场业务灵活性的特点,通过合理把握操作节奏、灵活选择招标方式实现对市场预期的引导。

总的来看,在国际收支失衡加剧的经济环境下,以市场化工具进行间接调控,实现保持币值稳定,并兼顾经济增长、就业和国际收支平衡的操作难度是超乎寻常的,需统筹考虑多种制约因素、协调多种政策工具。尽管如此,近几年的货币信贷增长总体上控制在了基本适度的水平,对维护总量平衡发挥了重要作用。在外汇储备年均增长近40%、经济增长年均超过10%的情况下,广义货币 M2 年均增速控制在17%左右。M2/GDP 比值改变了改革开放以来持续较快上升的局面,连续几年基本稳定在略超 1.6 的水平。

(四)三十年来货币调控方式转变的基本经验总结

总体上看,经过近三十年来的不断改革与发展,按照以市场为取向、渐进化的改革逻辑,中国人民银行基本实现了货币政策调控方式由直接调控向间接调控的转变,货币政策框架体系逐步趋于完善,形成了以稳定币值为最终目标、以货币供应量为中介目标的数量型货币政策目标体系,以公开市场业务、法定存款准备金率以及利率为主的市场化工具组合在间接调控中发挥着越来越重要的作用。

1. 社会主义市场经济体制的建立和完善为货币调控方式的转变提供了契机

在传统计划体制下,并不存在现代意义上的货币政策概念,货币政策工具、操作指标、中介目标都是由贷款规模来承担的。自中国进行市场经济体制改革以来,经济、金融运行机制均在发生变化。尤其是中国人民银行行使中央银行职能以后,实现了中央银行与商业银行、政策性银行的职能分离,为中央银行实施间接调控提供了可能。在此基础上,中国人民银行根据经济和金融市场的发展情况,积极创造条件改善自身资产负债表、加强市场建设,顺利实现了向间接调控方式的转变,为最终实现货币政策从数量目标调控模式向利率目标模式转型起到了积极作用。

2. 货币政策工具的运用必须立足中国国情,与市场化进程保持同步,与市场化取向相一致

中国渐进式的市场化改革决定了中央银行货币调控方式的转变是个逐步推进的过程,具有一定的"双轨制"特征,不可能一蹴而就,货币政策工具的选择、货币调控方式的转变必须符合金融市场的发展状况,必须与金融体制乃至整个经济体制的改革方向和进程相适应。在渐进式经济体制改革模式下,"路径依赖"的长期性和复杂性制约着间接调控工具的运用:一方面市场机制在资源配置中的基础性作用在逐步增强,另一方面新旧体制的矛盾和摩擦又随时存在,有时甚至还会出现"进两步、退一步"的现象。由于经济不是完全的市场经济,因此完全以市场经济为条件的间接调控工具难以完全发挥作用,必要时需辅以计划经济手段,确保货币政策目标的实现。正是在这样的指导原则下,中国人民银行坚持市场化取向,在保持各阶段宏观调控目标平稳实现的前提下,主动适应市场经济规律和市场发展的要求,用发展的办法解决前进中的问题,综合运用多种货币政策工具,实现了向间接调控方式的顺利转变。

3. 辩证对待计划经济承继的政策工具,搭配使用市场化政策工具,较好地实现了向间接调控方式的转变

在货币调控方式由直接调控向间接调控的转变过程中,如何对待计划经济承继下来的政策工具是摆在转轨经济国家中央银行面前的一

个现实问题。是予以全盘否定,还是适当利用以弥补市场化调控的暂时缺位? 中国人民银行智慧地选择了后者。在以渐进性原则市场化收回再贷款、取消贷款规模管理的同时,有选择地使用这类传统计划经济时期的主要货币政策工具,与市场化政策工具相配合,较好地促进了特定时期货币政策目标的实现。同时又不留恋权力,该撒手时就撒手。在过去的近 10 年中,中国人民银行先后放弃了资金分配、贷款规模管理、绝大多数专项再贷款、绝大多数利率管制项目等权力和直接调控手段。

4. 因地制宜创新对冲操作工具,进一步提高了货币调控的主动性和有效性

一般说来,发达国家货币市场的常态是在流动性上略有缺口,其中央银行(如美联储、欧洲央行、日本央行等)公开市场操作是向市场提供流动性,在这种状态下市场利率对中央银行的公开市场操作高度敏感。自 2003 年以来,中国人民银行面临着不断加大的流动性持续过剩压力,并没有成功的对冲经验可以借鉴。为此,中国人民银行立足本国国情进行对冲工具创新,创造性地以发行央行票据、改变自身负债结构的方式实施货币调控,并赋予了存款准备金政策流动性管理的新功能,在外汇刚性增长的情况下获得了货币调控的主动权。在流动性持续过剩的环境下,提高存款准备金率并不会对实体经济造成猛烈冲击,这是中国人民银行对传统货币政策工具的大胆创新,它已不再是传统教科书中的那剂所谓“猛药”。当然,用央票对冲不可能永远用下去,真理向前走一步可能会变成谬误。但央行用票据成功地对冲了五年,央票余额在 2008 年 6 月底达到 4.5 万亿元,而市场利率维持在 4%—4.6%,仍没有太高,这一点被许多业内人士认为是难以理解的奇迹。

5. 伴随市场化改革的推进,稳步推进货币政策工具由数量型向价格型转变

随着社会主义市场经济体制改革的推进,市场在资源配置中的基

础性作用日渐突出,传统数量型工具正在逐步让位于利率等价格型政策工具。与传统行政性手段比,利率等价格工具的优势在于能引导微观主体自发而有序地调整。为此,中国人民银行根据金融市场发展状况,逐步增强利率在市场资金供求中的调节作用,利率工具在历次宏观调控中的作用日益突出。目前,中国已初步具备了利用市场机制和价格杠杆进行宏观调控的基础。

结　束　语

经过三十年的改革开放,中国已初步从传统的计划经济体制转轨到了社会主义市场经济。作为中央银行,中国人民银行货币政策的变化正是中国三十年经济转轨的一个缩影。这里既有执政党的决议,有国家立法的保障,有新政策工具的借鉴和创新,也有市场基础设施的设计和建设;从理念的转变到政策的设计和执行,到解决众多的技术细节,无不伴随着无穷多的经验和教训。我的体会是:市场普遍规律是客观存在的,并且是不能违反的;经济学关于人性的普遍假定是成立的;清晰的彼岸犹如艰难前行中的指路明灯,为中国市场化改革提供了方向。再加上从《周易》就开始的中国对变化的智慧,善于在理性变革中认识事物、把握平衡、尝试创造、协调发展,自觉运用变革的思想来化解市场化改革进程中出现的各种复杂矛盾。这些元素共同合成了中国改革的成功经验。客观地讲,中国经济的快速增长,通货膨胀的基本稳定,人民币升值和市场的向好绝非偶然,其中的必然因素之一就是我们的货币政策总体上是对的。

中国的改革实践告诉我们,市场的转轨易于政府的转轨。事实上,中国经济已经基本实现向市场化转轨,但政府职能的转变才刚刚开始。中国人民银行作为政府的有机组成部分,以经济体制改革为契机,从最初高度集权的直接调控逐步转向以市场化调节为主的间接调控,其间经历了不少痛苦和曲折,但始终能顺应政府职能转变的要求,是十分难能可贵的。

附表:货币调控方式的转变及货币政策工具的运用

不同阶段宏观调控的主要任务	宏观经济运行情况	货币政策目标	货币政策工具	货币调控方式
1978—1983年(治理通货膨胀)	现金发行增加过快、固定资产投资增长22%等多种因素导致货币信贷失控,1980年零售物价上涨6%	发展经济、稳定物价	在"大一统"的金融体制下,通过调整信贷计划指标和现金计划指标进行宏观调控	直接调控
1984—1997年(治理通货膨胀)	1984年,在加快城市经济体制改革和分设专业银行过程中,出现投资与消费、信贷和通货的双膨胀;1985年零售物价指数增幅达8.8%,比上年度提高了6个百分点,其中,各金融机构在"实贷实存"信贷资金管理办法实施前争基数、突击放款是引发此轮通货膨胀的重要因素	从发展经济、稳定物价逐步转为稳定币值,并以此促进经济增长,其中:以1995年《中华人民共和国中国人民银行法》颁布为标志,明确了稳定币值,并以此促进经济增长的货币政策目标	重点运用严控货币发行、贷款规模指令性管理、加强现金管理等行政性手段紧缩银根,并对提高存贷款利率进行了尝试	直接调控为主
	1988年进行商品价格和工资改革,在价格闯关的带动下,出现经济过热和明显的通货膨胀,1988年的零售物价涨幅为18.5%,为改革开放以来的最高水平		以行政手段为主进行货币紧缩,指令性计划在控制货币和信贷总量中发挥了主要作用,但也开始采用利率、准备金率等间接调控工具	直接调控为主
	1992年邓小平南方视察并发表讲话,"发展才是硬道理";同年十四大提出建立社会主义市场经济体制基本框架的改革目标和使国民经济提前翻两番的发展目标,中国经济由乏力状态迅速驶入了快车道,受投资需求和消费需求急剧扩张、货币供应超常增长等因素的影响,1993年、1994年零售物价涨幅分别为13.2%、21.7%		实施严厉的信贷计划并搭配使用利率工具、开展保值储蓄等,但在当时经济、金融秩序混乱的局面下,还是中共中央1993年下发的"6号文件"起了关键作用,取得了立竿见影的效果	直接调控为主但开始为间接调控进行制度准备(1994年开始缩小贷款规模控制范围、按季公布货币供应量,并于1996年正式将货币供应量作为年度调控目标)

118

不同阶段宏观调控的主要任务	宏观经济运行情况	货币政策目标	货币政策工具	货币调控方式
1998—2002年（反通货紧缩）	受1997年亚洲金融危机爆发的影响，国内经济面临内需不足、外需持续放缓的压力，首次出现了通货紧缩现象，1997年经济增长速度下滑至8.8%，同年10月零售物价首次出现负增长，1998年社会商品零售总额仅增长6.8%，增幅为20世纪90年代以来的最低水平	稳定币值并以此促进经济增长	开始侧重于以市场化手段为主进行反通货紧缩，综合运用取消贷款规模管理、大幅下调法定准备金率、开展公开市场操作、降息等间接调控方式防止通货紧缩	间接调控为主，直接调控为辅（1998年取消贷款规模管理、改革存款准备金制度、银行间债券市场的迅速发展等为向间接调控转变提供了制度条件和市场环境）
2003年以来（防止结构性价格上涨演变为明显通货膨胀）	在新一轮经济增长周期中，受部分行业投资增长过快、能源交通等"瓶颈"制约，物价上涨压力加大，加之流动性持续过剩、货币信贷高位增长，2006年开始出现结构性价格上涨，存在向明显通货膨胀转变的风险	稳定币值并以此促进经济增长	综合运用公开市场操作、存款准备金、利率等多种货币政策工具，加强银行体系流动性管理，控制货币信贷总量	进一步完善间接调控机制，以经济手段为主调节货币政策方向和力度，不断提高调控的预见性和科学性

注释

① 最早于 1979 年提出（见《李先念文选》，人民出版社 1989 年版，第 371 页），并在 1982 年 9 月中共十二大政治报告中得到了正式肯定。

② 1984 年 10 月中共十二届三中全会通过的《中共中央关于经济体制改革的决定》中明确提出。

③ 1987 年 10 月中共十三大政治报告中明确提出。

④ 1994 年中国人民银行开始按季公布货币供应量数据，故 1993 年及以前年份的 M2 数据为追溯数据。

⑤ 1993 年《国务院关于金融体制改革的决定》（国发〔1993〕91 号）明确指出："货币政策的中介目标和操作目标是货币供应量、信用总量、同业拆借利率和银行备付金率。……中国人民银行根据宏观经济形势，灵活地、有选择地运用上述政策工具，调控货币供应量。"

⑥ 1989 年针对当时国有银行备付率偏低、出现支付困难的现象，中国人民

银行对金融机构备付率做了具体规定,要求保持在 5%—7% 的水平,形成了事实上的第二法定准备金制度。

⑦　图 1 显示了 2003 年以来一年期央票利率与一年期美元 libor 的走势,表明了近年来人民币与美元的利差变化情况。2005 年 3 月 17 日下调超额准备金利率有效地引导了国内货币市场利率下行,此后中美负利差明显扩大,有助于进一步减少国际资本利用中美两国利差套利的可能性,保证汇率改革的平稳推出。由此看来,当时超额准备金利率的及时下调,实际上为中国货币政策和宏观经济政策的调整提供了较好的时间窗口和利差平台。

参考文献

1997 大连公开市场业务国际研讨会文集:《金融调控方式的转变与公开市场业务》,1997 年 12 月。

戴根有:《走向货币政策间接调控——中国实践与外国经验》,中国金融出版社 1999 年版。

戴根有:《中国货币政策传导机制研究》,经济科学出版社 2001 年版。

戴相龙:《领导干部金融知识读本》,中国金融出版社 2001 年版。

邓小平:《在中央顾问委员会第三次全体会议上的讲话(1984)》,《邓小平文选》第三卷。

邓小平:《在武昌、深圳、珠海、上海等地的谈话要点(1992)》,《邓小平文选》第三卷。

国家统计局编:《中国统计摘要(2007)》,2007 年 5 月。

姜波克:《开放经济下的货币市场调控》,复旦大学出版社 1999 年版。

刘光地:《中国经济体制转轨时期的货币政策研究》,中国金融出版社 1997 年版。

《三中全会以来重要文件选编》及《十二大以来重要文件选编》。

尚明:《当代中国的货币制度与货币政策》,中国金融出版社 1998 年版。

苏宁:《1949—2005 中国金融统计》,中国金融出版社 2007 年版。

王梦奎:《亚洲金融危机后的中国》,中国发展出版社 2007 年版。

易纲:《中国的货币化进程》,商务印书馆 2003 年版。

易纲:《转变政府职能与可持续发展》,《财经》2005 年 10 月。

易纲:《宏观经济政策与市场配置资源》,《财经》2006 年 2 月。

中国人民银行货币政策司:《中国货币政策执行报告》,中国金融出版社。

中国人民银行货币政策司:《转轨时期的货币政策》,警官教育出版社。

周慕冰:《西方货币政策理论与中国货币政策实践》,中国金融出版社 1992 年版。

《预防通货紧缩与保持经济较快增长研究》前言[*]

提要　本报告是北京大学中国经济研究中心宏观组的同学们和我对中国通货紧缩形成机制及其与经济动态之间关系的全面研究,由中国发展研究基金会提供资助。这是宏观组自 1998 年成立以来出版的第三本书,前两本分别为《宏观政策调整与坚持市场取向》、《1998—2000 中国通货紧缩研究》,均由北京大学出版社出版。

　　2005 年秋季,通货紧缩的迹象又隐隐显现。**通货紧缩**是经济周期中某一阶段的货币现象。在本书中,我们将产生通货紧缩的机理放在经济周期的全过程中进行考察,并首次提出了从通货膨胀到通货紧缩,再回到通货膨胀的三期模型框架。在充分考虑主流经济学分析的产生经济周期的各种原因之后,本报告强调,中国产权界定不清和政府行政干预导致的价格杠杆失效是产生通货紧缩与通货膨胀相互转变的深层次原因;报告认为要避免经济大起大落,保证动态有效的增长,就必须长期致力于推进产权改革、转变政府职能、改善宏观调控。

一、高增长与高波动相伴的中国经济

　　改革开放二十多年来,中国经济取得了举世瞩目的成就。截止到 2004 年,按当年价格计算的国内生产总值已经达到 136876 亿元人民币;人均名义 GDP 从 1978 年的 379 元上升到 2004 年的 10561 元,按照可比价格计算的人均 GDP 增长了六倍多。然而,"中国奇迹"却是在

---

　　[*]　北京大学中国经济研究中心宏观组编著:《预防通货紧缩与保持经济较快增长研究》,北京大学出版社 2005 年版。

若干次经济的大幅波动中取得的。尽管市场经济都会出现周期,但是中国经济波动却有不同于成熟市场经济的特点:

第一,经济波动幅度大。我们在 20 世纪 80 年代末经历过经济增长率从 1988 年的 11.3％下降到 1990 年的 3.8％的过程;也经历过 1994 年通货膨胀率达到 24.1％的经济过热,以及 1998 年开始的长达五年的通货紧缩压力。这些短期内的大幅度经济波动不仅带来资源的巨大浪费,影响经济增长的长期绩效,还直接导致了经济泡沫和大量银行不良资产的产生,增大了宏观经济运行的风险。

第二,经验表明,中国经济周期的高峰和低谷与行政力量密切相关,并且通常要使用行政力量来调控。小平同志南方讲话的春风,掀起中国改革开放的新一轮热潮,然后有 1992 年经济高增长。在 1993—1994 年的宏观调控中,中央出台了治理整顿 16 条。针对亚洲金融危机,国家实行了积极的财政政策。在 2003—2004 年的宏观调控中,国家使用了货币政策(银根)、土地政策(土根)等一系列有保有压的"组合拳"。

第三,经济的效率低下,资源浪费严重,对环境的破坏大,增长的成本高昂。2003 年,我国的 GDP 折算成美元约占世界 GDP 总和的 4％左右,但我国却占世界钢材消耗总量的 25％,煤炭消耗总量的 30％,水泥消耗总量的 50％以及用电总量的 10％。此外,我国可用水资源(包括咸水资源)在过去的 15 年中被污染的趋势在逐渐加重,全国耕地总面积从 1996 年以来也在以平均每年 100 万公顷的速度在减少。

因此,如何避免经济的大起大落,保持动态有效的、可持续的增长,已经成为了中国经济面临的一个重要课题。

二、通货膨胀—紧缩—膨胀的三期分析框架

西方主流经济学对经济周期有过系统的研究,比如熊彼特的创新周期理论和近代的真实经济周期理论,但是这些理论都不能很好地解

释中国经济波动的特点。本研究报告试图从产权缺失的角度来逻辑一致地诠释**中国经济波动**。关于使用产权的概念来理解中国经济,易纲(1988)提出了一个完整的分析框架(为了方便读者,我们将这篇文章收入《预防通货紧缩与保持经济较快增长研究》的附录),此项研究就是该分析框架在宏观方面的应用。

在这里要重点说明的是,我们所谓的**"产权缺失的角度"**是指在产权界定不完全的情况下,政府的干预使得许多重要的生产要素(比如贷款和土地)不能得到市场定价,价格杠杆因此不能在投资中发挥应有的作用。出于政治前途考虑,政府往往会利用行政权力来扭曲投资成本,不计投资效率扩张投资规模,刺激任期内的经济增长,银行产权不清晰也会放大这种投资扩张,结果经济在当期就面临通货膨胀压力;由于投资低效,第一期的过度投资会导致第二期的过度供给,而需求由于投资低效得不到同步增长,于是经济很快就产生通货紧缩的压力,并由此引发银行坏账和各种隐性赤字;如果无节制地持续下去,这些银行坏账和隐性赤字最终还需要中央银行发行货币来弥补,这意味着长期经济会再次面临通货膨胀的危险。

在这个课题中,我们所做的工作就是提出这样一个**三期模型**来刻画产权残缺与中国经济波动之间的联系,并探讨在此条件之下通货膨胀与通货紧缩相互转化的内在机理(在《预防通货紧缩与保持经济较快增长研究》附录中,我们为读者提供了一个简明的逻辑图示)。

(一)第一期:从产权缺失到通货膨胀

产权的缺失是经济波动的起源。一方面,当重要生产要素,比如土地和自然资源的产权界定不完善的时候,政府在扩张经济的激励之卜,总希望并且可能使用某些非经济的手段来改变资源的分配,通过降低投资成本来刺激投资。这对市场上的投资主体来说,无疑是一种额外的好处。然而,在一个以间接融资为主的国家里,由于信贷市场上的信息不对称,可能通过金融加速器效应促使投资的成倍增长。

另外一方面,在产权不清晰的情况下,银行是一种"准政府机构",很难做到利润和风险的平衡。于是,在政府强调发展的时候,银行过于慷慨的信贷支持不仅使得扭曲投资变得可能,而且将它加倍放大,形成通货膨胀的压力。而在政府强调风险的时候,银行又过分惜贷,促使通货紧缩的压力增大。因此,无论是在经济景气时期还是在经济调整时期,银行产权不清晰都过度地放大了经济波动。蔡辉明的实证研究(第四章)就模拟了这样的一种过程。在投资的驱动之下,当期的 GDP 迅速增长,信贷开始扩张,通货膨胀压力也开始显现。经济由此进入了扩张和繁荣时期。

信贷扩张的另外一个结果是资产价格上涨,这使得投资者变得更加富有,但同时也加大了形成泡沫的危险。而泡沫的破灭极有可能将经济带入长期的低谷之中。孙宁(第五章)着重讨论了资产价格剧烈波动的原因和后果。

(二) 第二期:从通货膨胀到通货紧缩

但是,情况在下一期将会发生变化。正如易纲和林明(第六章)以及黄异和毛亮(第七章)在他们的工作中所指出的那样,在产权不完善和价格扭曲的前提下,投资水平要超过社会的最优水平,社会总体投资回报降低,即出现"宏观好,微观不好"的现象。正是因为这一点,经典的萨伊定律失效,社会在下一期并不能够产生足够的需求来平衡过度投资产生的过度供给,结果价格水平开始下降,真实利率逐渐上升(这一点在名义利率粘性的时候表现得尤为明显),资产价格随之下跌,这将显著地减少企业的利润水平、净资产和负债能力;同时由于投资低效,银行坏账开始大量出现,无论银行通过强行清偿债务还是通过收缩信贷的方式来应对,都会进一步降低企业的融资能力,货币供应量也会随之下降,结果导致价格水平的再一次下跌和投资效益再度恶化,经济产生自我下滑的趋势,由此进入通货紧缩。

蔡辉明(第八章)、蒋永庆(第九章)的研究结论表明了从 1997 年开始的通货紧缩能够通过这个机制得到很好的解释。值得注意的是,产权因素再次通过金融加速器的机理发挥了作用,但不同的是在两个时期它导致了完全相反的结果——在短期引起通货膨胀,而在中期则转变成为通货紧缩。与此同时,由于政府的长期干预,市场缺乏应有的信用法制环境,这在经济萧条时期将进一步恶化信贷链条,加剧通货紧缩螺旋的后果。李岩(第十章)对此问题进行了详尽的论述。

(三)第三期:从通货紧缩到再次通胀

当经济进入通货紧缩之后,政府面临如下三种可能的选择:一种是不干预,任凭经济在低位进行调整直到回归到原来的水平。但这种方式在现实中往往不可行。另外一种被认为可以有效地帮助经济摆脱通货紧缩陷阱的方法是积极的财政政策。施华(第十一章)的研究表明,扩张性的财政政策并不是可持续的。不适当的财政扩张反而有可能成为新一轮通货膨胀—通货紧缩波动的源头。第三种方式是中央银行协助企业清偿债务,发行货币来抵补银行系统的坏账,重建商业信用,恢复投资信心。然而,这种方式同样要求货币供应量的大量增加。换句话说,无论政府采用什么样的方式来应对通货紧缩,都将意味着未来可能再出现通货膨胀。

这样的担心并非是杞人忧天。长达五年的通货紧缩趋势在货币方面带来的压力早已显现。其中最重要的一个问题是银行系统的不良资产。到 2002 年,四大国有商业银行的不良资产总额已经达到 2 万亿元,这还不包括被四大国有资产管理公司所"剥离"的 1.3 万亿元不良资产(第十二章)。尽管在现行的体制之下这些不良资产不一定会引致大规模的金融危机,但是随着银行改革的深入,这些不良贷款最终还是不得不通过发行货币来弥补。第二,通货紧缩加速了国有企业改革的过程,高额的社会保障欠款问题凸显(第十三章)。有研究表明,目前我国社会保障资金的流量缺口正在逐年扩大,年缺口金额已经从 1998 年的 100 多亿元扩大到 2000 年的 500 多亿元,再扩大到 2004 年的 1500

多亿元。但与此同时,并没有充足的证据表明国有企业净资产总量能够满足这个缺口。事实上,如果将国有企业所产生的坏账考虑在内,国有企业整体上为净负债。显然,社会保障欠款的窟窿最终仍然要靠发行货币来填补。

(四) 麦金农的通货紧缩逻辑

以上三期模型是在费雪(1933)的债务—通货紧缩模型的基础上结合中国的实际情况扩展而得到的。债务—通货紧缩模型的基本传导机制与金融加速器理论在逻辑上完全一致。这一点在《1998—2000 中国通货紧缩研究》和本书的文章中都有详细的论证,不再赘述。在通货紧缩研究中,麦金农等有一个完全不同的模型(或者说逻辑),在本书中基本没有涉及,在此作一简单介绍。

大多数发展中国家缺乏有广度和深度的本币债券市场,无法以本币进行国际借款。由于政府的负债通常是美元债务,政府往往千方百计保持本币对美元即期汇率的稳定。这一现象有时被称为"原罪"。在存在原罪问题的债务国,一般国内利率的风险溢价比相同期限的美元资产高得多。国内企业和银行可能愿意借用美元贷款,却不考虑规避汇率风险。但是一旦发生货币攻击,国内借款人将不得不立即偿还国外短期美元债务,可能引发货币贬值。亚洲金融危机中的泰国、韩国、印尼都可以印证原罪模型的逻辑。

进入新千年以后,大多数东亚经济体成为美元债权国。对任何无法以本币提供信贷的国际债权国出现的货币错配问题,可以称之为"高储蓄两难"。这些国家通常是国际收支顺差,向外国提供融资,但其日益增加的国外权益并非以本币计值,大部分私人或官方外汇储备持有的对外权益都是流动性很强的美元资产。随着其美元权益的积累,国内美元资产持有者越来越担心美元资产,会不断转成本币资产,迫使本币升值。同时,外国人开始抱怨该国持续的贸易顺差是货币低估引起的,国外要求本币升值的压力会越来越大。如果允许本币升值,就可能会引发通货紧缩,经济最终陷入零利率的流动性陷阱。但如果债权国不让本币升值,国外就会以贸易制裁相威胁。过去十几年的日本可以印证高储蓄两难模型的逻辑。

简而言之,"高储蓄两难"的逻辑:一国的储蓄率高引起国际收支顺差,私人和官方外汇储备增加,本币升值压力加大。如升值可能通货紧缩;如不升值或升值幅度比市场预期小,则必须降低本币利率,也可能陷入零利率和通货紧缩陷阱。

(五)推进产权改革

正如前文所述,产权缺失所导致的政府扭曲成为经济波动的根源。在一期经济因为投资成本的扭曲而产生通货膨胀;在二期因为投资低效和产能过剩而走入通货紧缩;在三期,冲销坏账和政府赤字将会带来新的通货膨胀的威胁。在这样的波动中,重复的投资导致了资源的大量浪费,坏账率的升高增加了国家的金融风险,经济长期增长的潜力也因此而受到损害。所以,推进产权改革,减少政府干预是减少经济波动、增加动态效率、维持可持续增长的最根本的途径。令人欣慰的是,我国已经完成了对宪法的修订,这无疑为将来进一步推进产权改革奠定了坚实的基础。

(六)转变政府职能

关于转变政府职能,在《转变政府职能与可持续发展》一文中有过论述。实际上,自觉不自觉地,各地政府的观念也都在转变,有些地方政府已经这样做了。事实胜于雄辩,我国在过去 26 年创造了经济增长的奇迹,这已经证明我们的优势。中国的做法是有效的,但同时我国也为此付出了巨大的代价:环境、资源、安全问题,还有教育、卫生等社会事业发展滞后等。如果有更多的干部自觉地认识到这一点,主动转变政府职能,把工作的重点转移到社会管理和公共服务上来,我们的经济发展会更可持续,环境保护会更有效,法制社会会更健全。

（七）改善宏观调控

我们强调产权改革和政府职能转变在平滑中国经济波动上的重要性，并不代表我们忽视宏观调控的作用。只有通过有效的宏观调控，减少经济波动，维持好一个比较稳定的经济局面，才能为推进产权改革和政府职能转变创造条件。但是，这样的调控应该主要是市场化的调控而非行政性的调控，主要是总量政策而不是结构调控，主要是短期政策而不是长期政策。宏观调控的实施者是政府，其目的主要是熨平短期经济波动。好的宏观调控应有利于经济结构优化，但经济结构调整主要应依靠市场力量进行，体制等长期问题主要靠改革解决。

像社会主义市场经济一样，宏观调控也是一个具有中国特色的概念。宏观调控是对市场经济而言的，特别是针对市场的局限性和缺陷。计划经济用不着宏观调控，因为，资源配置均在国家掌控之中；在生产领域，国家按照计划组织生产，社会资源基本上是政府配置；在消费领域，分别在城市和农村实行了工资和工分制度，给消费者保留了一定的选择权。在计划经济中，除了个人消费之外，资源不经过市场配置，当然也就无所谓宏观调控了。对于改善宏观调控，在《宏观经济政策与市场》文中已有讨论，在此不再赘述。

三、结论

中国经济的高成长性与高波动性相伴随的特点来自于产权界定不完善以及在此基础之上的行政干预。本书提出了一个三期分析框架来解释这个现象。模型化这个分析框架并进行定量分析可以作为本课题的后续研究。

要解决这种高波动、高浪费的增长模式，需要推进产权制度改革、转变政府职能，改善宏观调控。明晰产权和转变政府职能是市场经济的"基础设施建设"，而改善宏观调控则是这个"基础设施建设"的必然要求和必然结果。一方面,随着政府职能的转变,行政力量干预经济的动机会逐渐减少,从而减小经济因行政驱动而出现大幅波动的概率;另一方面,随着产权的不断完善,价格杠杆会越发有效,这就必然要求宏观调控更加注重运用经济杠杆。

市场经济有着共同的规律,有中国特色的社会主义市场经济也符合市场经济的一般规律。尽管"宏观调控"和"宏观经济政策"概念不完全相同,但从以上的分析来看,宏观调控应该注重总量问题和短期问题。体制问题要靠改革解决,而结构调整则应该主要由市场自主完成。好的宏观调控政策应该有利于结构调整和优化,而不是试图用行政手段直接解决结构问题。总之,所有的分歧和争论都可以归结为一句话:你是否相信市场经济,信到什么程度?

全球经济失衡下的中国金融[*]

一、世界经济失衡的特点

我们知道中国经济现在是一个非常热的话题，在世界各地都是，在纽约、在巴黎、在伦敦、在法兰克福、在悉尼，都是我们开会的一个话题，很多重要的会议都会在这个话题上花费很多的时间，连续发言，然后超时，话题就过不去，本来是谈论其他的事物，比如中央银行、财政、贸易的会议，大家都非常热衷于讨论中国问题，也非常关心中国问题。为什么这么关心中国问题呢？中国经济对全世界的影响太大了，比如世界铁矿石的买家主要是中国，全世界海运的价格基本上是由中国的需求定的，中国经济一热，世界海运的价格就上升。全世界的海运分为油轮、集装箱和干散货，这就是海运最主要的三部分。油轮，我们每年进口的有很多，差不多90％用的都是外国的油轮，很多外国的油轮公司都在为中国服务，从南美把油运过来。集装箱的增加非常大。另外就是干散货，海运的干散货指数现在基本上就是中国经济指数，中国经济一热，干散货的指数就上升，中国一进行宏观调控，就应声而下。那么原材料，中国买什么，什么贵；中国卖什么，什么便宜。中国经济对世界经济的影响太大了，太直接了。所以全世界关心中国不是没有道理的。

我们有时说人民币不是可兑换货币，中国是发展中国家，为什么全

---

[*] 根据2006年9月在西南财经大学"全球失衡与货币政策"研讨会上的演讲记录整理。

130

世界对中国的热度这么高？实际上中国经济已经融入世界经济体,对世界的影响太大了。前段时间有人批评中国输出了通货紧缩,为什么呢？因为中国卖的东西太便宜,在南美市场、东欧市场、中欧市场、非洲市场,到处都是中国货,有人就说中国输出了通货紧缩。现在又有人批评说中国有可能要输出通货膨胀,为什么呢？说石油价格高也跟这个有关,所有的原材料价格高也和这个有关,航运价格也高,所以说输出了通货膨胀。在这种情况下,我们学习金融经济的同学思考金融问题和中国的经济问题必须从全球的视野来看。这样才能得到正确的答案。现在经常讨论经济失衡,世界失衡最主要的表现就是以美国为代表的双赤字和低储蓄率,加上以中国为代表的巨额的贸易顺差、高外汇储备和高储蓄率形成的在全世界贸易资金流上的大循环,这就是目前很多人讲的**全球经济失衡**。

首先讲美国的**双赤字**。美国是一个发钞国,美国的经常项目赤字过去几年都占 GDP 的 6％—7％,经常项目的赤字非常大,美国的 GDP 是十几万亿美元,贸易项下的赤字如果占到 7％,也就是说每年有八九千亿接近一万亿美元的逆差,其中中国是美国逆差的最大来源地。根据我们统计,我们去年和美国有一千多亿美元的顺差,而根据美国统计,美国与中国有两千多亿美元的逆差,这个差别有很大是因为香港的因素。我们很多的贸易是经过香港转口到美国的,美国的贸易统计是按照原产地统计的,它也把这些赤字算在中国的赤字里,所以美国算下来与中国有两千多亿美元的赤字。我们和美国的贸易格局是贸易总额大致为两千多亿美元,从美国进口只有几百个亿。我们说美国对我们技术不开放,我想买东西,你不卖给我。进口几百个亿,出口有两千多亿美元,逆差我们统计一千多亿美元,美国统计两千多亿美元。中国是美国逆差的第一大来源国。长期以来,日本一直是美国逆差的第一大来源地,这几年中国远远地超过日本,成为美国的第一大逆差来源地,并且这个第一是超过第二很远的一个比例,这就是美国的贸易赤字。

同时美国有财政赤字。在克林顿政府时期,曾经消灭了财政赤字,还有一两年有财政盈余。但是布什政府上台之后，伊拉克战争、反恐，再加上减税，使美国这几年的财政赤字也比较大，所以美国是双赤字。双赤字加上美国的低储蓄率，它的储蓄率在前几年甚至是负的，为什么是负的？因为美国前几年的房价涨得特别好，美国的老百姓就可以做抵押（mortgage），用房产在银行做抵押贷款，可以借出一笔款项来。从银行借出贷款之后可以进行部分消费，另外可以对住房抵押贷款进行再融资（refinance）。再融资和抵押之间，由于房价涨得很好，预期就很好，以房产为抵押的贷款就显得更加安全，比例就显得更加低，借款比例占市值的比例就显得更加低，这时银行也觉得安全，消费者也觉得安全，它的房价从原来的 50 万涨到 70 万、80 万，老百姓觉得消费一些没关系。我在美国有很多的朋友，有的在硅谷，有的在道格拉斯，有的在东部，他们这几年最大的财富就是房子涨得特别厉害。因为我的朋友都是比较早买房子的，比如说十年以前、七年以前、五年以前，现在都是翻倍的，或者说是三倍。在加州 50 万买的房子，现在卖 150 万，房价涨得这么高。在东海岸，美国的房价都涨得特别好。美国的总体房价比欧洲低，所以即使美国现在涨了这么高，它才基本上赶上欧洲的水平。过去美国的什么东西都便宜，从日用百货到汽车到房子，美国什么都便宜。你要在美国买汽车，比如说奔驰，比欧洲要便宜，在美国买酒，比德、意都便宜，它是一个消费者的天堂，因为它的市场太大，竞争太激烈，所以日本、欧洲都是把最好的商品以最低的价格卖到美国，因为它的竞争很激烈，这几年房价又涨得特别好，老百姓的信心很足，可以从银行贷款扩大消费，所以美国的储蓄率前几年是为负的，比如－1％、－0.8％。有的同学就不理解它的储蓄率怎么会是负的？因为它的金融特别发达，可以使有钱的人和没钱的人用金融联系起来，可以使年轻人和老人用金融的方法联系起来，年轻人刚从学校毕业是没钱的，老年人积蓄了一辈子，他要退休了或已经退休了，他是有钱的。如果没有金融，年轻人永远买不起房子，老年人是一个净储蓄者，因为有了金融的桥梁，他可以在代际之间进行融资，可以在年轻人和老年人之间进行融资,可以平滑消费。所以美国经济形势一好,房价一好,人们的预期就很乐观,就会出现很低的储蓄率。最近美国的储蓄率已经由负转正,今年美国的储蓄率明显是正的,尽管是正的,但仍然相当低。以中国、日本为代表的亚洲国家,它有巨额的贸易顺差,同时以中国为代表的亚洲国家又有非常大的外汇储备,这些国家还有一个特点,就是高储蓄率。这种不平衡,是如何工作的?中国有大顺差,说明有很多的资金流入中国,中国卖出去的多,买进来的少,如果贸易是平衡的,买进来的和卖出去的是一样的,资金不会流向中国。如果贸易上是大顺差,我卖得特别多,买得不太多。去年有一千多亿美元的贸易顺差,这一千多亿美元的顺差,先不说资本项目的错误与遗漏,只说贸易项下的,一千多亿美元的资金就要流向中国,反映在中国就是外汇储备的增加,大部分的外汇储备按照分散的原则又运用在海外市场,可能在美国市场、欧洲市场、世界其他市场,其中美国市场是最重要的市场,这就形成了一个不平衡的环流,我们向美欧提供商品,他们为我们提供货币,就形成外汇储备,将外汇储备运用到美国、欧洲等主要市场,这样就形成物流和资金流的反向流动。这就是人们经常说的全球投资(global investment),全球投资还有一些发展不平衡的问题,有拉美、非洲问题,有产油国和非产油国的问题,现在人们老说的全球投资是指贸易的不平衡和资金的不平衡,在特定的场合指的是其他的事物,比如拉美和非洲问题、欧佩克问题、俄罗斯能源国和欧洲在能源方面的制度安排问题与争端问题。中国经济非常重要,2005年按现行汇率,GDP 18.2万亿元人民币,折合成美元就是2.23万亿美元,占世界的5%,在世界的排序中在美国、日本、德国之后,排在世界第四位。按照购买力评价,按世界银行计算的与按国际货币基金组织算的,差别不是太大,中国的GDP有8万多亿美元,占世界的14%,是非常明显的第二。中国经济和美国经济成为拉动世界经济的两大发动机,我们的贸易排在第三位,中国占世界贸易的比重连续上升,这几年的中国出口比重在世界占到了7.35%,进口占世界的比重为6.1%,在贸易上排位是美国、德国、中国,已经超过了日本这样一个靠贸易立国的大的贸易国。虽然贸易量已超过日本,但是我们贸易的增加值还比较低,我们贸易赚的钱还比较少,但从贸易量上,我们已经是第三位了。德国的很多贸易是欧洲内部的贸易,实际上没有外汇储备、收外币的问题,在欧洲内部进行贸易,它大部分收的是欧元。美国是世界第一贸易国,美国贸易最大的伙伴是加拿大,美国与加拿大尽管货币不一样,但它们之间的贸易实际上也是相当内部化的。美国重要的制度安排是 NASDA,北美自由贸易区,美国、加拿大、墨西哥是北美最主要的三个国家,美国和墨西哥有很多贸易是在框架下进行的,排在前面,我们的贸易是真正的、外贸性非常强的,德国有很多的内贸性,因为整个欧盟的海关通关上是一体化的。加入欧盟有三部曲:第一步加入欧盟,比如现在捷克、匈牙利加入欧盟,加入欧盟意味着海关的统一,意味着集装箱一进入匈牙利就可以自由地开到德国去;第二步是加入申根,申根就是签证,申根意味着相当大的程度上劳动力的自由流动;第三步是加入欧元,有着更大的政策含义,美国外贸很大,但具有很大的内贸这样的性质。考虑到内贸性,中国的贸易从政策的角度看是很大。

中国改革开放以来的 GDP 增长有比较大的波动。这里有一条实线、一条虚线,虚线指的是 2004 年经济普查之前的数,实线是 2004 年经济普查之后的数。2004 年的经济普查,中国的 GDP 高出了 2.3 万亿元,多出了 16.8%。其中多出的 2.3 万亿元的 92.8% 是服务业中多出的。2004 年的经济普查是从 1993 年开始调整的,因为 1993 年有一次经济普查,我们这次经济普查是假定 1993 年的经济普查是正确的,所以多出了 2.3 万亿元人民币,GDP 一下就多出了 16.8%,它不能全部算在 2004 年,所以这两条线的区别就是要把经济普查多出来的 GDP 按照一定的比例分摊到 1993—2004 年的各个年份中,所以这十几年的水平、金额和增长率都要做适当的调整。

中国的经济还有一个问题就是投资率太高,消费率太低。红线是消费率,本来就比较低,最近这几年还在逐年下降,蓝线是投资率,最近几年持续上升,这是经济界经常讨论的问题。我觉得这的确是一个问题,但也没有像数字上表示得那样严重。这句话的潜台词就是经过经济普查,数据是这样的,但是实际上中国还是有一部分 GDP 的计算问题还没有解决,很大部分的消费没有包括进来。西南财大的同学来自全国各地,都有生活经验,有很多消费没有统计进来,比如你晚上去吃一碗担担面,你吃了,把钱付给了摊主,但这个可能没有被统计到 GDP 中。小时候你们去学钢琴、学美术、学英语、学奥数,你们都是作为很优秀的学生考入西南财大的,我想你们当中有很多人小时候有这样的经历,一到星期六、星期日父母带你们去学这些,你是要付费的,但是这个也可能没有记入到 GDP 中。多少人家有保姆,也没有统计进去。按照国际统计标准,虽然在 2004 年普查中我们有部分消费被发现了,被增补进了 GDP,但实际上在中国还是有很大的消费比例没有记入计算。反映在中国就是消费特别低、投资特别高,但是要比数字上反映得要好一些,没有这么严重,但它仍然是一个问题,这就是我刚才说那句话的意思。有人问我 2004 年中国的 GDP 突然冒出 2.3 万亿元,2004 年原来公布的是 13.7 万亿元,经过 2.3 万亿元的调整,一下到 16 万亿元。这 2.3 万亿元相当于 16.8%,那么有一个问题就是你的货币政策是基于原来的做的,是不是货币政策的制定偏紧了。我给同学的回答是没有,因为人民银行的研究部门在很早以前就认为中国的 GDP 被低估了,我们有一个内部论文发给所有货币政策委员会的委员,在一定范围内进行了讨论,数字都已经向货币政策委员会委员报告了。这篇论文是在 1999 年发表的,有系统的方法论、系统的研究,我们认为中国的 GDP 被低估了 20%,这 20% 中的 90% 是服务业。考虑货币政策时,为什么这几年的 M2 都是 15%、16%、17%,GDP 在 9%—10%。实际上是考虑到货币流通速度的下降,考虑到 GDP 的问题。这个估计和 2004 年普查结果相当吻合,2004 年结果认为 GDP 被低估了 16.8%,这与 20% 实际上是吻合的。论文中说 20% 的 90% 是服务业,2004 年的统计说 92.8% 是服务业,也相当吻合,也就是说,我们的直觉、我们的研究,是可以在经济研究中发现一些问题的,及早地解决问题,使得我们不会教条地用一个数决定另一个数,那样一个数估计错误就会对整个经济产生直接的影响。M2/GDP 也是两条线,实线是按照经济普查之后的数据算出来的,虚线是按照调整之前的数据算出来的,中国 M2 对 GDP 的比重基本上是全世界最高的。这反映了我们的直接融资不够发达,债券股票市场不够发达,企业居民过度依赖银行的融资渠道。我刚才讲了世界经济的不平衡、物流和资金流的循环。然后我又讲了中国 GDP 的数字、通货膨胀的数字、货币数字、消费投资比例,这些是经济的主要数据。

二、中国经济存在的不平衡

现在我再说一下我们中国经济发展的不平衡问题。这种不平衡主要反映在投资比例较高,过度依赖投资对 GDP 的拉动,另外能源消耗过大,浪费得比较多,而且,环境污染比较严重,发展不够持续,内部存在重大的经济问题。还有一些就是经济和社会发展的不平衡,就是说我们经济发展得比较好,但是我们社会事业发展得比较滞后。社会事业问题,比较突出的是教育和卫生问题,这里说的教育主要是指义务教育,特别是农村义务教育。卫生大家都理解,还有一些不平衡就是城乡差距和收入分配问题。贸易顺差的不平衡,刚才已经讲过。下面的一些数字主要列出了中国前十位贸易顺差的来源地,第一是美国,第二是中国香港地区,这个可以清楚地看出我刚才讲的大致轮廓,也给出了数据上的支持。首先看十个贸易顺差来源地,这是我们的官方统计,2005年对美国的顺差是 1140 亿,与中国香港地区的顺差是 1120 亿,但是与中国香港地区的贸易有很大一部分又跑到美国去了,它是转口。与欧洲一些国家是大顺差,比如和荷兰、英国、西班牙、意大利、土耳其,这都进入前十位。所以对美国和欧洲是大顺差。这是贸易顺差的来源,主要是美国和欧洲。逆差的十大来源地,第一位是中国台湾省,有 580 亿的逆差,第二位是韩国、日本、马来西亚,其中逆差的来源地主要是亚洲国家和地区。还有一些逆差来源地反映了中国对能源和原材料的对外依赖,比如沙特阿拉伯、安哥拉,这肯定是油。比如澳大利亚、巴西,这主要是铁矿石、铜、大豆等原材料。中国对美国和欧洲的顺差不仅仅是中国对他们的顺差,而且是亚洲对他们的顺差,因为我们对美欧出口的商品中包含了大量的从亚洲其他国家和地区进口的原部件,进口原部件后在中国组装、制造,再出口到美国和欧洲。美国和欧洲对中国的意见比较大,对中国不是那么公平。这种贸易格局反映了在新的全球一体化下的国际分工,这种国际分工,中国是制造业中心,是装配贸易和组装中心,中国产品用了很多亚洲其他国家的零部件和关键技术,因为这个东西是"Made in China",是中国制造的,实际上很多东西是在中国组装,但是顺差问题都记在中国头上,美国的谈判代表、欧洲的谈判代表、WTO的总干事的发言,实际上对中国的压力比较大。但是,我们不是讲全球经济一体化吗,讲国际劳动分工吗,不是讲学习比较优势吗?那么说专业化,你出口有比较优势的东西,当真正国际经济按照自由贸易的原则、按照比较优势和国际分工贸易原则进行安排执行,出现了问题,有的国家是大顺差,有的国家是大逆差,但是若把这种顺差都加在中国头上是不准确的,因为它反映的是一种新的国际分工的格局。中国用了全世界水泥的50%,当然主要也是我们产的。现在有个特别奇怪的现象,中国水泥能出口到美国,我们知道水泥的工业半径是很小的,因为它的运输成本是很高的,水泥有点像啤酒,它的半径出不过几百公里。但是最近有个现象,中国的水泥大量出口到美国,你们学贸易和金融的同学可以研究一下,它的半径是非常小的,中国的水泥为什么能出口到美国?水泥是一个非常有局限性的商品,华东的水泥就是华东用,华南的水泥就华南用,东北的就东北用。我们用了全世界水泥的52%,我们的钢产量现在是3亿多吨,实际上是比过去羡慕的最大的强国之和还要大,比如以前羡慕美国、日本、德国、英国、法国、意大利,这都是钢产量的主要国家,现在中国的产量比他们的总和都还要大,这是不可想象的。你们都不记得了,我们1958年生产1700万吨钢已经费牛劲了,就是把树都砍掉了,家家把锅灶都砸碎了炼铁了,家家起炉灶,用小锅炉去炼钢,全民炼钢,然后炼成了黑黑的铁疙瘩,敲锣打鼓,带着黑黑的铁疙瘩,系一个大红布条,就报喜去了,这个街道又产了多少钢了。中国很多的环境问题就是那个时候造成的,上山砍树,烧柴火,然后炼钢。结果那年的钢产量我们大量增长,达到了1700多万吨,"文化大革命"之后改革开放之前,我们的钢产量实际上都在2100万吨以上。那个时候俄罗斯和美国差不多是一亿吨,日本差不多是八九千万吨。现在我们的钢产量达到三亿多吨,生产能力可能是4.5亿吨。我们现在的钢产量已经超过了我们以前羡慕的,我们不是超英赶美吗?你说中国的投资有多大,用钢有多大。我们对铜的消费,对铝的消费,对其他有色金属的消费,对原油的消费,反映我们的投资非常旺。我们担心我们的投资这么旺,将会产生过剩的生产能力,将来会有问题。

三、中国汇率制度的演进

下面稍微讲一下汇率。前面讲的主题用一句话归纳就是中国的经济特别火,为什么呢?因为中国的东西物美价廉,相对价格来说什么东西都好,所以你的商品物美价廉,就有大量的贸易顺差,大家都争着买啊,因为你的劳动力便宜,就在你这里设厂,在你这里投资,用你的劳动力,你的不动产物美价廉,所以大量的中国的侨民、外国投资者、港澳台同胞都在中国的房地产市场大量投资。昨天我知道中国成都的外资流入的很大比重是房地产,因为成都的房子物美价廉,虽然成都的房子这几年连续上涨,但它相对于参照系来讲还是物美价廉。这就是中国火的原因。你的东西便宜,当然在你这里投资建厂。你的电最便宜,我就在你这里建最耗电的工厂;你的水便宜,炼钢都需要水,我就在这里设最耗水的厂;你的劳动力便宜,我就在这里设厂用你的劳动力。这个全世界经济是一体化的,你东西便宜,值钱。

但是中国的东西为什么从质次价低、信誉非常不好甚至假冒伪劣,变成了物美价廉？中国的经济为什么突然就转变了呢？为什么全世界对中国的概念、印象现在和十年以前完全不可同日而语了呢？十年以前就觉得你是一个发展中国家，政治上不稳定，有问题，法律上不健全，混乱。就像我们现在说非洲的国家、中东的一些国家，它是没有秩序的、是混乱的。当这个国家混乱的时候，它的东西是不值钱的。我的第一个回答是中国的东西物美价廉，我的第二个回答是中国在过去的十几年里，劳动生产率和全要素生产率大幅度地提高。劳动生产率和全要素生产率大幅度地提高以后，使得我们的效率大幅度提高，这是因为我们引进了新技术，采用了新机制。什么是新的机制？就是说我们有私人的企业、外资的企业、国有企业的改制、银行的战略投资者，所以说它机制变了，原来是吃大锅饭的，大伙是一样的，挣一样的钱，现在机制不一样了，能干的挣钱多了，不能干的要失业了。它这种迸发出来的能量、迸发出来的创新的能力是巨大的。所以它的劳动生产率提高特别快，这又是因为它的技术和投资，原来一个劳动力配备的资本只有 100 块钱，是落后的技术，那么劳动力的生产率是有限的。现在我们投资率是百分之三十多，这些投资有建工厂的，有引进先进技术的。投资下都是设备，都是厂房，都是技术，那么相对于劳动力，每个劳动力可以装配的资本在大幅增加，原来是每个人一百多块，现在可能是一千多块，一万多块钱，那么这个劳动力同样工作了八小时、十小时，他的产出与过去就不可同日而语了，并且他工作的质量有保障，因为他的技术是好的，设备是好的，原来劳动是密集的，现在可能变成资本密集的了。

另外是**全要素生产率**——TFP，就是"Total Factor Production"，也在明显地提高。如果你们不记得 1958 年的大量炼铁的话，你们应该记得亚洲金融危机，亚洲金融危机发生在 1997 年。1994 年美国的一位教授克鲁格曼认为东亚经济无奇迹，所以有人认为他正确地预见了亚洲金融危机。他说东亚经济无奇迹的根据就是 Young、刘遵义教授等学者对亚洲各个国家全要素生产率做出的计量经济学的分析。刘遵义教授在研究了亚洲各个国家全要素生产率以后，就发现除日本之外

139

的亚洲经济进步主要靠投资和其他生产要素的投入造成的，但是 TFP 增长不多。西南财大读经济学的同学能不能给我简单地说一下什么是 TFP？简单地说，TFP 就等于在计量经济学中你的因变量是产出，你的自变量是劳动、资本、土地，可以用这些生产要素生产一些产出，回归的残差就是用其他的投入所不能解释的那部分产出，那个残差简单地说就是 TFP。仔细地讲什么是 TFP 可能要花费长一点的时间，最简单的就是残差。中国很多学者，如中国香港的肖耿先生，我的很多同事包括人民银行研究局也在做这件事，在中国过去十年，TFP 在明显地提高，跟克鲁格曼的预测是不一样的，克鲁格曼说东亚无奇迹，现在根据 TFP 的研究，说中国经济是有奇迹的，它的奇迹在哪里呢？它的生产率在提高，它的劳动生产率、全要素生产率在提高，中国过去这些年的依法治国、**产权保护**有了实质性的进展。成都的房地产为什么涨价？据说现在已经涨到四千多一平方米，上海的房地产值钱了，深圳的房地产值钱了，整个中国的房地产值钱了，为什么中国的房地产十年二十年前不值钱，现在值钱了？是因为十年二十年以前你的房地产不能交易，你的房地产**产权**说不清，说不清是国家的，是政府的，还是单位的或者自己的。现在房地产产权越来越清楚了，政府把大量的私人住房卖给了私人居住者。所谓**房改**，就是以较低的价格把房子卖给居住者，卖给后开始还不能交易，后来发给你产权证，过两年你就可以交易了，可以卖二手房，房地产的产权清楚了，物业有什么权利、业主有什么权利、房产和公地是什么关系，比如 70 年的使用权，这些事都在逐渐地理清、规范。我们知道中国讨论《**物权法**》讨论了五六年了，在明年的人大，很可能要通过《物权法》通过法律的形式将物权保护清楚，这将进一步提高中国境内的资产的价格。你的东西为什么洋人原来不敢买，现在敢买了？因为是原来他不清楚买了东西后产权责任包含什么，买的东西能不能卖，如果发生了法律纠纷，到哪里打官司去，打官司的成本有多大，报了之后有没有人管，起诉后什么时候开庭，开庭之后什么时候判决，判决之后什么时候执行，原来这些都是未知数。现在逐步有答案了。

用经济学的语言,原来买一个物权,交易成本和不确定性非常高,现在通过对产权的保护,交易成本和不确定性慢慢降低了。如果交易成本是很高的,你的东西就不值钱,交易成本和不确定性降低之后,你的东西就值钱了,所以大家就奇怪上海的房子现在已经翻了番了,北京的房子已经不得了了,成都的房子怎么也看涨。这怎么解释?产权的明晰就是一个非常重要的解释。

然后最近的"十一五"规划,政府要加强社会管理和提供公共产品,政府要花很多的力气来搞环保,要管理社会治安,要加强教育,那么所有这些环保、社会治安、公共交通、城市卫生、城市美化绿化都会提升房地产的价格。前些日子,我看到有报道说成都和杭州在打擂台,说哪里是最适合人们居住的地方。成都说我这里是比较适合人们居住的地方,我这里比较休闲,晚上散步可以听到朗朗的打麻将的声音。杭州说你这个虽然比较休闲,但你打麻将的人太多了,品位还不够,我有西湖,我的环境如何好。成都和杭州打擂台说哪里是最适合人们居住的地方,这就好,为什么呢?如果我们的政府把注意力不是放在招商引资,而是放在哪里是最适合人们居住的地方,这个政府的职能就转变了。最适合人们居住的地方肯定环境要好啊,环境不好天天出去都不敢喘气,那肯定不是适合人们居住的地方。你的水要好啊,教育要好,社会治安要好,公共交通要好,这些公共交通、公共治安、教育、环境、排污、没有垃圾等恰恰是政府的公共管理方面的职能,就是说政府的职能必须在这些方面。我们的政府都去搞项目,去招商引资,那么怎么让政府的注意力不在招商引资上呢?政府的注意力在招商引资上有道理,就是招商引资有税收,能创造就业,环境弄得好好的,收不上税来怎么办,这也不可持续。所以前些日子有个讨论,十六届三中全会以及中央已经决定要稳步推出物业税,物业税就是说对房地产、不动产可以收税,而且是地方政府可以收这个税。怎么能让政府不搞招商也能有稳定的税收?这个物业税就是一个很好的备选方案,如果地方政府可以收税的话,就可以集中精力搞公共卫生、执法、环境。因为只有这个搞好了,它在提供教育、环境方面做好，房地产才值钱。而物业税是按房地产价值的一个比例来收的，所以搞得好的地区有更多的物业税，搞得越好，社会治安越好，那就变成了富人区、白领区。中国人有一种想去好地方的想法，为什么呢？因为我的小孩要到好的学校，如果学校好、治安好，家长都不顾代价地往这搬。在其他国家都发生这样的事。那么地方政府之间就比赛着，看谁能把社会治安治理好，这时政府的职能就表现出来了。我说这么多，就是解释中国的资产为什么现在那么值钱了。在解释清楚这些原因之后呢，实际上要解决这个不平衡的话，有若干种思路。其中一种思路就是中国这么火，我国的东西便宜，我国的劳动生产率高。我国工人劳动效率提高了，原来不值钱的东西现在都值钱了，就是说我刚才说的那些因素改变了我对世界的看法。什么东西值钱，什么东西不值钱，实际上是人的一个概念，用英文的概念说是一种"Conception"，就是世界对中国的"Conception"变了，是中国政治、经济、外交的一个最重要的成绩。

我们过去十几年最大的成就就是中国的改革开放、社会主义市场经济这样一系列的政策，使得中国社会经济得以成功地发展，使得全世界改变了对中国的看法。看法改变之后，什么东西都值钱了。我们现在的人均 GDP 是 1700 多美元，是按照汇率折算的。我和你们说，改变了看法以后，我们的人均 GDP 可能会增长很快，不是说我们的物质增长率会有多快，不是说现在人均二十多平方米，到以后人均一万美元的时候，你的人均住房就 60 平方米了，你就增加几倍，其实不是的，是对你的概念转变之后啊，你所有的东西都值钱了。你们家住三室一厅的房子，原来不值钱，现在就非常地值钱了。你看现在成都二环的房子原来就不怎么值钱，现在就值钱了，你还是住那三室一厅的房子，但是你的人均 GDP、你的身家大幅提高了，而不是说你原来住的是三室一厅，现在住的是六室一厅了。我的韩国朋友，我的过去二十多年的同学，现在在韩国，人均 GDP 从原来的几百美元到现在的一万美元，看看首尔大学的那些教授，我去他们家一看是三室一厅。他的三室一厅原来就不值钱,现在值 100 多万美金,他们没住六室的啊,他们还是那三室一厅,现在就值钱。在北京二环以内,原来那房子不值钱,现在没 100 万人民币,在二环以内想买到像样一些的房子,你根本就不用想,都是一万多人民币一平方米。

四、解决中国经济不平衡的新思路

你们这一代年轻人是赶上了中国的好日子了(笑声),你们这一代将经历中国从几百美金到几千美金甚至是几万美金的发展时代。你生活比原来舒适了,比如房子的电梯可以直接到车库,然后车库很方便,车库干干净净的,所有的这些都是干干净净的,那房子值这么多钱,你到时身家就那么高。从 1700 到 10000,怎么才能适应这种变化呢?在通常情况下,中国这么值钱了之后,它就变得特别好,人们就往里涌,这种不平衡的解决有两种办法,或者说从货币上有两种最主要的思路。一种思路就叫做升值,你不是说中国的东西便宜,你什么都要买,你要买我中国的东西,要投资。为什么人民币升值的压力那么大?人民币升值相对国内来说没有什么变化,升值是相对美元、相对欧元升值。我原来东西物美价廉,你要使劲买,升值一点,我就没那么便宜了。没那么便宜,虽然你要买,但你要少买一些,这是一种思路。另外一种思路,我不升值,我涨价。涨价和升值不一样,升值是对外国人贵了,对本国人一样。涨价呢,就是对中国人也贵了。比如说成都的房价以前是 3000 多一平方米,这几年的工夫,现在成都的房子均价是 4500、4600,从 3000 涨到 4500,这不是涨了 50% 吗?对国内涨了 50%,对美国人也涨了 50%,涨价和升值都能解决这个问题,但它解决的结果是不一样的,升值只是对外国人,而涨价对中国人和外国人都可以。我们现在实际上看不见的经济力量已经对这种不平衡进行了调整,实际上这两种方式都在进行。

大家都知道,从去年的 7 月 21 日到现在,我们对美元升值约 4%,

同时,涨价也在进行。我们的CPI很低,去年才1.3,我和你说CPI很低,但是其他的价格都很高,我们的涨价在悄然调整。北京的房地产涨了多少,上海的涨了多少,成都的涨了多少,深圳的涨了多少,这都是可以计算的。这几年的工夫啊。油价、能源、铁矿石涨了多少,铜涨了多少,铝涨了多少,都是翻倍,都是几倍。那你再想一下我们的产品花不了多少钱,你们同学当中有的来自农村,有的来自城市,你们想象一个城市的居民他一辈子的储蓄用于什么,住房第一大,子女教育、医疗然后是养老。一个城市的家庭一辈子的储蓄,一买房子就可能从净储蓄者变成净负债者。你们都在学校念书,马上毕业工作,就面临买房子的问题。现在北京和上海的小年轻刚结婚买房都是倾两家之力来买房,用双方父母的积蓄在大城市买一套房子。住房价格的上涨对千千万万的老百姓(我没讲富人,就是普通的老百姓)影响有多大? 现在我们城市居民的自住房比重是84%。你想这个调整对居民的影响有多大。教育涨了多少,学费涨了多少,你们回去算算。医疗涨了多少,你主观上愿意也罢,不愿意也罢,这个调整是在进行着的。

最后总结我的讲话,我们有一个不平衡,需要市场来进行调整,我们最优的宏观政策组合是扩大消费、扩大内需,在内需和外需中,我们强调内需,内需中两大块是消费和投资,在消费和投资中,我们强调消费,在城市消费和农村消费中,我们强调农村消费,在商品和服务消费中,我们强调服务消费,我们要建设一个资源节约型、环境友好型的社会,要提高人们的生活水平,但是要少用物质资源,要减少排放、减少污染。我们要争取贸易的平衡,不追求顺差。同时,完善人民币汇率的形成机制,使得人民币汇率的形成机制更有弹性。刚才我说的这些调整都在进行,也不能把所有的调整都寄希望于汇率。现在尤其是美国的学者,认为中国汇率一调整,中国所有的不平衡都可以调过来。这个认识实际上不一定是准确的,我国的调整是一个组合的调整,从内需到消费到扩大进口到贸易平衡,配合着完善人民币汇率形成机制,保持人民币汇率在合理水平上的基本稳定。这样的长期调整政策,要配合环境保护,要加强环境保护的力度,要严格控制企业的排放和对环境影响的评估制度,同时要提高劳动标准,提高最低工资,提高劳动者休息日的要求,必须要求一星期最少休息一天,考虑把农民工纳入社会保障体系。实际上,这些都是对不平衡的调整。不能把所有的希望都寄托在汇率调整上,因为提高劳动标准之后,意味着产品卖不了那么便宜了,要提价,要提高环保标准。原来我国的东西为什么这么便宜?是因为东西的价格不完全,它没有包括经济学说的外部效应成分。我不知道在座的同学能不能理解我说的话。我国提高环保标准,就要把制造这双鞋、这瓶水所产生的外部效应,过去没有把它覆盖在成本中,现在要把它显性化,现在要把它算进去,所以出口时我国产品要比过去贵。环保标准、社会保障、劳动标准、严格执法,这些都意味着我国产品的价格要涨。

经过这样的调整后,相信市场机制就会使中国经济收敛于平衡状态,中国与世界经济的不平衡慢慢变得平衡。同时,我国的主要贸易伙伴要调整,主要贸易伙伴的储蓄率要增加,双赤字要减少,等等。这样的一个调整过程就会解决我今天讲话的主题,世界经济不平衡。最后我要说的是目前世界经济的不平衡是市场力量选择的结果,也就是说,我国出口到美国的产品,我国那么大的贸易顺差,我国没有强迫你买,是美国的进口商追着一定要买,对吧?美国也说了:"我也没让你的钱投到美国,它是市场选择的一个结果。"所以,既然这样,它也具有一定的合理性。对不平衡调整的过程也应当是一个渐进的过程,不要寄希望于一两次的突然的政策就可以调整过来。它是一个市场,市场需要耐心、需要用经济的办法,需要一点一点地把不平衡调整过来。我相信中国和中国的贸易伙伴在目前阶段已经认识到这种不平衡,并且已经开始了政策的调整。希望全世界的经济向着均衡的状态收敛。

五、问答部分

问:房地产价格的上涨对老百姓的影响很大,但 CPI 涨得很小,这是不是反映在 CPI 的统计口径上有问题?如果有,如何调整?请谈一下中国巨额的外汇储备问题。

答:中国的 CPI 由国家统计局计算,计算的方法符合国际惯例。比如,在 CPI 中,房价没有在 CPI 中,租金在 CPI 中,我们房价在涨,但是我们租金涨不上去。整个 CPI 的计算经过四轮的加权平均,我们 CPI 的方法论在国家统计局计算过程中是站得住脚的。但是权重的调整也还有改进的余地,目前你看到的 CPI 为1.3,是国家统计局按照计算公式付出努力所算出的一个最好的结果。但是在权重上、采样上确实有很大的改进的余地。特别是,现在商品进入得特别快,当商品量大到一定程度才能记入 CPI 的样本,当商品的销售量大到一定程度的时候,这个商品肯定进入了降价周期。所以采样和周期的方法还有改进的余地。

第二个问题,我们的出口确实付出了代价,我最担心的就是环境的代价。我参观过一个主要出口的鞋厂,非常名牌的鞋,出厂价 6—10 块钱,在美国卖到了 50—100 美元,各种气垫啊,非常好的鞋。生产鞋要处理皮子就要用水,水的排放没有达到标准,我问老板如果环保达到标准,鞋的价格会怎么变?老板说鞋的成本会增加到 10—15 美元才能完全处理好水。就是说,国外的消费者得到了好的商品,但是这个水是排放到中国的。它不仅影响水,它会影响整个环境的质量。影响整个的环境质量后,中国的纳税人,中国政府,说到底是中国人民会为这个成本买单。由于环境污染得的呼吸道的病、癌症及其他一些病症的爆发率已经出现了。所以最大的代价是环境的代价,当然还有劳动力的代价,比如劳动力没有付社保,现在打工的都很年轻,将来最终这些劳动力的养老还是由政府来承担。还有其他的很多代价。我刚才说的中央的科学发展观,依靠政策组合来加强环境保护,提高劳动标准,实际上就是将来使这些负的外部效应内部化,使出口的产品中包括对资源的补偿、对环境的补偿和对劳动力未来退休的养老金的补偿。这样才符合科学发展观。

至于美元的走势是一个应该考虑到的问题。实际上,在优化过程中、在路径上,你面临就业、贸易摩擦、中国经济增长、出口,所有这些在路径上应该考虑全世界主要货币的走势。

谈稳健的货币政策[*]

主持人： 刚公布的央行 2006 年第四季度《中国货币政策执行报告》中提到，2007 年我国将继续执行稳健的货币政策。这里的"稳健"，是指在目前我国银行体系流动性过剩和商业银行信贷扩张冲动的条件下，中央银行采取适当的"紧缩"措施，收回过多流动性，合理地控制货币信贷增长，进而控制通货膨胀，促进国民经济又好又快发展。如何理解当前货币政策具有的稳健特征？今天，中国人民银行行长助理易纲接受专访，就稳健的货币政策相关话题与网民进行在线交流。

主持人： 如何看待当前我国的经济形势？网民问：我们为什么选择稳健的货币政策，而且 2007 年要坚持执行稳健的货币政策？稳健的货币政策跟普通的老百姓生活有什么关联？

易纲： 这是一个大家经常问的问题。从大家学的教科书中描述货币政策，一般说有扩张性货币政策或者是紧缩性货币政策，或者是中性的货币政策。我们现在用的是稳健的货币政策。**稳健的货币政策**确实是有比较丰富的内涵。比如说我们实行稳健的货币政策已经很多年了，从 1998 年到 2002 年期间执行的是稳健的货币政策。大家知道，1997 年亚洲金融危机，在 1998 年至 2002 年这五年，中国当时面临着通货紧缩的压力，也就是在这五年中有三年消费价格指数 CPI 涨幅为负数，在零以下，我们当时就是多投放货币。1999 年存款准备金率降 2 个百分点，在这期间多次降低利率，这些都是放松银根的。用教科书上

---

* 根据 2007 年 2 月 13 日中国政府网的在线访谈记录整理。

的语言来说,实行的是扩张性货币政策。

那时候的稳健货币政策是增加货币供应量,反通缩。2003年一直到现在,又是四年多了。这四年我们面临的形势变了。2003年到现在,主要是贷款增长过快,投资增长过快,外汇流入比较多。这四年经济GDP都在10%以上。改革开放以来,这是相对增长最快、最平稳的一段。GDP增长都超过10%,但可持续。总体来讲,这几年是投资过快,货币供应量偏多,贸易顺差偏大,外资流入偏多,外汇储备增长很快,有这样几个特点。把这几个特点加在一起,就造成了现在流动性偏松。从2003年、2004年、2005年、2006年,一直到今年,这几年说的稳健的货币政策,其内涵和前五年相比,是要适当地收回流动性,适当地紧缩银根。这几年我们多次上调了存款准备金率,同时提高了利率,这些都是紧缩银根的措施,都是控制货币供应量的措施。虽然用的词语都是"稳健",但是1998年到2002年的"稳健"和现在的"稳健",内涵是有所不同的。

和普通老百姓的关联当然很大,应当说中国经济平稳、较快发展,实行稳健的货币政策,最大的受益者就是老百姓。最近这些年,老百姓的工资和收入增长都是比较快的。另外,中国没有发生像其他转轨国家那样非常高的通货膨胀。比如说在东欧、苏联一些转轨国家,在转轨过程中,通货膨胀是很高的。它们在转轨过程中要进行币制改革,也就是说现在的货币是消过四个零的货币了。

我们现在的货币实际上还是20世纪50年代初有过一次币制改革,那次币制改革以后,一万块钱人民币换一块钱人民币,中国人民币从那个时候就奠定了现在人民币的单位。中华人民共和国成立以来,新中国货币就是人民币,这个币制单位都没有变过,从来没有出现过恶性通货膨胀使我们的货币消去几个零的情况。

我们也有通货膨胀,这个通货膨胀是比较温和的通货膨胀,而其他国家那样恶性的通货膨胀,是把老百姓的储蓄全部化为乌有了。像有些国家已经进行了两次货币改革,当时存的一万块钱,一消零,老百姓的存款就很少了。中国的币值在所有转轨的发展中国家,一直是最稳的。从中华人民共和国成立到计划经济,从1978年改革开放到现在,又将近30年了,在这个过程中,我们有比较温和的通货膨胀,但是币值是比较稳定的。实行稳健的货币政策目标就是保持人民币币值的稳定。

人民币币值稳定有两个含义:第一,控制通货膨胀,就是对内的购买力要稳定。第二,保持人民币的汇率在合理均衡水平上的基本稳定,就是对外也要比较稳定。我们实行稳健的货币政策,它的目标就是为了保持币值的稳定。保持币值稳定了,就可以以此促进经济增长。币值一稳定了,宏观经济就可以比较平稳地增长。

币值稳定,宏观经济平稳增长,这是最广大人民的最根本利益。所以实行稳健的货币政策,不管是微调利息也好还是对冲流动性也好,目标都是要保持我们钱包里的票子、银行里的储蓄是稳定的,币值对内对外都是稳定的,这才是老百姓最关心的,也是人民群众最根本的利益。

主持人:当前我国宏观经济、金融运行中存在的主要问题是什么?网民都在问,目前央行最关心的事情是什么?我国金融环境中最急于解决的是什么?

易纲:大家知道,最近这些年,中国金融业的改革开放力度是很大的。比如说中国银行、建设银行、工商银行、交通银行都成功股改、成功上市了,银行不良资产大大降低。农村信用社改革也进展得很好,农村信用社贷款能力大大加强,为"三农"金融服务的能力大大加强,农村信用社不良资产也大大降低。

在银行改革上,我们抓"两头",就是国有商业银行的改革、农村信用社的改革,带动其他银行金融机构的改革。这个进展得非常好。

另外,股权分置改革基本完成,从而大大增强了老百姓对股市的信心,使得股市和经济增长的正常关联度加强了。也就是说股市开始成为中国经济发展的晴雨表,它可以比较正确地反映中国经济增长了。

保险业发展得也很快。也就是说,银行、证券、保险这几年发展得都很平稳。目前，我们关心的问题，一个是如何让经济增长是可持续的。另外，如何提升中国金融业的竞争力和金融业的服务水平。

从宏观来看，我们现在比较关注的是，中国的投资还比较高，中国资金投放和贷款增长相对也是高的，国际收支有些不平衡，贸易顺差比较大，外汇流入比较多，外汇储备增长偏快。

但我要跟广大网友说一句话，我们所关注的问题，现在有一点点引起我们担忧的问题，恰恰都是其他发展中国家梦寐以求的问题。发展中国家都巴不得经济增长快，但它们增长不了这么快，而我们是增长太快了，担心它过快。其他发展中国家很多都是贸易逆差，我们是顺差，顺差本来是好事，但是顺差过大就是问题了。

很多国家的老百姓不储蓄，今天有钱就全花了。中国现在的问题是我们储蓄率过高，储蓄率太高以后，投资就高。很多发展中国家最大的问题是投资不够。大家知道，什么事都有个度，所以这些问题从一个层面反映中国的经济增长是非常强劲的，它的后劲是很足的。但是从另一方面讲，我们要把这种好的形势把握好，使它向着更有利于我们可持续发展的方向引导，走上一个可持续发展的轨道。

主持人：网民问，2006 年新增贷款额都突破了年初调控目标，怎么看待信贷过快增长？央行有什么应对措施？

易纲：这也是大家非常关心的问题。信贷增长确实有点偏快，这是一个问题。但是我们怎么样认识贷款的实际规模突破了预测目标？首先，1998 年，中国央行取消了贷款规模管理。在 1998 年以前，对国有银行的贷款规模还是指令性的。

我们现在搞的是社会主义市场经济，它的宗旨就是使得市场在配置资源中发挥基础性作用。计划经济就是政府配置资源，市场经济就是使市场在配置资源中发挥基础性作用。根据市场经济发展的需要，我们在 1998 年就取消了贷款规模，就是中央银行不再给商业银行下达指令性的贷款规模。

我们说的预测目标实际上是一个预测性的、带有引导性的指标。

比如 2006 年，我们的预测目标是新增贷款 2.5 万亿。这个目标是怎么制定出来的呢？这个目标是根据当时整个国家的盘子来确定的。比如在 2006 年，我们预计 GDP 增长 8％，2.5 万亿是和 8％相匹配的，这个是带有引导作用的。

政策的制定者心里实际上也是清楚的，就是我们的 GDP 肯定会超过 8％，但为什么还是用 8％呢？这里有一个引导作用。因为现在各地加快发展的心情和意愿都很强。

实际上中央对 GDP 有一个预测指标 8％，这实际上是中央的一个非常重要的信号，它给各地老百姓、给企业、给政府、给市场送的一个信号，这个信号就是我们要落实科学发展观，我们要更加注重增长的质量，而不是增长的速度，更加注意环境保护，等等。我们更加注意质量，希望质量更高一点，给大家送这么一个信号。这个信号带有一定的引导性，地方根据这个信号制定它们的发展计划。

其实政策的制定者心里明白我们的 GDP 会高于 8％，但是你要制定一个更高的目标，各地的实际就会更高，这个 GDP 增长预测指标实际上是要求大家稳一点儿，要求大家更可持续一点儿，是这样一个信号。信贷的预测目标实际上是和 GDP 增长 8％相匹配的。事实上，去年 GDP 增长率是 10.7％，比 8％高出不少。货币贷款增量超过 3 万亿，比起 2.5 万亿，它也高了，比如说高了 20％左右，但跟其他实际经济指标比也是相匹配的，因为 GDP 增长指标也比预测指标高了。

所以整体来看，应当说我们的货币供应量、贷款总体来讲还是偏快的，但是它和整个经济增长、整个经济运行的状况结合起来看，还是比较匹配的。我们实行稳健的货币政策还是希望能够进一步收紧流动性，进一步收紧银根，使得我们货币信贷增速更慢一点。

不是说这个事是一件很严重、很不得了的事，只不过预测指标是在那样一个环境下的预测指标，现在涨出来一块，实际上和其他经济指标是相匹配的。所以，第一，我们要重视。第二，要做到心中有数。总体来讲，应该给一个总的判断，就是基本上是正常的。

主持人：由于作为加息重要参考指标的居民消费价格（CPI）在去年12月份大幅上涨了2.8个百分点，创下两年来的新高。更有机构预计2007年一季度CPI涨幅将呈现逐月提高的走势，高点可能会超过3%。是否会加息？

易纲：网民最喜欢问的问题是"是否加息"。经济学家可以说应该加息还是不应该加息。作为一个在中央银行工作的人员来说，他最客观的回答就是分析一下当前的客观情况。CPI是我们制定政策所考虑的一个非常重要的变量。CPI在2006年12月份同比增长2.8%，所谓同比2.8%，就是2006年的12月底和2005年的12月底相比，CPI上升了2.8%。2006年全年的CPI涨幅是1.5%，这是一个平均数。11月、12月和1月CPI略高，主要是因为粮食价格的上涨。

大家知道，去年是中国连续第三个丰收年，所以中国粮食的储备、老百姓家里粮食的储备和国家粮食的储备都是非常充足的。粮价上涨主要是因为2006年国际粮食减产，所以国际粮价，不管是现货还是期货都有所提高，导致中国粮价联动，有所提高。我们并不担心粮价会持续走高。粮价对CPI的影响可能是一个比较短期的现象。

至于今年一季度，用"同比"这个概念，应当说刚才说的预测是有一定道理的。但是我提醒大家，网民在分析一季度数的时候也要注意，因为春节有时候在1月，有时候在2月。比如说去年春节在1月，今年春节在2月，一般来说，春节所在那个月的物价就会比较高。过一年以后，明年那个月又和这个月比，会影响第二年的数。

所以我主张看1月份、2月份的数，最好把1月份、2月份的数合起来看，这样就不会被**春节因素**所影响。CPI在近期应当说会略高一点，但是粮价是可以稳住的，对CPI的影响是短期的。整个2007年的CPI，国家定的目标是涨幅在3%以内，作为在中国人民银行工作的我来说，我认为，在整个2007年，CPI涨幅在3%以内是可以实现的，应该说CPI涨幅在3%以内是一个非常温和的CPI。

中央银行除了看CPI以外，还要看很多其他物价指数，比如生产价格指数、零售价格指数、出厂价格指数、出口价格指数、进口价格指数，出口和进口价格指数相比就是我们所说的贸易条件，我们还会关注其他市场的一些价格。实际上我们考虑货币政策时要考虑到这么多，当然 CPI 在所有变量中是最重要的一个。

我们会高度关注这些变量的变化，制定最优的货币政策。我认为当前利率还是合适的，当然，我们要密切关注这些指标的目标，根据这些指标的变化来考虑货币政策的调整。

关于加息问题，向大家传达这样一个信息：第一，中央银行反通胀的决心是坚定的，一旦有通胀的苗头我们会及时采取措施，从长期来讲是保持币值稳定的必要条件。反通胀的决心包括用利率等其他货币政策的工具，该用什么工具就用什么，反通胀的决心是坚决的。第二，目前利率水平和整个经济金融指标是基本相适应的，是不是要有所变动，还有待进一步观察。

主持人：您刚才跟大家解释很多关于加息的背景，您再具体说说。近期有没有加息的打算？

易纲：我想有这样两点：第一，中国人民银行作为中央银行，反通胀的决心是坚定的。这就要求我们要用适当的货币政策，包括公开业务操作、利率，包括其他的货币政策工具，坚决地反通胀。保持币值稳定，保持经济持续平稳发展，这个决心是坚决的，如果必要，我们会及时出台措施。对通货膨胀是高度警惕的，采取措施也是及时的。

第二，总的判断，目前利率水平和经济其他变量还是合适的。是不是要变动，还有待于进一步观察。所以我们会密切关注你刚才说的比如 CPI，我们还要密切关注其他物价指数和中国整个经济情况，投资、市场、价格的变化情况。进一步观察以后，再决定是不是要变动。目前是比较合适的。

网民：吴晓灵行长撰文指出利率在回收流动性方面没有作用，这是否意味着央行今年不准备动用利率工具了？

易纲：不能这么解读，这篇文章我看了。她的意思是说现在必须要抓紧收回流动性,这是首要任务。文章的中心命题是这样一个命题。利率是货币政策的一个重要工具,也是重要的变量。我觉得利率在目前是合适的,但是如果中国的经济、中国的物价和中国经济的一些重要变量有变化的话,中央银行货币政策的工具相当于一个工具箱,这里面有很多工具,包括公开业务操作、利率、再贷款、再贴现、发行中央银行票据、外汇等,工具箱里的工具根据情况都是可以用的。

主持人: 上个月,加息的传言此起彼伏,而每一次传言都导致股市大跌。您如何看待加息和股市之间的关系?有网民问:近期股票市场的大幅调整是否与央行加息有关?

易纲: 这是大家很关心的问题,也是一个很有意思的问题。我觉得我们还是要用平常心对待这个问题。首先,为大家澄清一下事实,比如说2006年,我们三次上调存款准备金率,两次加息,一次仅提高了贷款的利率,另外一次是存贷款都提高了。

现在有关网民可以查一下,关于上调存款准备金率和加息,去年货币政策调整的力度是很大的,用的工具力度是很大的。对于调整以后一个星期、两个星期股市是怎么反映的做一个经验的分析。据我的印象,五次调整都没有使股市大幅度下挫,不管是调整以后一个星期,还是调整以后两个星期,你去看这些数据,股市都没有下挫。相反,股市还是涨的。

理论上说,紧缩的货币政策,比如说加息,应当说对资产价格是有所压制的,但是我们对这个问题要有一个平常心,比如说去年这五次都没有打压股市。是不是今后也都不打压呢?我不敢说。因为从理论上说,如果上调利率的话,对资产价格是有抑制作用的。今后是怎么样的,我不敢说。但是人家要以平常心看待。

总体来讲,货币政策的理念是什么呢?货币政策的目标就是保持币值的稳定。币值稳定对内就是反通胀、反通缩,对外要保持人民币汇率在合理均衡水平上的基本稳定。货币政策关注资产价格,资产价格中广大网民最关心的可能就是房地产价格和股市价格,货币政策是关注资产价格的。但是货币政策调控的决定或者说调控的主要依据应当是以我们的货币政策目标,即保持币值稳定为依据的。

对资产价格只是关注,也只到关注这个程度。所以我希望广大网民把这两件事分开,也就是说经济的变量,通货膨胀也好,其他经济变量也好,只要它威胁到人民币币值的稳定,货币政策毫不手软,要坚决地反对通货膨胀,只要它威胁币值稳定就要坚决出台措施。至于出台措施对其他产生的影响,有利有弊,利弊权衡大小,根据我们多年的经验,这种做法总体来讲是利大于弊,是有利于老百姓福祉的。至于有什么影响,我相信这个影响也是短期的,从长期来讲就是利好。

另外,我们考虑问题的方法论,对资产价格只是关注而已。这样理解货币政策和资产市场与股市、房市的关系,就可能使得广大网民有一个平常心。见通货膨胀就打,打了通货膨胀以后,长期来讲对股市也是利好的,而且我们对资产价格只是关注而已。把这条线画清楚,有利于大家理解货币政策,支持货币政策,相信货币政策是保持币值稳定的,保持国民经济平稳较快发展的。而只有在这两条大前提下,资产市场才能够长治久安。

主持人:如何看待当前**流动性过剩**的问题?

网民:如果流动性过剩继续加大,是否会引起大范围的金融风险?央行将采取哪些措施来控制流动性过剩问题?

易纲:我们的流动性确实偏多,流动性可以用"过剩"表述。但是央行在过去几年加大了回收流动性的力度。流动性过剩也只是在边际上略微的过剩,没有像有些网上文章或者平面媒体文章所讲的,有那么多的流动性过剩。比如网上有一种说法,说外汇储备已经有1万亿美金,对应的就是8万亿人民币。

央行买了这1万亿美金,外面就有8万亿人民币,这样就流动性过剩了。这个理解是不准确的。我国现在是有超过1万亿美金的外汇储备,但是这个外汇储备都是什么时候买的呢?这个外汇储备有2000多亿是在2002年以前买的,有将近7800亿美元是2003年、2004年、

2005 年、2006 年这四年买的。也就是说在 2002 年的时候还是通货紧缩的,那时候买美元放出人民币是好事。在 1998 年还降低了存款准备金率。

流动性过剩只不过是 2003 年、2004 年、2005 年、2006 年和今年以来的现象。在 2003 年以后放出去多少流动性呢?就是买了 7800 亿美金,和 7800 亿美金对应的是 64000 亿人民币,这 64000 亿人民币是央行投出去的。但是央行收回来多少呢?2003 年开始,一直到 2006 年年底,分五次共提高了存款准备金率 3 个百分点,这 3 个百分点的存款准备金率大约收回来 1 万亿人民币。

另外,从 2003 年 4 月份开始,中央银行发行央行票据收回流动性,央行票据余额是 3 万亿,一共收回来 4 万亿流动性,这样就剩下 24000 亿。每年贷款要增长,经济要增长,每年大约需要 5000 多亿的基础货币投放来保证经济增长。M2 这几年都增长 16% 左右。M2 增长 16% 需要投放基础货币,每年大约需要 5000 亿,从 2003 年到现在也就是 2 万亿。在边际上,流动性是略有过剩的,还要加大力度收回流动性,但是流动性过剩绝没有像有些说法理解的那么多,但是这不妨碍央行还要进一步加大力度,要收回流动性。

主持人:如何判断当前物价上涨态势?2007 年是否会产生严重的通货膨胀?

网民:您认为今年通货膨胀和投资增长与去年相比会出现什么样的变化,央行将采取什么措施应对这些变化?

易纲:我们说通货膨胀,一般说的是以消费物价指数 CPI 衡量的通货膨胀。实际上刚才我已经回答这个问题了。我认为中国的农产品对 CPI 的影响是比较大的。在 2006 年年底 2007 年年初,农产品价格有所上涨,使 CPI 也上涨了。但是由于 2006 年、2005 年、2004 年连续三年大丰收,所以我们有充足的粮食储备投放市场,老百姓家里的粮食也是充足的。农产品价格上涨对 CPI 的影响应当说是比较短期的。

所以中国整个情况,再加上我们生产能力过剩,在消费品市场上,竞争还是比较激烈的,把所有这些因素考虑进去,再考虑到能源价格、一些基础价格可能会有所增长。一些基础价格指的是水、煤气、电,为了更加有效,为了环保,有可能略有上涨。把这些因素都考虑进去以后,我认为 2007 年 CPI 涨幅可以控制在 3% 以内,也是我们的目标。我们觉得 2007 年 CPI 涨幅控制在 3% 以内,应当说还是有相当的把握,不会出现严重的通货膨胀。

网民: 听说中国外汇储备已经突破 1 万亿美元,是真的吗?人民银行将采取什么措施解决增长过快问题?外汇增长如此之快,是不是意味着人民币还要继续升值?

易纲: 突破 1 万亿是真的。中国这几年外汇储备确实增长得比较快,到 2006 年年底,我们的外汇储备突破了 1 万亿。外汇储备增长过快,可以说被很多人理解为人民币升值的压力,我认为这个理解是有道理的。外汇储备增长过快实际上和很多因素有关,比如说和国际收支不平衡有关。

国际收支不平衡说明我们有顺差,贸易上有顺差,资本项下也是顺差。这种顺差就反映在我们用出去的外汇少于我们收到的外汇,所以外汇就流入中国,在市场结汇以后,央行买了以后就反映成外汇储备。国际收支不平衡,这是一个问题。调整这个不平衡,确实给汇率造成了一定的升值压力。但是经过经济学分析,我们认为调整这种不平衡要用一揽子的政策措施,如果仅用汇率,它的负面影响比较大。

所谓一揽子政策措施就是要扩大消费、扩大内需,可以增加进口,增加进口就多用外汇了,外汇就少了。另外要进一步开放市场,比如说服务贸易,我们购买一些其他国家的服务,我们也就把外汇花出去了。另外,我们可能支持"走出去"战略,就是我们的企业到海外投资,那它们也要用一些外汇,那国内的外汇就少了。另外也可以开展 QDII,也会引导国内居民通过合格的机构,把国内居民手中的外汇投在海外。所以是通过一揽子的措施来调整不平衡。尽管外汇储备增加比较快,我们还是可以保持人民币汇率在合理均衡水平上的基本稳定。

但是我们实行的是以市场供求为基础、参考一揽子货币进行调节、有管理的浮动汇率。所以汇率还是有弹性的。就是这个市场的供求对汇率还是发生作用的。总体来讲，现行的有管理的浮动汇率这样一个机制，我觉得这个机制的工作还是有成效的。所以我相信，继续用这样一个机制，一是保持人民币汇率在合理均衡水平上基本稳定，二是这个机制又不是完全僵化的，它是有弹性的，又是有管理的浮动汇率，同时又是反映市场供求的。把这些因素都说明了，对我国汇率形成机制的认识就比较全面了。

主持人：人民币近期有没有升值的可能？

易纲：人民币是一个很有希望的货币，最终目标是要使人民币成为可兑换货币。现在人民币在经常项下是可兑换的，在资本项下也是逐步放开的，虽然在资本项下还没有完全可兑换，但是是逐步放开的，汇率机制是慢慢富有弹性的。总体来讲，大家可以这样认为，人民币是一个高信用的、可以信赖的，在未来，不仅仅在中国，在更大范围上都是一个很有希望的货币。但是我们如要预测人民币，总体来讲人民币的汇率是基本稳定的。

主持人：有网友问，贸易顺差数额巨大的主要原因是什么？对国际收支平衡有什么影响？央行将采取什么样的措施予以解决？

易纲：贸易顺差是一个挺复杂的事情。实际上原因有很多，一方面它反映了中国竞争力的增强；另一方面，反映了中国企业适应国际市场的能力也在不断改善。从国内来说，比如中国劳动生产率的提高，对竞争力也是有贡献的，这都是贸易顺差背后反映的中国体制机制的变化和中国在国际市场地位的变化。应当说中央银行并不是贸易的主管部门，国家其他部委可能了解得比我更清楚。

作为中央银行的考虑，我们应当采取一揽子的措施来对付贸易顺差。比如说过去一直不太提倡进口，好像进口是一种奢侈，现在我们就可以更加鼓励进口，原来我们只鼓励进口设备、进口技术、进口建厂、进口机器等，不太鼓励进口消费品，现在也可以适当鼓励进口一些消费品。另外,在很多观念上,原来我们有很多的政策,比如对外汇而言,原来是奖入限出,有一个词叫"出口创汇",我们特别鼓励企业出口创汇,我们不鼓励在海外运用外汇。

比如说企业要去海外投资了,你要经过批准、办手续,把这个钱怎么打到海外去用。原来我们对外汇是奖入限出的,现在我们也可以逐步调整政策,把它变得更平衡一点儿,其实应当是一个平衡的政策,应当是有入有出,最好是出入大体平衡,这样最好。国际收支也不是顺差越大越好。虽然有许多其他部委对贸易更加了解,但是从中央银行的角度、从外汇的角度、从保持币值稳定的角度、从保持汇率的角度,我们也尽我们所能来改善国际收支,为促进国际收支平衡做我们应该做的工作。

主持人: 网友问,现在股票和基金都挺热的,2006 年普通大众可供选择的渠道是比较多的,收益较好。2007 年的调控是否会让股票、基金市场萎缩?

易纲: 简单地回答是不会的。中央银行历来提倡大力发展直接融资,支持资本市场的发展。我们在这儿也提醒一下广大网民,投资还是有风险的,入市需要谨慎。但是从长期的政策来讲,中央银行支持发展直接融资,支持资本市场的发展。因为中国现在是以间接融资为主,通过银行的贷款太多了,占的比例太高了,希望有更多的融资工具,比如说股票、债券等其他直接融资工具,大力发展资本市场,使得中国整个金融市场更加健全和更加具有竞争力。

主持人: 网友问,房价为何居高不下?货币政策调整是否会有效调控房价?

易纲: 实际上这是理论上很有争议的问题。核心是货币政策和房地产、资产价格是个什么关系。我觉得货币政策的目标是反通胀,保持币值的稳定。这个保持币值的稳定主要是指以 CPI 衡量的通货膨胀。房地产是一个重要的资产市场,所以各国的中央银行对房地产市场都是关注的。准确地说,中央银行对房地产市场是关注,实际上在理论上和实践中,都应当把央行货币政策的调控理解为央行反通胀的措施,而资产价格是处于关注的范围,资产价格并不是制定货币政策或者出台货币政策的直接依据。这样理解比较好:中央银行是关注它的,但是房地产价格并不是制定和执行货币政策的直接依据。

主持人:网友问,2007年人民银行还会出台哪些金融调控政策措施? 如果要出台这些政策措施,比如说调整利率、调整存款准备金等,判断的标准是什么?

易纲:中央银行有一个工具箱,这个工具箱里有存款准备金率、利率、汇率、再贷款、再贴现,还有其他一些工具。2007年,我们会执行稳健的货币政策,我们会根据经济金融形势,运用最优的货币政策工具的组合来适时、及时地执行好货币政策,保持国民经济平稳较快地发展。

主持人:网友问,2007年货币政策的预期目标是什么? 如何确定? 依据是什么?

易纲:2007年,只有一个目标,就是广义货币M2大致增长16%左右,这是预测性的。其他国家的中央银行的调控目标是利率,我们现在也非常关注利率,但是我们还没有把利率作为央行的调控目标。所以,央行2007年要落实科学发展观,也会加大环境保护的力度,特别是要努力完成我们节能降耗的目标,使得经济发展比较平稳,经济质量进一步提高,效率进一步提高,我们并不是单纯地追求速度,我们更多的是关注环境、经济质量、经济效率和节能降耗目标,在这种情况下,我们会执行好稳健的货币政策,以保持国民经济平稳的态势。

严控货币供应量 优化信贷结构[*]

记者：去年年底召开的中央经济工作会议明确提出 2008 年将实行**从紧的货币政策**。首先请您介绍这一政策制定的主要背景。

易纲：在过去的一年里，国家出台了一系列宏观调整政策和措施，货币政策也从稳健转变为适度从紧，取得了较好效果，国民经济继续保持平稳健康发展态势。但经济运行中投资增长过快、贸易顺差过大、信贷投放过多等问题仍然存在，通胀压力比较突出。具体而言，促使中央决定实行从紧货币政策的原因主要有以下几个方面：

一是经济增长由偏快转向过热的态势尚未有效缓解。随着经济步入快车道，企业效益明显改善，发展意愿十分强烈。特别是在经济主体的资本实力上升、负债能力显著增强、预期普遍乐观时，风险往往低估，货币信贷扩张压力较大，容易形成投资、融资行为之间相互强化的自我膨胀格局，未来投资反弹压力依然较大。

二是经济快速增长与结构失衡加剧并存。经济增长过度依赖投资和出口拉动的模式进一步强化，消费增长偏慢、储蓄过高的矛盾更加突出。经常项目顺差占 GDP 比重在大国中已处于最高水平，贸易摩擦日益加大。经济增长高度依赖外需及与之相关出现的流动性偏多问题，使经济发展存在内生的脆弱性。

三是物价由结构性上涨演变为明显通货膨胀的风险在加大。近期物价上涨主要受食品上涨带动，具有结构性的特点。但在成本推动、外

---

* 根据 2008 年 2 月 2 日《中国金融》的采访记录整理。

部输入和通胀预期等多种因素综合作用下,未来一段时期国内物价仍存在上升的可能性,必须加强总需求管理,以防止物价由结构性上涨演变为明显通货膨胀。

四是环境压力增大,节能减排形势不容乐观。粗放的经济发展方式过多地消耗了资源和能源,并造成水、空气等环境污染日趋严重。节能减排指标尚未达标,经济增长付出的代价过于高昂。因此,经济增长要"好"字当头,进一步提高经济增长质量,促进资源节约型和环境友好型社会建设。

记者: 2008年人民银行在落实从紧货币政策方面将采取哪些措施?

易纲: 落实从紧的货币政策,要求以全球视野充分认识和把握国际经济金融形势及主要经济体货币政策变化对我国的影响,针对国民经济运行面临的过热和通货膨胀风险,维持货币政策紧缩的趋势,控制货币供应量过快增长,加强信贷总量调控,抑制总需求过度膨胀,防止固定资产投资反弹、贸易顺差继续扩大以及物价上涨。

第一,严格控制货币供应量的增长。事实上,2007年的货币政策从紧的力度是比较大的,2008年关键是要把握从紧的方向,适当加以控制。在国际收支平衡未取得实质性进展之前,继续通过上调存款准备金率并搭配公开市场操作的方式来大力对冲流动性,加强窗口指导和道义劝说,引导商业银行控制信贷投放,抑制银行体系的货币创造能力。我认为,如果2008年货币供应量M2的增速调控在16%左右,银行贷款增速低于2007年,在经济总量加大的前提下,就是一个从紧的货币环境。

第二,继续增大汇率弹性。人民币适度升值有利于抑制国内通货膨胀。要进一步发挥汇率在调节国际收支、引导结构调整、提升经济平衡增长能力及抑制物价上涨中的作用,增强货币政策的自主性和有效性,引导社会更多转向有效汇率的视角。

第三,合理运用利率杠杆。在衡量实际利率水平时,应充分考虑当前我国消费物价指数偏高有国际价格传递和资源价格改革等结构性因素,因此在利率政策上要对这些特殊因素留出一定空间。在此基础上,尽可能发挥利率杠杆在防范经济过热和控制通货膨胀方面的作用。同时,加强对公众通胀预期的引导。

第四,加强政策引导,促进**信贷结构**调整优化。通常在总量收紧的情况下,银行倾向于保大企业和中长期贷款,而把流动资金、中小企业等信贷缺口留出来。因此,还应加强对金融机构信贷规划的引导,坚持区别对待、有保有压,防止"一刀切",根据实体经济需求,注重均衡放款。合理控制基本建设等中长期贷款,严格限制对高耗能、高污染和产能过剩行业中落后企业的贷款投放,加大对"三农"、就业、助学、中小企业、节能环保和自主创新等薄弱环节的支持。

最后也是最重要的是,需要尽快在平衡增长的治本方面取得新进展、新突破,抓紧实施扩大消费内需的一揽子结构性政策,促进国际收支趋于平衡。深化、细化、强化具体措施,利用好当前经济持续较快增长、财政收入大幅增加的好时机,加大结构改革力度。加大环境保护执法力度,提高劳动报酬在初次分配中的份额。加快完善社会保障体系。

记者:一段时间以来,**流动性过剩**已经成为各方热议的一个话题,我们应如何看待这一阶段性的经济现象?

易纲:"**流动性**"本意是指某种资产转化为现金或者支付手段的难易程度。宏观层面的流动性概念由这个初始意义上衍生出来,可包含多个层次。第一层次的流动性即银行体系流动性,主要指商业银行暂时存放在中央银行的超额准备金,是商业银行进一步扩张信用的基础。中央银行对这一层次流动性有较强的和直接的调控能力。第二层次的流动性指**货币供应量**,即企业和居民等持有的现金和银行存款。中央银行可通过调控银行体系流动性对信贷扩张产生影响,从而间接调节货币供应量。同时,货币供应量还取决于国民储蓄率、货币化进程以及微观主体的行为选择等因素。第三层次是指更广义的流动性,可包含具有一定变现能力的各种金融资产。这部分流动性主要受到金融发展、投资者预期和风险偏好变化等因素的影响。金融资产的增加在一定程度上也是财富积累、价值储藏的需要,货币政策对此的调节作用比较有限。

近年我国流动性偏多首先表现为央行等公共部门在外汇市场上大量购买外汇导致本币或以本币计价的负债增长过快。相应地,企业、居民和银行部门持有的高流动性本币金融资产也快速增长,进而使全社会以多种形式扩张信用的能力大幅上升。具体而言,从银行体系流动性层次看,大量结汇造成流动性供给常常超过经济金融正常发展对流动性的需求,必须通过货币政策操作加以回收。从货币供应量层次看,结汇直接使存款货币等高流动性资产大量增加,同时,银行扩张信贷的能力和空间增大,通过信贷渠道创造的货币增加,全社会持有的货币总量增长略显偏快。从更广义的流动性层次看,前两个层次的流动性偏多使金融体系乃至全社会都感觉资金充裕,进一步影响其他各种复杂多样的金融资产的数量及价格。

当然,判断流动性是否适度,既有量的一面,也有价的一面。单从数量方面很难判断流动性是否过剩,还需要结合数量以外的其他经济变量的情况来判断。从各国情况看,判断宏观流动性适度与否的根本标准是中长期通货膨胀水平。2003—2006 年,我国 CPI 年均涨幅2.1%,一般消费品价格保持总体稳定,从一个方面说明我国的流动性管理基本有效。不过,近期我国消费物价上涨的压力有所增大,表明需要更加重视流动性调控。

记者: 那么造成我国流动性偏多的根源何在?

易纲: 我同意你刚才提到的流动性过剩是我国阶段性经济现象的观点,因为,国际收支大幅顺差是造成我国银行体系流动性偏多的源头。2004—2006 年,我国贸易顺差分别达 321 亿美元、1020 亿美元和1774 亿美元,2007 年贸易顺差已达到 2622 亿美元。目前我国贸易顺差占 GDP 比重超过 8%。同时我国每年 FDI 流入均在 600 亿美元以上,是全球吸引外资最多的国家之一。在国际收支持续顺差情况下,为维护人民币汇率基本稳定,央行只能被动购汇,通过外汇占款渠道不断向银行体系投放大量流动性。

从深层次看,国际收支失衡反映出我国储蓄率过高、消费率偏低的结构性矛盾比较突出,经济增长不平衡。我国最终消费占 GDP 比重已从 20 世纪 80 年代超过 62% 下降到 2006 年 50% 的历史低位。与此同时,我国储蓄率持续攀升,尤其是政府和企业储蓄增长过快。初步估算,1992—2006 年政府储蓄占总储蓄的比重由 13.5% 上升至 19.3%,企业储蓄占比由 33.6% 升至 42.2%,分别上升 5.8 个和 8.6 个百分点。我国经济结构失衡既与发展阶段、人口等因素有关,也受长期以来为鼓励出口和增长所形成的外资、外贸、产业、财政等政策导向的影响。低消费、高储蓄、高投资的经济发展方式加剧了对外需的依赖;"奖入限出"、"宽进严出"等政策导向鼓励了资本流入,而国内对外投资却起步较晚。这些因素共同形成国际收支双顺差和流动性的长期累积。

记者:近几年来,人民银行在管理流动性方面主要采取了哪些举措? 您认为当前流动性管理的难点和今后的重点在何处?

易纲:早在 2003 年 4 月,针对经济周期性变化及出现的苗头性问题,根据国务院部署,人民银行及时调整货币政策操作,启动央行票据收回银行体系流动性,加强预调。目前,大规模对冲流动性已近五个年头,对冲手段也从最初主要依赖国债吞吐及再贷款控制,发展到存款准备金、公开市场操作等多种工具搭配协调运用。例如,2007 年年初以来,人民银行在加大央行票据发行力度、以特别国债开展正回购操作的同时,先后十次上调存款准备金率共 5.5 个百分点,对冲了由新增外汇占款投放的绝大部分流动性。考虑到经济发展、就业增长和扩大消费都需要一定的新增流动性,对冲比例是基本适合的。

通过加大对冲等多种货币政策工具的运用,货币信贷过快增长总体上得到抑制。在外汇储备年均增长 40% 和 GDP 增长超过 10% 的情况下,M2 和贷款增速分别保持在年均 17% 和 16% 左右。M2 和贷款与 GDP 的比值都呈现出稳中趋降的态势。这可能已是我们在多种制约条件下所能实现的较好结果。可以说,如果不采取对冲操作,信贷膨胀和经济过热可能已经发生了。

当前**流动性管理**面临的主要困难是结构调整相对滞后。近两年来,我国采取了一系列推动经济结构调整的措施,比如,提高居民收入,优化财税结构,调整和规范外资、外贸与产业政策。这些措施已经取得了一定效果。但总的看,当前我国贸易顺差仍呈较快增长势头,低消费、高储蓄的结构性失衡仍在加剧。

下一阶段人民银行将认真落实从紧货币政策,进一步加强流动性管理。与许多曾经历长期对冲的经济体相比,结合考察央票等与 GDP 的比值,再比较中外及我国历史上存款准备率的走势,我认为我国继续对冲流动性尚有空间。存款准备金工具主动性强,有利于实现流动性的深度冻结,仍可作为常规工具加以运用。公开市场操作则具有灵活性高的特点。财政发行特别国债购汇与央行发行票据一样,都是通过债务发行的方式购买外汇,可以丰富流动性管理工具组合。

但必须看到,仅仅依靠货币政策进行对冲效果毕竟有限,无法根本解决结构失衡下流动性不断生成的问题,并非治本和长久之策。若流动性偏多的形势继续发展,国际收支失衡矛盾持续累积,则通货膨胀终究会显现,对国民经济的平稳和可持续发展将造成极其不利的影响。

记者:您曾指出货币政策对冲是在打阻击战,为的是赢得时间进行结构改革。请您谈谈结构改革的含义以及当前我国推进经济结构改革的着力点。

易纲:要从根本上解决流动性偏多问题,必须从推动经济结构调整入手,加快实施以扩大消费内需的一揽子结构性政策为主、汇率为辅的战略,促进国际收支趋于平衡。因此,从这个意义上说,货币政策对冲是在打阻击战,目的是给治本的结构改革赢得时间。我们必须在这有限的宝贵时间内取得结构改革的新突破。

所谓**结构改革**,其要义正是消除造成经济不平衡增长、扭曲市场机制、阻碍经济发展方式转变的体制机制性因素。与过去的一些理解不同,结构改革并非直接控制投资结构——这应由市场来决定。我认为,当前我国结构改革可以从消费内需、财税体制、社会保障、资源价格、土地制度等方面着力。应充分利用经济持续较快增长、财政收入大幅增加的有利时机,加快推进经济结构调整。加快向公共财政转型,增加公共消费性开支,完善社会保障体系,稳定居民消费预期。调整和规范外贸、外资和产业政策,优化收入分布结构,继续推进要素价格改革,从而增加消费,促进经济发展方式转变。这里我还想进一步谈谈以下几点。

第一,当前是健全社会保障制度的天赐良机。我国曾有两大财政隐性赤字,即银行巨额坏账和社保欠账。随着工行、中行、建行、交行成功改制上市以及农信社改革取得进展,金融体系不良资产大部分得到消化。社保欠账问题更加凸显。当前我国税收状况良好、股市活跃,应抓住这些有利时机,用划拨国有股的方式建立起养老金个人账户。这在收入分配效应上要明显有利于低收入群体,从而可以促进消费。这一方法可能比俄罗斯和东欧民营化的分配方法要好,因为它更有利于公司治理结构的改善。

第二,要积极推进资源价格改革。两害相权取其轻。资源价格机制市场化改革可以消除行为扭曲,减少资源浪费,促进节能减排,但也会增大短期通胀压力。不改革虽能暂时缓解名义通胀,但总体损失更大。为了切实转变经济发展方式,要下决心进一步理顺资源价格。

第三,实行有利于科学发展的财税制度。以物业税为例,十六届三中、五中全会均提出要稳步推行物业税。这有利于稳定地方政府收入来源,匹配财权与事权,激励政府转变职能,使地方政府不搞工业也能收到税,并有积极性搞社会管理和提供公共服务。物业税征收的基本原则应是中央作决策、省人大通过法规、征收和管理在县市。目前应加快推进试点工作。

第四,有序推进中国特色城镇化。城镇化是我国经济持续增长的重要支撑,也是解决"三农"问题的根本途径。这就要求进一步完善土地制度。要在保护耕地的前提下科学规划城镇化用地。同时,应在土地资源配置中引入市场机制,维护农民土地权益。通过统筹兼顾,更有效地利用好土地。实际上,非农产业更高的效益可以使我们通过贸易"进口"土地,大豆进口就是一个例子。此外,要注意维护房地产业的健康发展。文化娱乐等领域的消费扩大需较长过程,而房地产业将长期充当扩大内需、促进消费的重要支柱。

中国能够经受住国际
金融危机的考验*

　　9月份以来,美国**次贷危机**日益恶化,迅速演变成世界性金融危机,其来势之猛、波及之广、影响之深,远超出各方面预料。此次危机严重冲击了国际金融体系,并进一步传导至全球实体经济。目前,美、欧、日等主要发达经济体已陷入衰退,一些新兴和发展中经济体也面临严重困难,个别国家发生了债务危机。在金融经济全球化的条件下,中国很难避免这次国际金融危机的影响。但要清醒地看到,不同国家因各自条件不同,所受冲击程度是不一样的,并非所有国家都会发生系统性的金融动荡。我们完全有理由相信,中国整个金融体系是稳健安全的,国际金融危机对中国金融稳定的影响是有限的。

　　判断一国经济的基本面是否良好、金融业是否健康,主要看四张**资产负债表**。

　　首先,当前中国金融业的资产负债表处于历史最好水平。由于党中央、国务院的正确决策,中国从2003年起就积极推进国有商业银行、农村信用社等金融体制改革,并抓住有利时机成功实现主要国有商业银行上市。与以往相比,这次金融改革有三个显著特点,一是从单纯的财务重组向建立现代企业制度深化,二是首次引进了境外战略投资者,三是改革效果显著,不仅初步建立了规范的公司治理结构和风险内控机制,而且资本充足率大幅提高,不良资产持续下降,赢利水平稳定上

　　* 原文发表于《求是》2008年第22期。

升。这是银行业转轨过程中的一个最大突破。据银监会统计,截至今年 6 月末,资本充足率达标的商业银行为 175 家,达标银行资产占商业银行总资产的比例为 84.2%,比上年年末提高 5.2 个百分点。今年前三季度,境内商业银行不良贷款继续保持"双下降"态势,不良贷款余额 1.27 万亿元,比年初下降 30.2 亿元,不良贷款率 5.49%,比年初下降 0.67 个百分点。此外,资本市场股权分置改革基本完成,实现了证券公司客户保证金的第三方存管,可以有效地防范投资者资金被挪用的风险。保险业保持较快发展,今年前三季度保费收入 7940 亿元,同比增长 49%,9 月末保险公司资产总额 3.2 万亿元,同比增长 14%。中国金融机构"走出去"刚刚开始,持有境外资产相对较少,虽然在这次危机中遭受了一些损失,但总量相对有限。

其次,中国居民、企业和政府部门的三张资产负债表也相当稳健。我国居民历来有储蓄传统,债务负担较低。今年 9 月末,居民存款余额 20.5 万亿元,消费贷款余额 3.7 万亿元,居民作为一个整体是储蓄的最大提供者。企业资产负债率比较合理,总体上赢利能力较强,保持了较好的发展态势。据中国人民银行 5000 户企业调查,今年 9 月末非金融类企业资产负债率平均为 55.1%。中国政府债务负担率低于主要发达国家,财政状况稳健。2007 年年末中国国债余额与 GDP 的比值仅为 0.22,同期美国为 0.71,欧元区为 0.67,日本为 1.63。2007 年我国中央财政赤字与 GDP 的比值只有 0.8%。中国还持有近两万亿美元外汇储备,政策调节有较大空间。

我们再来看市场的**流动性**。这次**金融危机**的一个突出特点就是流动性的枯竭。由于担心交易对手方风险,市场越来越不愿意或没有能力提供流动性资金或购买资产,造成全球范围内的信贷紧缩和流动性枯竭。中国的流动性状况与此不同,金融体系流动性依然充裕。从 2003 年到这次金融危机前,中国一直存在着流动性过剩,中央银行需要通过发行央行票据和提高存款准备金率来对冲多余流动性。目前,情况虽有一些变化,但总体上流动性供给是充足的。境内个别外资银行因受母行牵连而发生的流动性困难已得到解决。

当然,抵御这场严重的国际金融危机绝非易事。目前,世界金融经济形势的不利变化对中国的冲击已逐步显现,明年可能会进一步加重。我们宁可把困难估计得充分一些,把准备工作做得充分一些。

国际金融危机对中国的影响主要通过两条渠道传导。一是全球经济增长放缓导致外需下降,这会对中国出口产生较大冲击。中国出口与美国和欧洲国家的关联度很高。历史数据表明,这些国家经济增长每下降 1 个百分点将导致中国出口增长下降 6—8 个百分点。第二,国际金融市场不断恶化,恐慌性的不安情绪会传染到国内。这已在我国市场运行中显露出来:货币市场对交易对手方风险的担心有所增加,股票市场出现较大幅度下跌,房地产市场成交较为低迷。如果应对不好,上述负面冲击可能扩大蔓延,影响我国经济和金融的稳定。因此,必须高度重视潜在风险,采取有力措施妥善化解。

针对危机的两条传导渠道,我国在宏观政策上要采取两方面应对之策。

第一,着力**扩大内需**特别是消费需求,加快转变经济发展方式。面临世界经济放缓的形势,过去主要依赖外需的经济增长方式必须转变。要实行积极的财政政策,把重点放在保障民生上,优先增加财政对个人的转移性支出、社会保障支出,以拉动消费;适当加快与民生、灾后重建、节能减排、环境保护、发展瓶颈有关的基础设施项目建设,以拉动投资。在税收政策上,通过推进增值税转型、服务业营业税制改革和个人综合所得税制改革等措施,鼓励企业技改投资和服务业发展,增加就业机会,提高居民可支配收入。同时,坚持城乡统筹,适当提高粮价,增加农民收入,促进农村消费。

第二,保证金融体系流动性的充分供应,阻断恐慌情绪的传染。今年 7 月份以来,中央银行已适时调减公开市场操作力度,停发 3 年期央行票据,降低 1 年期央行票据发行频率,并已连续 3 次下调基准利率、两次下调存款准备金率。下一步,为应对国际金融危机带来的不确定性冲击,要实行适度宽松的货币政策。根据形势变化,继续综合运用利率、央行票据到期、存款准备金率等工具将银行体系流动性保持在适当水平。引导商业银行合理投放贷款,优化信贷结构,预防惜贷现象。维护货币市场正常拆借,中央银行可通过常规公开市场操作、设立短期招标工具等方式向存款类金融机构(含境内外资金融机构)提供足够的流动性支持。以外汇市场供求为基础,保持人民币汇率的基本稳定。

当前我国的经济形势总体是好的,经济保持较快增长,金融业稳健运行,经济发展的基本态势没有改变。尽管面临不利的外部环境,但在中央支持经济增长的各项政策作用下,我们对明年中国经济平稳发展同样充满信心。经济稳定是金融稳定的基础,再加上比较健康的金融机构、充足的流动性供应和不断健全的金融市场,中国金融体系一定能够经受住这场国际金融危机的考验。

从企业存货调整看中国经济下滑[*]

　　我今天演讲的题目有一点技术性,我想讲一个存货的模型,用这个存货模型来解释为什么目前中国经济下滑得这么厉害,希望对在座的各位研究**中国经济周期**问题与金融问题有所帮助。

　　第一,我们看到,目前在数据上有些矛盾,就是**支出法 GDP 和生产法 GDP** 的矛盾。如果我们用支出法来测度 GDP 的话,会看到用支出法计算的 GDP 增长仍然非常强劲。什么是支出法呢? 就是投资、消费、净出口相加,这就是支出法的 GDP。我们固定资产的投资有多高呢? 1—11 月份累计为 26.8%,这是名义的,如果变成实际的投资有18.7%,也就是说固定资产投资看起来相当强劲,当然这是城镇的固定资产投资,对全国的固定资产投资而言这是一个很重要的近似值,也就是说投资是非常强劲的。然后看消费,社会消费品零售总额 1—11 月份累计的名义增长是 21.9%,实际增长也有 14.7%,相当强劲。同样社会消费品零售总额不等于全社会的消费,但从月度分析的角度看,也是一个消费的重要近似值。再看看净出口,虽然 11 月份进出口增长是负的,但 1—11 月份的贸易顺差是 2560 亿美元,比去年同期增长 7.5%。也就是说看中国的 GDP,看三驾马车:投资、消费、净出口,从现在目前的数字来看都是相当强劲的。

　　第二,目前大家对经济下滑的担心非常大,这种下滑的担心主要是

---

　　* 根据 2008 年 12 月 19 日北京大学汇丰商学院成立演讲记录整理。

来自生产法计算的 GDP,就是三次产业增加值的加总,也就是我们平常熟悉的 GDP 等于第一产业的增加值加上第二产业的增加值加上第三产业的增加值,把这三次产业的增加值都加起来就是我们的 GDP。实际上中国的第二产业是最大的,其中工业是最大的,接近 48% 左右。从工业增加值同比增速来看,8 月份当月增速为 12.8%,9 月份当月增速为 11.4%,10 月份当月增速为 8.2%,11 月份当月增速为 5.4%。从工业增加值累计增速来看,1—8 月份累计增速为 15.7%,1—9 月份累计增速为 15.2%,1—10月份为 14.4%,1—11 月份为 13.7%,均是不断下滑的。同时,我们的发电量也是大家非常担心的,11 月份发电量同比增速是 −9.6%,11 月份企业用电量是 −7.7%。1—11 月份发电量累计增速也只有 6.8%,1—11 月份的企业用电量也只有 8.7%。我们看到企业产销率是在下降的,铁路运输也是下降的,工业增加值也下降,发电量、用电量、产销率、铁路运输等都在下降,有朋友就做出了中国经济下滑得非常厉害的判断,并由此引申出政策含义。

我今天讲的存货模型,就是给大家解释从支出法 GDP 到生产法 GDP,它们为什么会出现这种不一致的情况?从而坚定大家对未来中国经济增长的信心。

下面进入我的第三个问题,就是用存货模型来解释上述所说的矛盾。存货最主要的就是原材料存货、产成品存货和在制品存货,前两者大致是存货的 60% 多。按照经济学理论,企业的存货是顺周期的,就是在经济上升的时候厂商就增长原材料和产成品存货,如果在经济下行周期中,大家预期都不好,厂商就减少存货,这个存货顺周期是什么特征呢?是市场经济的特征,只要厂商、企业、居民都是按市场行为来追求利润最大化,去生产和交换的话,存货顺周期的这个规律就会存在。

我们现在建设社会主义市场经济,在很大程度上已经呈现出了市场经济的特征,所以在过去最近的经济周期中,中国呈现了存货顺周期这样一个特征。比如说,我们知道 1998 年我们“保8”,1998 年经济下滑得很厉害,2000年经济比较低迷,2002年经济比较低迷,1998—2002这五年我们都面临着通货紧缩的压力。我们看人民银行所监测的5000户企业,在1998年、2000年和2002年出现了存货的低点,果然就呈现出这个特征了,就是说当经济低迷的时候企业就尽量地减少存货。

如果我们再往前看一到两个经济周期,大家知道1989年和1990年是中国经济非常困难的时候,1990年按生产法计算的GDP增长率只有4%。我们改革开放这30年经济增长的最低年就在1990年左右,在1990年的时候经济低迷,但那一年的存货却是大幅度增加的,我估计那年存货增加相当于GDP的5%左右。也就是说虽然经济增长是4%,如果按支出法来看那一年的总需求有可能是负1%。也就是说在1990年的时候我们还是在计划经济向市场经济转轨比较关键的一个时期,那个时候存货顺周期的特征,从中国整体来看还不那么明显,但从1998年、2000年、2002年存货投资很少,到2003—2007年这一轮的高涨,企业的存货一直在增加,完全符合存货顺周期的规律。

目前的情况是什么呢?目前中国的企业进入了剧烈的存货调整期,这是由两件事诱发的。第一件事就是整个经济周期的改变。美国的次贷危机变成了金融危机,金融危机变成了全世界的经济衰退,无论我们说全世界的经济还是说中国的经济,现在都进入了经济的下行周期,中国在过去6个季度的GDP增幅一直是下行的。根据我们存货顺周期的理论,企业就应该减少存货。第二件事,就是原油和原材料价格的剧烈波动。我们知道过去几年原油的价格是暴涨的,到了今年夏天最高涨到147美元一桶,现在跌破了40美元一桶。铁矿石的价格以前是暴涨,目前在下跌。铜和其他大商品的价格不久以前是暴涨现在是暴跌。把这两件事加在一起,一个是经济周期的调整,另外一个是原油等大宗原材料价格的暴涨暴跌,导致中国企业进入了存货的调整时期。

当原材料价格暴涨的时候,企业要增加存货,当价格暴跌的时候要减少存货。所以我们看到报道,有多少吨铁矿石积压在港口,有多少吨铁矿石积压在钢厂,然后大家看到现在钢厂都在减产等等,都在进行调整。

我们看到企业进入了**存货调整周期**,是怎么调整的呢?就是减少存货,我可以跟你说各行各业的情况,比如说建筑企业,在钢材上半年暴涨的时候,建筑企业囤了很多钢材,而现在暴跌了,要消化过去的存货。对钢铁企业,暴涨的时候要存铁矿石,而现在暴跌了,想减少存货。房地产企业的存货就是现房、期房和正在建的房,房地产企业手里也有一大堆存货,他们也想减少存货,因为他们想多卖点房子,减少存货。装修企业、做防水的企业,要用建材、防水材料,过去暴涨时就增加存货,现在暴跌了要减少存货。现在我看到防水涂料的价格每个礼拜都在跌,晚几天买就又跌一点,那么企业就要尽量减少存货。

那么你想想我说的建筑企业、钢铁企业、房地产企业、做防水的企业、装修企业,如果所有这些企业都在减少存货的话,那得少买多少东西呀?工业生产能不下滑吗?大幅度的存货调整是从今年9月份开始的。人民银行监测的5000户企业的存货在10月份已经是负增长了,其中原材料和产成品存货都是负增长。如果仔细分析存货,还有主动存货和被动存货的区别。从企业的角度来讲,经济下滑时它当然愿意存货下降,因为这样有利于它利润的最大化和风险的最小化。什么是被动存货呢?比如说我是一个炼钢企业,人家突然少买我的钢材了,钢材存在库里卖不出去就成为了被动的存货。这样的情况下我只好停一个高炉,减产。所以在经济下行周期,即使考虑到有很多企业有很多被动的存货,但如果把企业作为一个总体看,管理人员还是千方百计地用各种方法来减少生产,从而降低存货,所以存货总水平可能趋于下降,至少是增幅减缓。

如果很多很多企业都做这样的调整,那对工业生产是什么效果呢?对进口是什么效果呢?对工业生产和进口产生了三个影响:

第一个影响是大幅度地减少进口的原材料。我们知道10月份的进口增幅就下降,11月份进口同比下降18%,而以原材料和半成品为主的加工贸易进口的数量下降就更大,11月份下降了27%。这符合存货模型的预测。

第二个影响是被动地增加了上游生产企业的产成品存货。从这个角度来看，大家就会发现 10 月、11 月的经理人采购指数，即 PMI 指数在下降，重工业在下降，轻工业也在下降，企业都在调减存货，这就体现在减少订单上。

第三个影响是上游重工业调整的幅度和压力要远远大于轻工业。其中像钢材、建材、水泥、煤炭调整的压力就很大，11 月份重工业的增速只有 3.4%，比 9 月份回落了 8.1 个百分点，而 11 月份轻工业的增长率还有 10.1%，它仅比 9 月份回落了 1.1 个百分点，说明什么呢？说明在存货调整过程中重工业的压力比轻工业要大。

下面，我讲第四个问题。我们要看国际国内两个市场，看中国经济对外出口的依存度到底有多大。对于**出口依存度**，经济学家的解释不一样，可考虑以下几个指标。一是有进出口总额占 GDP 的比重，2007 年我国进出口总额有 21700 多亿美元，2007 年的 GDP 是 25 万亿，如果以 7.3 作为汇率的话，进出口占 GDP 的比重 2007 年是 64%。二是看出口占 GDP 的比重，2007 年有 1.2 万亿美元的出口，占 GDP 的比重大概是 35%。三是看净出口占 GDP 的比重，2007 年我国顺差是 2622 亿美元，占 GDP 的比重大概是 8%。那么，中国经济的对外出口依存度到底有多大呢？这个问题经济学家仁者见仁、智者见智。最近我看到香港金管局有两位专家估计的中国经济对外出口依存度是大约 20%。这里所说的对外依存度就是由出口带动的国内增加值占 GDP 的比重。我自己估计的出口依存度是 15%—20%，比他们略低一点。

这就是说虽然我国进出口总额占 GDP 比重很高，但是我们在出口中有很大的一块是加工贸易，所以我们在计算对外出口依存度的时候要有很多的技术处理。也就是说，我国的经济对外依存度可能比许多经济学家的计算和媒体上报道的要低一些。我国总体上说还是一个大陆型经济，主要还是依赖国内市场。

第五，结论。我的结论就是怎么看中国经济，明年能增长多少依赖两块,一块是外需,另一块就是内需。外需这块我们说了不算,这要看美、欧、日,要看很多的发展中国家和新兴市场,刚才几位先生都讲了明年的外需是比较弱的,并且外需是我们没办法的。由于外需弱,明年由出口带动的 GDP 可能就会比较低,所以在这块我们要做一个减法。刚才我为什么讲出口依存度呢,我要告诉各位外需对我们起作用的比重是多少,比如说出口依存度是 18% 左右,那么外需的下降可能会影响 GDP 几个百分点。而内需呢? 有超过 80% 的 GDP 依赖内需。为什么我要讲存货呢? 就是要分析什么时候内需会步入正常。现在工业生产下滑较快主要是因为大量企业在进行存货调整。人民银行在 12 月初对 35 个城市的 393 家企业做了问卷调查,从问卷调查的结果来看,这些企业的存货调整周期不一样,有一部分企业到今年年底存货调整得就差不多了,这些企业属于存货调整比较超前的。大部分的企业存货调整要到明年一季度末完成,还有少部分的行业和企业的存货调整可能要到明年的二季度末才能完成。根据这个判断,在存货周期调整这个意义上,我们的工业生产可能在明年的二季度就进入了比较正常的阶段,最迟到明年三季度就会比较正常。

我们最后再问一个问题,就是这种剧烈的存货调整是好呢还是不好呢? 这个存货顺周期的规律是市场经济的特征,企业这种存货的调整行为是它们追求利润最大化和风险最小化的市场行为,从这个意义上说,它是有利于可持续发展和降低风险的,所以它是正常的商业行为。

我们知道了这样一个存货调整模型,又知道大部分企业会在明年上半年做完调整,那么我们就会对将来中国的内需这一块有一个比较清晰的判断。我的判断是,从明年二季度开始我们就会看到在存货周期这个意义上企业的存货投资会趋于正常,进入明年二季度企业存货投资会基本正常。我说外需要做减法,内需有积极的财政政策,4 万亿的投资明年有可能落实 2 万亿左右,这样要做加法,我国社会投资可能会略有放缓,消费基本保持稳定,所以我的预测是,明年我国 GDP 增长可能在 8%,或者还可能略高于 8% 这样一个水平上。

次贷危机:起源、传导与启示[*]

  在当今的世界金融市场上,只要美欧日的一个主要国家、一种主要的金融产品(如次贷)或一个重量级的市场参与者(如对冲基金)出问题,这个问题就是全球性的,许多国家的机构和市场都可能受到冲击。这就进一步加深了经济全球化、金融一体化的概念。

  那么,拉美危机是不是全球性的? 亚洲危机是不是全球性的? 俄罗斯出现还贷危机是不是全球性的? 我认为在新兴市场上出现的危机可能不是全球性的。这是因为主要的投资银行、商业银行和金融机构在拉美、亚洲或者俄罗斯的参与程度不同,有的在拉美的仓位比较多,有的在亚洲的仓位比较多。当某个新兴市场出现问题的时候,这些大玩家中有的受的影响比较大,有的就不受什么影响,不会对全球的经济、金融产生大的冲击。

  但美国、欧洲或者日本出现危机时情况就不同了。特别是美国和欧洲市场上出现的问题对全球的影响会比较大。这些大的投行、商业银行和金融机构在美国和欧洲市场上从事的业务很类似,面临的风险也很类似,这加深了金融一体化和金融市场传染的程度。我曾多次问我的同事和国外的朋友:美国市场和欧洲市场是一个市场还是两个市场? 我最后得到的答案是:在金融市场上,美国和欧洲基本上是一个高度整合的市场。所以美国的次贷危机会对全球产生影响。

  下面谈一下**次贷危机**是怎么起源的,又是怎么传导的。最后我想

---

[*] 根据 2007 年 10 月 28 日"CCER 第 11 次经济观察"报告会演讲记录整理。

说的是,次贷危机对我国金融市场的影响是有限的,但是对我国发展金融市场、防范金融风险、加强监管协调有重要的借鉴意义。

在美国,**按揭贷款**可以按照借款人的信用和其他因素被分成:**优质**(prime)、**类优**(alternative)、**次贷**(subprime)。次贷是对信用记录比较差(有迟付、破产之类的欠佳信用记录)、信用记录不全、月收入没有达到住房抵押贷款申请标准、负债与收入的比例可能偏高的那些人发放的贷款。美国 2001 年次贷新增贷款大致有 1000 多亿美元,到 2005—2006 年有了大幅度增加,2005 年次贷新增贷款达到最高值 6000 亿美元,2007 年大大减少。到 2007 年 9 月,次贷余额大致是 1.5 万亿美元(图 1)。

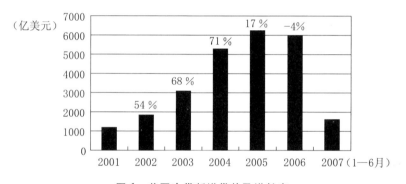

图 1 美国次贷新增贷款及增长率

次贷的发生与低利率有关系。2000 年美国利率比较高,2001 年开始降息,后来发生"9·11"事件,之后降息持续进行。经过 25 次降息,联邦基金利率从 6.5% 降到了 1%,并从 2003 年 6 月 26 日到 2004 年 6 月 30 日期间保持了一年多的时间。此后又加息 17 次,将利率从 1% 提高到 5.25%。数据显示,次贷发生最快的时期是 2003—2006 年,这几年也恰恰是利率最低的一段时期。当然,二者关系稍微存在一点滞后,但基本逻辑是很明确的。由于次贷很容易申请,美国在 2003—2006 年房价涨得很厉害(图 2)。美国的单户新房销售价格中值和美国房屋价格指数在 2001—2006 年都涨得很快。可以说,高房价的部分原因是次贷过速发展造成的虚高需求。

图 2　美国单户新房价格及房屋价格指数

现在美国有 4 万亿美元的按揭贷款证券化产品(即 MBS),有 1 万亿美元的按揭贷款支持的商业票据(即 ABCP),还有其他一些金融衍生产品,其中用得最多的一种金融衍生产品是按揭贷款抵押债权(即 CDO),有将近 1 万亿美元的规模。

次贷危机的传导机制是:住房者/借款人从贷款人这里借到钱,贷款人将贷款转给特殊目的公司(就是 SPV),SPV 找到承销人把贷款打包并证券化,经过评级公司评级,该证券就可以在市场上出售。市场上的购买者包括养老基金、保险公司、共同基金和对冲基金等,也有一些个人投资者。美国次贷确实分散了风险。美国的金融产品、金融衍生产品和金融创新都是全世界最先进的,次贷这样一种创新使得美国不够住房抵押贷款标准的居民买到了房子,同时通过贷款打包、证券化将风险分散到了全世界。谁是这次美国次贷危机最终的埋单者? 现在看来,最终的埋单者中包括了欧洲国家的银行,当然美国自身也承担了部分损失。我们需要看到事物的两个方面。一个方面是这种创新将风险分散到了全世界,从这个意义上讲,这是创新的成功之处。另一方面是负面的影响也扩散到了全世界。美国仅仅 1.5 万亿美元的次贷就搅动了全球的金融市场,影响范围是非常大的。

次贷危机起源于利率的上升,房价由上升转为下降,形势发生了逆转。2007 年 4 月,美国次贷行业的第二大公司即新世纪金融(New Century Financial Corp.)宣布倒闭。至 2007 年 7 月,严重拖欠(90 天以上)的次贷比率接近 15%。图 3 显示,美国次贷违约率在 2004—2005 年比较低,在 2006 年开始上升,到 2007 年则达到了 15%。这种违约率传导到了美国银行间市场、美国股市和欧洲股市。

传导的导火索是评级的下调。信息不对称使次贷衍生产品投资人对评级机构有较高的依赖度。评级机构只能用建立在历史数据之上的计量模型来推算违约概率。一旦房价、利率变化,模型原有的假设条件不复存在,评级机构需要对模型进行大幅度的调整。2007 年 7 月,评级公司下调了一千多只按揭贷款抵押债权的评级,导致市场出现恐慌。监管当局对次贷问题也是有责任的,它们没有提前预警次贷风险。次贷危机爆发后,很多学者或市场上的研究人员对评级公司和监管当局有大量的负面评价。有些负面评论还是相当有根据的,提供了很多证据说明什么事件发生后评级公司是怎么反应的、监管当局是怎么反应的,结果导致投资者和公众对次贷问题的认识滞后。

很多规模庞大的对冲基金参与次贷市场。美国对冲基金的总规模约 2 万亿美元,平均杠杆率为 3—4,对冲基金控制的资金高达 8 万亿美元,足以影响美国股市(20 万亿美元)。许多对冲基金有相似的证券组合和交易条件,实质上在相互交易。次贷危机出现之后,特别是 8 月 3 日,贝尔斯登(Bear Stearns)宣布暂停赎回 3 只按揭贷款对冲基金,造成股市恐慌,引发骨牌效应。但是这种恐慌只持续了两三个礼拜,很快就恢复了平静。这与央行的救助行为有关。这次次贷危机实质上是一次流动性危机,使得整个信用衍生品的风险溢价提高,衍生品的规模大幅下降,特别是 ABCP 难以发放。

这次受到次贷危机冲击的首先是美国按揭贷款银行和公司。次贷违约率达 13.33%,直接贷款损失约 1730 亿美元。根据不完整的统计,今年 1—9 月,美国按揭贷款市场的投资损失共计 2820 亿美元,其中投资次贷的损失达 2040 亿美元,损失率为 10.8%。美国市场次贷规模只有 1.5 万亿美元,与此相关的证券化产品在市场上还是少数,但是其传染效应和由此造成的流动性的紧张与恐慌心理却蔓延到整个市场。另外一类损失者是购买了次贷衍生产品的各国银行、对冲基金和保险公司等,比如德国的银行就做次贷管道比较多。我们中国的银行在这个市场投资数量比较小,投资策略比较保守,所持产品的信用等级比较高,投资期限也比较长,所承担的次贷损失只占非常小的一个比例。次贷危机的冲击是一个过程。投资者如果持有到期则损失就会小一些。相比之下,如果投资期限比较短,不得不在高折价的情况下卖出,所受损失就比较大。第三类受害者是虽未购买次贷衍生产品,但依靠资产支持商业票据融资的银行。比如被媒体报道最多的英国北岩银行。北岩银行存款很少,但是发放了很多住房抵押贷款,它的资金来源就是不断在市场上发行资产支持商业票据。由于次贷问题的冲击,北岩银行即使愿意付出很高的利率也不能将资产支持商业票据发行出去,票据的承销商无法兑现承诺,造成北岩银行的现金流断裂,进而引发银行挤兑。

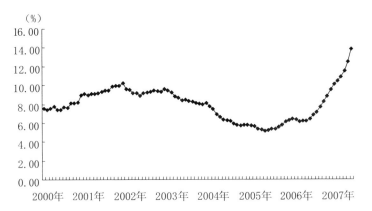

图 3　次级房地产抵押贷款 60 天违约率(累计)

　　注:本图指到期还款日 60 天后仍无法偿付的贷款量占次级房贷总量的比例,其中包括 60 天后未偿还以及 60 天后未偿还并达到银行通知取消房产赎回权、进入破产程序的贷款。

　　资料来源:瑞士银行。

　　次贷危机正开始渗透到实体经济。渗入实体经济的渠道主要是房价。房价下跌使得整个形势雪上加霜。房价越跌,次贷借款人的房子就越难以销售出去,还款就出现困难。这时银行就可能把他们的房子拿来强制拍卖,这就导致房价进一步下跌。房价的下跌使得次贷借款人的负资产上升,进一步加深次贷危机。

今年二季度,美国房价指数较去年同期下降了 3.2%。7 月份 20 个主要城市的房价平均年度跌幅为 3.9%,8 月份旧房销售 6 个月连续下滑,新屋销售年率为七年来最低,新屋建筑量和建筑许可的绝对数均为 12 年来单月最低。

次贷危机出现后各国央行采取了救助措施。救助措施包括向银行间市场提供短期流动性贷款、做出保障性声明或承诺、增加贷款抵押品种、降低利率等措施(图 4)。起初,关于救助也有争论。比如英国英格兰银行经过一两个星期之后才终于决定救助北岩银行。英格兰银行行长发布了郑重声明,坚持防范道德危险的重要性。他要让那些没有妥善管理风险的银行受到损失并学到教训,而不是一旦出现问题就由央行提供流动性。但是当危机发生后,这种理念还是要面对现实,最后英格兰银行还是决定救助。

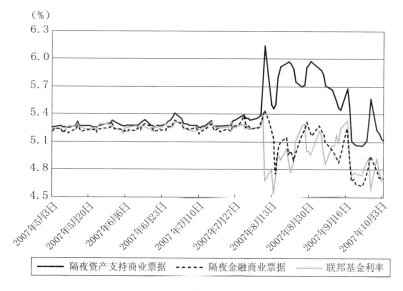

图 4 美国利率水平

需要注意的是,媒体报道时都是欧洲央行注资多少多少亿、美联储注资多少多少亿,其中的关键字是"注资"。实际上,央行提供流动性时需要商业银行提供抵押品,需要支付利息,不是无偿拨付。这都主要是为了防范道德风险,避免公众和金融机构有不切实际的预期。此外,央行的注资大多都是隔夜的,七天、一个月甚至三个月的注资是很少的。比如欧洲央行今天提供了 900 亿元的流动性,明天又提供了 600 亿元的流动性。其实第一天提供的 900 亿在第二天就到期了,第二天提供 600 亿元流动性时实际收回了 300 亿。有人将一段时间的注资金额加总起来得到了一个天文数字,这个数字是没有意义的。各国央行的一个救助措施是扩大抵押品范围。原来的抵押品只能是国债或者 AAA 级债券。扩大抵押品范围后金融机构就能借到更多的流动性。甚至有些折价的抵押品也可以按照面值来算。这体现了央行的救助行为具有一定的灵活性。但是原则还是救助都是短期的、有偿的。这个原则是需要强调的。

总的来说,各国央行出手坚决、迅速,从多方面连续采取行动;注意沟通,形成各主要央行间事实上的联手协调行动;大力救市的同时,妥善处理救市与预防金融机构道德风险的关系。

美国次贷危机对我国的影响是加大我国宏观调控的难度。美国有可能进入减息周期,美联储已经减息 50 个基点,市场预期本月底美联储还要减息 25 个基点。我国目前面临一些通胀的压力,今年央行已经五次提高利率。这样,美国减息,我国加息,就会增加美元贬值的压力,加大我国宏观调控的难度。我国还是要加强市场基础设施建设,发展直接融资,分散风险。虽然次贷危机造成了全世界的恐慌,但从正面上看,美国这种金融创新还是分散了风险,对我国还是有启示意义的。

展望未来,大家的意见并不是很一致。美国财长保尔森就认为需要两年或者更多的时间才能恢复信贷市场上的信心,格林斯潘则认为次贷危机高峰已过。我们的态度是认真地关注这件事,从中吸取经验教训,使得我们中国的资本市场、债券市场、金融衍生产品市场发展得更加健康。

问答部分

提问：尽管三季度 CPI 有所回落，但信贷却表现强劲，信贷对 CPI 的压力在增大。实际利率仍然为负。请问易纲老师如何看待这个问题？央行下一步会采取什么措施？

陈平评论：易纲老师今天提出了一个非常重大的问题，但是还可以继续深入分析。美国次贷危机对中国的影响是非常深远的。美国尽管有次贷危机，但住房抵押贷款主要是固定利率的，风险主要由银行承担，政府也积极支持证券化。中国现在住房抵押贷款主要都是浮动利率的，风险由贷款人承担而不是银行承担，而且没有证券化，政府完全没有在分散风险中扮演角色。此外，我对美国有一个重要观察：股市泡沫破灭后大量资金由股市转到房市从而造成房价上涨，加上政府为刺激经济降低利率，最终推动房市大发展。而中国股票市场指数之所以能迅速攀升，是因为还有大量非流通股，大量银行存款转到股市以获取更高的收益。由此产生的金融风险可能性将会比美国市场高很多，对此央行应该慎重研究。同时，美国次贷危机也对现在的金融理论提出质疑。现在金融理论假设利率服从随机游走，而期权服从布朗运动，这是不符合现实的。我们需要对现有金融理论作修正。这些都值得央行去作进一步的研究，而不能因为中国的银行购买次级债比较少而掉以轻心。

提问：请问易纲老师，次贷危机是否已经渡过，年底会不会再爆发一次？您所讲的道德风险具体是指什么，可否举例说明一下？它对保险公司会有什么影响？

易纲：次贷引发的全球流动性的紧张会不会减轻央行政策实施的压力？从理论上讲，答案是肯定的。但是从实际情况来看，当全球市场普遍比较紧张的时候，游资会寻求那些相对比较安全的市场，而中国恰恰提供了一个相对比较安全的去处,这种游资进入可能大致抵消了由于次贷紧张抽出的流动性。

关于信贷和 CPI 的关系,我们认为确实应该实行适度从紧的货币政策,我们希望通过实施多种货币政策(包括公开市场操作、法定准备金率等)以及一些价格杠杆措施来收紧信贷。我想强调的是,目前由外汇占款所造成的流动性大部分已经被收回。此外,年初信贷指标是和年初的 GDP 增长目标 8% 配套的。现在 GDP 增长率是 11.5%,信贷方面超出年初指标也是可以解释的。

陈平老师的意见是非常好的,有助于我们进一步地讨论。中国的大部分贷款确实是浮动利率的,但现在也有很多家银行开始提供固定利率和浮动利率的选择,只是由于多数购房者仍然选择浮动利率,因此不管从存量还是流量来看浮动利率仍然占主体。央行今后会鼓励商业银行提供更多的贷款"菜单",让贷款人根据自己的偏好有更多的选择,从而分散风险。

如果金融机构预期到发生危机后货币当局肯定会救它,那它不会主动加强对自身风险的管理,这时就会有道德风险。要使得风险管理好的机构受到奖励,管理不好的受到惩罚。关于次贷危机是否已经过去的问题,这是很难判断的,我在演讲结束时提供了两个观点,即美国财长保尔森认为信贷市场中的信心危机可能持续两年以上,而格林斯潘认为次贷危机高峰已过,听众可以据此有自己的判断。最后,保险公司的投资通常是中长期的,次贷危机对投资了次贷产品的保险公司也是有一定影响的。

我们能从次贷危机中学到什么？*

我想我们能够从**次贷危机**中学到的东西很多，我把它总结为以下六条。

第一条，宏观经济政策特别是货币政策必须要正确和稳健，这一点对整个金融的稳定至关重要。这里的宏观经济政策和货币政策，可以是一个非常复杂的组合，但是我更强调货币政策，比如说利率、汇率、货币供应量、金融市场、资本市场，这些大的宏观变量要协调一致，才能够保持经济和金融的稳定。观察过去六七年美国和全球的情况，我们会发现，如果说货币供应量过多、利率过低的时间很长，有可能造就金融资产泡沫的土壤。

第二条，没有免费的午餐，违背市场规律必然要付出代价。我们知道，新增次贷的时间大概是 2002 年到 2006 年这五年。次贷的余额一共也就一万亿美元，但是它对整个金融市场的冲击却非常大。

可以把次贷理解成一种市场的创新，这种创新假定房价可以持续上涨，而且假定买房的人可以不断再融资，利率又非常低。如果房价继续上涨，这个游戏就可以进行下去。但是很多不够标准的人借了贷款，同时又有很多人管理不了自己的债务。利率一变、房价一变就产生了金融风险。最大的问题就是让那些没有达到标准的人借这些贷款，实际上这些不够标准的人根本就不应该用借款的方式买房。我们知道在整个消费群体中不是所有的人群都适合贷款，这点要特别地重视。我

＊ 根据 2008 年 3 月在香港科技大学举办的"次贷危机的警示——中国金融创新、规范与风险管理"论坛上的演讲记录整理。

讲这一点并不是说我不同情穷人,我也非常同情穷人,也非常希望穷人都能有房子住,但解决穷人住房问题可以用廉租房和其他财政方式来解决,应该用财政政策或者其他的经济政策来解决。

这给我们一个什么教训呢?就是该财政做的事就应该是财政做,补助穷人的事应该是政府去做,如果用一种金融的方式使不符合标准的人得到贷款,好像解决了问题又把贷款卖出去了,实际上造成的成本是很高的。所以这又一次验证了经济学上说的没有免费的午餐,我们必须要符合市场规律。

第三条,由于信息不对称,市场过度相信评级公司。买这些资产的投资者也好、机构也好,他们做了一定的尽职调查,但不可能把资产包里每笔贷款都调查清楚。由于信息不对称,市场过度地相信评级公司。评级公司的模型是根据历史数据做的,里面有很多假设,比如对房价的假设、对 GDP 的假设、对通货膨胀的假设、对利率的假设等。这些模型里没有及时地预见到风险,所以评级有些也比较高。这时候,实际上监管当局应该从宏观政策的角度,应该从宏观变量的不协调上及时发现风险,但是看来(监管当局)做得不够,没有及时向市场提出警示,对这个问题我们应该共同思考能够从中学到什么。

第四条,风险暴露以后,产生了巨大的不确定性,很多人没有估计到次贷危机会有这么大的冲击力。这种冲击力的传导机制是由于不确定性损害了商业银行的资本充足率,损害了全世界中心市场的商业银行资本充足率和投资银行的经营状况。我们知道曾经发生过墨西哥金融危机、长期资本管理公司(LTCM)金融危机、亚洲金融危机,但是不管是墨西哥、俄罗斯,还是 LTCM、亚洲金融危机,实际上这种金融危机还是局部的,都没有真正损害到核心市场里最大的商业银行、投资银行的资本充足率和资产负债表。但次贷危机爆发在全世界金融市场的核心——美国,波及欧洲和其他地区,而且资本充足率和资产负债表受到比较大影响的恰恰是在全世界非常活跃的领导型的商业银行和投资银行,这就不是一个局部的危机,而是一个全球的危机。

这种不确定性出来以后,由于伤害了资本充足率,就不能够贷款,造成了信贷紧缩。信贷紧缩产生了流动性的紧张,波及范围就很大了。比如英国的北岩银行,实际上它本身没有持有多少信贷,它是靠向市场发行票据融资来开展业务,由于流动性紧张,市场上发不出债,风险溢价太高,人人自危,银行没有办法继续融资。危机波及很多靠货币市场和债券市场融资进行正常贷款活动的金融机构,危机波及面是全方位的。

第五条,货币当局的稳定措施不断地在防止危机和道德风险两方面权衡,非常困难。大家也可能非常清楚,英格兰银行、欧洲央行、美联储在对待危机前后的态度、表态以及在救助的及时性、救助的方法方面有些不一致。所有这些不一致实际上都可以归纳为两个方面:一方面要防止危机的扩散,比如1929年到1933年就产生了大萧条、大衰退,而1987年股灾就没有(导致发生大萧条、大衰退)。

但同时在另一方面,正像英格兰银行行长所说,也要防止道德风险,防止不负责任地依赖政府的道德风险。这两者的权衡,是货币当局采取稳定措施中最困难的。

货币当局在稳定措施中还有一个困难,就是如果货币当局介入太多,如果货币当局接受许多有问题的资产做抵押品,实际上影响了这些资产在市场上的价格发现,使得市场调整期延长,暂时掩盖了问题,价格发现和市场出清会减慢。怎样既能够防止危机的扩散,又防范道德风险,还能够最大效率地保证市场价格发现和市场出清的功能,这是货币当局应该思考的。

第六条,我提一个思考。从1933年到1999年的六十多年间,美国实行《格拉斯－斯蒂格尔法案》,这个法案是1933年大危机之后提出来的,基本的思想是分业经营、分业监管。对这个法案的本质,有人说是误读,有人说是正确的总结。1933年通过六十多年后一直生效,直到1999年美国国会通过了《金融服务现代化法案》取代了它。1999年到现在还不到十年,我提出的问题是,如果《格拉斯－斯蒂格尔法案》没有终止的话,会不会发生次贷危机?

关于当前货币政策的几个问题[*]

一、2008年上半年货币政策操作总体把握得当

记者： 一年来，随着国内外经济金融形势的变化，我国货币政策取向进行了多次调整，有效应对了国际金融危机的冲击。但也有人认为，在2008年上半年就应该松动货币政策，您如何看待这一观点？

易纲： 我觉得这个问题提得很好。我们欢迎社会各界包括学者、企业、地方政府提出他们对货币政策的诉求，我们也能从中吸取有益的借鉴。关于这个问题，我主要讲以下几点：

从2003年到2008年上半年，货币政策的基调是反通胀。加入世贸组织以来，我国顺差大幅增长，外汇储备大量积累，外汇占款成为基础货币投放的主要渠道。从GDP增长率看，改革开放30年来平均为9.8%；2003年到2007年平均为11%，是一个增长非常快的时期。这段时间的主要风险是通货膨胀。其中，2003—2004年、2007—2008年是通胀明显上升的时期。2004年、2007年和2008年CPI涨幅分别达到了3.9%、4.8%和5.9%。因此，在这个期间货币政策反通胀的取向是正确的。

在2003—2004年反通胀的货币政策操作中，一个重要标志是人民银行从2003年4月22日开始发行央行票据，用以对冲过多的流动性。当时正值"非典"的肆虐期，还有伊拉克战争等不确定因素，但人民银行

---

[*] 根据2009年3月18日《中国金融》的采访记录整理。

已监测到通胀压力正在上升,及时启动发行央行票据。另外一个重要标志是 2003 年 9 月人民银行在这一轮周期中第一次提高法定存款准备金率 1 个百分点。即便是采取了如此力度的紧缩措施,2003 年人民币贷款增长率还是达到了 21%,是这个周期的最高点;当年 M2 增长也高达 19.6%。2004 年 CPI 涨幅达到了 3.9%,通胀压力比较大。如果没有 2003 年货币政策的大力度紧缩,2004 年的通货膨胀率还会更高。对此必须有清醒的认识。

针对 2007—2008 年的通货膨胀,人民银行采取了多种政策措施来应对。2007 年货币政策由稳健转为从紧。十次上调法定存款准备金率,共 5.5 个百分点;六次提高存贷款基准利率,一年期存款利率累计提高了 1.62 个百分点,达到了 4.14%,一年期贷款利率累计提高了 1.35 个百分点,达到了 7.47%;还有频繁的公开市场对冲操作,这都是历史上没有过的力度。实际上,在这一轮五年多的反通胀过程中,2007 年的货币政策力度是最紧的。尽管有如此紧缩的货币政策,2007 年我国经济还是出现了过热迹象,GDP 增长高达 13%,资产价格大幅上涨,CPI 涨幅也高达 4.8%,M2 增长率为 16.7%,人民币新增贷款 3.63 万亿元。可以想象,如果没有货币政策调控的话,资产泡沫可能会吹得更大,泡沫破裂后的损失也会更加严重。

也许有人会问,2007 年经济这么热,会不会是 2006 年货币投放过多造成的? 2006 年我国 M2 只增长 16.9%,人民币贷款也仅增长 15.1%。也就是说,如果没有 2006 年、2007 年货币政策的紧缩措施,不管是股市泡沫还是楼市泡沫还会吹得更大,很可能会出现日本经济泡沫时的现象。应该说,这次宏观调控汲取了日本的经验,坚决实施了反通胀的货币政策取向,才使我们成功地度过了这两次比较大的通货膨胀危险期。

总的来看,在这五年中,无论从就业、进出口还是经济增长率、通胀率指标来看,反通胀的货币政策取向无疑是正确的。

2008 年的货币政策执行情况可以分三段:上半年执行从紧的货币

政策;7 月初开始"一保一控",9 月份以后转向适度宽松的货币政策。年初,为防止经济增长由偏快转为过热,防止价格由结构性上涨演变为明显通货膨胀,人民银行执行从紧的货币政策。考虑到美国次贷危机等不确定因素,人民银行加强了对通货膨胀内外部成因的分辨和预测,灵活协调运用数量型和价格型工具。2008 年上半年利率政策保持平稳。针对"双顺差"继续扩大、外汇大量流入的态势,主要采取了提高存款准备金率的措施对冲多余流动性,上半年五次提高存款准备金率共计三个百分点,冻结流动性约占新增外汇占款所吐出流动性的 70%。同时,指导金融机构合理安排信贷规划。5 月份汶川地震发生后,立即放开了灾区法人金融机构信贷规划约束,并引导全国性银行加强系统内信贷资源调剂,加大对灾区信贷投入。年中,美国次贷危机蔓延加深,国家宏观调控政策进行了重大调整,人民银行及时调整了货币政策的方向、重点和力度,按照既要保持经济平稳较快发展、又要控制物价上涨的要求,调减公开市场操作力度,将全年新增贷款预期目标提高至 4 万亿元以上,指导金融机构扩大信贷总量,并与结构优化相结合,向"三农"、中小企业和灾后重建等倾斜。进入 9 月份以后,国际金融危机急剧恶化,对我国经济的冲击明显加大。按照党中央、国务院的统一部署,人民银行实行了适度宽松的货币政策,五次下调存贷款基准利率,四次下调存款准备金率,明确取消对金融机构信贷规划的硬约束,积极配合国家扩大内需等一系列刺激经济的政策措施,加大金融支持经济发展的力度。

对于有人提出 2008 年上半年货币政策应该转向的问题,我认为要注意几点:第一,2008 年上半年并没有加息,是货币政策取向已经发生变化的信号,可以理解为中性货币政策的开始。而五次提高存款准备金率则完全是针对外汇占款吐出的基础货币太多,为对冲银行体系多余流动性所采取的措施,并且 1379 个县域农村信用社的存款准备金率没有调高。第二,本轮 CPI 高峰出现在 2008 年 2 月份,CPI 涨幅达8.7%;PPI 的高峰出现在 2008 年 8 月份,工业品出厂价格涨幅达

10.1%；原油价格达到 147 美元/桶的历史高点发生在 2008 年 7 月份。也就是说，人民银行是在通货膨胀高峰之前停止加息的，说明货币政策具有超前性。从 CPI 看，超前了一个季度；从 PPI 看，超前了三个季度。第三，2008 年上半年货币供应量和信贷投放并没有减少。2007 年年底安排 2008 年全年人民币贷款增量为 3.87 万亿元，是历史最高水平。2008 年第一季度 M2 增长 16.3%，新增贷款 1.33 万亿元；第二季度 M2 增长 17.4%，新增贷款 1.12 万亿元，两个季度的新增贷款都是历史同期新高。2008 年国内外经济形势复杂多变，为准确判断经济形势和宏观调控带来了严峻的挑战。以目前掌握的经济金融理论和中央银行实践的历史经验来看，2008 年上半年，我国货币政策操作总体把握得当。

判断货币政策"紧不紧"，一是看"价"，一是看"量"。从"价"来看，2008 年上半年没有加息；从"量"来看，新增贷款并没有减少，而且是历史同期最大的"量"。实际上，2008 年上半年，货币政策还面临两方面的压力：一是当时很多专家对负利率的批评，一是要求实行保值补贴。

二、正确认识价格指数，谨慎判断通货紧缩

记者：随着金融危机影响加深，很多经济体出现了负增长，CPI、PPI 增幅下滑，中国物价水平也在不断下调，是否有陷入通货紧缩的风险？

易纲：大家现在都很关心**通货紧缩**的问题。我开始研究中国的通货紧缩问题是 1997 年 10 月份，那时我写了一篇《谨防通货紧缩的危险》的短文，并于 1998 年年初组织北京大学中国经济研究中心宏观组写了几篇文章，如《寻求多重目标下的有效政策组合》等，这些文章对 1998 年以来的通货紧缩研究产生了一定的影响。大多数教科书和工具书都把通货紧缩定义为物价的持续下降，这并不全面。我一直强调，通货紧缩应该具有"两个特征，一个伴随"：一个特征是物价的持续下

跌,另一个特征是货币供应量减少;"一个伴随"是它通常伴随着经济衰退。这里要说明几个问题:第一,"物价的持续下跌"是指环比价格指数剔除季节因素后持续下跌,而不是同比下跌。因为同比价格指数会受翘尾因素的影响,当价格已经趋稳,即环比价格连续数月保持零增长或正增长时,同比价格也可能出现下跌。第二,物价的持续下跌与货币供应量减少有关。比如,1929—1933 年的全球性通货紧缩就与货币供应量下降有关。第三,通货紧缩往往伴随着经济衰退,即伴随着 GDP 零增长或负增长。

我在 2005 年《预防通货紧缩和保持经济较快增长研究》一书中,提出了一个"通货膨胀—通货紧缩—通货膨胀"的三期模型:第一期是由产权缺失到通货膨胀,第二期是从通货膨胀到通货紧缩,第三期是从通货紧缩到再次通货膨胀。这个模型从产权缺失的角度诠释了中国的经济波动,并探讨了此条件下通货膨胀与通货紧缩相互转化的内在机理,这个模型现在依然适用。当前,应对国际金融危机的过程中,各国央行都注入了大量的流动性,将来一旦市场好转,就面临着如何收回流动性的问题,如果收回机制建立得不好,就会有再次通胀的危险。判断我国的价格形势,要正确认识价格指数。从统计数据上看,同比 CPI 涨幅确实已经连续十个月下降,但这是同比涨幅的下降。2009 年 1 月,CPI同比上涨 1%,涨幅低于上月;但当月环比涨幅仍为 0.9%,高于上月。

环比价格指数和同比价格指数之所以得出不同的结论,主要是同比价格指数受翘尾因素的影响。同比价格指数是翘尾因素和新涨价因素之和。**翘尾因素**指在本年物价环比没有任何上涨的情况下,由于上年累积的物价上涨所引致的物价上涨;新涨价因素反映从上年 12 月到报告期的价格变动程度。这几年的新涨价因素主要集中在 2007 年下半年。2007 年 CPI 涨幅为 4.8%,新涨价因素高达 3.1%;2008 年 CPI涨幅虽然比较高,为 5.9%,但 3.4% 是翘尾因素影响,新涨价因素只有2.5%。从图中(见图 1、图 2)可以看出,2009 年各月同比 CPI 涨幅的翘尾因素几乎全是负值,全年平均为 −1.2%,也就是说,如果 2009 年物价保持平稳，没有继续下降的话，当年 CPI 涨幅也就是－1.2％；只有当年有 1.2％的新涨价因素，才能抵消 2009 年翘尾因素的影响，当年的CPI 涨幅才能达到零。所以，如果 2009 年若干个月 CPI 同比涨幅出现负值，很大程度上是受翘尾因素影响，对此要有平常心，只要 2009 年全年 CPI 同比降幅没有超过－1.2％，就说明当年物价是平稳的。

与此相关的一个问题是关于降息的预期。我认为，在利率调整方面，我们需要综合考虑降息对居民、企业、银行和政府的影响，要以老百姓利益为根本出发点。老百姓更看重存款，对此要引起重视。

三、票据融资快速增长是市场选择的结果

记者：今年年初以来，商业银行贷款增速迅猛，1 月份贷款投放1.62 万亿元，其中 40％是票据融资，市场对此很关注，关于票据融资是否形成有效需求的讨论很多，并且认为存在一定的套利行为，您怎么评价这些看法？

易纲：今年 1 月份新增贷款中 40％是票据融资，这是银企双方的市场选择。对企业来讲，票据贴现利率比较低，可以降低资金成本，而且申请流程也比较简便；对银行来讲，目前超额存款准备金利率为0.72％，央票收益率在 1％左右，均低于 1.8％—1.9％的票据贴现利率。从收益的角度出发，银行有流动性，首先会考虑放贷款，如果没有合适的贷款项目，就会考虑票据贴现。从调控的方向看，中央提出要"保增长、扩内需、调结构"，目前贷款增长略快一点也不是不好，票据融资有助于企业以低于贷款利率的成本获得资金。

至于套利行为，我认为不具有操作性，没有多大套利空间。从利率上看，票据贴现利率是 1.8％—1.9％，而六个月存款利率也只有1.98％，略高于 1.8％。其次，现在签发的票据期限大多数为六个月。票据开出之后，经过几次背书，贴现的平均期限也就是四个月左右，所以票据贴现获得的资金再去存款也只能按三个月存款利率计息，而三

个月存款利率只有 1.7％,低于贴现利率。因此,实际上不存在套利的空间。

从商业银行运作来讲,如果商业银行控制风险能力较强的话,以票据中心等形式开展票据业务是银行业务的专业化分工,并不是一件坏事。同时,票据融资有利于中小企业融资,因为收票企业和背书企业一般都是中小企业,这样既可以解决中小企业融资和支付问题,又可以大大减少"三角债"。

四、暂时不会出现全球流动性过剩

记者:在金融危机之前,大家都在谈论**流动性过剩**问题,危机发生后,仿佛一夜之间出现了普遍的流动性短缺。现在各主要经济体在不断向市场注资,将来是否会突然出现全球流动性过剩问题?或者说在什么情况下会出现流动性过剩问题?

易纲:这是一个比较专业的问题。其实,美联储在释放流动性的时候,已经预留了将来回收流动性的工具和空间。我认为暂时还不会出现流动性过剩。首先,因为担心"对手方风险",金融机构不敢放贷;其次,很多金融机构,包括众多小银行、汽车公司的财务公司等,信用创造功能"瘫痪"。因此,美联储释放的流动性要么沉淀在金融机构,要么以超额存款准备金等形式回流美联储。

流动性恢复正常的前提是金融机构恢复放贷功能。金融机构只有在资本充足率达到一定水平后才能够正常放贷。而要提高资本充足率,要么对金融机构注资,要么购买或剥离其不良资产。只有这些金融机构恢复正常放贷功能以后,才可能出现流动性"正常",进而才有可能转为流动性过剩。在前段时间美国财政部长盖特纳公布的金融稳定计划中,就包括成立金融稳定信托基金和成立公私合营的投资基金,旨在通过政府资金的杠杆效应,推动私人资本帮助市场再度恢复运作,进而解决金融机构的问题资产。在目前情况下,美国金融机构流动性不足,信贷萎缩,政府出台政策或进行救援的重点是向金融机构提供流动性,使得信贷市场功能得以恢复。从目前看,流动性恢复正常尚需时日。

五、其他关注的问题

记者:今年一号文件强调要进一步增强农村金融服务能力,要求县域内银行业金融机构新吸收的存款主要用于当地,如何逐步落实这一要求?

易纲:我觉得这项政策的实施虽然存在困难,但还是可行的。

近几年一直在推动农村金融改革,农村金融服务明显改善。农村信用社改革取得明显成效,支农能力有了较大提高,支农信贷投放不断扩大,其农业贷款增长率近几年一直高于一般贷款增长率。中央银行已经出台了许多关于中小金融机构、社区金融机构的优惠政策,包括倾斜的存款准备金率政策、再贷款支持、优惠利率等,希望通过这些金融政策建立一种吸引更多金融机构和更多金融资源为农村提供金融服务的长效机制。

应该认识到,农村金融改革是一项系统工程。需要调动全社会的力量,比如财政、税收、地方政府等各方面的支持和配合。未来只要坚持金融政策向中小金融机构特别是农信社倾斜,我认为,上述政策操作是可以做到的。

记者:最近一段时间,央行和一些国家如韩国、马来西亚和白俄罗斯等签署了货币互换协议,有什么重要作用?这是否标志着人民币国际化又迈出了稳健步伐?

易纲:对待人民币国际化要有平常心,这不是主观刻意推动的事情,而应是水到渠成的事情。在这件事情上,第一,我们要考虑各方的看法和感受,否则"欲速则不达";第二,要坚持互利共赢的原则。如果贸易伙伴选择用人民币结算,我们当然要提供便利。

记者:最近中央政府决定代理地方政府发债2000亿元,如何评价这项政府融资体制改革?

　　易纲:首先应当明确的是,此次地方政府债券发行是由财政部代理发行,评级和发行主体依然是中央政府,地方政府承担还本付息责任,债券发行所募集的资金纳入省级预算管理,主要用于中央投资地方配套的及其难以吸引社会投资的公益性建设项目。这和地方政府直接发债是不同的。其次,在 1998 年启动积极的财政政策时,中央政府也代理过地方政府发行债券。我们也支持在产权清晰、治理结构完善的前提下,符合标准的企业发行中期票据来解决积极财政政策所支持项目的资本金不足的问题。

第三部分

汇率与利率

改革开放三十年来人民币
汇率体制的演变[*]

提要 自 1978 年中国实行改革开放以来，人民币汇率体制改革对于调节国民经济和促进社会主义市场经济体制的建立发挥了重要作用。**人民币汇率体制**从计划经济时代的高估配给汇率制，到转轨经济时期的双重汇率制，再到单一的浮动汇率制，再从事实上的钉住美元汇率到参考一揽子货币有管理的浮动汇率制。虽然步履维艰，但每一次演变都顺应了我国市场经济体制改革和对外开放的需要。

一、1978 年以来人民币汇率体制演变进程

（一）人民币官方双重汇率体制（1979—1985 年）

新中国成立以来，在"统收统支"的计划经济体制下，我国一直实行**单一汇率体制**。国家通过"以收定支、以出定进"的指令性计划和行政办法保持外汇收支平衡。此时的汇率呈以下特点：币值高估，有价无市，计划配给。1979 年，我国外贸体制实行重大改革，由过去大一统的国家专营转为由外贸、工贸、大中型企业及三资企业共同经营。由于当时人民币官方汇率有一定程度的高估，出口换汇成本与官方汇率之间出现了"倒挂现象"，出口企业面临亏损。为适应外贸体制改革需要，鼓励出口，1979 年 8 月，国务院决定改革汇率制度，除继续公布人民币汇

---

* 原文载于《中国经济 50 人看三十年：回顾与分析》，中国经济出版社 2008 年版。作者感谢辛晓岱同志的助研工作。

率官方牌价外,还决定制订贸易内部结算价,用于进出口贸易及从属费用的结算。自 1981 年 1 月 1 日起,国家按照当时全国平均出口换汇成本 1 美元兑 2.53 元人民币加上 10% 的利润计算,将贸易内部结算价定为 1 美元兑 2.80 元人民币;同时,国家公布的人民币汇率牌价为 1 美元兑 1.53 元人民币,主要用于非贸易外汇兑换和结算。这样,官方汇率实际存在两种标价尺度,**双重汇率体制**正式形成(图 1)。

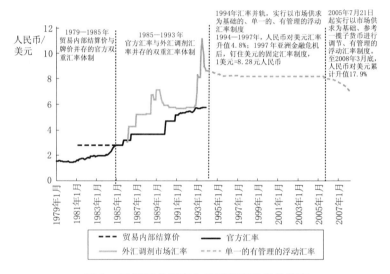

图 1　改革开放以来人民币汇率制度的演变

但贸易内部结算价的实际执行效果并不理想。受当时价格改革和出口经营权扩大等因素影响,出口换汇成本连年上升,而贸易内部结算价则未及时进行调整。与此同时,随着美元不断升值,人民币官方汇率逐渐贬值,至 1984 年 12 月已下调为 1 美元兑 2.79 元人民币,基本与内部结算价持平。因此,从 1985 年 1 月 1 日起,我国正式取消贸易内部结算价,重新恢复实行单一汇率体制。

(二)官方汇价和外汇调剂价格(市场汇率)并存的双重汇率体制(1985—1993 年)

改革开放之初,为了进一步调动企业出口创汇积极性,我国还实行了外汇留成制度,即在外汇由国家集中管理、统一平衡的同时,适当留给创汇企业一定比例的外汇,以解决发展生产所需的物资进口。企业留成的外汇称为外汇额度,即外汇使用权指标。同时还规定,如果企业留成的外汇有多余,可通过外汇调剂市场卖给需要用汇的企业。这样,市场机制开始被引入外汇分配领域。

1980年10月,我国在沿海开放城市试办了外汇调剂业务,允许国营及集体企事业单位留成的外汇参与调剂。1981年8月,外汇调剂市场的雏形基本形成。当时,正是我国实行贸易内部结算价时期,按照2.80元的贸易内部结算价上浮10%的幅度,外汇调剂价格定为1美元兑3.08元人民币(含1美元额度价0.28元人民币)。1985年11月,深圳经济特区成立了第一家外汇调剂中心。之后,各地先后成立了外汇调剂中心,负责办理本地区中资企业及三资企业的额度及现汇调剂业务。同时,还引入公平竞价的市场模式,建立了更加规范和透明的外汇公开调剂市场。

随着外汇留成比例和三资企业出口规模的扩大,外汇调剂市场的交易量越来越大,在全国外汇供求总量中起到举足轻重的作用。至1993年年底,全国共有121个外汇调剂中心,其中18个为公开调剂市场。当时,我国全部进出口收付汇的80%以上是以外汇调剂市场价格结算的。

需要指出的是,1981年实行留成外汇调剂后,当时的外汇调剂价格并未引起人们的重视。这一方面是由于贸易内部结算价的存在;另一方面是当时的调剂市场成交量较小。但自1985年10月后,外汇调剂市场成交量快速增加,调剂价格也开始出现一定程度的变化。因此,严格意义上讲,1985年以后的外汇调剂价格才可称作另一种真正的"汇率",官方汇率与外汇调剂价格并存的双重汇率制正式形成(图1)。

这一阶段,人民币官方汇率进行了几次大幅度下调,每次调整幅度都在10%—20%。后考虑到汇率的一次性大幅调整对国民经济的冲击过大,自 1991 年 4 月起,人民币汇率采取了经常性小幅调整的方式,至 1993 年年底,逐步下调至 1 美元兑 5.7 元人民币。

(三) 1994 年汇率并轨

1993 年 11 月 14 日公布的《中共中央关于建立社会主义市场经济体制若干问题的决定》中明确要求"改革外汇管理体制,建立以市场供求为基础的浮动汇率制度和统一规范的外汇市场,逐步使人民币成为可兑换货币"。1993 年 12 月 28 日,中国人民银行发布了"关于进一步改革外汇管理体制的公告",规定自 1994 年 1 月 1 日起,人民币官方汇率与调剂**汇率并轨**,实行以市场供求为基础的、单一的、有管理的浮动汇率制度。并轨后的人民币汇率根据 1993 年 12 月 31 日 18 家外汇公开市场的加权平均价确定,即 1 美元兑 8.7 元人民币。同年 4 月,全国统一的银行间外汇交易市场正式运行。

此次人民币官方汇率从 1 美元兑 5.7 元人民币调至 8.7 元人民币,表面上看似乎是人民币一次性贬值 33％。但如果按照当时的市场实际交易情况（80％的进出口用汇以外汇调剂市场汇率结算）测算,1993 年全年的人民币对美元加权平均汇率为 8.35 元人民币/美元,因此,人民币兑美元加权平均汇率的贬值幅度仅为 4％左右(表 1)。

表 1　1993—1994 年人民币对美元汇率

	官方汇率 （人民币/美元）	市场汇率 （人民币/美元）	加权平均汇率 （人民币/美元）*
1993 年 1 月	5.22	7.00	6.64
1993 年 2 月	5.22	8.34	7.72
1993 年 3 月	5.22	8.20	7.60
1993 年 4 月	5.70	8.20	7.70
1993 年 5 月	5.70	8.20	7.70
1993 年 6 月	5.70	10.07	9.20
1993 年 7 月	5.70	11.20	10.10
1993 年 8 月	5.70	10.70	9.70

	官方汇率 (人民币/美元)	市场汇率 (人民币/美元)	加权平均汇率 (人民币/美元)*
1993 年 9 月	5.70	10.00	9.14
1993 年 10 月	5.70	9.00	8.34
1993 年 11 月	5.80	8.90	8.28
1993 年 12 月	5.80	8.70	8.12
1993 年平均	5.60	9.04	8.35
1994 年并轨	8.70		
贬值幅度(%)	3.98		

注:＊官方汇率的权重为 0.20,市场汇率的权重为 0.80。

1994 年的汇率体制改革还包括实行银行结售汇制和取消外汇留成和上缴等项措施,简化了用汇手续,有利于调动企业出口创汇的积极性,标志着人民币汇率形成机制开始转向以市场供求为基础的新阶段。从此,人民币汇率作为重要的价格调控工具,开始逐步发挥在外汇资源配置中的关键作用。1995—2004 年期间,我国经常账户顺差与 GDP 之比一直保持在 4% 以内,表明人民币汇率总体上反映了外汇市场的供求状况,基本接近其合理均衡水平。

1994 年汇改至 1996 年,人民币对美元名义汇率累计升值 5%,较好地体现了以市场供求为基础的有管理的浮动汇率制特征。亚洲金融危机后,中国出于对亚洲地区经济负责任的态度,保持了人民币汇率的稳定,人民币对美元维持在 8.2765 人民币/美元的水平,并持续到 2005 年。这一阶段,人民币有效汇率走势与美元基本一致。1994 年 1 月至 2002 年 2 月,随着美元持续升值,人民币名义和实际有效汇率指数分别累计升值 40.9% 和 58%。2002 年 3 月至 2005 年 6 月,随着美元的持续卜跌,人民币名义和实际有效汇率指数分别累计贬值 14.7% 和 18%(图 2)。

现在有一种流行的说法:亚洲金融危机时,超级大国要人民币贬值,中国顶住压力没有贬。这里要说明一个事实:亚洲金融危机期间,没有重要的国家和国际组织压人民币贬值,恰恰相反,几乎所有人都唯

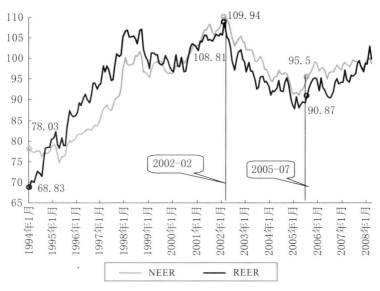

数据来源：www.bis.org。

图 2　人民币名义和实际有效汇率走势（2000 年为基期）

恐人民币贬值。首先是东南亚国家唯恐人民币贬值，因为多数东南亚国家的货币在亚洲金融危机时对美元都大幅贬值，如此时人民币再贬，将有可能产生第二轮竞相贬值，将使危机加深。美国、欧洲、日本都不希望人民币贬值，国际货币基金组织也不希望人民币贬值。因此当1998 年朱总理代表中国宣布人民币不贬值时，受到所有国家的欢迎和赞誉。在亚洲金融危机期间，有关金融的外交活动中，外国人一坐下来第一件事就是赞扬人民币不贬值、中国的负责精神等。这件事在逻辑上和事实上都清清楚楚。

（四）2005 年人民币汇率形成机制改革

为建立和完善社会主义市场经济体制，充分发挥市场在资源配置中的基础性作用，经国务院批准，中国人民银行于 2005 年 7 月 21 日发布了完善人民币汇率形成机制改革的公告，宣布我国开始实行以市场供求为基础、参考一揽子货币进行调节、有管理的浮动汇率制度。人民币汇率不再钉住单一美元,汇率形成机制更加灵活。美元对人民币交易价从原来的 1 美元兑 8.2765 元人民币调整为 8.11 元人民币。同时,每日银行间外汇市场美元对人民币的交易价仍沿用 1994 年以来在中间价上下千分之三的浮动幅度。

汇改两年多来,人民银行按照主动性、可控性和渐进性的原则,不断完善有管理的浮动汇率制度。新的汇率体制运行平稳,人民币汇率弹性明显增强,有效汇率稳步上升。汇改至 2008 年 3 月,人民币兑美元累计升值 17.9%,至 7.0190 人民币/美元,人民币名义和实际有效汇率分别上升 5.5% 和 11.9%。图 3 显示,2005 年 7 月汇改后,人民币名义有效汇率明显摆脱了以往钉住美元的格局,充分体现了参考一揽子货币调节的特征。

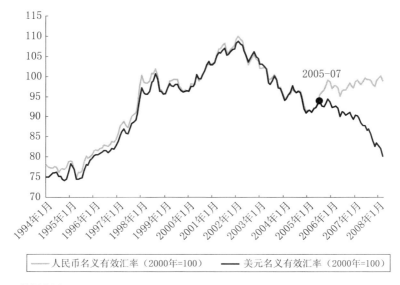

数据来源:www.bis.org。

图 3 人民币与美元名义有效汇率走势分道扬镳(2000 年为基期)

2005 年汇改后,人民币汇率形成机制不断完善,具体包括:一是大力推进外汇市场建设。通过引入国际通行的询价交易方式、做市商制度,改进人民币汇率中间价形成方式,促进银行间即期外汇市场的发展,大力发展银行间人民币远期、掉期市场。二是扩大人民币汇率浮动区间,增强人民币汇率弹性。自 2007 年 5 月 21 日起,银行间即期外汇市场人民币兑美元交易价日浮动幅度由千分之三扩大至千分之五。三是改进外汇管理,逐步实行外汇流出入均衡管理,促进国际收支基本平衡。

从微观层面看,经过两年多的调整,我国外贸企业的生产经营和就业基本保持平稳,综合竞争力稳步提高,对汇率变化的适应能力高于预期。多数企业采取了调整产品结构和提高技术管理水平等手段。同时,积极提高出口议价能力,采取扩大进口等多元化经营方式。另外,还主动运用金融工具来增强风险管理能力。除采取调整资产负债币种结构、改变贸易结算方式以及采用非美元货币结算外,积极运用远期结售汇等衍生产品规避汇率风险。各金融机构也抓住汇改的有利时机,推出了各种新型外币理财产品及汇率避险工具等,不断提高金融服务水平。

二、人民币汇率变化的原因和制度性因素

汇率是两种货币的相对比价。汇率水平的高低直接影响着开放经济体货币政策的有效性和宏观经济的内外平衡。近年来,我国社会和经济领域经历了快速发展,经济实力大幅提升,劳动生产率和全要素生产率逐步提高,资源环境保护和法制建设的力度不断加大。加入WTO 后,我国外贸经营环境进一步改善,跨境资金不断涌入,国际收支顺差持续扩大,外汇储备快速攀升,为人民币汇率的中长期走势提供了支持。

(一)国际收支持续顺差的格局是人民币汇率走势的决定性因素

汇率的决定理论很多,既包括传统的**购买力平价**理论,也包括较为流行的**利率平价说**。前者描述了长期内汇率变化与通胀差之间的关系,但却无法很好地预测汇率。后者反映了汇率与利差之间的关系,解

释力略强,但也无法准确预测均衡汇率的水平。从理论和实践看,最有说服力的均衡汇率应该对应着国际收支的大体平衡或动态平衡(并不一定是数量上的绝对平衡)。

如果仔细探究近年来人民币升值预期的根源,有人可能会将其归咎于人民币升值过快,其实不然。人民币升值快只是印证或强化了人民币升值预期,并可能存在一个自我强化的过程,但绝不是产生升值预期的源头。真正的升值预期源头是持续的国际收支顺差格局。一般而言,如果一国存在巨额的国际收支顺差(通常用占 GDP 的比重来衡量),则可能存在较大的本币升值预期。当顺差减小到一定程度时,升值预期则可能减弱甚至消失。当然,一国货币的升值预期与诸多复杂因素有关,如政治稳定、经济增长以及生产率提高等,但国际收支状况的变化是最直接、最显著的。

国际收支平衡表是一个经济体在一定时期内全部对外经济交往的综合记录,包括经常账户、资本与金融账户、储备资产和净误差与遗漏四个主要项目。**经常账户**的交易反映了一国实体经济活动的主要内容,是国际收支平衡表的重要组成部分。它具体包括货物贸易、服务贸易、收益和经常转移四部分。**资本与金融账户**主要涉及一国对外金融资产和负债所有权变动的交易,根据投资方式具体可分为直接投资、证券投资和其他投资。

表 2 列出了 1982—2007 年我国国际收支平衡表主要项目的变化情况,主要体现为以下几个特点:

1. 经常账户、资本与金融账户持续"双顺差",外汇储备快速增长

1994 年以来,我国国际收支经常账户、资本与金融账户均体现为顺差且增长迅速。经常账户顺差从 1994 年的不足 100 亿美元扩大至 2007 年的 3718 亿美元。经常账户顺差占 GDP 之比也从 1994 年的 1.4% 升至 2007 年的 11.3%。资本与金融账户顺差略有波动:1994—2004 年,顺差规模从 326 亿美元增至 1107 亿美元,之后略有下降,但

2007 年又增至 735 亿美元。同时,外汇储备呈持续增长态势,从 1994 年的 500 多亿美元增至 2007 年年末的 15282 亿美元,位居世界第一。

表 2　1982—2007 年我国国际收支平衡表主要项目 （单位:亿美元）

年份	经常账户差额	货物贸易差额	资本与金融账户差额	直接投资差额	净误差与遗漏	外汇储备资本余额
1982	56.7	42.5	3.4	3.9	2.8	69.9
1983	42.4	19.9	−2.3	5.4	1.2	89.0
1984	20.3	0.1	−10.0	11.2	−9.3	82.2
1985	−114.2	−131.2	89.7	10.3	0.9	26.4
1986	−70.4	−91.4	59.4	14.3	−8.6	20.7
1987	3.0	−16.6	60.0	16.7	−13.7	29.2
1988	−38.0	−53.2	71.3	23.4	−10.1	33.7
1989	−43.2	−56.2	37.2	26.1	0.9	55.5
1990	120.0	91.7	32.6	26.6	−31.3	110.9
1991	132.7	87.4	80.3	34.5	−67.5	217.1
1992	64.0	51.8	−2.5	71.6	−82.5	194.4
1993	−119.0	−106.5	234.7	231.2	−98.0	212.0
1994	76.6	72.9	326.4	317.9	−97.8	516.2
1995	16.2	180.5	386.8	338.5	−178.1	736.0
1996	72.4	195.4	399.7	380.7	−155.7	1050.3
1997	369.6	462.2	210.2	416.7	−222.5	1398.9
1998	314.7	466.1	−63.2	411.2	−187.2	1449.6
1999	211.1	359.8	51.8	369.8	−177.9	1546.8
2000	205.2	344.7	19.2	374.8	−188.9	1655.7
2001	174.1	340.2	347.8	373.6	−48.6	2121.7
2002	354.2	441.7	322.9	467.9	77.9	2864.1
2003	458.7	446.5	527.3	472.3	184.2	4032.5
2004	686.6	589.8	1106.6	531.3	270.5	6099.3
2005	1608.2	1341.9	629.6	678.2	−167.7	8188.7
2006	2532.7	2177.5	66.6	569.3	−129.5	10663.4
2007	3718.3	3153.8	735.1	1214.2	164.0	15282.5

2. 货物贸易构成经常账户顺差增长的主导因素

近年来,随着"入世效应"的逐渐显现、外贸经营权的放开以及外需的强劲增长,我国出口增长迅速,货物贸易顺差快速扩大,2007年比1994年增长四十余倍,成为经常账户顺差增长的关键因素[①]。服务贸易项下则一直体现为80亿美元左右的逆差。收益项目受外商投资企业利润汇回影响一直保持逆差,但自2005年起开始转为顺差,部分原因是外汇储备投资收益的增加。经常转移项下为持续顺差并逐年扩大,其主要原因是居民个人侨汇收入的持续增长。

面对如此之大的货物贸易顺差,调整是不可避免的。与其遭遇来自外部的压力而被动制裁,不如主动调整,采取自限措施。一般而言,当货物贸易顺差降至占GDP的2%左右时,对我国而言大约1000亿美元的货物贸易顺差为可持续水平。我想我国货物贸易顺差调整的最优路径为:从2007年的2622亿美元顺差,分三年,每年减少500亿美元,到2010年时将降至1000亿美元左右。如果实现上述调整,我国净出口对GDP增长率的贡献率将连续三年为负(需要用扩大内需来弥补),这样不仅可以实现自我平衡,而且可以促进贸易条件的改善。

3. 直接投资净流入构成资本与金融账户顺差主要来源

从资本与金融账户情况看,改革开放以来,外商直接投资净流入逐年增加,从1982年的3.9亿美元增至2007年的1214亿美元,成为资本账户顺差的主要来源。证券投资和其他投资项下受境内外利差等因素影响,波动较大。

从我国国际收支长期顺差的格局可以看出,货物贸易和直接投资项下外汇资金的持续大量流入是近期人民币持续升值的决定性因素。

(二) 劳动生产率和全要素生产率的显著提高是人民币走强的基础

1978—2007年,我国GDP年均增长率为9.7%,其中2003—2007年均超过10%。在此过程中,中国的劳动生产率和全要素生产率(TFP)明显提高。

表 3　1978—2007 年中国劳动生产率

年份	GDP 实际值 （单位：10 亿元， 1978 年不变价）	就业人口 （百万人）	劳动生产率 （元/人， 1978 年不变价）	劳动生产率 年增长率（%）
1978	364.52	401.52	907.85	
1979	392.22	410.24	956.08	5.31
1980	422.82	423.61	998.13	4.40
1981	444.80	437.25	1017.27	1.92
1982	485.28	452.95	1071.38	5.32
1983	538.18	464.36	1158.96	8.18
1984	619.98	481.97	1286.34	10.99
1985	703.68	498.73	1410.94	9.69
1986	765.60	512.82	1492.92	5.81
1987	854.41	527.83	1618.72	8.43
1988	950.96	543.34	1750.21	8.12
1989	989.95	553.29	1789.20	2.23
1990	1027.56	647.49	1587.00	−11.30
1991	1122.10	654.91	1713.37	7.96
1992	1281.44	661.52	1937.11	13.06
1993	1460.84	668.08	2186.62	12.88
1994	1652.21	674.55	2449.35	12.02
1995	1832.30	680.65	2691.99	9.91
1996	2015.53	689.50	2923.18	8.59
1997	2202.98	698.20	3155.22	7.94
1998	2374.81	706.37	3361.99	6.55
1999	2555.29	713.94	3579.14	6.46
2000	2769.94	720.85	3842.60	7.36
2001	2999.84	730.25	4107.97	6.91
2002	3272.83	737.40	4438.34	8.04
2003	3600.11	744.32	4836.78	8.98
2004	3963.72	752.00	5270.91	8.98
2005	4375.95	758.25	5771.12	9.49
2006	4883.56	764.00	6392.09	10.76
2007	5464.70	769.90	7097.94	11.04
1979—2007 年劳动生产率平均增长率				7.45

　　注：1990 年劳动生产率增长率为负数，主要是因为 1990 年起就业人数统计方法调整。1989 年及以前，我国就业人数统计采用"三合一"统计结果，1990 年起基于人口普查数据，后者口径要大于前者。

　　数据来源：CEIC。

1. 劳动生产率快速增长

表 3 显示,1978—2007 年,中国的劳动生产率增长较快。1978 年的劳动生产率为 908 元/人(按 1978 年不变价,下同),2007 年已达 7098 元/人,年均增长率为 7.45%[②]。我国**劳动生产率**的提高和城市化进程密不可分。20 世纪 90 年代以来,中国城市化进程较快,大量文化水平较低的农村劳动力涌入城市,学习新的谋生技能并接受新的理念,中国社会的总体人口素质有所提高。

2. 全要素生产率明显提高

全要素生产率(TFP)是指在柯布-道格拉斯生产函数中,总产出

表 4　中国全要素生产率(1979—2007 年)

年份	GDP 增长率(%)	TFP 增长率(%)	TFP 指数 (1978＝100)
1979	7.60	2.79	102.79
1980	7.80	2.26	105.11
1985	13.50	2.45	118.56
1989	4.10	−2.57	115.11
1990	3.80	−0.38	114.67
1991	9.20	3.45	118.63
1995	10.90	2.37	148.10
1996	10.00	1.77	150.72
1997	9.30	2.06	153.83
1998	7.80	1.39	155.96
1999	7.60	1.75	158.69
2000	8.40	0.82	159.98
2001	8.30	2.24	163.57
2002	9.10	2.09	166.99
2003	10.00	1.97	170.28
2004	10.10	3.04	175.45
2005	10.40	2.66	180.11
2006	11.60	1.31	182.48
2007	11.90	2.74	187.48

数据来源:中国人民银行研究局。

扣除资本和劳动的贡献后,剩下未被解释的部分。这一概念不仅反映了技术进步的程度,也反映了劳动者技能的改进、管理和组织的改善以及存在规模报酬递增等因素。近年来,许多文献对中国的 TFP 进行了研究[③]。结果表明,改革开放以前我国的 TFP 较低,改革开放后有所提高,1978—2007 年的 TFP 呈明显增长态势。这反映了我国在体制、技术以及人力资本等方面发生的深刻变化,尤其是非公有经济的发展壮大和城市化进程。

表 4 显示了中国人民银行研究局测算的 TFP 增长率和指数。其中,1990 年代后半期(1995—1999 年),中国的 TFP 年均增长率为 1.87%;进入 21 世纪以来(2001—2007 年),TFP 的年均增长率增至 2.29%,体现了我国真实技术水平的上升。

3. 巴拉萨-萨缪尔森效应逐渐显现

巴拉萨-萨缪尔森效应(B-S效应)是指由于一国的贸易品部门劳动生产率上升导致非贸易品部门工资上涨,从而带动一国整体价格水平上升,最终导致一国实际汇率升值的现象。

改革开放以来,以制造业为主的我国贸易品部门吸引了大量外商直接投资,投资率较高,拉动了劳动生产率的快速提高。1990—2002 年间,我国工业部门劳动生产率年均增长 12.5%(Blanchard and Giavazzi, 2006)。日本著名经济学家伊藤隆敏(2006)在比较了中日韩三国的经济发展历程后认为:日本在 20 世纪五六十年代吸引较多外国直接投资,70 年代初经济开始加速增长,反映了贸易品部门(尤其是制造业贸易品部门)劳动生产率的快速增长,这一阶段 B-S 效应体现得较为明显。韩国是通过效仿日本而实现经济高速增长的发展中国家,从 1973 年至 1995 年,韩国在亚洲地区的人均 GDP 增长率最高,同时实际汇率升幅也最大,B-S 效应得以充分显现。中国近年来经济高速增长和国际收支顺差的格局与日本 70 年代非常相似,且中国前些年贸易品部门吸引的外商直接投资比日本当时规模更大,因此,中国的 B-

S效应比日本更明显。

劳动生产率和全要素生产率的提高以及巴拉萨-萨缪尔森效应的显现,都意味着中国实体经济竞争力的提高,与人民币实际汇率的变化直接相关。

(三) 社会主义市场经济体制和依法治国框架的基本形成是人民币走强的制度性因素

如果说劳动生产率和全要素生产率的提高是中国竞争力提升的基本面因素,那么,中国社会主义市场经济的体制建设,特别是依法治国成为主导理念则是中国价值重估的最主要制度因素。

经历了30年的改革开放,我国已初步确立了社会主义市场经济体制,并提出了科学发展观和建设和谐社会的理念。随着改革的继续深入,中国对各类产权的保护力度不断加大。从生产领域到生活领域,从实物资产到金融资产,从传统意义上的有形产权到现代意义上的知识产权,中国的产权界定及交易规则不断明晰,《**物权法**》的颁布和实施是中国产权保护的一个里程碑事件。产权明晰的结果是促使市场价值的发现、交易成本的降低以及资产的合理定价。例如,1997年北京一套三室一厅的公寓值30万元人民币,但2007年则升至160万元人民币。其主要原因是,随着不动产(房产)的产权不断清晰,房地产交易市场的建立,房产证和房屋中介的出现,以及允许房屋上市买卖租赁等一系列保护产权政策的出台,房地产市场变得有法可依。市场流动性日益增加,交易成本大幅下降,促使房地产价值明显提升。

随着中国政府在整顿市场秩序、节能减排、环境保护、劳动权益保护和社会保障等方面的投入不断加大,执法日益严格,国际社会对我国经济可持续增长的信心与日俱增。稳定的经济增长预期和日益完善的法制环境提升了世界对中国产品、不动产和人力资源的价值评估,使"中国制造"的无形价值不断上升。这也是"中国效应"持续升温并带动人民币走强的重要潜在因素。

三、人民币汇率在货币政策中的作用

（一）"二元冲突"与"三元冲突"

在开放经济理论中，**蒙代尔-弗莱明模型**是描述汇率政策与货币政策关系的基本框架。它描述了在资本自由流动背景下，固定汇率安排与货币政策独立性之间无法两全的现象，又被称为"**二元冲突**"模型。在此基础上，又发展出了"**三元冲突**"理论（Obstfeld and Taylor，1998），即一国在独立的货币政策、固定汇率制和资本自由流动三个目标中仅能选择两个。

但是，"三元冲突"理论无法精确地表述三种极端政策选择之外的中间组合形态。易纲和汤弦（2001）提出了更具普遍性的**扩展三角理论**（图4）。他们认为，当资本流动规模较小、金融衍生工具不发达时，政府可以选择"**中间制度解**"。但随着资本流动规模的增大和金融衍生工具的发展，在防范汇率风险的同时还必须考虑投机攻击的可能性。如果继续采用中间制度安排，由此产生的道德风险和信任危机很可能成为

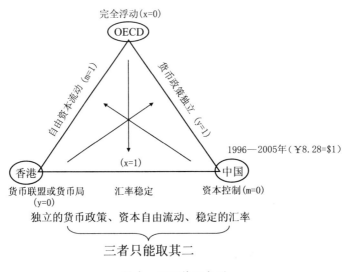

图4　不可能三角形

货币危机的根源。因此,当资本流动更加自由时,汇率制度将变得更加灵活,或趋于另一极端,即货币联盟的形式。最终,"**角点解**"制度将占优势。

作为一个大国,中国不可能放弃货币政策的独立性。因此,中国的问题是要在固定汇率和资本自由流动之间做出选择,一定程度上说就是要在稳定和效率之间进行权衡(易纲,2000)。从长远来看,资本自由流动和浮动的汇率制度将是中国的必然选择。

(二) 从国际经验看汇率对经济调整的作用

与我们现在的情形类似,20世纪80年代的日本、德国以及中国台湾省曾面临本币升值压力,借鉴它们的经验有助于我们正确认识和对待人民币升值问题。

首先看日本。从1985年9月15日的"广场协议"到1987年2月22日的"卢浮宫协议",日元从230日元/美元升至140日元/美元,在两年多时间里经历了大幅升值。尽管一些人将日本20世纪90年代的长期经济低迷部分归咎于日元升值,但也应看到,在日元升值之后的近二十年间,日本的失业率虽有所上升,但从未超过5%。总体来看,日元升值有效地促进了日本国内经济结构的调整,提高了日本国民的福利水平。

"广场协议"和"卢浮宫协议"之间也是德国马克大幅升值的时期。这一时期,德国马克从3.17德国马克/美元升至1.58德国马克/美元,而国内并未出现大规模的资产泡沫。在整个60至90年代期间,马克升值是分阶段渐进完成的,充分考虑了国内经济的调整能力,避免了日元短期内大幅升值带来的负面效应。出于对历史上通货膨胀的深恶痛绝,德国宏观经济政策的首要目标是确保国内物价和产出的稳定,其次才考虑汇率。在"三元冲突"中,德国选择的是资本自由流动和独立的货币政策。

再看中国台湾省。1979年中国台湾省开始实行有管理的浮动汇率制度,1989年之后实行完全的浮动汇率制度。1985—1989年期间,新台币从40新台币/美元升至26新台币/美元,促进了产业结构的转型。在新台币升值后,台湾增加了高端产品的出口,同时减少了劳动密集型等低端产品的出口,经济发展继续保持了较为良好的势头。80年代后半期,中国台湾省GDP年均增长达9.1%。

通过日本、德国和中国台湾省的经验可以看出,在开放经济体中,本币升值不一定会使经济受挫,重要的还是要看汇率升值和国内其他宏观政策、结构性政策是否配合得当。相比较而言,德国处理马克升值的政策更为可取。

(三) 人民币汇率在纠正外部失衡中的作用

在当前我国劳动生产率和全要素生产率持续增长的背景下,人民币实际汇率存在持续上升压力。同时,中国经济已在相当程度上融入世界。作为中外资产的相对价格之比,人民币汇率集中体现了全球化背景下中国广义资产的价值评估标准。只要中国的商品物美价廉,资产存在升值或套利的机会,劳务相对便宜,市场力量就会自发地进行调整。而释放这种压力的主要渠道有两个:一是物价上涨,二是名义汇率升值。涨价和升值都能解决不均衡问题。

蒙代尔(Mundell,1961)、麦金农(McKinnon,2005)和斯堪的纳维亚模型(Lindbeck,1979)曾指出,如果一国的工资价格上涨速度与劳动生产率、全要素生产率相适应,那么该国的汇率可以不升值。近年来,中国的劳动力、原材料、能源和资产价格均呈上涨态势,表明现在的人民币汇率比几年前更加接近均衡点。但总体来看,价格调整具有粘性,是慢变量,而在一个市场经济体中,汇率通常可作为快变量,能够对不平衡进行快速调整。作为开放经济条件中重要的宏观调控工具之一,完善人民币汇率形成机制的最有效方式就是继续改革。

从当前我国面临的宏观调控形势看,人民币名义汇率升值可在以下几方面发挥积极的作用。

首先,人民币升值可在一定程度上抑制国内通货膨胀。以当前支持我国经济增长的重要能源商品——汽油和柴油为例,2008年一季度,汽油和柴油的国内价格比国际上低15%—20%,这是在人民币对美元累计升值18%(即按照1美元兑7元人民币的比价估算)基础上的价差。如果人民币不升值(即仍按照1美元兑8.28元人民币的比价估算),我国目前的汽油和柴油价格则可能比国际低33%—38%。国内外市场的价格关系将更加扭曲,国内物价上涨的压力也更大,就更加难以为继。我国2007年进口3000万吨大豆,道理是同样的。从这个意义上讲,人民币升值可释放和缓解国内通货膨胀的压力。同时,在当前国外能源和原材料价格快速上涨的背景下,人民币升值有利于增加进口和有效抑制国内的通胀。由于大多数的国产原材料价格也比照国际市场价格确定,总体来看,人民币升值对国内物价的下行传递效应要远大于进口比重。

　　其次,人民币升值有利于促进**扩大内需**和第三产业的发展。汇率的变动表明国内外商品和服务比价关系的变化。人民币升值表明国内的东西(不可贸易品)相对于国外变得更"贵"了,其结果是资源向国内服务业部门倾斜,增加服务产品的供给。这样,一方面有利于降低国内储蓄,刺激消费,缩小储蓄投资之差,减少外部失衡;另一方面,可以促进国内第三产业的发展,优化产业结构,使国民经济走上主要靠内需拉动的平衡增长之路。今后,创造新增就业的主力一定是服务业,而不是出口制造业。对这一点要有清醒的认识,并在政策上早做调整。

　　另外,人民币升值还有助于促进微观产业结构调整。从德国和中国台湾地区的经历看,本币升值的时期也正是实现产业升级换代的时期。汇改以来我国的现实情况也证明了这一点。正是由于人民币升值,才促使一些传统出口行业的龙头企业更加积极地加大研发力度,不断开发高附加值产品,加快提高技术管理水平和进行产业重组。在这一动态发展过程中,这些不断扩张的龙头企业可以大量吸收消化那些淘汰下来的劳动力和剩余产能,最终带动整个产业向更高端升级。长期以来,我国外贸出口主要依靠"以量取胜"的低附加值和劳动密集型产品,导致国际收支持续顺差。未来持续的经济增长需要靠自主创新和以质取胜来拉动。因此,优化出口产品结构、转变外贸增长方式迫在眉睫。在其他调整政策出台的同时,人民币汇率作为调整进出口的价格工具,也发挥着积极作用。汇改以来,人民币对美元已升值18%,对于部分依赖低附加值和劳动密集型产品的微利企业已造成影响。对于单个企业而言,调整的过程是痛苦的。但是没有压力就没有动力,优胜劣汰是市场经济的基本规律。2008年一季度,面临汇率压力较大的纺织制品、箱包、服装出口仍分别增长28.1%、22.3%和14.7%,并未出现出口下滑。

总之,解决国际收支失衡需要采取扩大内需、增加进口、实行"走出去"战略和有序推进城市化进程等一系列综合措施,汇率仅是纠正外部失衡的工具之一。很多政策措施实际上是与汇率升值等价的,比如保护环境、提高劳动标准、加大社保力度和严格执法等,都意味着提高成本、降低竞争力、减少顺差,使得经济向均衡状态收敛。因此,应综合运用价格变量和其他实质变量、快变量和慢变量等工具组合,保持国民经济持续平稳发展。

注释

① 国际收支平衡表中的货物贸易顺差与海关统计贸易顺差统计口径不同,其进口和出口均使用离岸价,因此,一般国际收支统计的货物贸易顺差大于海关统计的外贸顺差,多出的部分主要为运费和保费。

② 目前计算中国的劳动生产率是用每年的总产出(不变价格)除以当年的劳动力数量,单位是元/人。

③ 参见 Young(2003)、王小鲁和樊纲(2000)、任若恩和孙琳琳(2006)、郑京海和胡鞍钢(2004)等。

参考文献

白重恩、谢长泰、钱颖一：《中国的资本回报率》,《比较》2007 年第 28 辑。

孙琳琳、任若恩：《中国资本投入和全要素生产率的估算》,《世界经济》2005 年第 12 期。

林毅夫、蔡坊、李周：《中国的奇迹》,上海人民出版社 1994 年版。

王小鲁、樊纲等：《中国经济增长的可持续性——跨世纪的回顾与展望》,经济科学出版社 2000 年版。

易纲：《中国的货币化进程》,商务印书馆 2003 年版。

易纲：《汇率制度的选择》,《金融研究》2000 年第 9 期。

易纲、汤弦：《汇率制度"角点解假设"的一个理论基础》,《金融研究》2001 年第 8 期。

郑京海、胡鞍钢：《中国的全要素生产率为何明显下降?》,中国经济研究中心讲座,2004 年 4 月 29 日。

Blanchard, "Oliver and Francesco Giavazzi", 载何帆、张斌主编：《寻找内外平衡的发展战略》,上海财经大学出版社 2006 年版。

Lindbeck, Assar, *Inflation and Unemployment in Open Economies*, Amsterdam: North Holland, 1979.

McKinnon, Ronald, "Exchange Rate or Wage Change in International Adjustment? Japan and China versus the United Stated", *ZEW Discussion paper*, No. 05 – 64, 2005.

Mundell, Robert A., "A Theory of Optimum Currency Areas", *American Economic Review* 51(Sep.), pp.657 – 665, 1961.

Obstfeld, Maurice, and Alan M. Taylor, "The Great Depression as a Watershed: International Capital Mobility over the Long Run", in Bordo, Michael D., Claudia D. Goldin, and Eugene N. White eds., *The Defining Moment: The Great Depression and the American Economy in the Twentieth Century*, University of Chicago Press, pp.353 – 402,1998.

Young, Alwyn, "Gold into Base Metals: Productivity Growth in the People's Republic of China during the Reform Period", *Journal of Political Economy*, Vol.111, No.6, pp.1220 – 1261, 2003.

中国改革开放三十年的利率市场化进程[*]

提要 本文回顾了改革开放三十年以来,中国利率市场化改革的历程,系统总结了双轨制推进改革取得的成就:一方面放松利率管制,推动金融机构自主定价,实现"贷款利率管下限、存款利率管上限"的阶段性改革目标;另一方面发展和完善市场利率体系,初步建立了以Shibor为代表的短期基准利率和以国债收益率曲线为代表的中长期基准利率体系。随着利率市场化改革的推进,中央银行不断完善调控理念和方式,利率已经成为调节经济运行的主要手段之一。文章对下一阶段的利率市场化改革进行了规划,并在深层次上探讨了推进改革的条件。

关键词 利率市场化　宏观调控　改革

1993年,党的十四届三中全会《关于建立社会主义市场经济体制若干问题的决定》提出了利率市场化改革的基本设想。2002年,党的十六大报告指出,"稳步推进利率市场化改革,优化金融资源配置"。2003年,党的十六届三中全会《关于完善社会主义市场经济体制若干问题的决定》对利率市场化改革进行了纲领性的论述,"稳步推进利率市场化,建立健全由市场供求决定的利率形成机制,中央银行通过运用货币政策工具引导市场利率。"至此,**利率市场化**的改革目标得以确立,强调了市场在利率形成中的决定性作用,明确了政府(中央银行)作为间接调控者的定位。

---

[*] 原文发表于《金融研究》2009年第1期。

改革开放三十年来,中国逐步确立了市场在资源配置中的基础性作用,并实现了宏观调控由直接方式向主要依靠间接方式的转变。商品关系引入金融资源配置体系后,金融资源稀缺性同样要求通过价格机制甄别需求、提高配置效率,于是利率市场化改革和**利率调控方式转变**逐步进入了决策者的视野。从经济体制改革的目标看,1984 年党的十二届三中全会提出发展"有计划的商品经济",1992 年党的十四大确定了"建立社会主义市场经济体制"的改革目标,提出要使市场在国家宏观调控下对资源配置起基础性作用。从企业改革看,1986 年国务院《关于深化企业改革增强企业活力的若干规定》提出,全民所有制小型企业可积极试行租赁、承包经营,全民所有制大中型企业要实行多种形式的经营责任制。1993 年党的十四届三中全会提出要进一步转换国有企业经营机制,建立适应市场经济要求,产权清晰、权责明确、政企分开、管理科学的现代企业制度。从金融体制改革看,1993 年国务院《关于金融体制改革的决定》明确了中央银行宏观调控体系、金融组织体系和金融市场体系的职能定位。1995 年,《中国人民银行法》《商业银行法》相继颁布。推进利率市场化的各方面条件已初步具备。

一、存贷款利率的市场化

(一)人民币贷款利率市场化

早在 1983 年,国务院就曾授予人民银行在基准贷款利率基础上,上下各 20%的利率浮动权(《国务院批转中国人民银行关于国营企业流动资金改由人民银行统一管理的报告的通知》,国发〔1983〕100 号)。从那时起,利率市场化就采取了与价格改革相似的"双轨制"推进方式,与管制利率并行,在边际上引入利率的市场化,使得改革具有帕累托改进的特征,在未触及实体经济部门利益的同时,提高了银行金融资源的配置效率。

在长期产业先行、金融抑制的政策惯性影响下,决策者的主要顾虑是贷款利率市场化会增大企业财务成本,同时改革也面临来自实体经济相关各部门的巨大阻力,因此一度有所倒退。1996 年 5 月,为减轻企业的利息支出负担,贷款利率的上浮幅度由 20％缩小为 10％,浮动范围仅限于流动资金贷款。

1997 年亚洲金融危机爆发,在经济景气下滑的环境下,由政府替代银行进行风险定价的管制利率弊端日益凸显:由于银行对大客户的贷款相当于批发,对中小企业的贷款相当于零售,管制利率将批发价格和零售价格一刀切,造成银行没有积极性给中小企业贷款。为扩大中小企业融资,我们建议商业性贷款利率上浮上限统一扩大到 30％,上浮原则按信用等级制定。理由是一方面在资金宽松的市场环境下,银行为竞争大企业等信用等级高的客户,不会上浮其贷款利率;另一方面由于收益对风险的覆盖程度提高,银行有动力增加对中小企业的信贷供给,从而实现增加信贷和货币供应的目标,也可推动贷款利率市场化进程。但协调相关部门非常艰苦,甚至到了苦口婆心的地步,我们提出"是否扩大贷款利率上浮幅度实质是'真想还是假想支持中小企业'的问题,如果真想支持中小企业,就应该允许银行对中小企业收取较高的贷款利率,如果假想支持中小企业,就把银行的贷款利率限制死"。小企业缺乏利益代言人,而相关部门又担心浮动利率会导致大中型企业的融资成本上升,在多轮沟通后达成的折中结果是自 1998 年 10 月 31 日起,金融机构对小企业的贷款利率上浮幅度由 10％扩大到 20％,农村信用社贷款利率上浮幅度由 40％扩大到 50％,大中型企业贷款利率最高上浮幅度 10％不变。虽然这只是一小步,但却是贷款利率市场化的破冰之举。为支持中小企业发展,1999 年贷款利率浮动幅度再度扩大,县以下金融机构和商业银行对中小企业的贷款利率上浮幅度扩大到 30％,但对大型企业的贷款利率上浮幅度仍为 10％,国务院确定的512 家大型国有企业贷款利率不上浮。

进入 21 世纪,中国的经济金融环境发生了巨大变化。中国加入了世界贸易组织。金融体制改革取得了新进展,国有商业银行和农村信用社改革进入实施阶段,其自主定价的意识和能力显著增强。金融市场中长期基准收益率曲线的构建为金融机构贷款定价提供了初步基准。中小企业贷款浮动利率的顺利实施弱化了相关部门的顾虑,贷款利率市场化的外部条件进一步完善。2002年,我们对进一步扩大对中小企业贷款利率上浮幅度进行了研究,但由于对通货紧缩的担心犹存,有关政策未能出台。2003年以来,国内经济景气明显回升,扩大贷款利率浮动幅度可以发挥经济自身的适应性调节功能,符合宏观调控的方向。多方面的有利条件促进贷款利率市场化改革取得了突破性进展:2003年8月,农村信用社改革试点地区信用社的贷款利率浮动上限扩大到基准利率的2倍。2004年1月,商业银行、城市信用社的贷款利率浮动上限扩大到贷款基准利率的1.7倍,农村信用社贷款利率的浮动上限扩大到贷款基准利率的2倍,贷款利率浮动上限不再根据企业所有制性质、规模大小分别制定。2004年10月,基本取消了金融机构人民币贷款利率上限,仅对城乡信用社贷款利率实行基准利率2.3倍的上限管理,人民币贷款利率过渡到上限放开、实行下限管理的阶段,市场化程度显著提高。

(二)人民币存款利率市场化

与贷款利率市场化相比,存款利率市场化更为审慎,主要原因是存款利率市场化要求银行具备健全的产权约束机制和经营体制,否则一旦引起价格恶性竞争,可能引起存款搬家,影响金融体系安全。为探索存款利率市场化的有效途径,发展直接融资,促进金融机构集约化经营,1999年10月,人民银行选择了风险相对可控的机构间批发市场进行存款利率市场化的初步尝试,允许商业银行对保险公司试办长期大额协议存款,利率水平由双方协商确定。2002年至2003年,协议存款试点的存款人范围逐步扩大。由于金融机构资本约束机制难以在短期内形成,片面追求扩张的冲动依然较强,在零售市场上存款利率的放开可能导致金融机构间哄抬利率的非理性价格竞争,有约束的是利率上限,因此对零售存款利率形成了"管住上限,向下浮动"的市场化思路。2004年10月,与贷款利率下限管理同步实行了存款利率上限管理。

"贷款利率管下限、存款利率管上限"的另一考虑是在一段时期内限制银行价格恶性竞争,合理保护银行业的利润水平,弥补长期低贷存利差对银行资本和自身发展能力的透支,为银行改革赢得时间。在以资本充足率为核心的风险管理框架下,这一政策还赋予银行运用利率杠杆主动调整资产负债规模和结构的空间,有利于发展直接融资。

(三)境内外币利率市场化

与人民币存贷款利率不同,境内外币存贷款利率市场化由于市场基础较为成熟,步伐相对较快。2000年9月,外币贷款利率和300万美元以上大额外币存款利率放开。2003年7月,小额外币存款利率管制币种由7种外币减少为4种。同年11月,小额外币存款利率下限放开。2004年11月,1年期以上小额外币存款利率全部放开。

(四)以逐步放开利率管制的方式推进市场化,理顺和简化必要的管制利率

在利率市场化过程中,虽然金融机构存贷款利率自主定价空间不断扩大,但由于金融交易需求日趋多元化和通过差别利率贯彻产业政策的冲动,改革开放以来的前20年间管制利率体系不断膨胀。国家作为非利益主体制定的**管制利率体系**扩张滞后于市场的创新力量,难以满足新的金融活动定价需要,"正面清单"作用束缚了市场的发展,而差别利率也违背了市场公平竞争的原则,许多优惠利率政策还成为企业逃避市场竞争的避风港。

为扭转管制利率自我膨胀的惯性,鼓励市场定价与创新,人民银行采取逐步放开利率管制的方式推进市场化。只要是有条件实现市场化定价或不必要的差别化利率品种均予以放开。对于放开条件尚不成熟或国家产业政策特殊需要的利率品种,在保留必要管制的同时,最大限

度地进行简化。1996 年以来,放开了同业拆借利率,国债、政策性金融债发行利率和回购利率等 6 个品种的批发性市场利率,在银行间市场全面实现利率市场化。简化人民币存贷款利率体系,放开人民银行及金融机构的存贷款管制利率品种 69 个。放开外币存贷款管制利率品种 48 个。截至 2008 年,放开的本外币管制利率累计达 123 个品种,管制利率减少到 24 个品种(表 1)。

表 1　人民银行利率管理现状明细表

利率	期限档次	管理数量(种)
金融机构人民币存款利率		
1. 活期		
2. 整存整取	含 6 个期限档次	
3. 零存整取、整存零取、存本取息	含 3 个期限档次	
4. 定活两便		
5. 通知存款	含 2 个期限档次	
6. 协定存款	上限管理	
7. 个人住房公积金存款	含 2 个期限档次	
小计		7
金融机构人民币贷款		
8. 商业性贷款	含 5 个期限档次	
9. 个人住房公积金贷款	含 2 个期限档次	
10. 贴现		
11. 罚息水平	在贷款利率基础上加收 30%—50%	
12. 人民币信用卡透支		
小计		5
优惠贷款利率		
13. 中国进出口银行出口卖方信贷		
船舶		
成套和高技术含量		
低技术含量和一般产品		
14. 民族贸易和民族用品生产贷款		
15. 扶贫贴息贷款(含牧区)		
16. 老少边穷发展经济贷款		
17. 贫困县办工业贷款		

利率	期限档次	管理数量（种）
18.民政部门福利工厂贷款		
小计		8
人民币合计		20
小额外币存款利率		
19.美元	含 6 个期限档次	
20.欧元	含 6 个期限档次	
21.日元	含 6 个期限档次	
22.港币	含 6 个期限档次	
外币合计		4
总　　计		24

（五）金融机构定价机制建设

利率市场化实质是市场取代货币当局成为利率定价主体的过程，改革的进度与成败更多地取决于金融机构自身定价体系建设情况。为此，在扩大金融机构存贷款自主定价空间的同时，我们在培育金融机构自身定价体系方面做了大量艰苦细致的工作。

1998 年首次扩大银行贷款利率浮动权时，我们在北京、上海、浙江、福建等地组织商业银行、信用社、企业进行了专题调研，选取了具有代表性的全国性银行（建设银行）和区域性银行（上海银行）的贷款利率浮动管理办法作为模板，发送各银行参照制定各自的管理办法，并要求银行编制相关模型和测算软件，建立利率定价授权制度。2003 年，在进一步扩大银行贷款利率浮动权时，我们再次强调各银行和城乡信用社应进一步完善贷款利率定价制度和技术，并针对农村信用社起点低和个体差异显著的特点，专门制定了菜单式的四种贷款利率浮动定价模板发送到各地农信社，由其根据自身实际情况选择、修订后，形成自身的贷款利率浮动管理办法。贷款利率定价模板发挥了政府主导的效率优势，大大降低了制度建设的学习和实施成本。我们的评估表明，目前各商业银行和城乡信用社已基本建立起根据贷款成本、风险等因素区别定价的利率管理制度,有条件的商业银行还加强了利率定价系统和内部转移定价体系的建设,沟通了市场利率与存贷款利率间的传导与反馈机制,提高了资金使用效率,强化了以资本收益为核心的现代银行经营管理机制。同时,通过建立和完善存贷款利率报备制度,实现了银行和城乡信用社按月向人民银行反馈存贷款利率浮动情况,督促银行建立了集中统一的利率数据采集、分析系统,推动银行建成了覆盖全行的利率风险计量与控制系统。同时中央银行也获得了全国范围利率走势的动态情况,为货币政策制定、实施和评估提供了重要依据。

二、市场利率体系的建立

中国的利率市场化采取双轨制推进的方式,不是单纯放松存贷款利率管制,而是通过引入利率的市场化,通过形成经济学意义上的帕累托改进,减少改革阻力。在间接融资为主的融资格局下,资金批发市场利率市场化不会影响企业的融资成本,同时还有利于提高资金配置效率,因此总体较为顺利。

(一)银行间同业拆借市场利率先行放开

20 世纪 80 年代,随着拨改贷的推进,专业银行逐步恢复,人民银行专门行使中央银行职能,金融机构呈现多元化发展,机构间调剂资金余缺的需求推动同业拆借市场迅速发展,资金批发市场初具规模。由于当时金融机构体制改革尚未到位,在投资饥渴的需求刺激下,这一市场曾经出现乱拆借的现象,市场区域分割和不透明也加大了管理部门监测市场的难度,导致高风险拆借行为盛行。为此,拆借利率一度实行上限管理。90 年代,同业拆借的相关制度规范不断完善,专业银行商业化改革取得阶段性进展,同业拆借业务实现全国联网并生成了统一、透明的中国银行间拆借市场利率。拆借利率放开的制度、主体和技术条件趋于成熟。1996 年 6 月取消拆借利率上限管理,实现了拆借利率完全市场化。

（二）放开债券市场利率

拆借利率市场化形成了相对独立于原有存贷款管制利率体系的市场利率，一方面为市场注入了创新的原动力，推动了金融机构间市场的迅速发展，另一方面也为资金批发市场利率的市场化提供了一个先例。在银行间市场建设过程中始终坚持制度先行的理念，也为市场化的金融创新产品平稳实现利率市场化营造了有利的制度环境。值得强调的是，在政府主导的制度变迁模式下，政府本身往往在市场发展初期担当了创新的领跑者。1996年，财政部开创性地通过交易所平台实现了利率招标、收益率招标、划款期招标等多种方式的市场化发行，并根据市场供求状况和发行数量，采取了单一价格招标或多种价格招标的方式（高坚，1997）。国债发行的创新开风气之先，为此后金融债、企业债的创新树立了榜样。1997年6月，银行间同业市场开办债券回购业务，债券回购利率和现券交易价格均由交易双方协商确定，同步实现了市场化。1998年9月，两家政策性银行首次通过人民银行债券发行系统市场化发行了金融债券。1999年，财政部首次在银行间债券市场以利率招标的方式发行国债。

银行间市场利率的市场化，成功建立了管制利率之外的资金配置体系，使利率的市场化范围不断扩大。银行间市场利率的形成和完善为商业银行自主定价提供了基准收益率曲线，为管制利率市场化和银行完善内部定价机制准备了条件。

（三）培育金融市场基准利率体系

随着利率市场化的推进，金融市场替代中央银行成为基准利率提供者的重要性日益突出，市场基准利率体系建设承担了多项职能，既为银行提供定价基准，引导建立银行内部定价和资金转移体系，也为中央银行提供利率间接调控的操作目标和监测指标。由于存在较大的外部正效应,基准利率体系建设具有公共产品的特征。近年来,人民银行以制度建设为抓手,通过发展金融市场大力培育基准利率体系。在控制风险的前提下采取了开放性的市场准入政策,促进了银行间市场的快速、健康、可持续发展,市场成员范围不断扩大,交易量不断增加,市场品种和交易方式不断丰富,市场的广度、深度不断扩展,形成了具有广泛代表性的中长期基准收益率曲线,为中长期企业和金融债务产品定价提供了依据。

为建立基于商业信用的短端基准利率,在借鉴伦敦、东京、中国香港地区和新加坡等金融市场基准利率形成机制的基础上,经过一年时间的摸索、酝酿和三个月的试运行,2007 年 1 月 4 日,**上海银行间拆借利率(Shibor)正式上线**。制定了《上海银行间同业拆借利率(Shibor)实施准则》,并成立了 Shibor 工作小组。经过一年的运行,3 个月以内的短端 Shibor 充分反映了市场资金供求的变化,与拆借、质押式回购利率的相关系数均在 0.8 以上,隔夜、7 天品种达到 0.99。Shibor 的市场代表性不断提高,以其为基准的市场交易不断扩大,Shibor 在货币市场的基准地位初步确立(表 2)。

表 2　2007 年以 Shibor 为基准的金融产品创新表　（单位:笔、亿元）

交易品种	笔数	交易金额(约数)
利率互换	431	271
同业借款	185	228
同业存款	94	738
理财产品	61	269
人民币质押外币借款	39	24
货币互存	26	33
远期利率协议	18	147
债券远期	2	7
总计	856	1717

目前看来,Shibor 运行中还存在三个月以上报价质量不高等问题,具体表现为交易价包含了一些超出市场安排的因素,包括与对手方

的其他利益安排、利益调整等，使得交易价与报价存在差距，Shibor 定价基准的作用亟待增强。未来 Shibor 能否成为一个公认、权威的利率基准，对于进一步深化利率市场化改革意义重大。

第一，Shibor 的权威性决定了它能否在中央银行首肯下，替代官定利率成为市场存贷款利率定价的基准。只有当新的基准确立后，央行才能从存贷款利率制定一线淡出，将定价空间还给市场主体。以前我们最担心利率市场化后商业银行会恶性竞争，但现在一些大的商业银行都上市了，有董事会、独立董事、战略投资者（包括外资）等，都会对商业银行的行为产生一些约束。在管制利率条件下，商业银行可以花很少的资源在定价上，但随着利率市场化的不断推进，定价必将是商业银行资源投入的一个主要方面，是其核心技术、核心竞争力的主要体现，需要耗费大量的人力物力加以研究，而 Shibor 可以提供一个基准。如果央行放松了对存款利率上限和贷款利率下限的管制，又没有其他可靠的替代基准，结果可能更坏。而放松管制的时机由新的定价基准成熟的时间决定。Shibor 能否担当这一角色，对我国未来的利率市场化进程具有决定作用。

第二，Shibor 的重要意义还在于它一头连接着市场，一头连接着商业银行内部转移定价。我们很多商业银行都是全国性大银行，在区域、产品、资产负债之间有很多内部转移价格。内部转移定价是业务管理、风险管理、经济资本分配与收益等各项指标算法的依据。如果行内对 Shibor 的基准地位形成了统一的认识，同时在定价方面又有一些核心技术的话，可以将其应用到内部转移定价中，这对商业银行内部管理是非常重要的。Shibor 作为客观的、连接内外的市场价格，只有将它引入内部转移定价，才能建立基于市场基准的绩效考评体系，提高资金使用效率，科学、合理和令人信服地平衡总分行、各部门之间的利益关系。

第三，Shibor 还将是其他许多产品和制度安排的基准。目前有很多金融产品都与人民银行制定的某种利率挂钩，人民银行调整利率时，就需要考虑多方面因素，平衡利益关系，要求人民银行的工作人员具备更高的业务素质和调控能力。但是,平衡利益关系涉及不同的利益集团,情况会越来越复杂,就需要一个大家都能接受的、客观的基准,那就是 Shibor,通过对现有不同基准利率的比较、借鉴,真正实现 Shibor 的基准地位,有利于加快金融产品创新的步伐,为管制利率的进一步放开准备条件。

第四,从更广泛的角度考察,Shibor 能否确立基准地位,还关系到中国货币、债券市场的纵深化发展,从而成为实现人民币国际化的重要基础设施和建立中央银行利率间接调控体系的前提条件。我们必须从全球化的视角考虑问题,全世界很多货币都有基准利率,例如 Libor、Euribor、Tibor 等。未来如何增强 Shibor 的基准地位是需要市场成员和中央银行偕同努力、深入研究的重大课题。

三、完善中央银行利率体系

在利率市场化进程中,完善中央银行利率体系、逐步实现中央银行利率调控由直接方式向间接方式转变成为货币政策调控和传导机制建设的关键。近年来,人民银行利率体系建设不断推进。

实行再贷款浮息。再贷款浮息是指中央银行根据货币政策调控意图,对金融机构再贷款(再贴现)利率实行随市场利率水平变化的安排,旨在理顺中央银行和借款人之间的资金利率关系,约束借款人行为,减少央行资产业务的财政补贴性质,避免流动性的被动投放和长期投放。在 2004 年物价出现上涨趋势、国民经济景气上升的背景下,我们研究出台了再贷款浮息制度,建立了再贷款、再贴现利率以市场利率为基础的确定方式,提高了再贷款利率管理的科学性、有效性和透明度,中央银行资产业务定价的功能由对借款人进行隐性财政补贴逐步转向服务于宏观调控。

优化央行存款利率结构。从主要市场经济国家中央银行的成熟做法看,央行的存款利率包括法定存款准备金利率和存款便利利率,后者一般构成货币市场短期利率的下限（如欧洲央行的做法）。2003 年 12 月 21 日，人民银行改革了准备金存款利率制度，对金融机构法定准备金存款和超额准备金存款采取"一个账户，两种利率"的方式分别计息，超额准备金存款利率客观上发挥了货币市场利率下限的作用。经过 2003 年 12 月 21 日和 2005 年 3 月 17 日两次下调，汇改前超额存款准备金利率下调至 0.99％。下调超额存款准备金利率与再贴现浮息安排的政策搭配，一方面拉大中美市场利率的负利差（2005—2007 年，美元利率高于人民币利率），增大了投机人民币汇率的机会成本；另一方面控制央行基础货币被动吐出，为人民币汇率形成机制改革赢得了宝贵的三年时间。

此外，人民银行还改革了邮政储蓄转存款利率制度。邮政储蓄转存款利率是对邮政部门办理储蓄业务的一种补贴性质的利率，邮储吸收的存款转存央行可以获得无风险利差收益，这样的利率结构不符合中央银行利率改革的方向，还导致邮储转存款迅速增长，分流了部分农村资金。2003 年，按照新老划段的方式，新增邮储转存款改为按照金融机构法定准备金存款利率计息。

改革开放三十年来，通过利率市场化改革，存贷款利率的市场化程度显著提高，商业银行利率定价机制不断完善，利率在中国金融资源配置中的作用不断增强，中央银行利率体系也逐步向利率间接调控的方向转变。Shibor 的基准地位确立后，中央银行对利率的管制将逐渐淡出。未来可以探讨贴现利率与 Shibor 挂钩的可行性，以此为突破口，可为后续存贷款利率市场化改革提供经验。总体来看，中央银行通过运用货币政策工具引导市场利率的利率间接调控机制、由市场供求决定的利率形成机制和利率传导机制将日臻完善。

四、改革开放三十年的利率调控

在中国，关于利率杠杆的认识经历了一个不断深化的过程。计划经济时期,政府曾一度试图废除商品生产和交换,否定信贷、利率等经济杠杆的作用。在低利率体现社会主义优越性、高利率就是剥削的思想导向下,国家曾大幅调降存贷款利率,缩小计息范围,减少利率档次。然而即便在这一特殊的历史时期,利率也未能被消灭,客观上仍发挥着对经济运行的调节作用。当时虽然利率低,但比无息强,由于投资渠道单一,存款有息还是发挥了鼓励老百姓储蓄、为银行集中资源发放贷款的积极作用。而低息贷款则导致投资饥渴和流动资金紧张,国家只能用计划的方式来配给信贷资源。1978 年,国家强调逐步实现主要用经济办法管理经济,利率才逐步成为宏观调控的工具。此后的三十年间,虽然利率调控的有效性备受争议,但在历次宏观调控中,国家一直重视发挥利率杠杆的作用。总体来看,我国的利率调整先后经历了六个周期(图 1)。

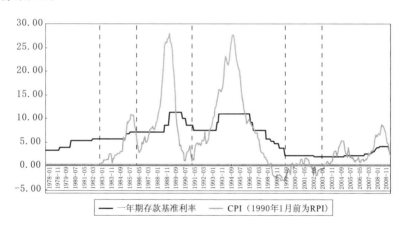

图 1   一年期存款基准利率与 CPI 走势

(一)历次利率调控的基本情况

以一年期存款基准利率为例,在六次宏观调控中,利率的调整方向均符合中央银行维护物价稳定的职责要求。从发展趋势上看,利率调整越来越注重预调、微调和灵活调整,并强调利率调整与利率市场化改革措施出台时机的统筹协调,使其在调控方向上保持一致(表 3)。

表 3 1978 年以来的利率调整情况

周期	周期时间	利率调控时间	1 年期存款基准利率（％）	上调幅度（百分点）	下调幅度（百分点）	上调次数	下调次数
1	1979—1982 年	1979 年 4 月—1982 年 4 月	3.24—5.76	2.52		3	
2	1983—1986 年	1985 年 4 月—1985 年 8 月	5.76—7.2	1.44		2	
3	1987—1991 年	1988 年 9 月—1989 年 2 月—1990 年 3 月—1991 年 4 月	7.2—11.34—7.56	4.14	3.78	2	3
4	1992—1998 年	1993 年 5 月—1993 年 7 月—1996 年 4 月—1998 年 12 月	7.56—10.98—3.78	3.42	7.2	2	6
5	1999—2002 年	1999 年 6 月—2002 年 2 月	3.78—1.98		1.8		2
6	2003—2008 年	2004 年 10 月—2007 年 12 月—2008 年 9 月—2008 年 12 月	1.98—4.14—2.25	2.16	1.89	8	4

　　从六个利率调控周期持续的时间、利率调整的幅度和频率考察,前几次调控周期明显具有利率调整较为滞后的特点。2003 年以来的第六轮调控周期在利率调整的灵活性和预调与微调方面明显改善。总体来看,第一、第二轮利率调控周期均为上调周期,主要原因是通胀来势迅猛,而依靠行政手段调控后总需求快速回落,利率政策在下行阶段尚未及反应。当然,第一轮周期也存在弥补"文革"期间利率过低而上调的因素。第一轮调控周期历时 36 个月,平均每 12 个月调整一次,次均上调幅度为 0.84 个百分点。第二轮调控周期历时 4 个月,平均每 2 个月调整一次,次均调整幅度为 0.72 个百分点。

　　第三轮调控周期为包括上调和下调阶段的完备周期,其中上调阶段历时 5 个月,平均每 2.5 个月调整一次,次均上调幅度为 2.07 个百分点。周期内利率峰值持续时间 13 个月。下调阶段历时 13 个月,平均每 4.3 个月调整一次,次均下调幅度为 1.26 个百分点。

　　第四轮调控周期亦为完备周期,为抑制 1993 年开始出现的严重通胀,利率迅速上调,而在此后经济惯性下行中,利率较为缓慢地下调。

此轮上调阶段历时仅 2 个月,平均每 1 个月调整一次,次均上调幅度达 1.71 个百分点。周期内利率峰值持续时间达 33 个月。下调阶段历时 32 个月,平均每 5.3 个月调整一次,次均下调幅度为 1.2 个百分点。

第五轮调控周期是为应对东南亚金融危机后我国出现的通货紧缩,利率政策的主要策略是维持较低的利率以刺激投资和消费,其间历时 32 个月,2 次下调利率,平均每 16 个月下调一次,次均下调幅度为 0.9 个百分点,利率下调至改革开放后的最低水平。

第六轮调控周期截至 2008 年年底已持续 50 个月,其中上调阶段历时 38 个月,采取了前瞻性的微调策略,共 8 次上调存款利率(9 次上调贷款利率),平均每 4.75 个月上调一次,次均上调幅度为 0.27 个百分点。周期内利率峰值持续时间 9 个月。下调阶段主要为应对 2008 年下半年显著加剧的国际经济、金融危机对我国经济产生的负面影响,利率下调迅速,下调幅度大,2008 年 9 月至 12 月,连续 4 次下调存款利率(5 次下调贷款利率),平均每月下调一次,次均下调幅度为 0.47 个百分点。

第五、第六轮利率调控周期也是利率市场化迈出重要步伐的阶段。在利率市场化政策出台的时机把握上强调了与利率调控政策的一致性。1998 年以前,长期利率管制导致贷款利率难以覆盖中小企业贷款的高风险,商业银行贷款过度向大型企业集中,而 1998 年、1999 年连续扩大中小企业贷款利率上浮幅度使银行能够借助利率上浮覆盖对中小企业贷款的损失,有利于调动银行的贷款积极性,扩大货币供应量,因此与放松银根的货币政策方向一致。2003 年和 2004 年进一步扩大金融机构贷款利率浮动区间直至取消贷款利率上限、实行下限管理,使金融机构能够根据自身对经济景气和运行风险的判断更主动地调整利率定价策略,为后续利率政策的顺畅传导提供了制度支持。

(二)关于利率政策有效性问题

经济学理论认为,利率对经济运行的调节作用主要通过影响消费需求和投资需求实现。从消费看,利率上升会鼓励储蓄、抑制消费需求。从投资看,利率提高将减少可赢利的投资总量,从而抑制投资需求。成熟市场经济国家都将利率作为重要的宏观经济调控工具。

考察利率的调节作用,要以真实利率为尺度。图 2 列示了 1978—2007 年的 1 年期实际存款利率与实际 GDP 增长率波动间的相互关系(在高通胀时期,先后于 1988 年 9 月至 1991 年 11 月、1993 年 7 月至 1996 年 3 月开办了长期保值储蓄存款,实际存款利率已补到零左右,在很大程度上弥补了高通胀对居民存款购买力的影响)。总体上看,实际利率与实际 GDP 增长率呈反向变动关系,1978—2007 年间,两者的相关系数为 -0.29。自 1993 年国家确立了市场经济的发展方向后,随着企业和金融机构产权制度改革的深化和各种价格管制的放松,利率传导的有效性提高,这种反向变动关系显著增强,1 年期实际存款利率与实际 GDP 增长率的相关系数变为 -0.75。

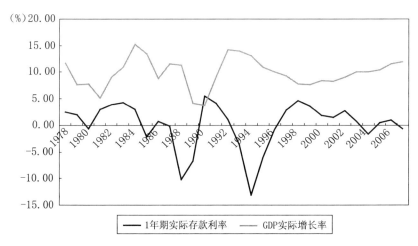

图 2　实际利率与实际 GDP 增长率

从利率水平看,三十年间在宏观经济景气偏热的阶段我国实际利率多次出现为负的情况,负利率导致社会对信贷资金需求的膨胀,刺激贷款过快增长,常常使信贷规模管理受到挑战。取消信贷规模管理之前,信贷投放常常超出计划规模也表明即使在管制利率和直接调控下,**微观主体对利率的敏感性仍比大家预想的要高。** 1996 年至 1999 年间,真实利率偏高,使储蓄者受益而借钱者受损,收入分配向居民倾斜;过高的真实利率增加了企业的债务负担,企业亏损增大,投资意愿降低;银行不良贷款率上升,放贷约束增强,这是此后形成通货紧缩的原因之一。2003—2004 年以及 2007 年,实际利率偏低甚至为负,收入分配向企业倾斜,增大了投资需求增长的动力,对通货膨胀构成潜在压力。观察改革开放以来我国的宏观经济运行,不难看出中国经济周期在很大程度上是随着真实利率起伏波动的。

近年来,学术界对利率的影响进行了大量研究,结果表明,利率对储蓄、消费、投资和实际产出有显著的影响。[1] 名义利率调整对货币政策的中间变量和目标变量也都起到了一定的调节作用。[2] 真实利率对财富分配具有很强的效应,而在快速降息过程中,低的真实利率对扩大消费支出具有正向作用。[3]

(三)关于银行贷存利差问题

在存贷款管制利率体制下,银行的**贷存利差**由国家控制,各界常会质疑利差的合理性。图 3 显示了 1978 年以来金融机构贷存利差的变动情况。

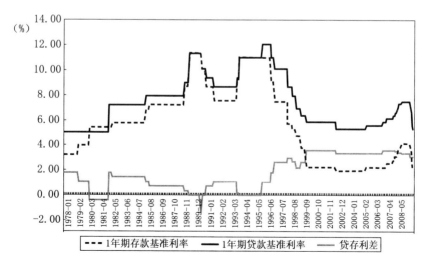

图3　金融机构贷存利差走势

从持续时间看,改革开放三十年间银行贷存利差大于 2% 的时间仅占 40%,而贷存利差为 0 或负的时间却达 17%(若考虑银行对长期储蓄存款保值的支出负担,贷存利差为负的时间更长)。在亚洲金融危机之前的二十年时间里,金融机构的贷存利差一直偏低,体现了这一时期国家通过金融部门集中资源促进产业优先发展的政策导向。由于长期的金融抑制带来了金融市场发展严重滞后和市场基础薄弱、信息搜寻成本高等市场失灵问题,因此发展中国家由金融抑制向金融自由化发展的过程中需要经历"金融约束"阶段,即通过政府"有形的手"为金融业发展提供一个涵养期,通过价格和市场准入的管制,培育市场基础设施和金融机构微观机制。在一段时期内维持适度的贷存利差,可以为提高金融业竞争力和经济金融整体运行效率赢得时间。

2000 年以来,持续稳定合理的贷存利差至关重要,它促进了我国商业银行经营效益显著改善,提高了其消化不良贷款的能力,为深化金融体制改革和维护金融稳定提供了有利的环境。未来随着利率市场化的推进和国内金融市场与国际市场的融合,利差将逐步由市场竞争决定,我国商业银行应做好准备。

改革开放三十年,见证了中国利率市场化改革双轨制推进的成就,也见证了利率杠杆调节经济运行的强大力量。利率市场化与企业和金融机构产权制度改革、金融市场建设的步伐相契合,与宏观调控的方向与节奏相衔接。经历了管制利率的"破"与市场利率形成机制的"立",市场供求在利率决定中的作用不断增强,利率杠杆经历了历次宏观调控"经济"与"行政"手段之辩的洗礼,在经济运行实践中逐步确立了自己的地位,这一进程将为历史所铭记。

五、结束语

本文主要从中央银行的角度、从利率管理的角度,提供改革开放三十年中国利率市场化的情况,目的是记录历史事实,为进一步分析打下基础。在文中我很少提及民间融资和利率市场化在温州等地试点这样一些重要事件,这并不是说市场的力量、民间的推动不重要,而是我想以后专门撰文论述市场力量在推进利率市场化过程中的重要作用。

我笃信市场经济,坚信市场经济能给中国人民带来福祉,一直不遗余力地推进利率市场化改革。近来我变得有些保守,对于中国如何进一步推进利率市场化没有想清楚,我的困惑主要如下:

产权清晰、自由竞争和退出机制是进一步推进利率市场化的必要条件,这些条件在中国是否已经完全具备? 当前推进利率市场化的焦点在于放开贷款利率下限和存款利率上限,由商业银行自主定价。那么,我们是否允许完全的自由竞争? 而如果竞争失败,退出机制的约束又是否存在呢?

由于零售银行的外部性很强,我想上述问题没有简单的答案。从美国这次金融危机的教训看,他们也没有很好地解决这些问题。这里深层次的问题是,利率完全市场化和国家对大银行控股、存款保险以及国家注资银行等是有矛盾的。而对这一问题不进行梳理和总结,过度竞争和道德风险将难以避免。

培育 Shibor 或其他市场基准是中国进一步推进利率市场化在浅层次上的必要条件,而产权清晰和所有制多元化、打破垄断、有序退出、预算硬约束则是在更深层次上的必要条件。

注释

①　谢平、袁沁敔:《我国近年利率政策的效果分析》,《金融研究》2003 年第 5 期。

②　江春、刘春华:《货币政策的利率效应:来自中国过去 20 年的实证》,《广东金融学院学报》2006 年第 3 期。

③　宋国青:《收入财富大调整》,CCER 中国经济观察第 15 次报告会,2008 年 11 月。

参考文献

陈东琪、宋立:《我国历次宏观调控的经验与启示》,《宏观经济管理》2007 年第 2 期。

方先明、熊鹏:《我国利率政策调控的时滞效应研究——基于交叉数据的实证检验》,《财经研究》2005 年第 8 期。

高坚:《我国国债市场的回顾和展望》,《金融研究》1997 年第 3 期。

江春:《金融监管与金融发展:理论框架与实证检验》,《金融研究》2005 年第 4 期。

江春、刘春华:《货币政策的利率效应:来自中国过去 20 年的实证》,《广东金融学院学报》2006 年第 3 期。

马广奇:《制度变迁理论:评述与启示》,《生产力研究》2005 年第 7 期。

宋国青:《收入财富大调整》,CCER 中国经济观察第 15 次报告会,2008 年 11 月。

汪小亚、卜永祥、徐燕:《七次降息对储蓄、贷款及货币供应量影响的实证分析》,《经济研究》2000 年第 6 期。

谢平、罗雄:《泰勒规则及其在中国货币政策中的检验》,《经济研究》2002 年第 3 期。

谢平、袁沁敬:《我国近年利率政策的效果分析》,《金融研究》2003 年第 5 期。

易纲:《中国的货币化进程》,商务印书馆 2003 年版。

易纲:《转变政府职能与可持续发展》,《财经》2005 年总 144 期。

易纲:《宏观经济政策与市场配置资源》,《财经》2006 年总 152 期。

易纲:《进一步确立 Shibor 的基准性地位》,《中国货币市场》2008 年第 1 期。

在 2008 年 Shibor 工作会议上的讲话*

Shibor 运行一年取得了有目共睹的成绩和进展,我们为此而高兴。我想谈这样几点想法:

第一,Shibor 是市场成员的 Shibor。在启动伊始,可能需要中央银行予以推动,这是必要和必然的。但实际上 Shibor 属于市场,是市场成员的 Shibor,是为市场提供了一个基准。大家应对此有充分的认识,以主人公的态度来看待 Shibor 的运行实践,各金融机构、同业拆借中心、银行间市场交易商协会等市场成员都应在 Shibor 建设中发挥作用。Shibor 成功与否,关键靠大家的共同努力。

大一统时代的中央银行和商业银行之间多为领导与被领导的关系。但现在就中央银行的不同职能而言,二者关系的侧重点又有所不同。在货币政策方面,中央银行是宏观货币当局,与商业银行是政策制定者与参与者、调控者与市场成员之间的关系;但在市场建设方面,二者并不简单地是领导与被领导的关系,而是市场框架下的中央银行与商业银行的关系。这一大的定位和前提将直接影响我们的行为方式,今后大家会越来越多地看到这一点。这要求中央银行更多地从服务、市场整体设计和监测的角度去工作,市场成员及协会以主人公和游戏平等参与者的角度去培育 Shibor。

第二,Shibor 与**利率市场化**的关系。现在存贷款利率仍处于管制

---

* 根据 2008 年 1 月 11 日在"2008 年 Shibor 工作会议"上的讲话记录整理。

245

状态,贷款管下限,存款管上限,目前仍然是必要的,它大大减少了交易成本,降低了商业银行出现恶性竞争的概率。但产生的负面影响是,金融机构对存贷款定价的研究不够。随着时间的推移,利率市场化的条件将越来越成熟。以前我们最担心利率市场化后商业银行会恶性竞争,但现在一些大的商业银行都上市了,有董事会、独立董事、战略投资者(包括外资)等,都会对商业银行的行为产生一些约束。现在商业银行可以花很少的资源在定价上,但随着利率市场化的不断推进,定价必将是商业银行资源投入的一个主要方面,是其核心技术、核心竞争力的主要体现,需要耗费大量的人力物力加以研究。实际上,Shibor 可以提供一个基准。Shibor 必须要成为一个公认、权威的利率基准,来替代中央银行设定的存贷款利率,中央银行对利率的管制才能逐渐淡出。简单来讲,利率定价实际上是一种压力的释放,客户抱怨利率高时,商业银行就可以赖央行,因为利率下限是央行规定的。未来 Shibor 成熟后,大家可能就从赖央行变成赖 Shibor。这一转变表面简单,但其背后蕴涵的合法性、权威性和说服性是非常重要的,含义颇深:即 Shibor 处于公认的、完全权威的基准性地位。

什么是利率市场化?我原来的理解就是放松管制。但如果放松了央行对存款利率上限和贷款利率下限的管制,又没有其他可靠的替代基准,结果可能更坏。什么时候才能放松管制呢?就是新的基准基本成熟的时候,而 Shibor 就是一个重要的基准。在利率市场化的进程中,我对 Shibor 寄予厚望。存贷款利率的格局还要维持一段时间,但利率市场化能否从贴现利率与 Shibor 挂钩开始呢?实际上贴现也是一种贷款,从此处打开一个突破口,对将来存贷款利率市场化的影响是非常深刻的,可以为以后的存贷款利率改革提供经验。

第三,Shibor 与产品创新的关系。现在有很多以 Shibor 为基准的产品创新,希望将来看到更多。同时市场上还有很多应用其他基准的产品,例如以一年期法定存款利率为基准的浮息产品。以什么作为基准发行产品是发行主体的选择,但是在发行这种产品时,如果期限较长,例如 10 年、15 年,发行主体就需要考虑到未来利率市场化所带来的不确定性。当然,Shibor 也有不确定性,应该多方面加以权衡。从国际经验来看,Shibor 应该是一个方向。如果 Shibor 不成功,那就说明中国的货币市场不成功,债券市场不成功,人民币没有定价基准,人民币也不成功,中国经济也就不成功,所以 Shibor 建设只能成功不能失败,没有退路。

按照全世界的经验,应该以 Shibor 为基准进行产品创新。当然 Shibor 现在还有一些缺点,很多产品创新还在应用 Shibor 之外的其他基准,例如七天回购等,从市场的角度不应该排斥,应持欢迎态度,因为既然存在就必然有其道理,同时也会和 Shibor 形成良性竞争,有竞争大家才可以相互比较、借鉴,才能真正树立 Shibor 的基准性地位,不应该用行政手段予以压制。

在市场发展方面,大家应充分考虑 Shibor 未来的发展趋势,借鉴国际成熟经验。国际经验都是经过长时间市场检验摸索出来的,例如网上交易,发达国家就只有 B2B、C2C、B2C 等几种类型。当然,我们也可以自主创新,但也需要市场长时间的检验,最终成功与否取决于市场,所以大家在创新产品时,还是应该多学习国际经验。长远看来,Shibor 对金融产品创新、衍生产品发展有着非常重要的作用,希望大家充分借鉴国际经验,把方向看准。

第四,Shibor 与内部转移定价的关系。Shibor 的深刻之处还在于它一头连接着市场,一头连接着商业银行内部转移定价。我们很多商业银行都是全国性大银行,在区域、产品、存贷款、资产负债之间有很多内部转移价格,存差行和贷差行会不断地给总行施加压力,例如存差行会要求提高上存利率。总行靠什么说服大家内部转移定价是合理、令人信服的呢? 只有将 Shibor 引入内部转移定价,才能科学、合理、令人信服地平衡各部门、分行之间的利益关系,因为 Shibor 是客观的,是连接内外的价格。内部转移定价是内部管理、系统管理、风险管理(包括经济资本、各项指标算法)的依据。如果行内对 Shibor 认识比较统一,同时在定价方面又有一些核心技术的话,可以将其应用到内部转移定价中,这对商业银行内部管理是非常重要的。

第五,Shibor与人民币国际化的关系。人民币是中国的主币,这一点我们在考虑货币市场发展时必须牢记。原来我们只关注国内,但现在必须从全球的视野考虑。全世界很多货币都有其基准利率,例如Libor、Euribor、Tibor等。由于 Shibor 的推出,货币市场交易量去年有了大幅提高。比较而言,虽然我们货币市场的容量还不能与伦敦、纽约相比,但人民币可能会在不久的将来成为世界上一种重要的货币,所以,要稳步推进中国资本项下的可兑换。现在人民币升值压力大,有大量资金流入,很大程度上就是由于全世界许多国家和地区的企业、个人都在看好中国经济,增持人民币资产。实际上,货币市场就是将来逐步确立人民币在全世界地位的基础性建设。

因此,一定要对 Shibor 充满信心。Shibor 能否成为基准、能否被广泛运用,直接标志着人民币市场建立、资本项下逐步可兑换、中国经济能否成功、全世界是否愿意持有人民币资产等。在这点意义上,应该逐步确立 Shibor 的基准性地位。

第六,Shibor 还将是其他许多产品和制度安排的基准。现在有很多产品都与人民银行制定的某种利率挂钩,人民银行调整利率时,就需要考虑多方面因素,平衡利益关系,要求人民银行的工作人员具备更高的业务素质和调控能力。但是,平衡利益关系涉及不同的利益集团,情况会越来越复杂,就需要一个大家都能接受的、客观的基准,那就是Shibor。

所以我提倡,以后更多的产品,小到内部公积金、公益金、内部信托,大到理财、住房公积金、券商存管等,都应该多与 Shibor 挂钩。

第七,Shibor 报价的真实性和质量问题。一年来,看到 Shibor 进步很快,我非常高兴,同时也高度关注 Shibor 报价的质量和真实性。3个月以内的 Shibor 与交易价之间的价差较小,市场交易比较活跃;但3个月以上的中长端 Shibor 报价与实际交易成交价之间的利差仍然较大。Shibor 是银行间市场的基准，银行间市场已经成为货币市场、债券市场的主力军，它的一些老问题也反映在 Shibor 上。例如，有的交易价包含了一些超出市场安排的因素在内，包括与对手方的其他利益安排、利益调整等，所以能和这个对手方成交的价格，并不能与其他对手方成交，现在类似的情况依然存在。

我们希望 Shibor 报价能够更单纯，而能否成交属于授信问题。银行根据对手方的不同信用加上风险溢价，这样是最规范的。我们不希望交易价中有其他更复杂的因素，包含利益输送、利益转移等，使得交易价与报价相差甚远。解决这一问题，涉及商业银行内部管理、授信、分行授权等方面，有很多事情可做。关于交易价的透明度问题，有人说不透明不行，太透明了也不行。太透明，跟一家成交后，其他人都知道我的价格了，但实际上给小行加点、加风险溢价是正常的。怎样使得透明度合适呢？金融机构既可以向全市场发布交易信息，也可以通过一个小窗口与个别交易对手进行交易，我们可以提供像路透一样的系统便利。但从报价行的角度来讲，应该逐步使自己的报价和内部管理更加清晰，将价格中正常风险溢价之外的其他利益输送、利益安排等噪音排除出去，通过其他合法的非价格途径解决。

报价与交易价之间的差异尤其是 3 个月以上的价格差异仍然是影响目前 Shibor 报价质量、可信度、权威性的主要因素，需要进一步改进。希望大家研究一下：为什么 3 个月以上报价与同业拆借成交价关联度不高？怎么提高？中长端 Libor 与拆借成交价的关联度有多高？我们与它的差距有多大？

Shibor 进步已经很快了，我相信现在存在的问题也能够比较快地得以解决，使得 Shibor 能较快地成为货币市场基准，成为中国收益率曲线短端的基准。

零利率和数量宽松货币政策是否有效？[*]

一、当前世界与中国经济基本面

全球经济正在经历 1929—1933 年大萧条以来最严重的经济危机。所不同的是，现在社会保障相对完善，宏观经济政策更加成熟，特别是在货币政策上各国央行积累了更多经验，因而这一波金融危机造成的实体经济衰退不会像 1929—1933 年那次严重。

从我国改革开放三十年的 CPI 数据来看，在 1980 年、1984—1985 年、1988—1989 年、1993—1994 年、2003—2008 年上半年面临通货膨胀，在 1998—2002 年五年期间出现通货紧缩。换句话说，我们既积累了反通胀的经验，也积累了反通缩的经验。

分析宏观经济走势时，有支出法 GDP 和生产法 GDP 两个角度。**从支出法 GDP** 的构成看，2008 年全社会固定资产投资增长 25.5%，城镇固定资产投资增长 26.1%，其中 12 月份城镇固定资产投资增长 22.3%；全年社会消费品零售总额（近似于国民经济核算中的消费）增长 21.6%，其中 12 月份增长 19%；2008 年贸易顺差 2955 亿美元，其中四季度进出口增速回落较多，11、12 月份出现负增长，但 11 月顺差 400 亿元创历史新高。总体来看，需求增速回落相对平稳，投资、消费、净出口的数字都相当强劲。但实际上，在 2008 年，尤其是四季度，已经明显感到经济下滑，中央也出台了积极的财政政策和适度宽松的货币政策。

从**生产法 GDP** 的构成看,从 2008 年 8 月起,工业增加值同比增速快速下滑,12 月为 5.7%,1—12 月份为 12.9%。发电量、货运量亦直线下降。发电量同比增速 12 月为-7.9%。

存货理论能够解释支出法 GDP 和生产法 GDP 之间的差异。虽然不能解释全部差异,但能解释一部分差异。我在去年 9、10 月份曾讲过一个存货模型。现在看来存货调整正按照模型的逻辑进行:在经济繁荣的时候存货相对增加,在经济衰退的时候存货会减少,导致生产相对于最终需求减速出现更大幅度的下滑。存货顺周期是市场经济的特征,是企业追求利润最大化和风险最小化的商业行为。这次经济周期下行和大宗商品价格暴跌叠加在一起,使得存货调整比较剧烈。中国工业占 GDP 比重比较大,而重化工业在工业中比重又很大,这样一个结构就使得相对其他国家而言存货调整更加剧烈。全国制造企业产品库存指数(图 1)在 2008 年 10 月份达到最高点,在 11 月和 12 月下降幅度比较大,这两个月工业增加值同比增速仅在 5%—6%,这跟存货调整有一定关系。

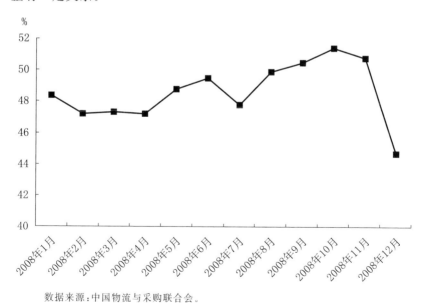

数据来源:中国物流与采购联合会。

图 1 全国制造企业产品库存指数

在剧烈调整阶段以后,存货会在一个相对较低的水平上进入平稳期,即不再暴跌了,存货调整所带来的工业下滑、发电量下滑和运输量下滑会有所缓解。2008年12月初,人民银行研究局对5省459家企业进行了快速调查,调查结果显示大部分企业的库存将在3—6个月内调整到位,今年二季度存货调整将在低水平上进入平稳期。

现在有些人对经济前景比较悲观,对于如何看待中国经济,我强调要看中国的居民、企业、政府和金融业四张资产负债表。从这四张资产负债表来看,中国经济从世界范围比较看都是相对健康的。首先,中国居民长期有储蓄传统,债务负担较低。2008年12月末,中国居民存款余额22.2万亿元,消费贷款余额3.7万亿元,居民作为一个整体是储蓄的最大提供者。第二,企业资产负债率比较合理,总体上赢利能力较强,保持了较好的发展态势。据中国人民银行5000户企业调查显示,2008年12月末,非金融类企业资产负债率平均为59%。第三,财政状况稳健。2008年年末,中国国债余额与GDP的比值为0.20。2007年美国为0.71,欧元区为0.67,日本为1.63。2008年,中国财政赤字与GDP的比值小于0.01。最后,当前中国金融业的资产负债表处于历史最好水平。2005—2007年,交、建、中、工四大国有银行抓住了一个最好的时间窗口,成功上市。

下面对2007年和2008年的货币政策进行简略的总结。2007年实行了稳健的货币政策:10次上调存款准备金率,共计5.5个百分点;加息6次,一年期存款利率累计上调了1.62个百分点至4.14%,一年期贷款利率累计上调1.35个百分点至7.47%。结果是2007年GDP增长率13%,CPI上涨4.8%,贸易顺差2627亿美元,人民币贷款比年初增加3.63万亿元,创历史新高,M2同比增长16.7%,外汇储备增加4619亿美元,增长43.3%,人民币对美元升值6.90%。2008年上半年,央行执行从紧的货币政策,五次上调存款准备金率,共计3个百分点,但1379个县(市)的农信社未上调,存款准备金率上调所收回的流动性远远少于外汇占款投放的基础货币。在一季度到二季度,许多经济学家批评中国的负利率,但央行没有加息。2008 年年中,宏观调控的基调改成了一保一控,9 月份以后,为应对国际金融危机,开始实行适度宽松的货币政策。央行四次下调存款准备金率,共计 2—4 个百分点;五次降息,一年期存款利率累计下调 1.89 个百分点至2.25%;一年期贷款利率累计下调 2.16 个百分点至 5.31%。结果是全年 GDP 增长9%,CPI 上涨 5.9%,贸易顺差 2955 亿美元,人民币贷款比年初增加4.9万亿元,再创历史新高。新增贷款季度分布均衡,分别为 1.33 万亿元、1.12 万亿元、1.03 万亿元和1.43万亿元。此外,M2 同比增长17.8%,外汇储备增加 4178 亿美元,增长 27.3%,人民币对美元升值6.88%(主要发生在上半年)。通过这些事实,社会公众和经济学家可以评判货币政策是否具有科学性、有效性、超前性,评判货币政策是否达到了一个相对优化的路径。

二、伯南克关于预防和治理通缩的观点

现任美联储主席伯南克教授在 2002 年曾撰文指出:"持续的通缩会对经济造成高度的破坏,应当坚决抗击。在可预见的将来,美国发生严重通缩的几率极小,这主要是基于美国经济的基础力量和美联储等决策部门的积极主动应对。"当时伯南克是美联储理事,他的分析表明了美联储反通缩的决心。他认为"中央银行的政策利率降至零后,就达到其操作的底线,货币政策就丧失了进一步扩大总需求的能力。这个结论是错误的。央行还可以使用'非传统'的手段刺激经济"。比如,美国政府可以通过印刷美元增加流通中的货币,降低以商品、服务计量的美元价值,这与提高这些商品和服务以美元计量的价格是等效的;美联储可以通过购买资产将货币注入经济,还可通过向银行提供低息贷款、与财政部门配合等多种方式注入货币。伯南克认为"在纸币制度下,一个果断的政府总是能够制造出更高的支出和随之而来的正通胀,甚至在短期名义利率为零时也是这样"。这是篇很有影响力的文章。

我相信在 2002 年伯南克绝没有想到美国会面临零利率局面,他当时主要针对日本案例。针对日本治理通缩失败的原因,伯南克认为,除通缩外,日本经济增长面临一些重大障碍,包括银行和公司的大量坏账、庞大的政府债务等。日本尝试过多种货币政策,但效果被私人部门的财务问题削弱,沉重的政府债务又使得在采取激进的财政政策上更加犹豫。造成日本持续通缩的原因是政治因素而不是政策工具不足。日本对如何解决经济问题展开了过多的政治争论,推行强有力的经济改革会使许多利益团体受损,遇到很大阻力。他相信,如果没有这些障碍,即使是在零利率下,中央银行通过数量宽松的手段,也能够制造正的通胀。他强调零利率和数量宽松政策在日本运行效果不好不能证明这一政策是失效的。

(一)日本案例(1999 年 3 月—2006 年 3 月)

日本实施零利率政策的背景如下。1991—1994 年,日本经济泡沫崩溃,GDP 骤降,实施宽松的货币政策,大幅调低政策利率。1995—1996 年,继续实行宽松的货币政策,同时实行积极的财政政策,经济有所恢复。1997 年,实行紧缩性财政政策,在减少政府支出的同时,提高消费税,严重影响居民支出,加之一些大型金融机构相继破产,日本陷入金融恐慌,经济萧条进一步深化。1998 年,再次实行积极的财政政策。

日本自 1999 年就进入**零利率**时代,中间略有反复。1999 年 2 月,日本银行将同业间无担保隔夜拆借利率目标值设定为 0.15%,3 月下调至 0.04%。之后,日本经济有所复苏。日本银行认为零利率是超常规的极端政策,于是在 2000 年 8 月做出了解除零利率政策的决定,并将同业间无担保隔夜拆借利率上调至 0.25%。2001 年 3 月,日本银行将同业间无担保隔夜拆借利率目标值降至 0.15%,同时宣布将货币政策的操作目标由利率变更为商业银行在央行经常账户存款余额即超额准备金,正式推出数量宽松货币政策。实施方法包括购买商业银行持有的长期国债,购买商业银行股票,增加商业银行准备金账户余额,并诱导隔夜拆借利率接近零。从 2001 年到 2006 年,日本中央银行通过向商业银行注入成本极低的流动性,使银行的超额准备金达到三十多万亿日元(图 2)。2006 年 3 月,日本宣布结束超宽松货币政策,恢复传统的利率制度,利率稍有上升,目前又再度接近零。

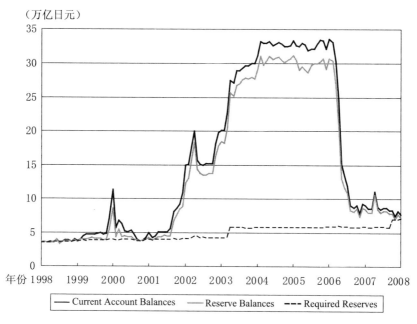

（万亿日元）

年份

Current Account Balances　　Reserve Balances　　Required Reserves

图 2　数量宽松政策期间向市场注入充足的流动性

我要强调的是,零利率和数量宽松货币政策具有局限性。日本央行的零利率政策会引发套利交易。由于日本的借贷成本很低,投资者会借入低成本的日元资金,将日元换成其他的货币在海外进行投资。换句话说,日本境内金融机构、企业和居民通过日元套利交易将持有的日元资产兑换为外汇资产,降低了日元货币供给的增长速度,导致境内流动性向境外市场漏出,削弱了数量宽松货币政策的效果。若以日元套利交易余额比上货币供应量作为衡量套利交易导致的货币政策耗损指标,2007 年日本的货币供给漏损率高达 18.6%。套利交易对日本国内的流动性有收紧的作用,但对日元则有贬值压力,而贬值又产生货币放松效应,一紧一松互相抵消后的总效应应该是收紧的。反过来,投资者进行平仓交易时,卖出外汇买入日元、归还日元贷款,商业银行需要卖出外汇,买入日元,平仓过程对基础货币而言是放松的,对日元有升值压力。这背后更深刻的道理其实还是"不可能三角",还是一国的中央银行能在多大程度上按照其意图来解决它的问题。

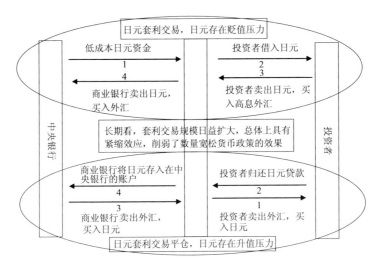

图 3　日本数量宽松货币政策的局限性

(二) 美国案例 (2008 年 9 月金融危机后)

现在,**零利率**的命运落到美国头上了,目前美国联邦基金利率的目标区间是 0—0.25%。伯南克先生 2002 年非常雄辩的分析能不能正确地运用在美联储货币操作上,我们需要观察。现在,货币供应量确实有所增加,信贷紧缩也略微改善,但是美国一样会遇到上文提到的难题,即零利率和数量宽松货币政策的局限性。

如果将美国和日本进行比较,就会发现它们之间既有相似之处,也有不同之处。相似之处就是美元和日元都是可兑换货币,但美元是世界经济中的主币,日元的地位比美元要差很多,美国实行零利率就意味着向全世界提供流动性,日本实行零利率还要通过日元套利交易才能

256

对全世界流动性产生影响。其他不同点还包括日本外汇储备多,存在贸易顺差,美国没有外汇储备,存在贸易逆差。另外两国风险溢价不同。日本这个国家可以把很多事做得非常精细,真的能把利率打到零附近,存款利率、贷款利率都很低。美国市场是高度分散化的——这点中国与之相似——各种各样金融产品的风险溢价不一样,反映在利率上就差异很大。

总之,无论是日本还是美国,零利率和数量宽松的货币政策都是次优选择,虽然对刺激国内需求有一定作用,但作用是有限的。

(三)中国的占优选择

中国的特点是人民币不可兑换、巨额贸易顺差和巨额外汇储备。考虑到以下因素,零利率或者是准零利率政策不一定是中国的占优选择:中国储蓄存款余额占 GDP 比重非常高;劳动生产率和全要素生产率还在不断提高;平均资本回报率和边际资本回报率都不支持零利率政策;商业银行收入主要来自利差收入,中间业务比重小、收费少、业务结构亟待优化,如果没有收费业务,单靠不到一个百分点的利差银行经营是没法持续的;中央银行反通缩和维护币值稳定的决心是坚定的,完全可以通过各种货币政策工具的最优组合(包括较低的利率)来有效实施适度宽松的货币政策。

最后对各国目前利率水平进行比较。在比较中国与其他国家的利率水平时,应特别注意两点:一是不同种类利率之间的可比性,二是利率下限的制度因素。美国联邦基金目标利率是 0 至0.25%,欧元区主要再融资目标利率是 2.0%,日本隔夜拆借目标利率是 0.1%,而中国的公开市场操作利率是 0.9%。这里不能用中国一年期存款利率和美国联邦基金利率(即隔夜利率)来进行比较,要"苹果比苹果、橘子比橘子"。此外,短期利率的下限是中央银行制定的超额准备金利率。中国人民银行一直对超额准备金付利息,美联储以前不能对超额准备金付利息,他们很羡慕我们。金融危机之后美国国会授权美联储对超额准备金付利息,目前超额准备金利率是 0.25%,我们中国是 0.72%,公开市场操作利率不能低于这个水平。

除了上述各国中央银行利率的比较,还可以比较各国金融市场的利率:银行间市场、债券市场、对客户的零售利率。虽然美国是零利率,但美国一年期 CD 的利率是 2.14%,最优贷款利率3.25%,住房抵押贷款利率在5.25%左右。欧洲金融市场的利率也是相当高的,唯一例外的是日本,日本的利率较低,一年期 CD 利率0.63%,最优贷款利率1.47%,住房抵押贷款利率3.71%。中国的一年期存贷款利率分别是2.25%和5.31%,住房抵押贷款利率如果按七折优惠计算还不到 5%。有人说中国降息空间还很大,其实和美国相比,中国的利率并不高。

三、问答部分

问题:刚才您通过 2007 年经济指标的高增长来证明 2007 年央行货币政策是合适的。对此,我感到有一点疑问。一般来说货币政策有滞后效应,滞后期一般是 12 个月左右。2007 年经济高增长可能是2005 年和 2006 年的货币政策造成的。2008 年经济突然下行可能是央行对 2008 年上半年 CPI 上升过于敏感而采取的一些比较严厉的措施所造成的。对这个问题您怎么看?

问题:您对 1 月份信贷大幅增加的持续性怎么看?

问题:由于中国投资回报率还比较高,您是否觉得目前利率水平已经可以有效拉动投资和需求从而带动中国经济走向复苏?1 月份贷款数据出来以后有两种不同观点:第一种观点认为从微观角度来看贷款增加不能够这样持续下去,对中国实际刺激作用有限;第二个观点认为这么大规模的贷款投放下去会很快带动中国经济,甚至未来有通胀的隐忧。对此您怎么看?

易纲:我曾专门研究过货币政策的滞后性问题,由于时间有限,今天只分析了 2007—2008 年的货币政策。如果将来有时间,我会把

2005—2006 年的货币政策和效果也说一下,我把这些数据综合起来请公众、经济学家和历史来评判,我个人不发表意见。

1 月份新增贷款比较多,达 1.62 万亿元,其中有 6000 亿元是银行的票据贴现。有些人把票据概念混淆了,甚至有人问我是不是"央票"。这里我来解释一下什么是票据贴现。我们国家流通的承兑汇票中超过 90％是银行承兑汇票,此外就是一些顶级企业比如宝钢公司开具的商业承兑汇票。银行承兑汇票是银行信用,企业到银行交一定的保证金就可以开银行承兑汇票,到期以后银行要无条件付款,期限以 4—6 个月为多。企业可以把所开的银行承兑汇票支付给供应商,而不是支付现金。供应商也接受银行信用,因为没什么风险,汇票到期时供应商就可以拿到钱了,而且他还可以把银行承兑汇票背书给他自己的供应商。在银行承兑汇票存续期,可能会有一两次背书,解决了好几个企业的支付问题。在此过程中,很多背书和贴现的都是中小企业。贴现是什么概念?就是在汇票到期之前,企业拿着汇票到自己的开户行贴现,银行把票据面值扣除剩余期限利息后的余额支付给企业,解决了企业的现金周转问题。我们所说的 6000 亿元是直贴,银行和银行之间的转贴不在其内。我们国家贷款统计中历来都包括票据直贴,不包括商业银行之间的转贴,更跟中央银行发行的央票没有关系。

对于利率问题,当我说我认为利率水平合适时,有人理解为不降息,这是不对的,我所说的利率合适水平意味着现在是一个进可攻、退可守的利率水平。比如日本的利率水平就在墙角了,利率上没有什么文章可作,因为零是一个绝对下限。为了执行适度宽松的货币政策,较低利率理所当然是一个工具,我们还有一定的空间。"苹果比苹果,橘子比橘子"意味着中国债券市场利率跟美国债券市场利率比,中国零售市场利率跟美国零售市场利率比,这才是同等比较。只有在同等比较的前提下才能看清我们利率调整的空间大小。

问题:1 月份 M1 的增速比较低的原因和未来发展趋势是什么?现在占新增贷款 40％以上的票据贴现出现的原因是什么?

问题：刚公布的朗润预测认为一季度会有轻度的通货紧缩，您认为已经出现了还是可能在未来某个月正式进入通货紧缩？

问题：上半年我们国家利率和存款准备金率还有多大下调空间？

易纲：M1 相对低有多重因素，其中有一个因素是基数的因素。票据的问题，现在既然市场选择了这个结构，我们应当对市场有敬畏的精神，我认为没有什么不正常，他们这样做肯定有一定的合理性，市场有市场的考虑。至于它是多还是少我不作评判。如果对市场没有敬畏的精神，我们怎么发挥市场配置资源的基础性作用？在没有充足理由之前，先不要说现在发生的就是不对的，这是一个方法论的问题。

通缩问题同样有基数效应，对于专业人员这已经是一个公开信息。大家所关注的 CPI 是同比 CPI，比如今年 1 月份跟去年的 1 月份相比，实际上已经滞后一年了。2008 年 CPI 涨幅为 5.9%，其中三点几个百分点是翘尾因素。2009 年的翘尾因素是负的 1.2 个百分点。也就是说，即使 2009 年物价是完全平稳的，2009 年的 CPI 涨幅也是负的 1.2 个百分点，因为 2008 年的基数在那里。我们的知识界、媒体要对 CPI 有一个平常心，要进行分析，要问自己弄清楚这事没有，不能误导公众。

问题：随着信贷扩张，通缩就有可能变成通胀，投资是不是又会重新出现局部过热？收入分配在短中期调整中可能会发生什么作用？

易纲：物价最好是平稳，通缩和通胀对经济、对老百姓都不好。刚才所提的问题具有超前性，近期主要还是防通缩。从长远看，我们要保持币值稳定，就含有既反通缩又反通胀这两层含义，这是对内。对外就是汇率在合理均衡水平上的基本稳定。

关于收入分配，刚才王庆讲到，一个消费驱动的经济有可能会面临较低的增长率，这是历史数据的归纳。在这样一个格局下，要使得我们的国民收入在国家、企业与居民之间，在城市居民和农村居民之间有一个更合理的分配，使得收入分配的格局更加有利于消费，这样才能保持中国经济长期稳定增长。

第四部分

中国金融业改革
开放的逻辑

中国银行业改革的内在逻辑[*]

提要　计划经济的特征为：产权不清，政企不分，命令制国，政治激励，内部监督。市场经济的特征为：产权清晰，政企分开，依法治国，激励相容，社会监督。

中国改革开放 30 年是计划经济向社会主义市场经济转轨的过程，是计划经济特征逐步淡出、市场经济特征逐步呈现的过程。什么是计划经济向市场经济转轨的逻辑？简单说就是通过界定和保护逐渐清晰的产权制度，使经济主体从一到多，决策由集中到分散，给经济主体放权让利，使之独立决策并对其行为后果负责。以银行业为例，1978 年以前基本上由中国人民银行一家经营金融业务（占全部金融业务的 93％以上），改革的过程就是裂变的过程，由人民银行到工、农、中、建的组建，再增加十家股份制银行，再到城市商业银行和农村信用社独立法人的涌现，再到开放以后逐步进入的外资银行。在此过程中人民银行把管理的证券业、保险业分离出去，1992 年成立中国证监会，1998 年成立中国保监会。

在转轨的过程中，工业、农业各行各业的企业都要经历这一裂变过程。不仅仅是企业，个人和家庭的权利、义务在计划经济与市场经济之间也是天壤之别。在计划经济下，一个人生在农村他就是生产队的人，生在城里就有城市户口；个人在经济上的自由十分有限，主要只有在收

---

　　* 原文载于蔡昉主编：《中国经济转型 30 年》，社会科学文献出版社 2009 年版。感谢纪敏同志的助研工作。

入和凭证范围内选择生活消费品的权力,基本上没有择业权、迁徙权;城市人口基本上没有选择购买住房的权力。在市场经济下,个人和家庭在经济上的自由度大大提高,个人的选择权多了,在教育、就业、迁徙、建房购房等方面都可以由个人在合法的范围内选择。与之相对应的是,人们要为自己的决策后果负责。

在由一到多的裂变中,市场经济的特征逐步清晰。第一要界定产权。市场要求等价交换,而交换的前提是界定产权,所以在裂变过程中,我们经历了许多次分家。中国银行、中国农业银行、中国工商银行从中国人民银行分离出去,中国建设银行从财政部分离出去,农村信用社与农行脱钩,等等。分家就是要把不同主体的产权界定清楚,从而使之对自己的行为负责。

第二是政企分开。在计划经济下什么都在一起,指挥中枢是政府。政府决定生产什么,生产多少,为谁生产。政府决定流通、分配和价格。在市场经济中,市场发挥配置资源的基础性作用,经济决策是分散的,主要由企业和家庭选择和决策。因此必然要求政府和企业分开。

第三要依法治国。产权清晰了,决策分散了,如果没规矩,就乱了,所以要依法治国。国家也依法制定宏观经济政策,对经济进行宏观调控,但政府的权力要有界定,要依法行政,要遵守企业和个人的产权,不能随意干预企业的经济活动。

第四要**激励相容**。市场经济为什么有效,因为它能解决积极性的问题,能够最大限度调动人们的积极性和创造力。个人的努力与其收入挂钩,企业努力与其利润挂钩。在法制的框架下,经济主体的努力和创造力与其物质利益挂钩。相对计划经济的大锅饭和平均主义,经济激励是市场经济效率的源泉。

第五是社会监督。市场经济本质上是法治经济。**法治经济**要求一定的透明度,因此有会计准则和披露制度。经济主体和社会公众有知情权,从而在舆论上对市场正常运行和公平正义实行社会监督。社会监督并不排斥内部监督,党内监督、政府内审、企业内控机制都非常重要,但市场经济必须要有公民社会的监督。

本文通过回顾中国银行业30年市场化改革的过程,试图归纳总结银行业改革的内在逻辑。银行业改革是我国从计划经济向市场经济转轨伟大过程的一个重要组成部分,分析清楚银行业改革的逻辑对认识中国经济转轨的内在逻辑有重要意义。

一、拨改贷是整个金融改革的起点

如果说银行改革是整个金融改革的起点,那么拨改贷就是整个银行改革的起点。

拨改贷的可行性:经济货币化程度迅速提高。1978年改革之前,在高度集中的计划经济体制下,资金配置主要依据国家计划通过财政渠道进行。在这一体制下,企业的资金来源呈现以下特点:长期资金归财政负责,短期资金归银行负责;无偿资金归财政,有偿资金归银行;定额资金归财政,超定额资金归银行。这一体制一直延续到1978年。

1978年召开的十一届三中全会,揭开了经济体制改革的序幕。随着农村实行联产承包责任制和乡镇企业的发展、城市经济单位恢复企业奖励和利润留成办法、财政推行分级预算包干制,国民收入分配格局出现了大调整,财政在资金配置中的比重迅速下降,企业和个人收入的比重迅速上升并通过信用渠道流入银行。1978—1992年,居民储蓄存款占GNP的比重从1978年的5.9%上升到1992年的48%,而同期财政收入占GNP的比重则从31%大幅下降为13%。与国民收入分配格局的大调整相对应,经济货币化程度迅速提高。1978—1992年,广义货币增长了约19倍,同期根据官方价格指数①调整的国民生产总值仅增长了231%,官方价格指数和自由市场价格指数②也只分别上升了125%和141%,导致广义货币与真实GNP之比从0.32稳步上升到1.0以上③,反映了体制改革的货币化效应。货币化程度的提高,使银行的资金变得相对充裕、财政投入在GDP中的比重下降,为拨改贷创造了条件。

拨改贷的实施和意义。 从 1979 年开始,国家在固定资产投资领域进行财政拨款改为银行贷款的拨改贷试点,1985 年这一试点被全面推行。**拨改贷** 的实施,使银行信贷在经济建设资金来源中的比重迅速上升,1981—1992 年,国家预算内资金在全社会固定资产投资来源中的比重从 28% 下降到 4.3%,国内贷款的比重则由 12.69% 上升到 27.4%。

从理论上看,按照匈牙利经济学家科尔内在《短缺经济学》中的论述,在计划经济体制下,一个典型特点是企业的预算软约束。在原来财政拨款投资的体制下,不用还本付息,对拨款的需求无穷大;也无法鉴别项目回报率从而有效排序,特别是不利于产生企业实体法人;永远存在投资饥渴症,各地方、各行业想尽一切办法争取国家投资。从实践看,尽管到 1995 年年底,拨改贷的大部分本息都转为国家投入的资本金,1998 年开始实施的债转股也包括了一部分转为国家股的拨改贷债务,也就是说拨改贷的大部分后来因为无法偿还转成了国家资本金或实施了债转股,但拨改贷还是具有伟大的历史意义。首先,拨改贷后企业要算账了,要比较银行贷款利率和项目的收益率;二是在一定程度上抑制了投资饥渴;三是有利于明确企业实体法人作为还贷主体的责任,开始有了产权负责的概念。

拨改贷是 30 年金融改革的时间起点,也是 30 年金融改革的逻辑起点,从此国有企业开始从政治激励转向经济激励。相应地,银行也开始从国家计划的执行者和国家财政的出纳,开始向国家专业银行转型。在当时清一色的全民企业和高度集中的计划经济体制下,通过适当方式增强企业的经济激励和预算约束涉及面较少,相对容易突破,符合渐近式改革的要求。从整个银行改革的逻辑看,拨改贷在增强了企业预算约束的同时,也使企业对银行贷款的依赖增强,银行的商业化转型也就成为必然。

二、银行要办成真正的银行，对商业银行的需求应运而生

随着拨改贷的实施和整个经济体制改革的发展，金融改革的迫切性日益增强。投资项目（企业）需要业主（法人），银行要有监督企业还本付息的激励，大一统的银行体制不再适应，把银行办成真正的银行逐渐提上议事日程。早在 1979 年 10 月 4 日，邓小平同志在中共省、市、自治区党委第一书记座谈会上就指出，"银行应该抓经济，现在只是算账、当会计，没有真正起到银行的作用。银行要成为发展经济、革新技术的杠杆，要把银行真正办成银行。"（邓小平，1994）在这一思想指导下，开始了有计划、有步骤的金融体制改革。

中央银行与国家专业银行的分离。1979 年 1 月恢复设立了中国农业银行，同年 3 月份设立了中国银行和国家外汇管理局。之后又陆续恢复了中国人民保险公司，各地也相继组建了信托投资公司，金融机构和业务的多元化格局初步显现。自 1984 年 1 月 1 日起，国务院决定中国人民银行正式行使中央银行职能，集中力量研究和实施全国金融的宏观决策和金融监管，加强信贷总量的控制和金融机构间的资金调节以保持货币稳定；同时新设中国工商银行，分离人民银行过去承担的工商信贷和储蓄业务。

政策性银行与国家专业银行的分离。中国人民银行 1984 年成为中央银行后，工、农、中、建四家成为国有商业银行（早期称为四大专业银行），但有一个问题尚未解决，即国家需要商业银行扶持一些行业和企业，有时还有政治任务，比如农产品收购、饺子贷款、安定团结贷款等。在商业贷款和政策性贷款同时存在时，商业银行就会有将所有经营不善甚至徇私造成的损失都归咎为政策性贷款的道德风险。

1993 年召开的十四届三中全会，作出了《中共中央关于建立社会主义市场经济体制若干问题的决定》，明确提出经济体制改革的目标是建立社会主义市场经济，在国家宏观调控下充分发挥市场在资源配置

中的基础性作用。在这一目标推动下,1993—1994 年一举推出金融、财税、投资、外贸和外汇五大体制改革。其中《国务院关于金融体制改革的决定》提出要设立政策性银行,改变政策性金融业务和商业性业务不分的局面。1994 年陆续设立国家开发银行、中国农业发展银行、中国进出口银行三家政策性银行,分别在基本建设、重要农产品收购、进出口领域从事政策性金融业务。明确政策性银行要加强经营管理,坚持自担风险、保本经营、不与商业性金融机构竞争的原则。

政策性银行设立的意义。政策性银行设立是继拨改贷之后银行改革的又一个标志性成果。从整个银行市场化改革的逻辑看,国有企业改革是国有银行改革的基础,而国有企业预算软约束又是全部旧体制问题的核心,拨改贷作为解决这一问题的一个起点,能否真正发挥作用,很大程度上取决于其资金提供者国有银行的行为。如果政策性业务和商业性业务不分,银行的行为就会出现扭曲,一则会以政策性业务为由放松对企业的还款约束,二来可以最大限度地争取中央银行再贷款和各项财政补贴,自身也就没有了商业化改革的压力。以基本建设领域的情况为例,从 1979 年试行拨改贷到 1994 年设立国家开发银行,如果算上中央银行再贷款以及各类财政补贴,国家在基建领域的投入不仅没有减少,反而大量增加,很多项目既无流动资金,也无资本金,完全靠贷款建设和经营,根本无法还本付息,不可能在商业上可持续。这一事实表明,尽管财政拨款在形式上改成了银行贷款,但如果不能从体制上分离政策性金融业务和商业性金融业务,相应的财务约束仍不能建立,信贷资金在实质上就仍然是财政资金,银行的商业化也就无从谈起。

成立政策性银行是符合逻辑的探索。现在回过头来看,尽管后来的情况证明开始想得太简单,在政策性银行设立后,商业银行仍有一大堆政策性业务要靠国家解决,但正是这一过程,加深了我们对转轨过程的认识。我们面临的问题要复杂深刻得多。在企业产权改革不到位、银行肩负一大堆社会责任的情况下,银行对企业的硬预算约束很难实行,把银行办成真正的银行就是一个实现不了的希望。

随着市场化改革的深入和经济环境的变化,当企业产权改革到位后,现在政策性银行也可以办成可持续的商业银行。尽管对国家开发银行的不良贷款率能否维持目前下结论尚早,但如果机制改革能够有效防范地方政府的道德风险,目前的低不良率就可持续。不仅政策性银行可以改革,政策性业务也可以招标,在国家事前确定补助标准后,可向各种银行招标,使补助后的政策性业务在商业上可持续,如助学贷款就是一个市场化招标的成功案例。因此在市场经济下,除极少数领域外,政策性银行存在的必要性越来越小。2008 年开始的国家开发银行向商业银行的转型改革正说明了这一点。

三、整顿金融秩序,防范化解金融风险

1997 年 7 月 2 日泰国央行宣布泰铢对美元贬值、实行浮动汇率,以此为标志,亚洲金融危机开始了。中国政府从 1997 年春天开始准备全国金融工作会议,说明对金融可能出现问题有预见性,亚洲金融危机的爆发提高了召开全国金融工作会议的必要性。

1997 年第四季度,中国召开了全国金融工作会议,并以深化金融改革、整顿金融秩序、防范金融风险为主题发了新闻稿。当时中国的金融风险相当严峻,一是国有银行不良资产比率高,资本金不足;二是非银行金融机构不良资产比率更高,有些甚至不能支付到期债务(包括外债);三是有些地方和部门擅自设立大量非法金融机构,潜伏着支付危机,挤兑风潮时有发生;四是股票、期货市场违法违规行为大量存在;五是不少金融从业人员弄虚作假、内外勾结,大案要案越来越多。

产生这些问题的原因主要有:(1)转轨因素。从计划经济到市场经济,产生了许多金融机构法人主体,但是产权不清,法制不健全。这些机构的有些领导人法制观念不强,信用意识淡薄,还以为什么都是国家的、风险由国家承担,因此存在着预算软约束下的盲目扩张,公司治理

结构几乎没有。(2)经济周期因素。1992 年开始爆发式经济周期,各地盲目上项目、铺摊子,到 1993—1994 年时有明显的过热和泡沫,到 1997 年时风险已经大量显现,不良贷款大幅上升。从 GDP 增长率来看,1992 年以后连续七年一直是逐年下降的,到 1999 年到达谷底,很明显 1997—1999 年是这轮周期中最难过的时期。从实际利率的周期看也是这样。1995—1997 年实际利率过高,因为这三年通货膨胀率下降得非常快,到 1998—1999 年 CPI 甚至为负,而名义利率下调滞后,造成实际利率过高。实际利率过高使国民收入向居民倾斜,有利于居民,不利于企业,加重了国有企业的经营困难。同时,银行存贷款利差过小,加上贷款收息率过低,造成普遍亏损。(3)道德风险因素。当时各级政府和有权部门都想享受金融机构动员金融资源的好处,擅自设立了大量非法金融机构,为支持当地大干快上提供金融资源。当发生支付危机时,许多地方抱着侥幸的心理希望中央政府来救助。在迅速成立和扩张的金融机构中,有相当部分的高管人员和从业人员素质较低,且和权力部门有千丝万缕的关系。违法违规经营、账外设账、不正当竞争、以权谋私、金融诈骗活动屡禁不止。在当时,市场大潮涌起,大浪淘沙,这些问题的出现有一定的必然性。

中国政府决定治理整顿金融秩序,主要做法如下:一是推进改革,以改革的办法来解决金融体制、机制和制度方面的问题;二是健全金融法治,强化监管;三是积极稳妥,分步实施,保护存款人的利益,维护社会稳定;四是分清责任,坚持必要的集中和适当分散相结合,充分发挥中央和地方两个积极性。

在处置金融风险和问题金融机构时,处置的原则是保护存款人的利益,使老百姓的存款基本上得到偿还。处置的难点是由谁来出钱?这是最疼、最痛苦的决策过程。最后国务院决定按照"谁组建,谁负责处置风险"的原则来确定处置资金来源,即"谁的孩子谁抱走"。用什么标准来鉴别呢,主要是看股东。对股东来说只负有限责任,资本金全部损失后,很难再拿出资金。对中央政府和地方政府来说要负无限责任,要基本上兑付老百姓的存款,而此主要的无限责任的划分标准是看出资股东隶属于中央政府还是地方政府,责任无法划清的、跨地域的基本上由中央政府承担。当然,地方政府也有许多喊冤的,但当时是快刀斩乱麻,只能说是按上述原则基本上划清楚了。

1998年6月,经国务院批准,海南发展银行作为一家股份制银行被人民银行关闭,其破产清算由中央政府埋单。2001年11月,人民银行对海南五家公司(海南赛格国际信托投资公司、海南华银国际信托投资公司、海南汇通国际信托投资公司、海南国际租赁有限公司、三亚中亚国际信托投资公司)实施停业整顿,由于这五家公司都是股份制,其股东来自各部门、各地方和民间社会资本,因此其破产清算也是中央政府埋单。有些信托投资公司,从股东到经营都是地方主导,如广东国际信托投资公司(广国投),这类公司的破产清算由地方政府负责并埋单。地方政府主要负责清算并埋单的还有农村合作基金会、供销社股金服务部、城区"**金融三乱**"(乱设金融机构、乱办金融业务、乱搞集资活动)等。当然这些都是在中央政策的指导下,依法治理整顿的。

在处置金融风险时,地方政府在筹集兑付资金上有困难的,可以采取地方政府向中央专项借款方式,用于兑付被撤销地方金融机构的个人债务和合法外债。经国务院批准,2000年人民银行会同财政部联合制定了《地方政府向中央专项借款管理规定》,强调了专项借款由省级人民政府按照"个案处理、一事一报"的原则,逐笔报请国务院批准;专项借款由省级政府统借统还,还本付息金额应纳入省级预算,省级政府向财政部出具按期还款承诺函,并由财政部批复同意;人民银行据此授权有关分支行与省级政府签订专项借款协议。按照《管理规定》要求,对不能按协议还款的地方政府,由财政部根据人民银行扣款通知在中央向地方的转移支付和税收返还资金中扣收。到目前为止,还本付息还在有序进行,地方政府的还款责任基本上得到了落实。

实践表明,在我国尚未建立存款保险制度的特殊情况下,国务院采取专项借款方式支持地方政府化解地方金融风险的决策,是完全正确的。专项借款政策的制定实施,对有效解决停业整顿金融机构的债务兑付缺口、防范道德风险、明确责任、维护政府公信力,尤其是有效防范和化解地方金融风险、维护金融和社会稳定发挥了重要作用。随着我国经济、金融的快速发展,处置金融风险的长效机制将逐步建立,此类作为化解风险应急措施的专项借款已经明显减少。

此次治理整顿金融秩序初步尝试了按产权来界定金融风险处置上的责任,可想而知,这个过程非常痛苦,因为当时出资人尤其是地方各级政府并没有想到今后可能要承担这么大的责任。按照"谁的孩子谁抱走"、分清责任的原则处置金融风险,极大地提高了地方政府的金融风险意识,在一定程度上降低了地方政府办金融的积极性。地方政府认识到,办金融可以动员金融资源,但有风险,弄不好可能赔了夫人又折兵,责任很大。这对减少对金融的行政干预起到了积极作用,同时坚持由股东负责的原则对今后确立市场经济原则也具有重要的意义。

四、成立金融资产管理公司剥离和处置不良资产

转轨时期,由于产权约束、公司治理不到位,加上经济过热等周期因素,商业银行的不良资产急剧增加,在亚洲金融危机后集中爆发,不良资产率甚至高于危机国家。按照当时较低的会计标准,我国银行业不良资产率在20世纪90年代末为30%左右,有经济学家称中国当时的银行业在技术上已经破产。要建立公众对金融业的信心、启动国有银行改革,就必须解决银行业不良资产问题。

发行特别国债注资。针对银行不良资产大幅上升的风险,1997年年底召开的全国金融工作会议,提出力争用三年左右时间,基本实现全国金融秩序明显好转,不良资产比例每年下降2—3个百分点。

根据会议要求,1998年11月,财政部发行了2700亿元期限为30年、年利率为7.2%的特别国债,专门用于补充四家国有银行的资本金。具体做法是:人民银行将法定存款准备金率由13%下调至8%,由此增

加的银行资金用于购买财政部发行的特别国债,财政部以特别国债收入用于对国有商业银行的注资,国有商业银行以其获付的资金用于偿还中央银行的再贷款。上述过程对商业银行而言,资产方存款准备金减少,国债持有额上升;负债方资本金增加,借用中央银行再贷款减少,虽然可用资金(流动性)没有增加,但资本充足率得到了改善。对货币政策而言,在下调准备金率的同时减少了对商业银行的再贷款,净影响对四家国有银行是基本中性,对其他银行是放松银根;对财政方而言,发行特别国债的利息支出与注资增加的资金占用费率大致相等,所以不增加财政负担。到 2004 年汇金公司代表国家对国有商业银行实施新一轮注资时,财政部向四家国有商业银行支付的特别国债利率降为年率 2.25％,并开始向债券的持有者(国有商业银行)实际付息。

设立金融资产管理公司。根据当时较低的会计标准计算,四家国有商业银行在获得特别国债注资后,平均资本充足率达到 8％以上。但如果按新的更为审慎的资本充足率管理办法测算,扣除国有银行的全部贷款损失,则当时四家国有商业银行的资本充足率仅为－2.29％,财务上已经资不抵债(唐双宁,2005)。在这一背景下,仅仅依靠四家国有商业银行自身的力量,仍然难以化解历年积累的信贷风险。国家于 1999 年决定成立四家**金融资产管理公司**,专门接收、处置从国有商业银行剥离出来的约 1.4 万亿元不良贷款。经过这次剥离,国有商业银行不良贷款率在 2000 年当年下降了 9.2 个百分点。

当时之所以要专门成立金融资产管理公司,主要是考虑如果在商业银行内部剥离不良资产,形成"好银行、坏银行",就需要把不良资产处置涉及的一些政策优惠如税收豁免等直接给予国有商业银行,这样做政策优惠面太大,而单独成立金融资产管理公司则可以避免这个问题。另一个考虑是成立一家还是四家资产管理公司。为防范道德风险,也便于将来对不良资产处置的业绩进行比较,因此决定成立四家而不是一家资产管理公司。

从资产管理公司的资产方看,在剥离的 1.4 万亿元不良资产中,大约

1000亿元来自国家开发银行,其余来自工、农、中、建四家国有商业银行;就形态说,大约近4000亿元为国有商业银行持有的债转股股权,大约10000亿元为不良贷款。从资产管理公司的负债方看,约5800亿元为人民银行的再贷款,其余8200亿元是对四家国有银行定向发行的财政隐性担保的债券,最终损失由财政提出解决方案报国务院审批后执行。

到2006年年底,四家金融资产管理公司基本上完成国家下达的政策性不良资产处置回收目标,在清收处置不良资产方面完成了历史使命,平均回收率略低于20%。

设立资产管理公司的意义远远超出其本身。尽管从形式上看,设立金融资产管理公司借鉴了美国重组信托公司(RTC)等国际经验,似乎只是一个为处置不良资产在技术层面上的一个设计,但实际上其意义远远超出了利用市场化手段处置不良资产本身。设立金融资产管理公司是国有银行市场化改革过程中的一个重要环节,是整个金融甚至经济体制市场化改革过程中的一个有益尝试。

五、国有商业银行股份制改革取得金融改革的历史性突破

发行2700亿元特别国债注资和设立资产管理公司剥离不良资产,只是为国有商业银行改革做了必要的准备工作,但这还不够。此时的四家国有商业银行历史包袱仍然很重,资本充足率仍然很低,甚至为负,这有会计标准问题,也有历史遗留问题。从不良资产的成因看,固然与当时宏观经济环境的周期变化有关,但归根到底是国有银行约束机制不健全、市场化程度低的反映。从当时情况看,尽管国有商业银行开始引入一些先进的管理理念和方法,逐步建立了经营绩效和风险内控机制,但总体而言,这一阶段改革主要在梳理内外部关系、引进先进管理技术、处置不良资产等表层上进行,尚未触及国有商业银行体制、机制等深层次问题,加之当时支持国有企业三年脱困和改革攻坚的需要,先后实施了债转股、技改贷款贴息以及国企上市等措施,使整个经

济改革的转轨成本向金融领域集中,这是当时国有银行不良资产大幅上升的深层次体制因素。因此,国有银行需要全面深刻的改革。

国有商业银行改革的新阶段。以 2003 年年底设立汇金公司向中国银行、中国建设银行注资为标志,金融改革进入了一个新阶段。这一阶段的金融改革有两个大的背景,一是自 2001 年 11 月加入世贸组织以来,五年过渡期过半,金融业全面对外开放的紧迫性日益增强;二是 2003 年下半年以来,我国经济逐渐走出通货紧缩、步入新一轮增长周期,加快推进国有银行改革有了一个宏观经济环境。

2003 年召开的十六届三中全会通过了《中共中央关于完善社会主义市场经济体制若干问题的决定》,进一步明确了深化金融企业改革的目标、任务和步骤,提出商业银行和证券公司、保险公司、信托投资公司等要成为资本充足、内控严密、运营安全、服务和效益良好的现代金融企业,并提出了国有商业银行实施股份制改造、加快处置不良资产、充实资本金、创造条件上市四部曲改革的明确要求,新一轮银行改革自此开始。

设立汇金公司进行财务重组。财务重组是国有商业银行股份制改革的前提和基础。2003 年年底,党中央、国务院决定,选择中国银行、中国建设银行进行股份制改革试点,并通过设立中央汇金投资有限责任公司①动用 450 亿美元外汇储备注资,希望借此从根本上改革国有商业银行体制。2005 年,汇金公司又向中国工商银行注资 150 亿美元。同时国有商业银行先后将部分不良贷款进行了再次剥离,2004 年以来,工行、建行、中行、交行剥离并出售了 1 万亿元左右的不良资产。从国家支持的角度看,是希望此次财务重组是转轨过程中的"最后晚餐"。经过财务重组后,国有商业银行的财务负担大大减轻,资产质量明显提高,资本充足率水平达到了 8% 的监管要求,为下一步设立股份公司以及在资本市场上市提供了有利条件。除对大型商业银行注资外,汇金公司还对一些证券公司、保险公司实施了注资重组,为化解金融风险和全面推进金融机构改革发挥了重要作用。

与以往相比,这次国有商业银行的财务重组有两个特点,一是不良资产处置的市场化程度提高。1999 年是按账面价值将不良贷款剥离到资产管理公司,因而是一次政策性剥离。2004 年以来的不良资产是以拍卖定价方式销售给资产管理公司,相对应的中央银行再贷款也能收回来。二是采取了设立汇金公司用外汇储备而不是财政发债的方式注资。从当时情况看,要启动国有商业银行改革,进行财务重组并推动其上市,一个自然的首选思路就是再由财政发债注资解决,但这一思路没有走通。尽管当时名义财政赤字和债务负担率很低,但考虑到包括国有商业银行在内长期积累的不良资产,以及社会保障方面的巨大欠账,隐性财政负担并不低,而国有商业银行要在加入世贸组织过渡期内完成股份制改革,时间又十分紧迫。相对于财政的隐性负担以及向公共财政转型的巨大支出需要而言,当时国家外汇储备的投资渠道相对较窄,而通过设立汇金公司用国家外汇储备注资,既可拓宽外汇储备的投资渠道,又有利于使所有者多元化。

公司治理改革。公司治理改革是这次国有商业银行改革的最大特点。以往改革主要在财务层面进行,涉及公司治理等深层次问题不多。这次改革是要建立一个规范的股份制公司治理结构,重在机制转换,涉及股份公司治理架构、内控机制、引进战略投资者、审慎会计准则、中介机构作用等多个方面,是一次更为全面和彻底的改革。

资本市场上市。通过在境内外资本市场上市进一步改善股权结构、真正接受市场的监督和检验,是这次国有商业银行股份制改革的深化和升华。2005 年 6 月,交通银行在香港联合交易所挂牌上市,2007年 5 月在境内 A 股上市。2005 年 10 月,中国建设银行在香港上市,2006 年成功回归 A 股市场。2006 年 6 月和 7 月,中国银行也先后在香港 H 股和境内 A 股成功上市。2006 年 10 月,中国工商银行成为在香港和内地资本市场同时上市的第一家金融企业,创全球有史以来IPO 最大规模。但同时必须谦虚地说,全球市值排名靠前并不说明什么,切记日本的商业银行在 20 世纪 80 年代排名靠前但昙花一现的历史过程。

与以往相比,这次改革有三个显著不同,一是从单纯的财务重组向建立现代企业制度深化。1998 年发行 2700 亿元特别国债补充四家国有商业银行资本,以及 1999 年设立金融资产管理公司剥离 1.4 万亿元不良贷款,重在化解金融机构的财务风险。这次是要通过注资实现银行改制,建立规范的现代企业制度,重在机制转换,是一次比较全面和彻底的改革。二是首次引进了境外战略投资者,对公司治理、风险控制以及创新和竞争力的提高影响深远,也为金融机构走出去打下了基础。三是改革效果大大好于以往。不仅初步建立起规范的股份制公司治理结构和风险内控机制,而且资本充足率大幅上升,不良资产率持续下降,盈利水平稳定上升。

从整个 30 年金融改革的历史看,国有商业银行实施股份制改革并上市,是整个金融业转轨过程中一个最大突破,具有里程碑意义。

六、农村信用社改革取得重大进展

农村信用社改革是这一时期除国有商业银行改革之外又一个取得重大突破的改革。事实上,从这轮银行业改革的整体战略看,走的是一条"抓两头,带中间"的路子,两头就是指四大国有商业银行和众多的农村信用社。

党中央、国务院历来十分重视农村信用社的改革与发展。1996 年国务院决定农村信用社与农业银行脱离行政隶属关系,由人民银行对农村信用社实施监督管理。2002 年全国金融工作会议后,国务院成立深化农村金融和农村信用礼改革专题工作小组,并最终形成了《深化农村信用社改革试点方案》(国发[2003]15 号文件),对农村信用社改革和发展提出了"明晰产权关系,强化约束机制,增强服务功能,国家适当扶持,地方政府负责"的总体要求。

2003 年 6 月,按照引导和自愿相结合的原则,确定吉林等 8 个省

（市)作为第一批试点省市,参加农村信用社改革试点工作。2004年8月,国务院又决定将21个省、区、市纳入农村信用社改革试点范围,并下发了《关于进一步深化农村信用社改革试点的意见》。全国除了海南省(西藏没有农村信用社)外,所有省区市均加入了本次改革。

为了支持改革,国家给予的政策支持力度很大,涉及财政、税收、资金和利率等多方面。根据国发〔2003〕15号文件精神,人民银行会同银监会在8省(市)改革试点之初,就及时制定、发布了资金支持方案,由人民银行按2002年年底试点地区农信社实际资不抵债数额的50%,发放**专项中央银行票据**或**专项再贷款**,帮助试点地区农信社化解历史包袱,其中专项中央银行票据用于置换农信社不良贷款和历年挂账亏损。各试点省份可根据本省的具体情况选择一种方式,也可以"一省两制",但总量不能突破2002年年底农信社实际资不抵债数额的50%。

人民银行以发放专项中央银行票据和专项再贷款两种方式支持农村信用社化解历史包袱,目的是使改革后的农村信用社能做到产权明晰、财务状况良好、治理结构完善。资金支持方案正视并注重解除农村信用社的历史包袱、建立连续的正向激励机制,防止改革后农村信用社走下坡路和防范道德风险。在专项借款发放和专项票据发行、兑付条件,以及考核程序的设计上,把资金支持与农村信用社改革进程紧密结合起来,力求取得"花钱买机制"的政策效果。

专项票据在兑付之后就成为信用社的自有资金,不用偿还,但对信用社增资扩股、资本充足率和不良资产的下降有一整套的严格要求,达到标准后才能兑付票据。兑付之前,信用社持有央行票据并得到按季付息。央行票据的设计为农信社改革和地方政府提供了巨大的正向激励机制,使99.9%的县选择了央票支持方式。截至2008年6月,人民银行共计完成专项票据发行和兑付考核18期,对2387个县(市)农村信用社发行专项票据1656亿元,置换不良贷款1353亿元,置换历年亏损挂账303亿元。对1771个县(市)农村信用社兑付专项票据1206亿元,占全国选择票据资金支持方式的县(市)总数和票据额度的比例分别为 74％和 72％。对新疆、陕西两个省（区）的 44 个县（市）发放专项借款 12 亿元。目前除海南外，全国专项票据发行和专项借款发放已顺利完成，专项票据兑付进程超过 70％。资金支持政策的顺利实施，对化解农村信用社历史包袱、支持和推动改革发挥了重要的正向激励作用，"花钱买机制"的政策效应初步显现。

自 2003 年启动的农村信用社改革，已进行了近 5 年。各方面共同认为本轮改革是我国农村信用社发展历程中，乃至整个农村金融领域的一项重大改革，也是只能成功不能失败的重大改革。本轮改革对农村信用社实现健康可持续发展、对全面改善农村金融服务、对促进解决"三农"问题和新农村建设意义十分重大。经过改革，农村信用社长期积累的沉重历史包袱逐步得到有效化解，长期存在的系统性、区域性支付风险问题得到了有效控制，同口径下的经营财务状况和资产质量明显改善，农户贷款等涉农信贷投放大幅增加，服务功能有所增强，内外部对农村信用社改革发展前景的信心大为提高，取得了重要进展和阶段性成果。按贷款四级分类口径统计，2007 年年末农村信用社不良贷款比例为 9.3％，与 2002 年改革之初相比下降了 28 个百分点；资本充足率为 11.2％，与改革之初相比提高了 20 个百分点。2002 年，农村信用社亏损 57 亿元，2007 年盈利 453 亿元。2007 年年末，农村信用社农业贷款 1.43 万亿元，占其各项贷款的比例为 46％，比改革之初提高了6 个百分点；占全国金融机构农业贷款的比例为 93％，比改革之初提高了 12 个百分点。

以中央银行票据的方式支持农村信用社改革是一次了不起的金融创新。央行票据对央行来说是负债，对信用社来说是无风险资产。央行用央票这种无风险资产来以县为单位置换农信社的不良贷款和历年亏损挂账，其中置换不良贷款占比不得低于 65％。相对 2008 年美联储在次贷危机中用美国国债置换问题金融机构资产的做法，2003 年夏天出台的以央行票据支持农信社改革的办法非常值得研究，感兴趣的读者可以就此课题进一步探索，应该可以做出几篇博士论文来。

七、开放是改革的强大动力

从 30 年金融改革的历史看,对外开放伴随着整个改革过程。早在改革之初,邓小平先生就非常清楚地意识到要搞中外合作和对外开放,1979 年我国就起草了第一部《中外合资经营企业法》,设立了中国国际信托投资公司作为引进外资、开展国际经济金融合作的窗口,并成功发行了第一笔外债。一些外资银行也开始在华设立代表处和营业机构。1997 年亚洲金融危机的爆发,凸显了经济金融全球化对我国的深刻影响。2001 年 11 月我国加入世界贸易组织,标志着我国经济金融领域的对外开放进入了一个新阶段。正是在这一背景下,金融改革的迫切性日益增强,直接推动了 2004 年以来国有商业银行的股份制改革。

对外开放对改革的促进作用,首先在于认识到差距的存在。如果没有对外开放,就连信息都没有,也不知道自己落后。即使看改革以后的国有商业银行,如果计算总市值可能排在世界前列,但靠的是拼规模和大量投入,人均利润、资本回报率等效益指标仍有相当差距。如果再看机构功能、市场开发、内控机制和风险管理水平,则更是比较落后[⑤]。其次是对外开放能在很大程度上促进竞争。计划经济不讲竞争,竞争往往被认为是重复建设。经过多年改革,竞争的原则在制造业和大多数服务业已被普通接受,并且后来的实践证明,当初一些开放较早、程度较深的行业,如电子行业等,现在不但没垮,反而成为在全球具有竞争优势的行业。但在金融领域对引进外资参与竞争却仍有存疑,典型的莫过于在国有银行改革中是否有必要引入境外投资者。对此应从两方面看,一方面境外投资者获得了投资收益,但另外一方面我们不仅引入了技术和管理,也引入了竞争机制,特别是有助于改善公司治理和减少外部行政干预,也会促进会计准则、透明度和信用评级等中介服务领域的改革,这对巩固银行改制成果非常重要。如果没有境外投资者一定的股权,尽管改制后股东多元化了,但在现行体制下,内资股东仍然难以摆脱外部不当的行政干预。第三个与金融开放有关的问题是金融安全。从国际比较看,前东欧转轨国家外资银行所控制的金融资产大都超过了60％,在新兴市场国家一般也超过30％,而我国外资银行加上境外投资者持有我国商业银行股权的比重大约为20％,比较适度。更重要的是,一个国家金融是否安全,关键是宏观经济的稳健性、法治的完善程度和金融体系的健康程度,特别是金融市场的基础设施如交易、支付、清算、托管、信息功能是否健全,与外资比例大小、金融服务由内资或外资提供并无必然联系。

从未来趋势看,随着金融全球化深入发展,各国金融市场联系更加密切,竞争更加激烈,对此我们只能坚持改革开放方针不动摇。在引进中缩小差距,在开放中提高竞争力,既是30年金融改革的一条基本经验,也是今后深化金融改革的一个基本动力。

八、关于分业经营和混业经营

这个问题恐怕还要再争论100年。1933年美国国会通过《**格拉斯–斯蒂格尔法案**》(以下简称"格法案"),开始了美国银行、证券业分业经营的历史。格法案的理念是混业经营风险大,因此要分业经营、分业监管。主要理由有两个,一是银行的资金来源(资产负债表的负债方)主要是企业和公众的存款,用这样的资金来源从事证券业风险太大;二是如果银行持有企业的股权,将产生在贷款决策上的不公平,银行倾向于给自己持有股权的企业优先贷款。显然,格法案是吸取了美国1929—1933年经济大萧条的经验教训。

然而,经济学家们一直批评格法案是误读了历史。大萧条的真正原因是中央银行(美联储)没有履行最后贷款人的职能。当时的决策者过分相信市场的自我修复机制,没能及时地提供市场需要的流动性,阻止债务—通货紧缩的自我加强过程,从而导致大萧条。到了20世纪70—80年代,批评格法案的声音占了主流,分业经营开始松动,中止格法案成为共识,格法案何时淡出只是一个早晚的时间问题。直到1999年美国国会通过"金融服务现代化法案",克林顿总统很快签署,格法案寿终正寝,美国结束了其60多年的分业经营历史。

反观中国的历史。改革开放初期,中国实际上是混业经营模式,银行可以办证券和保险(如交通银行)。在1993年6月底经济过热、金融混乱时,中国政府出台了治理整顿16条措施,其中有13条和金融有关。在反思金融混乱的原因时,混业经营成为其中一条,因此,决定借鉴美国经验,走分业经营的道路。1995年以颁布《中国人民银行法》《商业银行法》《证券法》为标志,中国正式走上了分业经营的道路,要求商业银行与其持有的证券公司、保险公司脱钩。当时作为一名学者,我参加了部分关于分业经营的讨论,当时曾指出,在美国分业经营已是尾声,格法案被废止是迟早的事。早在1980年我到美国留学的第一年,上《货币银行学》,授课老师就批评格法案的缺点,给我留下了深刻的印象。当然我当时对此问题的理解是肤浅的,后来通过不断研究、教学和参与各种国际学术研讨会特别是到人民银行工作以后,对此问题的思考和国际比较越来越深入了。

分业经营和混业经营各有利弊。总的来说,分业经营的优点是对风险看得比较清楚,监管的责任比较清楚;缺点是不利于金融创新,效率要低一些。混业经营有利于金融创新、新产品的推出,但有时对风险不容易看清。在混业经营分业监管的模式下,监管责任不易划清。欧洲一直是混业经营,叫作全能银行模式,或金融百货店模式。虽然争论一直在持续,但在美国次贷危机发生以前,中国学者的共识越来越倾向逐步走向混业经营,可以借鉴美国的金融控股公司模式,也可借鉴欧洲和日本好的经验。

历史好像在和勤于思考的人开玩笑,美国的次贷危机再次质疑混业经营模式。分业经营的实质是把银行(间接融资)和证券(直接融资)风险隔离开,而混业经营会使银行与证券、保险在机构和产品上的界限越来越模糊。有学者提出(我听到前MIT教授、IMF副总裁斯坦尼·

费希尔提问）如果不废止格法案，会发生次贷危机吗？可见，次贷危机对混业经营模式的冲击是深刻而有力的。

从 1995 年中国决定走分业经营的道路到今天才 13 年，从 2003 年开始一行三会的体制到今天才五年⑥，我不想在今天做任何结论。中国是幸运的，在我们思考重大问题时总有重大的事件发生，告诉我们风险在什么地方，帮我们标明前进的航道。有了这些信息和思考，中国的金融业可以少走弯路。

九、三十年银行改革的基本逻辑

从实践中改革的顺序看，1979 年开始实行的拨改贷，是金融领域改革中政治激励转向经济激励的起点。拨改贷的实施，使企业开始有了还本付息的压力，企业作为还贷主体开始有了产权约束，银行也开始有了追求利润的激励。随着拨改贷规模的扩大，大一统的、政企不分的国家银行体制必须转变，人民银行与工商银行分设就体现了这一要求，这也是金融领域改革政企分离的开始。进入 20 世纪 90 年代中期以后，政策性银行的设立，也同样反映了在政企不分的情况下商业银行追求自身商业利益与贯彻国家政策意图的冲突，是在经济激励改革要求日益上升这一大背景下，金融领域进一步政企分离的改革。随着建立社会主义市场经济体制改革目标的确立，金融改革进入全面推进阶段。在这一背景下，商业银行获得了至今为止仍然是最广泛的经营权限和经营范围，设立了大量的非银行金融机构，并通过这些机构绕规模拆借资金；获得了进入股票市场、房地产市场、期货市场、信托市场在内的几乎所有金融行业的经营权。但由于当时的改革并不配套，从外部看，金融监管的理念和制度尚未建立；从内部看，金融机构自身改革尚未开始，外部和自身均没有约束机制，自然引发了当时金融秩序的混乱，加之随后遭遇亚洲金融危机，金融风险急剧上升。这一情况表明，如果仅仅是通过放权让利来增强市场主体的经济激励，在产权不清晰、金融机构自身没有一个好的公司治理和内在约束机制的情形下,单纯的经济激励改革最终不会成功,只会变成国家和企业之间的利益博弈,产生大量道德风险,达不到真正增强微观主体内部约束的改革目标。正因如此,20世纪90年代后期中国金融业的治理整顿、分业经营至关重要。2003年年底以来的新一轮金融改革,具有明显的产权改革特点。无论是设立股份公司,还是引入境外投资者和上市,都体现了在现代企业制度框架下明晰产权的公司治理要求,使金融机构改革从最初的外部放权让利和经济激励,转向建立现代企业制度和规范公司治理的产权激励,并通过公开上市增强外部市场约束和社会监督。随着金融机构特别是国有商业银行产权改革的深入,整个金融领域的微观基础正在发生根本变化,市场力量反过来会促进政府加快职能转换,促进从行政命令制国向依法治国转变。

以上按照市场经济的五个特征,描述了30年银行改革过程的内在逻辑。最后,我们再对照这五个特征一一回顾,看改革30年来银行业是否发生了相应变化。首先看产权是不是比过去清晰多了,回答是肯定的。过去是人民银行一家银行统天下,现在是几百家银行加上几千家相对独立的农村信用社;资本充足率也有了显著改善,过去银行是政府和财政的出纳,一切听命于政府,现在是自主经营、发挥资源配置作用的市场主体,体现了政企在很大程度上的分离;过去以行政命令代替法律,现在法治建设初具规模,人民银行法、银行业监督管理法、商业银行法、物权法等成为监管部门和商业银行依法监管、依法经营的依据;过去银行领导干好干坏只体现在政治升迁,现在银行业已经有相当的经济激励;过去银行没有社会监督,现在每年都需要披露年报,上市银行还要考虑股票价格的表现、经营和决策透明度,这些都是社会制约和监督。

尽管银行业改革取得了显著成效,但仍然还有很长的路要走。国有控股银行的董事长、行长基本上是任命制,监管也还带有不同程度的管制特征,这也是符合中国国情和渐进式改革的体现。但另一方面,资产回报率、资本回报率、利润、不良资产等经营指标的考核,中外资银行日益激烈的竞争,上市银行的市值表现等,都对传统体制形成了强有力的外部制约,银行业现状呈现出明显的混合经济特征,转轨过程中的复杂环境导致了较高的交易成本,也存在寻租腐败的机会。但就目前看,现行体制仍是可行的选择,还找不到更好的替代。随着全球金融一体化的不断深入,国际竞争压力的不断增强,港澳台日益融入大陆的经济生活,祖国统一大业的宏伟蓝图日益清晰,中国银行业将继续向市场化方向前进,暂时的反复虽仍有可能,但改革开放从趋势上已不可逆转。下一步,中国的银行业在可见的未来将经历经济周期、人民币逐步可兑换、稳步推进利率市场化这三个考验。我对中国银行业平稳渡过这三个考验充满信心。

注释

① 官方价格指当时价格双轨制背景下计划内消费品和生产资料的价格。

② 自由市场价格指当时价格双轨制背景下合计计划外消费品和生产资料的价格。

③ 从国际比较看,1978 年印度这一比例为 0.37,与我国水平大体相当,到 1990 年仅上升到 0.47,美国为 0.67,韩国为 0.57。

④ 2003 年年底,中央汇金投资有限责任公司成立,注册资本 450 亿美元。其性质是政府投资公司,代表国家向进行股份制改造的中国银行、中国建设银行、中国工商银行合计注资 600 亿美元。2007 年,国家决定成立中国投资有限责任公司,中央汇金投资有限责任公司成为新成立的中国投资有限责任公司的全资子公司。

⑤ 周小川:《中国银行业改革的长期性、艰巨性和复杂性》,载中国人民银行办公厅编:《探索与思考——人民银行学术讲座与领导干部调研报告选(2006 年度)》,第 14—26 页。

⑥ 本文发表于 2008 年。

参考文献

邓小平:《关于经济工作的几点意见》,载《邓小平文选》(第三卷),人民出版社 1994

年版,第 194—202 页。

《地方政府向中央专项借款管理规定》,银发[2000]148 号,载中国人民银行办公厅
　　编:《中国人民银行文告(2000)》。

《国务院办公厅关于进一步深化农村信用社改革的试点意见》,国办发[2004]66
　　号,引自中华人民共和国中央人民政府门户网站。

《国务院关于金融体制改革的决定》,载中共中央文献研究室编:《十四大以来重要
　　文献选编》(下册),人民出版社 1999 年版,第 593—604 页。

《深化农村信用社改革试点方案》,国发[2003]15 号,引自中华人民共和国中央人
　　民政府门户网站。

唐双宁:《关于国有商业银行改革的几个问题》,2005 年 3 月 25 日在中国金融学会
　　学术年会上的演讲,引自银监会网站。

〔匈〕亚诺什·科尔内:《短缺经济学》,经济科学出版社 1986 年版。

易纲:《市场效率与产权界定》,《中国:发展与改革》1988 年第 12 期。

《中共中央关于建立社会主义市场经济体制若干问题的决定》,载中共中央文献研
　　究室编:《十四大以来重要文献选编》(下册),人民出版社 1999 年版,第 519—
　　548 页。

《中共中央关于完善社会主义市场经济体制若干问题的决定》,载《〈中共中央关于
　　完善社会主义市场经济体制若干问题的决定〉辅导读本》,人民出版社 2003 年
　　版,第 1—26 页。

《中共中央、国务院关于深化金融改革、整顿金融秩序,防范金融风险的通知》,中
　　国人民银行、中共中央文献研究室编:《金融工作文献选编(1978—2005)》,中国
　　金融出版社 2007 年版,第 281—293 页。

周小川:《中国银行业改革的长期性、艰巨性和复杂性》,载中国人民银行办公厅
　　编:《探索与思考——人民银行学术讲座与领导干部调研报告选(2006 年度)》,
　　第 14—26 页。

中国金融业对外开放的逻辑[*]

提要 金融业对外开放的主要逻辑很简单：以开放促改革。从所有者角度，这体现在产权清晰、政企分开，从而建立有利于金融创新和风险防范的公司治理结构；从法制建设和社会监督的角度，这体现在提高会计准则标准和透明度，依法经营、纳税和向社会披露信息；从金融服务的角度，这体现在提高竞争力和服务水平，使老白姓有更多的产品（境内境外）可以投资，分散风险。面对全球金融一体化，我国金融业没有更多的选择，只有开放才能提高竞争力和服务水平，封闭就等于落后。金融业对外开放要有序、渐进，要有总体设计，在金融对外开放过程中要坚持有中国特色的社会主义市场经济方向。本文对金融开放与金融安全之间的误解做了澄清。

1978 年以来，我国保持了 30 年的高速经济增长，已成为世界第四大经济体。一般认为中国是新兴经济体，而将采取休克疗法转向市场经济的东欧国家称为转轨经济体。实际上，中国同时具有新兴和转轨经济体的特征，从计划经济逐步转向市场经济转轨的特征尤为明显。

计划经济的特点是产权不清，政企不分，命令制国，政治激励，内部监督。市场经济则截然不同，其本质特征为产权清晰，政企分开，依法治国，经济激励，社会监督。中国经济改革开放的目标实际上是清楚的，即转轨的方向是清楚的。中国采取的是渐进式的转轨过程，经济发展始终处于可控的状态，没有出现社会混乱和经济休克的阶段。这一成就得到了全世界的承认。之所以在一定阶段要说"以计划经济为主、

* 原文载于江小涓主编：《中国改革开放 30 年：增长、结构与体制变迁》，人民出版社 2008 年版。感谢梁猛同志所做的助研工作。

市场经济为辅"、"有计划的商品经济"等,并非我们不知道转轨的方向是有中国特色的社会主义市场经济,而是必须要用当时可以接受的政治词语来过渡。

中国比较成功地实现了从计划经济向市场经济的转轨。成功的秘诀,一靠改革,二靠开放。中国前进主要是靠改革和开放这两个轮子。如果只有改革一个轮子,也能前进,但是不稳,像个独轮车。加上开放,就有两个轮子,风险要小很多。本文从中国金融业过去 30 年走过的路程来论述中国金融业对外开放的逻辑。

一、由发达国家主导的全球金融一体化背景

(一)全球贸易、投资、金融一体化的背景

全球经济一体化进程体现为以下四个方面:一是全球国际贸易额逐年上升,贸易的增长速度快于全球经济增长,这是全球化的基础和起点。二是全球对外直接投资额和证券投资额稳步增长,这是从贸易增长衍生而来的。三是更加迅捷的信息流动,这是全球化,尤其是金融全球一体化的技术基础。四是更加自由的人才流动。以人为本,什么时候中国的人才能够在世界大多数国家自由就业的时候,中国就完全融入了全球经济。

全球经济一体化是一个由发达国家和发达国家跨国公司主导的过程。国际贸易发展最快的时期是在 1985—1995 年,从约 2 万亿美元增加到 5 万多亿美元。同期,外国直接投资迅速发展。根据联合国贸发会议的统计,1982 年,全球外国直接投资的流入水平为 590 亿美元,还不到中国 2004 年吸收外国直接投资的数量(606 亿美元)。而 2006 年全球 FDI 流入量达到了 13059 亿美元,增长了 22 倍,其中发达经济体吸收了 8575 亿美元,发展中经济体吸收了 3791 亿美元,约占 29%。

在全球经济一体化过程中,跨国公司是关键。随着生产能力和运输技术的迅速提高,跨国公司在世界范围内配置资源,组织研发、生产、

销售和服务。目前,跨国公司掌握着世界直接投资的绝大部分,2006年占了全球外资流出量的84%。跨国公司的产出占世界总产值的1/3和发达国家总产值的50%,其贸易额约占世界贸易额的2/3。

总的来说,全球经济一体化,尤其是全球金融一体化是世界经济、金融发展的必然趋势。对外开放既是机遇又是挑战,充分利用好国际国内两种资源和市场,是世界任何一个谋求发展的经济体的必然选择。我国金融业的对外开放是顺应历史潮流的明智决策。

这里我要指出一个阴谋论的悖论。如果说有阴谋的话,那么冷战结束后,主要发达国家的一个最大的阴谋就是搞全球经济一体化,其中一个重头戏就是世界贸易组织谈判过程。全球金融市场和服务一体化是全球经济一体化的主要组成部分,而全世界的学者达成的基本共识就是中国是全球经济一体化的最大受益者。全球金融一体化,从技术的角度来说,就是在全球的金融市场上,套利机会几乎不存在;其数学定义就是套利机会出现的时间趋于零。全球金融市场,特别是外汇市场和金融衍生产品市场,基本上是一个市场,价格逐步趋同。

全球金融一体化的另外一个重要特征是,主要经济体要基本参加全球开放的金融市场,主要经济体货币成为可兑换货币。任何一个经济体,只要成长到一定大的程度,如果要维护自己市场的利益,就一定要在国际金融市场上有发言权。而参加国际金融市场并在一定程度上开放本国市场,是获得金融市场规则制定参与权的必要条件。我们都向往国际金融市场的主导权,只有当本国金融市场成为国际金融市场的主场时,当主人的国家才有主导权。如果主导国家能主持一个公平的游戏,全世界参与者就会持续参与进来。如果不能主持公平,别人玩几次之后,就不来了。

(二)金融市场和服务的整合

金融服务贸易的国际化需求和新技术的出现,使得新的服务贸易模式成为现实,金融市场一体化进程加速。

1. 金融市场的整合，金融市场一体化——交易所并购

国际金融市场一体化的一个重要现象是交易所的合并，这大大加速了金融市场一体化进程。以 2000 年为界，交易所并购整合浪潮可以划分为两个阶段：第一个阶段是 2000 年以前的国内整合阶段，包括对现货交易所和衍生品交易所的横向整合以及对交易所和结算公司的纵向整合两个环节；第二个阶段是在 2000 年后海外扩张阶段。2000 年 9 月 22 日，巴黎交易所、阿姆斯特丹交易所以及布鲁塞尔交易所正式宣布合并，形成全球第一个跨国境的、单一货币的股票和衍生交易市场——泛欧交易所（Euronext）。此后，交易所跨越国界进行并购整合开始在全球证券市场全面展开。2007 年 3 月纽交所收购泛欧交易所（表 1）。

表 1 交易所并购整合

时间	事件	类型
2000 年	东京证券交易所兼并广岛和新潟两家证券交易所	国内
2000 年 3 月	香港交易及结算所有限公司由香港联交所等合并成立	国内
2000 年 9 月	巴黎、阿姆斯特丹和布鲁塞尔三个交易所合并，成立泛欧证券交易所（Euronext）	跨国
2002 年 1 月	泛欧交易所收购了里斯本交易所和伦敦国际金融期货交易所（LIFFE）	跨国
2002 年 12 月	伦敦结算所和泛欧内部交易所 CLEARNET 合并	跨国
2004 年	瑞典 OM 集团与赫尔辛基交易所合并	跨国
2005 年 11 月	纳斯达克收购电子交易系统运营商 Instinet	国内
2006 年 7 月	澳大利亚悉尼期货交易所与澳大利亚证券交易所合并	国内
2007 年 3 月	纽交所正式宣布收购泛欧交易所	跨洲

数据来源：根据相关报道整理。

新组建的纽约-泛欧证交所可以不间断地开展跨国、跨地区、跨交易时区经营，不仅继续保持纽交所在股票交易上的优势，还因合并了泛欧交易所设在伦敦的国际期货期权交易所，业务品种大幅度扩张，投资者多方面需求都可以得到满足。欧美经验说明，各国相对独立的资本市场效率低于统一的市场，投资成本偏高，不符合投资者长远利益，不

利于增强外来投资者信心。交易所并购显著提高交易所的效率和全球资本市场的资源配置有效性。

我国金融市场还处于相对封闭的状态,与我国第三大国际贸易国的地位不相称。我国大批优质企业在海外上市,随着资本项目进一步开放和人民币自由兑换进程加速,我国金融市场最终将融入国际金融市场一体化的进程之中。

2. 金融服务的国际贸易

近年来,全球服务贸易迅猛发展,世界服务贸易出口总额从 1980 年的 3650 亿美元扩大到 2006 年的 2.71 万亿美元,增长了 6.4 倍,占世界贸易出口的比重从 1/7 增长到近 1/4。世界贸易的竞争将更多地体现于服务贸易的竞争,发展服务贸易已成为各国竞争的焦点。与中国货物贸易发展相比,中国服务贸易起步晚,竞争力弱,影响和制约了中国对外贸易国际竞争力的进一步提高。

近年来,金融服务业结构在全球范围内出现了重大的变化。除同行业之间的激烈竞争之外,不同类型金融机构之间的竞争也日趋激烈。银行和保险业在世界范围内的跨境并购正在改变金融行业。放松管制减弱了现有金融服务行业条块分割的现象,使顾客可以进一步享受银行、证券、保险和资产管理服务的“一店式”消费。在发达国家,各种金融服务日渐混合,不同金融机构间的区别变得模糊。这就是所谓的混业或综合经营。

金融市场之间的竞争还表现为国际金融中心之间的竞争。从发展趋势上看,主要的国家金融中心将被少数国际金融中心所取代。根据这个判断,在上海建立国际金融中心的任务就更加紧迫。我们要成为金融一体化的主场,就需要一个国际金融中心。

3. 技术推动的“网上金融革命”

技术的进步对金融服务业的作用是基础性的。股票交易的场内交易几乎已经完全被电子交易所取代。世界主要证券和衍生产品交易所中的大多数都提供电子交易设施,金融交易的结算和清算已完全依靠电子方式。保险的网上销售和服务逐渐兴起,逐步取代传统代理人和电话销售方式。金融产品和服务的定制或者一对一营销在网络技术进步的条件下成为现实。如果网上金融交易的安全性和隐秘性能够进一步得到充分保障,电子交易就会完全取代传统交易方式。我国几乎所有金融机构都在计划提供更新的互联网服务。

4. 远程跨境金融服务贸易逐步兴起

网络技术的快速进步的另一个重要影响是远程跨境交易成为可能。与商业存在相比,远程跨境交易成本低廉,服务范围广,必将在金融服务提供中变得越来越普遍,但这一趋势对目前的监管措施是一项重大挑战。由于服务提供商和客户分处不同的国家和地区,法律环境有差异,交易的合法性和违约诉讼等问题比较难以解决,因此需要大量的监管协调。尽管在发展中国家商业存在仍然是占主导地位的金融服务提供模式,但跨境贸易作为一种金融服务提供模式的重要性正逐渐增强。

(三)经济金融全球化,不参加就有被边缘化的危险

经济金融全球化使得限制资本流动的地理边界逐渐消失,发达国家不断放松贸易、投资规制,使公共事业自由化;发展中国家在发达国家压力下,被动地参与全球化,实行贸易、投资自由化并开展经济技术合作,不断提高对外开放度。这一系列的变化,尽管大赢家是发达国家,但发展中国家从中获益甚多。随着经济的发展和开放度的提高,发展中国家也主动或被动地形成了自己一些独特的优势地位。实际上,全球化是一个共赢的结局,中国是一个大赢家就是发展中国家也可受益的极好例证。

国际经验和我国 30 年的改革开放实践表明,在开放的环境中通过

高水平的竞争提高金融业的竞争力,是我国金融业长治久安的唯一出路,我们必须继续坚持扩大对外开放的策略不动摇。

我国工业部门对外开放的经验表明,产业安全是以技术领先为前提的,落后是最大的不安全,金融业也是如此。较低的抗风险能力与封闭的市场条件相适应,但是这种状态不能长期存在。中国金融业整体水平由于对外开放才得到了显著的提升。引进境外投资者充实了我国金融企业资本,提高了公司治理和盈利水平,降低了不良资产率,推动了金融产品和服务创新,提升了市场竞争层次。然而,目前国内金融业与国际先进水平的差距依然巨大,国际比较表明,国际十大银行和国内十大银行相比,资本利润率平均高出 10 个百分点,不良贷款比率平均低 2.6 个百分点。中国银行业与世界先进水平差距虽然已经十分巨大,但却是银证保三个行业中差距最小的。最近的数据显示(2007 年年末),国际大型投资银行的净资产规模分别为美林证券 319.32 亿美元、高盛 500.65 亿美元、瑞士信贷 526.75 亿美元,2007 年年末在我国证券业协会注册的 106 家证券公司的总净资产为 3442.9 亿元人民币,约合 452.77 亿美元,还不及高盛和瑞士信贷(当然次贷危机后有些数字发生了很大变化,但并不改变格局)。全球最大的 10 家保险公司中任何一家所拥有的资产规模都远大于中国保险行业的资产总量。世界 500 强中排名第 15 位的安盛保险集团,1998 年的业务收入就达到 787 亿美元,已经超过 2006 年我国保费收入的总和。

改革开放绝不是一朝一夕、一蹴而就的事,需要长期、艰苦、细致、持续的努力。高水平的竞争能力和可持续的自我发展能力是中资金融机构最大的安全基础,也是中国金融的最有力的安全保障。

二、发达国家和新兴市场国家融入全球
金融体系的路径和逻辑

从不开放到融入全球金融体系,各国走过的路经并不一致。发达国家主导这一过程,并推动其他国家加速金融业对外开放;转轨国家在加入欧盟的诱惑之下,半被动半主动地开放了金融业;危机后的亚洲国家有开放的,也有半封闭和全封闭的,更开放的国家经济金融恢复的速度也更快。总的来说,无论发达经济体、转轨经济体还是新兴经济体,开放度更高的国家,其金融系统表现出更高的效率和活力,坏账率也更低,金融业整体更加安全,抵御风险的能力更强。世界银行在一份政策研究报告[①]中认为:外资银行的引进有助于提高效率、促进竞争和金融部门的稳定。

(一)主导的发达国家

1. 美国:主导国际金融体系

美国在金融领域拥有主导权和控制能力,通过扩张性的经济金融战略,美国的商业银行、投资银行、保险机构、信用评级机构等遍布全球。相对于其对外扩张,其对国内市场的对外开放却设置了诸多的限制。美国对于有着共同利益、相似价值观的发达国家和友好国家的开放程度高,而对于与其有着较大价值观差异、政治倾向差异的国家限制措施较多。在美外资银行来源国高度集中于经济发达的国家。

外资银行在美设立机构主要有六种形式,分别为:代表处(Representative Office)、分行(Branch)、代理(Agency)、子行(Subsidiary)、埃奇法协议公司(Edge Act and Agreement Corporation)和商业贷款公司(Commercial Lending Company)。根据美联储公布的数据,截至2007年年末,外资银行(Foreign-Related Institutions)在美的资产总额为13447亿美元,占银行业资产总额的比重为12.4%。

美国是全球金融一体化的总导演,但美国对不同国家采取的游戏规则不一致,纽约失去全球第一国际金融中心地位和中东石油美元流向欧洲就是对美国限制政策的一种反映。有人认为,美国如果不开放其国内的金融市场,那么我们也可以采取对等的方式来应对。这个想法不正确。美国因为不开放已经遭到了市场的惩罚，我们有什么理由要在自己身上重复这个错误呢！

2. 英国：开放程度很高

伦敦成为世界第一的国际金融中心的原因之一就是英国有比美国更加开放的政策和法律环境。英国银行业的开放程度很高，外国银行信贷资产和总资产的比重都超过本国银行。无论一家银行属于英国本地机构还是外国机构，只要该行具备开展某项具体业务的资质并能有效控制相关风险，监管当局就不会限制。在银行并购方面，英国对国际投资者采用和本国投资者完全相同的要求，对境外投资者参股（控股）本地银行的比例没有限制，新开业的外国金融机构的申请条件与该国国内金融机构相同，必须通过同样严格的审核手续。截至 2006 年 9 月 30 日，英国的金融体系中共有商业银行 338 个，其中外资银行 264 个，占 78％。截至 2006 年 11 月末，外资银行资产余额为 67665 亿美元，占整个银行业的 53％。

3. 加拿大：强调长期利益

加拿大被国际货币基金组织认为"具有世界上最稳定的、合理的和高度发达的金融系统"。加拿大实行外国银行子公司制，这一制度比较便于监管外资流动，限制外国金融集团在本地市场寻求短期利益。

加拿大中央银行在广义上将金融产品分为三类：个人金融服务、商务银行服务、人寿保险服务，其中个人金融服务是加拿大银行业最重要、最赚钱的服务领域。外国银行分行不能在个人金融服务上与本地银行竞争，只能为中小企业提供贷款服务。加拿大在银行业开放中的一个重要措施是"广泛持有制度"。《加拿大银行法》规定，外国银行母行必须在 10 年内在本地股票市场上出让其子公司的大部分股权，使外国银行子公司最终成为"没有任何个人或团体持有子公司超过 10％股份的公众银行"，成为本地人持有的"本地外国银行"。根据加拿大金融机构监管办公室公布的数据,接受联邦监管的银行共有 71 家,其中外资银行 24 家,提供全面服务的外资分行 20 家,仅提供贷款服务的外资分行 5 家。

4.日本:外资比例较低

在日本,无论是外国银行还是本国银行,如果要购买一家本国银行 20% 以上的股份,需要得到日本金融厅的准许;在经营业务上,对外国银行没有专门的限制,其经营范围和本国银行一致。截至 2007 年 1 月 1 日,日本拥有共计 226 家银行业金融机构。其中,外资银行分行的数量占比 29.2%。外资银行总资产为 52.8 万亿日元,占比 6.6%。日本一方面在日元国际化上比较积极,一方面在开放本国金融业问题上脚步迟缓,这反映出一种矛盾的心态。

(二) 转轨的东欧国家

在 12 个中东欧国家中,波兰、捷克、斯洛伐克、匈牙利和斯洛文尼亚五国(Central and Eastern Countries Five,CEC5)较早且成功地实施了转轨政策,并于 2004 年 5 月 1 日被欧盟吸收为正式成员。

转轨前,中东欧五国基本上普遍实行苏联模式高度集中的中央计划经济,其银行体系的结构是一级的单一银行体制,对经常项目和资本项目均实行严格管制,严禁外国资本的流入,割裂了本国与国际市场的金融联系。转轨后要建立市场经济,就需要建立二级银行体系,以及对以国有银行(银行资产在金融资产中的比重均超过 80%)为主体的银行体系进行改造。

转轨国家的经验表明,开放度与金融系统的效率和安全呈正相关关系,唯一的缺陷是多数转轨国家失去了对本国金融机构的控制力,但目前还没有证据显示失去控制力在金融危机发生的时候有多大的破坏力。世界多数国家的本地银行仍占据着统治地位,但外资银行的相对规模在发展中国家比在发达国家高。

表 2　外资银行数量和资本占比

	外资银行资本占比
非 洲	27％
亚 洲	30％
拉丁美洲	28％
中东与北美	19％
转轨国家	52％
工业化国家	15％

数据来源：亚洲开发银行，2007。

1. 以匈牙利为例

匈牙利在从计划经济转轨过程中，实施了大规模的国有企业私有化，而对金融部门的私有化方式则主要是向外资战略投资者出售本国金融机构股权。最近几年，外国资本在匈牙利银行业的股权已经占到了65％左右，保险部门中外资参与程度达到90％，投资基金受外资控制的比例达79％。同时，为了加强金融监管、推进监管体系与欧盟接轨，匈牙利于2000年4月成立了匈牙利金融监管局，实现了对银行业、证券业、保险业、基金业等所有金融机构、金融市场和金融服务的统一综合监管。匈牙利金融体系抗击外来风险的能力大为提高。从匈牙利银行业的不良贷款比率看，1994年年末匈牙利不良贷款比率为19.5％，到2001年年末，这一比率下降到3.7％。

匈牙利是引进外国战略投资者进行银行私有化改革的代表性国家。目前，这一改革达到了降低银行不良贷款比率、提高银行盈利水平、增强整个金融体系稳定程度的目的。由于匈牙利已经加入欧盟，而且入主匈牙利国有商业银行的外国战略投资者也主要来自欧盟国家，因此，匈牙利的金融安全程度应该是得到了提高。

2. 中东欧五国金融对外开放的效果

尽管在向外资全面开放之前，中东欧五国都曾试图凭借自身的力量来完成国内银行体系的改革,但都未能取得成功。希望加入欧盟及其他国际组织是转轨国家的强制约因素,中东欧五国不得不加快金融自由化的步伐、开放本国金融市场,为外资银行的进入提供便利条件。

表3 中东欧五国外资银行资产占银行总资产的比重

(%)

	1998 年	1999 年	2000 年	2001 年	2002 年
捷克	28.1	41.9	72.1	89.1	85.8
匈牙利	62.5	68.3	70.1	70	90.7
波兰	17.4	49.3	72.6	72.1	70.9
斯洛伐克	33.4	32.7	42.1	89.9	95.6
斯洛文尼亚	4.9	4.9	15.3	15.2	16.9

资料来源:EBRD:"Transition Report 2004"。

外资银行不仅改变了中东欧五国商业银行的资产结构,同时也改变了其控股银行的商业行为,大大减少了内部交易和政府指定贷款。此外,外资银行的进入促进了中东欧五国银行间的竞争,有助于为企业和个人提供更好的金融服务;外资银行促进了更好会计标准以及金融和法律体系的形成;外资银行还将其在市场经济中运作的知识、经验、产品和技能带到中东欧五国,促进了五国银行部门的现代化。转轨之后,五国银行体系中总体不良贷款率出现了明显下降。

(三)危机后的亚洲国家

1. 韩国:吸取金融危机的教训,坚持扩大开放

1997年的亚洲金融危机给韩国造成了重创。韩国经济终因金融体系的不健全和企业过度负债,爆发了金融危机。危机爆发后,在国际货币基金组织的要求和帮助下,韩国政府采取了一系列推进金融改革的措施,包括关闭资产质量较差综合金融公司、向外资出售部分商业银行等。由于积极向外资(主要是欧美)开放本国金融业,韩国主要的商业银行,如外换、韩美、国民、韩亚、第一银行等都是外资股东为第一大股东。截至2003年9月底,外国资本持有韩国商业银行的股权比率平

均达到 38.6％,外国资产在所有的银行资产中的比例达到 30％,远远高于亚洲其他国家 2％—19％的水平[②]。保险业方面,1988 年外国人寿保险公司只占韩国 1％的市场份额,而 2001 年外国寿险公司的市场份额增长到 8％,2003 年这一市场份额增长到 30％。

危机的冲击和改革的推动给韩国的金融业带来了积极变化。一系列改革重组有效地抑制了政府的过度干预,提高了整个金融体系的稳健程度。根据韩国金融监督委员会(Financial Supervisory Service)的统计,韩国银行业的自有资本充足率由 2000 年的 10.6％提高到 2005 年的 13.0％;次级以下不良贷款比率从 1999 年的 12.9％下降到 2006 年 3 月末的 1.2％;金融业人均利润率也已经达到发达国家水平。

表 4　韩国自有资本充足率和次级以上不良贷款比率

（％）

	2000	2001	2002	2003	2004	2005
资本充足率	10.59	11.68	11.33	11.16	12.08	12.98
不良贷款比率	8.00	3.41	2.33	2.62	1.90	1.22

资料来源:www.fss.or.kr.

2. 泰国:开放使之迅速恢复

亚洲金融危机发生后,泰国采取了较为宽松的财政及货币政策,加速进行产业及金融业的整合及改造工作,从而使泰国很快走出了金融危机的阴影。泰国首先在 1997 年关闭了有问题的 56 家金融公司。同时,泰国放弃了钉住汇率制度,实行有管理的浮动汇率制度。泰国从扩大内需和促进出口着手,加快了经济复苏的步伐。泰国经济增长率从 1998 年的－10.5％升至 1999 年的 4.4％,到 2003 年则达到了 7.1％。泰国银行的开放比较高,截至 2006 年 12 月 31 日,泰国国内注册的商业银行有 17 家,外资银行分行 17 家。外资银行总资产为 14651 亿铢,占比 12.9％。外资银行总负债为 8992.5 亿铢,占比 11.6％。

3.印度:对外开放偏保守,金融整体发展程度不高

作为一个较为贫穷的发展中国家,印度在1991年经济改革以前存在比较严重的金融抑制,金融业发展效率低下,竞争力不足,对外开放程度也较低。1991年夏,印度深陷国际收支不平衡的危机之中,当时的外汇储备已不足维持两周的进口支付。外汇储备的极度短缺迫使印度政府向国际货币基金组织(IMF)求助,并根据IMF的要求制定了一揽子经济自由化改革方案,这标志着印度与独立以来实行了40多年的半管制经济体制决裂,走上了全面对外开放的道路。1995年,印度正式成为世界贸易组织(WTO)成员,进一步加大了对外开放的力度。但印度金融业的对外开放总体是偏保守的,1995—2001年期间,印度外资银行资产占比为7.9%左右,到2004年,印度外资银行业资产份额下降到6.8%。

三、中国金融业对外开放路径与逻辑

金融业是现代经济社会运转的关键产业,其基础性的作用在于社会资源的优化配置。如果金融系统的效率得不到提高,那么整个中国经济都将受到非常严重的拖累,这是中国金融安全和稳定的最大威胁。

研究表明,绝大多数的外资银行进入可提高本国银行业效率和本国货币当局依法监管的水平,但也有少数案例表明,外资银行收购合并本土银行,整个市场的竞争性不但没有提高,反而使外资银行获得高额垄断利润。这可能是我国对外资入股国内金融机构有股份上限的控制措施的原因。

世界银行在其2000年的《金融与发展》报告中指出,单纯因外资参股而导致银行危机的情况很少,反倒是国内银行占比越高,爆发金融危机的概率越高。

（一）银行、证券、保险业的对外开放进程

1. 银行业开放程度显著提高，竞争力不断增强

我国银行业开放 30 年以来在广度和深度上发生了质的变化。银行业开放是渐进、有序的。以我国加入世贸组织为时间分界，大致可以分为两个阶段：

第一阶段：从改革开放之初至加入世贸组织前（1979—2001）。这一阶段的开放主要是配合国民经济的发展和引进外资，开放措施带有"试点"特征，没有开放时间表。1979 年，我国批准设立了第一家外资银行代表处——日本输出入银行北京代表处，拉开了我国银行业对外开放的序幕。截至 1997 年年底，外资银行营业性机构达到 164 家，比四年前增加了 90 家，资产总额达到 380 亿美元。受亚洲金融危机和我国加入世贸组织不确定性的影响，银行业开放进程有所减缓。截至 2001 年年底，外资银行营业性机构为 177 家，四年内仅增加了 13 家，资产总额达到 450 亿美元。

第二阶段：从加入世贸组织至今（2001—）。这一阶段我国认真履行承诺，逐步开放外资银行经营人民币业务的地域范围和客户对象范围。外资银行已成为我国银行业体系重要组成部分。截至 2007 年，23 个国家和地区的 71 家外国银行在中国 26 个城市设立了 117 家分行和 79 家支行；47 个国家和地区的 193 家外国银行在中国 25 个城市设立了 242 家代表处；86 家外资银行机构获准经营人民币业务。2006 年 12 月 11 日，我国《外资银行管理条例》颁布实施，外资法人银行作为我国境内独立法人，在我国注册，由我国监管机构承担主要的监管责任。而外国银行分行属于我国境外注册银行的分支机构，由母国监管机构承担主要的监管责任。外资法人银行的经营范围与其他商业银行是一样的，外国银行分行的经营范围要小一些。因此，外资银行分行纷纷要求改为法人银行。截至 2008 年 4 月在我国的外资银行中，有 25 家法人银行，其业务量占全部外资银行业务量的 6 成以上。法人银行制度

比较成功的是加拿大,前面已经说过了,不再赘述。

建行、中行、交行和工行的改革过程中,引进了境外战略投资者并在境内外成功上市,是我国金融业改革开放相互促进的成功案例。国有商业银行的改革经历了艰难的探索,先是要办成专业银行,然后是成立政策性银行,把政策性业务剥离给政策性银行,要把国有银行办成真正的商业银行。然而事实证明,如果不转变公司治理结构和经营机制,国有商业银行不可能成为真正意义上的商业银行。在 1999—2000 年将 13939 亿元国有商业银行的不良资产剥离给金融资产管理公司后,封闭的银行体系和旧的体制机制仍在不断地产生新的不良资产。从 2004 年开始的新一轮(希望是最后一轮)改革中,又从工、建、中三大行再次剥离不良资产合计超过 1 万亿元。这一轮国有商业银行的改革带有明显的开放色彩。首先,引入境外战略投资者是开放,在境内外上市也是开放。在境内上市是对境内非公所有制的开放(包括自然人持股),在境外上市是对境外投资者的开放。如果我们用文章开头讲的计划经济和市场经济的五个特征来检验,我们可以清楚地看到,在产权清晰、政企分开、依法治国、经济激励、社会监督这五个方面,经过改革的国有商业银行都向市场经济的方向大大进步了。至于这些公司治理结构的转变能否使之成为真正的商业银行,还需再看一段时间,现在下结论为时过早。

这几年,我国银行业的竞争能力和服务水平大为提高,利润倍增。有不少人说外资投资者在我国银行业上赚取了大量的利润分红和资本增值。让我们看一下外资在我国银行业的资本份额。境外战略投资者投资 212.54 亿美元入股中资银行,境内外资银行实收资本和运营资金合计 147.47 亿美元,中资银行海外上市融资 455.06 亿美元,以上三项合计 815.07 亿美元,折合人民币 6200.32 亿元(人民币/美元 7.6071),约占我国银行业总资本的 20%。可见,利润和资本增值的大头是在境内的国家股、法人和广大自然人持股。

表5 外资战略投资者参股中资商业银行情况(截至 2007 年年末)

（单位：亿美元）

中资银行名称	参股外资机构	参股比例	参股金额	海外上市引进资金
中国银行	苏格兰皇家银行、淡马锡、瑞士银行、亚洲开发银行	16.85%	56.37	111.81
中国建设银行	美国银行、富登金融	14.39%	54.66	92.27
中国工商银行	高盛、安联、美国运通	8.88%	37.82	160.56
交通银行	香港上海汇丰银行	19.90%	17.47	21.63
中信银行	中信国际、西班牙对外银行	20.00%	13.43	42.20
广东发展银行	花旗银行、IBM	24.74%	8.96	
华夏银行	德意志银行、德意志银行卢森堡公司、萨尔·奥彭海姆公司	13.98%	3.30	
兴业银行	恒生银行、新政泰达投资有限公司、国际金融公司	24.98%	3.25	
北京银行	荷兰商业银行、国际金融公司	24.90%	2.94	
上海农村商业银行	澳新银行	19.90%	2.64	
深圳发展银行	新桥投资基金	17.98%	1.50	
上海银行	国际金融公司、香港上海汇丰银行、香港上海商业银行	23.00%	1.36	
中国民生银行	国际金融公司、富登金融	5.77%	1.31	
渤海银行	渣打银行	19.99%	1.23	
天津银行	澳新银行	20.00%	1.10	
杭州市商业银行	澳洲联邦银行、亚洲开发银行	24.91%	1.05	
南京银行	巴黎银行、国际金融公司	24.20%	0.96	
重庆银行	大新银行	17.00%	0.90	
宁波银行	新加坡华侨银行	12.20%	0.71	
上海浦东发展银行	花旗银行	5.00%	0.68	
杭州联合农村合作银行	荷兰合作银行、国际金融公司	15.00%	0.34	
天津滨海农村商业银行	国际金融公司	10.00%	0.27	
济南市商业银行	澳洲联邦银行	11.00%	0.17	
西安市商业银行	加拿大枫叶银行、国际金融公司	5.00%	0.06	
南充市商业银行	德国投资开发公司、德国储蓄银行	13.30%	0.05	
招商银行				26.59
合计			212.54	455.06

资料来源：各商业银行 2007 年年报。

2. 证券业的开放度较低，主要限制是商业存在

截至 2007 年年底，我国已经批准设立 7 家中外合资证券公司和
28 家中外合资基金管理公司，其中 19 家合资基金管理公司的外资股
权已达 40％；上海、深圳证券交易所各有 4 家特别会员，并各有 39 家
和 19 家境外证券经营机构直接从事 B 股交易；52 家境外机构获得
QFII 资格，获准投资额度合计 99.95 亿美元，并将增加到 300 亿美元；
5 家外资银行获准开展 QFII 托管业务。

从历史的教训以及其他金融行业对外开放的经验来看，外资参股
证券公司有利于证券公司提升经营管理水平，有利于构建行业持续健
康发展的机制。当前，应以外资参与高风险证券公司重组为契机，全面
推进证券业对外开放的进程，以此推动证券市场在国民经济发展中发
挥更大的作用。

尽管证券业已全面履行加入世贸组织的承诺，但我国证券业仍然
是世界上少数存在对外开放限制性措施的国家之一。目前，大部分新
兴市场经济体均实现了证券业对外开放，我国台湾地区、香港地区，新
加坡、俄罗斯、印度尼西亚、菲律宾、巴西、阿根廷、智利、墨西哥对外资
参与证券公司均没有持股比例限制，泰国、印度、韩国等原先的限制条
款目前也全部取消。

国际经验表明，证券业对外开放有利于促进本国证券市场发展。
以印度为例，该国自 1992 年开始渐进式经济改革，1993 年 2 月允许外
资证券公司在印度开展业务。随着外资证券公司进入印度证券市场，
在激烈竞争中，具有本土背景的三大投资银行通过与外方的合作在市
场中占据了主导地位（DSP 美林，美林持股 40％；JM 摩根斯坦利，摩根
持股 51％；科塔克公司，高盛持股 25％）。印度目前已经成为国际金融
外包中心，包括财务分析、后勤支持以及部分研究工作在内的大量金融
业务由发达国家向印度转移。

许多国内证券公司在发展过程中均吸收过国有资本、产业资本或
民间资本，但公司治理并没有质的提高，有的公司还达不到合规经营的

要求。违规是机构内部人及其所有者获益的来源，但会导致法人机构及整个资本市场受损。我国证券业并不缺乏发展的资金，主要是缺乏"机制"，缺乏严格的公司治理和创新意识。

证券市场功能的丧失才是对国家金融安全真正的威胁。就证券业而言，对国家金融安全最大的影响，在于证券公司大面积的违规经营导致投资者对证券市场失去信心。我国曾经有一段时间，即使是保险资金和社保基金这类亟待拓展投资渠道的机构投资者也不愿投资证券市场，反映了证券业的违规行为已严重影响了证券市场功能的正常发挥，并对其他领域的改革进程产生了负面影响。在当前情况下，应立足长远，通过引入外资，形成与国内证券机构的良性互动，在 WTO 承诺和现行法律框架内，积极引入国际一流投行、港台优质公司以各种形式进入中国境内证券市场，有利于改革证券业的公司治理，提高会计标准和透明度，提高依法经营、依法纳税的意识，引入和开发新的金融产品，提高管理风险水平，总之是提高服务水平，使广大中国企业和居民客户获益。

3. 保险业的开放较早，但市场准入上仍有诸多限制

截至 2007 年年底，共有 15 个国家和地区的 43 家外资保险公司在华设立了 134 个营业性机构；外资保险公司在华机构总资产 1256 亿元，世界上主要跨国保险金融集团和发达国家的保险公司都已经进入我国。2007 年全国保费总收入 7035.76 亿元，同比增长 24.6%；外资保险公司的市场份额不高，保费收入占全国保费收入的约 5.97%，增长缓慢。但外资在一些大型城市保险市场集中的特点比较明显，从外资保险机构保费收入占当地保费总收入的比例来看，北京达到了 18.04%，上海为 25.22%，深圳为 17.42%，广州为 14.49%。

2004 年 12 月 11 日开始，我国根据入世的承诺，全面开放保险业对外资的业务和地域限制，除了对寿险公司的外资比例不超过 50% 及设立条件限制外，对外资没有其他限制，非寿险公司则除了设立条件以外，没有其他限制，法定再保险比例降为 5%。外资保险公司与中资保

险公司相比,更加注重依法经营、持续经营、创新经营、稳健经营,注重强化内部管理和培育企业文化。

尽管我国保险业发展迅速,但由于我国保险业发展的历史短、基础差、底子薄、整体水平不高,与发达国家和我国经济社会发展的要求相比,还存在较大的差距。保险业的总资产、保费收入、保险深度和保险密度等方面与世界平均水平相差悬殊,更进一步的开放仍然是必要的,我们应努力加快这一进程。

(二)金融市场:蓬勃发展与依然不足

人们对风险的偏好形成了使用金融工具的两种基本动机:规避风险和投资风险。金融工具的发展使得人们能够利用不同的金融工具的特点来规避相应的风险。这些人是风险的出售者,也就是风险供给。我们一般所说的投机商人,则是这些风险的购买者,也就是风险需求。从社会分工的角度来看,回避金融风险和风险投机行为可以被视为经济单位的经营活动中又一次分工的现象。经济单位将影响自身经营效益的风险因素通过金融工具,部分或者全部地交给了风险投机商。

2007 年,我国金融市场快速发展。货币市场:银行间市场累计成交 71.04 万亿元;日均成交 2853 亿元,同比增长 83.6%,日均成交量创历史最高水平。债券市场:2007 年 12 月末,各类债券托管量 12.33 万亿元,比上年年末增长 33.4%;与 GDP 总量的比例为 50%,比上年高 6.2 个百分点。股票市场:累计成交 46.1 万亿元,比 1992 年以来 15 年间累计成交量还多 1.4 万亿元;日均成交 1903 亿元,同比增长 4.1 倍;2007 年年末 A 股市价总值 32.4 万亿元,是当年 GDP 的 131.6%,比上年提高 89.8 个百分点;其中流通市值 9.05 万亿元,是当年 GDP 的 36.7%,比上年高 25.4 个百分点;全年新增投资者开户数 6050 万户,同比增长 10.5 倍。基金:2007 年年末证券投资基金规模达 2.23 万亿元,比上年末增加 1.63 万亿元,增长 2.7 倍;总资产净值 3.28 万亿元,同比增长 3 倍。保险:2007 年保险业累计实现保费收入 7036 亿元,增长

24.7％；截至 2007 年年末，我国保险业达总资产 2.90 万亿元，增长 47％。

与国际金融市场相比，我国金融市场还有很大不足。1995 年仅全球场外金融衍生品市场日均交易额就达到 6880 亿美元，2004 年上升到 1.29 万亿美元。而我国相应交易品种的交易量很少，对交易主体的限制很严，参与交易的只是很少一部分金融机构。我国金融市场有很大的改革开放的空间，金融市场的价格发现和配置资源的作用没有充分发挥，金融市场的发展总体上是滞后于金融机构改革和金融业对外开放的步伐的。

表 6　全球 OTC 外汇衍生品交易量　　（单位：亿美元）

		1995 年	1998 年	2001 年	2004 年
远期	日均交易量	970	1280	1310	2080
	占比	14.10％	13.35％	15.34％	16.12％
外汇掉期	日均交易量	5460	7340	6560	9440
	占比	79.36％	76.54％	76.81％	73.18％
货币互换	日均交易量	40	100	70	210
	占比	0.58％	1.04％	0.82％	1.63％
期权	日均交易量	410	870	600	1170
	占比	5.96％	9.07％	7.03％	9.07％
OTC 外汇衍生品总交易量		6880	9590	8540	12900

注：日均交易量为统计年度 4 月份的日均交易量。

资料来源：BIS、国际清算银行。

表 7　我国衍生金融工具交易量

	种类	出现时间	年交易额	备注
衍生金融工具	债券远期交易	2005 年 6 月	2515 亿元	2007 年交易额
	人民币利率互换	2005 年 10 月	2166 亿元	2007 年名义本金总额
	远期外汇交易	2005 年 8 月	224 亿美元	2007 年交易额
	人民币与外汇掉期	2006 年 9 月	3155 亿美元	2007 年交易额

资料来源：中国人民银行年报。

（三）资本项目开放和人民币可兑换

1. 我国资本项目开放已面临国际竞争

根据 2004 年年底内部评估结果，在国际货币基金组织划分的 7 类

43 项资本项目交易中,已实现可兑换的资本项目有 11 项,较少限制 11 项,较多限制 15 项,严格管制的只有 6 项。我国资本项目可兑换的整体水平正不断提高。

尽管我国内地的资本市场还没有完全开放,但近年来,中国香港地区、新加坡、纽约等地的各大证券交易所纷纷过来,游说优质上市资源到这些交易所上市。其中,自 1993 年开始至 2006 年年底,内地在港上市的企业达 367 家,总市值 67089 亿港元,占香港上市公司总市值的 50.3%。由此看来,尽管我国交易所没有面临直接的并购威胁,但就吸引优质上市企业资源而言,已经不可避免地参与到国际竞争中去。香港联交所已于 2000 年成为上市公司,自身发展的竞争压力增加。

资本项目开放的国际经验表明资本管制不是长期可行的宏观经济政策措施。渐进式的开放过程可以为市场和机构适应环境留下足够的调整时间和空间。

一般认为有弹性的汇率制度是资本项目开放的前提条件,例如泰国在 1997 年亚洲金融危机之前,采取的是固定汇率制度和资本项目开放的政策,其结果是灾难性的。但实际上,资本项目开放与浮动有弹性的汇率制度是相辅相成的关系,例如俄罗斯已经实现了货币自由兑换,但仍对某些资本项目进行管制并实施有管理的汇率制度。从更一般的意义来说,资本项目开放也并不意味着什么都可以不管,或者说无条件开放,譬如反洗钱就得管。

2. 人民币国际化,国家实力和信用增强的自然结果

随着中国经济与区域经济的融合程度不断提高,中国与区内各国的贸易联系日益密切,影响日益增强,区内一些市场人士、政府官员与学者相继提出了人民币区域化的建议。需要特别指出的是,资本账户的开放有利于实现货币国际化,但不是必要条件。如英镑、马克和日元早就是国际货币,但英国和德国的资本账户开放到 20 世纪 80 年代才基本完成,日本则更晚。

货币的国际化指货币在国际市场作为计值、结算、流通和储备工具被广泛接受,在国际贸易结算、国际金融交易以及官方外汇储备中占有显著比例和地位。

货币国际化一般分为三个阶段:一是货币在周边地区的现钞流通和使用;二是货币成为周边地区贸易和金融交易的计值、结算和流通货币,即货币的区域化,这是货币国际化的初级阶段;三是货币成为储备货币,实现真正的国际化。全世界的投资者为什么愿意持有某种货币并在某个市场投资,主要考虑的是安全、收益、市场的深度和流动性。中国市场和人民币具有这个潜力。中国的货币市场、债券市场(或者固定收益市场)和股票市场要稳步对外开放,使全球投资者可以根据风险和收益的偏好进行充分选择。

货币国际化一般应具备下列前提条件:货币发行国经济和贸易规模较大;币值稳定;政治稳定;资本项下基本可兑换;金融市场大体开放,有广泛的金融工具、深厚的二级市场、功能齐全的金融机构;该国的中央银行必须实力雄厚。货币区域化的条件相对低一些。

实现人民币区域化、国际化要以一种放松的心态,顺其自然,既不要大力推进,也不必设置障碍。要做好人民币国际化的利弊分析。第一,人民币区域化、国际化将提升人民币的国际地位,成为继 GDP、对外贸易之后我经济大国的另一标志。第二,可以促使其他国家持有人民币,减轻我外汇储备压力,从而减缓主要储备货币的不稳定性以及国际金融市场的动荡对我们的影响。第三,有利于降低信息成本、交易成本和汇率风险,扩大对外贷款和投资,促进贸易发展。第四,我可获得一定的铸币税收益。不利影响在于:一是为资本账户的开放带来压力;二是影响货币当局控制货币供给,要求我提高制定和实施货币政策的能力。

四、金融业对外开放与金融安全

经济金融的全球化和一体化,使得**金融安全**受到越来越多的关注。

由于各国经济金融背景不同,国家金融安全问题存在明显的国别差异。发达国家由于经济实力强、金融市场发达,且相互之间形成了一个强大的利益共同体,主导着国际金融体系,因此其金融安全程度较高,是金融全球化的受益者。但发达国家为维护本国战略利益,其控制手段也较多,比如美国,其对于有着共同利益、相似价值观的发达国家、友好国家,开放程度高,对于其他国家,则限制措施较多。而欧盟国家在其区域内开放程度高,对区域外则设置了较多限制。发展中国家由于经济结构上存在缺陷,金融市场发展相对落后,在国际金融格局中处于弱势地位,普遍存在一些金融安全隐患。

金融开放程度与金融安全程度之间的关系非常复杂,开放只是影响金融安全的一个因素。金融开放程度高的国家并不一定金融安全程度低,反之亦然。在本国经济基础并不牢固的情况下,拉美国家通过大量举借外债发展本国经济,结果导致了债务危机;东南亚国家过度开放资本项目,过度依赖外资,结果导致了货币危机。发达国家一方面对外开放,一方面通过有效的限制措施保护本国的经济基础,成功保障了本国的金融稳定与安全。

发展中国家出现金融危机之前,一般会有以下特征:(1)经常账户赤字和财政赤字;(2)本币实际升值;(3)高流动性资本流入;(4)国际储备与短期外债比例失衡;(5)汇率制度上,钉住美元汇率政策和缺乏资本市场控制的内在矛盾;(6)非银行金融机构投资风险资产比例过大,且缺乏有效监管。

同许多发展中国家相比,中国是相对安全的。目前中国的金融体系存在防止金融危机的五道防线。第一道防线是经常账户保持顺差。第二道防线是大量的外国直接投资。第三道防线是国际储备安全水平高。第四道防线是继续保持对资本账户的控制。第五道防线是以劳动生产率和全要素生产率为主要标志的中国国际竞争力继续保持增长。从根本上说,生产力和服务水平的不断快速提高是金融系统保持稳定的基本前提。进一步扩大对外开放,使外资银行、证券和保险公司更协调地参与中国经济发展,不但是中国参与经济全球化的需要,也是维护金融稳定和安全的需要。

从根本上说,我国金融对外开放保持着自主、渐进和可控的原则,只要有利于我国金融业的发展,有利于提高我国金融业分配社会资源的效率,有利于市场经济的稳定,我们就要坚持开放。无可置疑的是我国 30 年的改革和开放时机和节奏把握得相当好,是全球一体化进程的最大受益者。尽管有些发达国家对我国的态度并不十分友善,但其主导的全球经济一体化却为我国带来了 FDI 大量涌入和各国贸易壁垒普遍降低的现实好处。随着经济的不断快速增长,我国金融业在如巴塞尔协议、入世承诺、外资入股中资金融机构等外部强制约的条件下,正在逐步变得有效率。正如我们前面所说,一个有效率的金融体系才是我国金融安全的最大保障,而这一成果的取得,在外部条件方面确实要感谢全球金融一体化的进程。

(一)贱卖论:片面的理解和不必要的担心

在外资入股中资银行的过程中,价格始终是一个敏感的问题。当交通银行、建设银行 IPO 市净率(P/B 值)高于上市前对外资银行招股的市净率时,引发了银行股权是否"贱卖"的争论。根据 IPO 价格来判断上市前股权出让价格的高低是不科学的。因为,股票价格具有"向前看"的特性,反映了投资者对该企业未来表现的一种预期。对于交行、建行来说,上市前引入汇丰、美洲银行等战略投资者使其他投资者提高了对这些银行未来发展的预期,从而愿意支付较高的 IPO 价格。而上市前入股的外资面临三年的战略锁定期,比 IPO 低的进入价包含了对流动性风险的补偿以及股东与银行的技术转让、系统建立和培训的一系列公司内部价值安排。

与部分发达国家银行并购价格的比较,中国 9 个样本的 P/B 均值为 1.67,与德国、奥地利等国家的价格水平相近,低于美、法等国。

表 8　银行并购价格的国际比较

目标银行所在国	并购数量	P/B 均值	P/B 标准差
奥地利	3	1.56	0.92
比利时	2	1.64	0.12
法国	13	2.14	2.36
德国	6	1.63	0.54
意大利	31	2.17	1.0
葡萄牙	8	2.54	1.65
西班牙	17	2.39	1.61
美国(1990—1994)	122	1.7	——
美国(1994—1998)	205	2.4	——
中国	9	1.67	0.49
中国*	9	1.95	0.52

* 对控制权溢价进行调整后的价格。

资料来源:布鲁尔等(Brewer et al,2000a),贝伦(Belen,2004)。

注:美国的样本是1990—1998年间发生的银行并购,1994年,美国发布了允许银行通过并购实现跨州经营的黑格-尼尔法案(Riegle-Neal法案),此后的并购价格有所变化。其他国家的样本是1994—2000年间发生的银行并购。

在我国银行的并购案例中,股份制商业银行规模相对较小,获得的收购价格却较高,国有商业银行规模大,得到的溢价水平却较低。这与国际经验是一致的。帕里亚(Palia)[3]、本斯顿(Benston)等人[4]的研究发现,并购溢价与相对规模指标负相关。

把国有银行的股权转让价格与其他国有企业的国家股转让价格做一下对比分析。我国上市公司1997—2002年部分国家股控制权转让价格的P/B值平均为1.13,小于国有银行股权转让价格的P/B均值。通过比较发现,即使是调整前的银行股权售价也高于上市公司国家股的转让价格。

表 9　国有银行与上市公司国家股转让价格比较

国家股	样本数目	P/B 均值
上市公司	65	1.13
国有银行	4	1.32

资料来源:祝红梅(2006)。

综上,我国银行国有股权对外转让应该说不存在贱卖的现象。通过引进战略投资者,我国银行业提高了综合竞争力,盈利能力普遍增强。有人担心钱都让外国人赚走了,这要从反面去想,我们的银行最多转让了 25％的股权给外国投资者,外资在我国银行业总资本的比例约五分之一,这其中还包括香港地区的资本投入。大体说来,外资每赚 1元,中国人就会有 4 元的增值。

(二) 金融基础设施:效率上限和安全底限

金融基础设施的效率是金融系统服务效率的上限,金融基础设施的安全是中国金融安全的最根本保障。如果金融基础设施的水平低下,那么无论从国外引进的金融服务多么具有创新性,人们所能够得到的金融服务仍然是低效率的。而这一点往往会被中国金融改革开放的巨大成就所掩盖,被人们所忽视。因此中国金融改革开放的重要一环就是要提高金融基础设施的建设水平,尽快实现国际化、标准化和现代化。

目前,世界银行和国际货币基金组织对"**金融基础设施**"的阐释比较全面,将金融领域的基础设施总结为三个方面,即法律基础设施、信息和公司治理基础设施以及流动性基础设施。

1. 法律基础设施。主要包括:民商法、中央银行法、金融监管法、银行、证券、保险法等,以及有关支付系统等各种金融法律制度。除了严格执行金融法律制度,金融监管部门还需要建立预案,以便在出现紧急突发事件时,能够有效保护投保人和投资者,协调各部门之间的利益,确保金融系统的稳定。

2. 信息和公司治理的基础设施。信息和公司治理是金融发展的基础,能够使市场准则的发挥更加有效。包括高水平、国际化的会计和审计标准,金融机构的信息准确有效,以及良好的公司治理水平。这些都能够大大提高一国金融市场基础设施的稳定性,可以大幅度提高监管效率,对金融机构实施有效监管,确保金融系统更加稳固。

3. 流动性基础设施是指一整套制度安排和操作的规则,金融市场的基础设施和金融政策的操作。主要包括:首先是各类市场交易系统,包括货币、债券、股票、期货、外汇、金融衍生品的交易系统;除了交易系统,还有(1)支付清算系统和证券托管系统;(2)货币政策工具;(3)公共债务和外汇储备的管理;(4)反洗钱和信息系统。

(三) 金融监管:遭遇挑战的分业监管

美国分业和混业监管的变化过程对我国金融业的监管改革有借鉴作用。20 世纪 30 年代美国大萧条,超过 1.1 万家银行倒闭,约占全部银行的三分之一。参议院调查认为,银行参与证券交易对股市崩盘起了推波助澜的作用,随后美国国会先后通过《1933 年银行法》(Glass-Steagall Act)、《1934 年证券交易法》、1940 年《投资公司法》、《投资顾问法》等,这些法律确立了美国 20 世纪长期的分业经营和监管。

分业经营和跨州经营的限制,导致了美国金融机构的海外扩张。20 世纪 70—80 年代,随着国际贸易的迅速扩大,对国际金融服务的需求上升,美国银行业转向在海外开设分支机构。1960 年美国 8 家银行在海外的分支机构总资产不到 40 亿美元;到 1970 年有 75 家银行拥有 536 个海外银行;1990 年美国银行海外分支机构资产总额超过 4000 亿美元。同时,机构的创新绕过分业和跨州经营的限制,90 年代,金融控股公司控制了美国银行业总资产的 90%。

美国银行从 1986 年开始涉足投行业务,1991 年货币监管局宣布允许银行经营部分保险业务,1999 年 11 月 4 日,美国参众两院以压倒性多数票通过了《金融服务现代化法案》,美国金融业恢复综合经营。

改革开放初期的十几年,我国金融业是综合经营,但结果出现混乱,导致监管部门决定采用分业监管的方式。随着证监会、保监会和银监会的成立,中国金融业分业经营和分业监管的模式得以确立。

分业监管部分解决了当时的混乱问题,但随着开放程度不断加深,这一监管模式受到了全球金融一体化和综合经营的挑战。严格区分金融业的经营品种,束缚了中资金融机构在金融工具方面创新的动力,而境外金融机构的核心竞争力往往体现于此。如何使我国金融监管更加有效率是一个值得研究的问题。

好的金融监管有四个目标:(1)保持金融市场和金融体系的稳定与安全;(2)保持金融市场投资者的利益,突出表现在保护存款人的利益;(3)创造一个平等的竞争环境和良好的市场秩序;(4)允许金融业创新活动,允许金融机构为适应经济环境的变化而变化,以保持并不断提高竞争力。有效监管的标准是促使金融部门最大程度地达到以上四个目标。

现在,国际上金融监管有几个明显的发展趋势,一是由合规性监管转向导向性监管,即只确定监管目标,中间过程由金融机构在允许范围内自主决定;二是由直接监管转向间接监测;三是监管由被动式转向互动式;四是随着金融服务国际贸易迅速发展,金融监管趋于国际化。

我国金融业缺乏创新的主要原因之一是我国监管部门的监管缺乏必要的灵活性,基本属于风险厌恶型监管,对金融机构的产品创新,否定多、肯定少。监管过度的结果之一是高成本的金融创新。再加上分业监管本身就具有风险厌恶的特征,基本上不会批准银行、证券、保险三者交叉的新业务品种,这对金融机构的创新和金融市场的发展是不利的。中资银行和其他金融机构对外资银行最普遍的抱怨是"超国民待遇",其中最主要的一条就是混业经营。但请注意,外资银行中国境内必须遵守分业经营的法律法规,所谓外资银行竞争优势是指其在境外母行是混业的,因此在创新、开发新产品、客户资源共享等方面有优势。

(四)次贷危机的经验和教训

次贷危机威胁到金融安全,从次贷危机中我们能够学到的东西很多,主要有以下五条。

第一条,宏观经济政策,特别是货币政策必须要正确和稳健。这一点对整个金融的稳定至关重要。这里的宏观经济政策和货币政策,是一个非常复杂的组合,但是我更强调货币政策,比如说利率、汇率、货币供应量、金融市场,这些大的宏观变量要协调一致,才能够保持经济和金融的稳定。观察过去六七年美国和全球的情况,我们会发现,如果货币供应量过多、利率过低的时间很长,就可能造就金融资产泡沫的土壤。中央银行的主要责任人要有反潮流的勇气和智慧,一个不被市场和公众批评的在任央行行长,不会是在历史上站得住的行长。

第二条,没有免费的午餐,违背市场规律必然要付出代价。我们知道,新增次级贷款的时间大概是 2002 年到 2006 年这 5 年。如果房价继续上涨,次级贷款这个游戏就可以进行下去。但是很多不够标准的人借了贷款,其中有很多人管理不了自己的债务,利率和房价的变动就产生了金融风险。我们知道在整个消费群体中不是所有的人群都适合贷款,这并不是说穷人就应该没有房子住,解决穷人住房问题可以用财政政策或者其他的经济政策来解决。如果用一种金融创新使不符合标准的人得到贷款,好像解决了问题,实际上造成了更大的金融风险,代价非常昂贵。这又一次验证了经济学上说的没有免费的午餐,金融业必须要按市场规律办事。

第三条,由于信息不对称,市场过度相信评级公司。买次贷金融资产的投资者和机构做了一定的尽职调查,但不可能把资产包里每笔贷款都调查清楚。由于信息不对称,投资者和机构只能相信评级公司。评级公司的模型是根据历史数据做的,里面有很多假设,比如对房价的假设、对 GDP 的假设、对通货膨胀的假设、对利率的假设等。这些模型里对风险的预期与实际情况相差较大的时候,评级的误差就会很大。这时候,实际上监管当局应该从宏观政策的角度及时发现风险,但是看来监管当局做得不够,没有及时向市场提出足够的警示。

第四条,风险暴露以后,产生了巨大的不确定性,很多人没有估计到次贷危机会有这么大的冲击力。这种冲击力的传导机制是由于不确定性损害了商业银行的资本充足率,损害了全世界中心市场的商业银行资本充足率和投资银行的经营状况。我们知道曾经发生过墨西哥金融危机、长期资本管理公司（LTCM）金融危机、亚洲金融危机，但是实际上这些金融危机还是局部的，都没有真正损害到核心市场里最大的商业银行、投资银行的资本充足率和资产负债表。但次贷危机爆发在全世界金融市场的核心——美国，波及欧洲和其他地区，而且影响的恰恰是在全世界非常活跃的领导型的商业银行和投资银行，这就不是一个局部的危机，而是一个全球的危机。由于伤害了资本充足率，就不能够正常贷款，造成了信贷紧缩和流动性的紧张，危机波及很多靠货币市场和债券市场融资进行正常贷款活动的一些金融机构，危机波及面是全方位的。

第五条，货币当局的稳定措施不断地在防止危机和道德风险两方面权衡，非常困难。危机来临之后，英格兰银行、欧洲央行、美联储在对待危机前后的态度、表态，以及在救助的及时性、救助的方法方面有些不一致。所有这些不一致，实际上都可以归纳为两个方面：一方面要防止危机的扩散，比如流动性紧缩导致利率大幅度上升，防止信贷紧缩和经济衰退；另一方面要防止道德风险，防止不负责任地依赖政府的道德风险。这两者的权衡，是货币当局采取稳定措施中最困难的。

还有一个困难，如果货币当局介入太多，接受许多有问题的资产做抵押品，实际上影响了这些资产在市场上的出清和价格发现，市场出清和价格发现会减慢，使得市场调整期延长，暂时掩盖了问题。货币当局应该找到一个有效的方式，既能够防止危机的扩散，又防范道德风险，还能够最大效率地保证市场的价格发现和市场出清的功能。

注释

　① World Bank, *Finance for Growth*：*Policy Choice in a Volatile World*, World Bank Policy Research Report, 2001.

　② 诸廷助、陈华龙、赵玉花：《金融危机后韩国银行业的新发展》，《国际金融研究》2005 年第 3 期。

　③ Palia, D.，"The Managerial Regulatory, and Financial Determinants of

Bank Merger Premiums", *The Journal of Industrial Economics*, Vol. 41, No. 11 (Mar., 1993), pp. 91 – 102.

④　Benston, George J., Hunter, William C., Wall, Larry D., "Motivations for Bank Mergers and Acquisitions: Enhancing the Deposit Insurance Put Option versus Earnings Diversification", *Journal of Money, Credit and Banking*, Volume (Year): 27 (1995), Issue (Month): 3 (August), pp.777 – 778.

参考文献

Benston, George J., Hunter, William C., Wall, Larry D., "Motivations for Bank Mergers and Acquisitions: Enhancing the Deposit Insurance Put Option versus Earnings Diversification", *Journal of Money, Credit and Banking*, Volume (Year): 27 (1995), Issue (Month): 3 (August), pp.777 – 778.

Palia, D., "The Managerial Regulatory, and Financial Determinants of Bank Merger Premiums", *The Journal of Industrial Economics*, Vol. 41, No. 11 (Mar., 1993), pp. 91 – 102.

国际货币基金组织、世界银行、亚洲开发银行等国际金融机构和欧央行、美联储、日本央行、韩国央行、中国人民银行等机构的年报和研究报告。

斯坦利·费希尔,《全球经济新版图》,G30 会议材料,中国人民银行国际司翻译,2007 年。

易纲:《全球金融一体化对我国的影响和对策》,载《中国的货币化进程》,商务印书馆 2003 年版。

吴晓灵主编:《中国金融大事记》,中国金融出版社 2008 年版。

中国金融资产结构演进:1991—2007[*]

提要 1996 年本文作者曾分析了以间接融资为主的中国金融资产结构给经济带来的一系列问题。经过十余年的金融改革,中国的金融资产结构是否有所改善? 目前中国的金融资产结构是否能适应并促进中国经济的发展? 本文以中国货币市场和资本市场发展为主线,在重新度量中国金融资产总量的基础上,对以上问题进行了讨论。本文研究表明,在金融改革过程中,中国金融资产结构有了明显改善,但也产生了一些新问题,需要继续完善货币市场和资本市场,以促进金融资产结构调整。未来十年,我国金融市场发展的最佳路径是市场的双向开放。

关键词 金融资产结构 货币化 金融深化

一、引言

经济社会中的财富大致可以分为实物资产和金融资产。虽然金融资产的出现晚于实物资产,但金融资产在现代社会中的重要性却不可低估。随着经济的发展、金融的深化以及新的金融工具的不断出现,经济中的各类经济主体也会随之调整其持有的金融资产组合,反映在宏观上则是全社会金融资产结构的变化。金融资产结构是否恰当,直接影响到宏观经济的稳定以及金融深化进程的快慢,同时从金融资产结构的变化中也可以考察经济和金融改革的成效。

---

[*] 原文发表于《经济研究》2008 年第 8 期,作者:易纲、宋旺。

金融资产结构在经济中的重要性决定了其在学术研究中的价值。国外许多学者对其进行了深入研究。戈德史密斯（Goldsmith）[①]分析了35个国家的历史数据，研究了各国的金融结构与金融发展问题，而金融资产的结构变化及其对经济增长的影响就是其研究的一个重要方面。肖（Shaw）[②]通过金融资产的存量和流量、金融体系的规模和结构衡量一国的金融业是处于金融深化还是金融抑制状态。格利和肖（Gurley and Shaw）[③]认为货币金融理论应该面对多样化的金融资产，他们试图建立一个以研究多种金融资产、多样化的金融机构和完整的金融政策为基本内容的广义的货币金融理论。德米尔居奇-昆特和莱文（Demirgüc-Kunt and Levine）[④]研究了全世界150多个国家和地区的金融市场和金融机构的规模、效率和业务活动。国内也有部分学者对中国的金融资产结构进行了分析。谢平[⑤]通过分析1978—1991年中国金融资产结构的变动状况说明了中国金融深化进程和金融改革对中国经济运行的深刻影响。

易纲的研究表明，改革开放初期，伴随着我国农业部门的制度变迁、乡镇企业及个体经济的迅速增长，中国经济迅速**货币化**；而同一时期，中国的货币市场和资本市场或者还没有建立或者处于发展初期[⑥]。易纲选择以货币化过程为主线研究了1978—1995年间中国金融资产结构的变化。但随着改革开放过程中创造的新制度的基本稳定，中国的货币化进程有所放缓。这表明中国经济的货币化要继续深化就必须要有一定的载体。而改革开放初期中国经济的快速货币化（主要以银行体系存贷款的快速增加为特征），为发展货币市场和资本市场提供了货币信用基础。因此，易纲的结论指出，中国改革的突破口在于金融改革，要着力发展直接融资（主要是指股票市场和债券市场），以优化中国的金融资产结构，分散和管理好金融风险[⑦]。

本文将重点分析1991—2007年间中国货币市场和资本市场的发展给中国金融资产结构带来的变化[⑧]。本文余下部分结构安排如下：第二部分，我们综合国际货币基金组织、戈德史密斯和国家外汇管理局的方法,重新计算中国金融资产总量并分析各类金融资产规模的变化。第三部分分析了货币市场和金融市场发展过程中我国金融资产结构的变化。第四部分通过对部门资金运用/来源的存量分析,从部门资金融通和配置的角度剖析了目前中国的金融资产结构。第五部分考察我国金融资产结构调整的效果。最后一部分指出,在未来的十年里,我国金融市场发展的最佳路径是市场的双向开放。

二、中国金融资产总量的分类统计

为了了解中国金融资产规模的变化以及保证金融资产结构分析的有效性,本文首先统计 1991—2007 年间各年的中国金融资产总量⑨。

按照国际货币基金组织(IMF)的定义,**金融资产**包括通货和存款、非股票证券、贷款、股票和其他股权、保险准备金、货币黄金和特别提款权、金融衍生产品和其他应收应付账款。虽然 IMF 的规定界定了什么是金融资产,但对于各类金融资产之间的关系却缺少说明。戈德史密斯⑩则对一国的金融资产进行了逻辑鲜明的分类。他首先把全部金融资产分作债权和股权两类,然后把债权细分为对金融机构的债权和对非金融机构的债权。按照戈德史密斯的分类,存款是对金融机构的债权而贷款则是对非金融结构的债权,这使我们能够更好的理解为什么存款和贷款都算为金融资产。从统计上来说,计算两个以上机构部门合并后的金融资产,被合并机构部门相互间持有的债权只能计算一次,把存款和贷款都视为金融资产确实有重复计算之嫌。但本文的重点不是统计问题,为了便于不同时点以及国际间金融资产结构的比较分析,我们采用国际上惯用的处理方法,把存款和贷款都视为金融资产。此外,在统计中国金融资产总量时,以往的国内文献往往因国外金融资产数量较少而将其忽略。这种处理方式在中国的对外投资还不活跃时尚可接受,但自中国加入 WTO、金融领域开放程度不断提高、更多的国内经济主体开始在国外进行金融投资之后,这种处理方式将会严重低估我国的金融资产总量。因此,在统计我国的金融资产总量时,我们采用戈德史密斯的方法对国内金融资产进行分类,具体的统计项目则遵循 IMF 的规定;同时,我们采用国家外汇管理局对中国国际投资头寸的分类方法对国外金融资产进行分类(见表 1)[11]。需要说明的是,IMF 定义的金融资产包括了金融衍生产品。但考虑到金融衍生产品种类繁多,而我国相关的统计数据非常缺乏,很难全面地对其进行度量,所以本文中的金融资产定义在不包括金融衍生产品的口径上。

表 1 中各类金融资产的数额表明,1991—2007 年间各类金融资产以及金融资产总量都在增长,而从这些数字本身我们很难对各种金融资产的规模有一个直观的印象。因此我们采用各种金融资产/国民总收入[12]度量金融上层结构与经济基础的相对规模。但需要注意的是,这个指标中的分子金融资产是存量而分母国民总收入是流量。存量在期末度量,而流量则被定义在相应的时期内。因此,计算这样的指标存在正确选择时间和正确平减的问题。国内已有的相关文献通常都忽略了这一问题。本文采用德米尔居奇-昆特和莱文[13]的方法处理这一问题,即把上期和本期的实际金融资产加总再除以 2 倍的本期实际国民总收入,其中各变量的实际值都是通过名义值平减当年的消费者价格指数(CPI)所得。在本文的余下部分,如果涉及存量和流量的比率,我们将采用同样的方法进行处理并不再说明。

表 1　中国金融资产总量统计　　　　　　(单位:亿元)

	1991		1996		2001		2005		2007	
	数额	占比[e]	数额	占比	数额	占比	数额	占比	数额	占比
一、国内金融资产(1+12)	45624.0	191.0%	157419.2	207.2%	346477.4	305.7%	605989.6	310.8%	1162495.2	395.7%
1. 对国内的总债权(2+7)	45171.6	189.9%	147576.9	197.5%	302955.2	263.2%	573559.3	291.8%	835354.3	310.7%
2. 对国内金融机构债权(3—6)	21374.9	88.6%	79882.8	105.9%	172431.8	149.3%	346156.8	173.5%	517239.1	190.8%
3. 流通中现金	3177.8	13.5%	8802.0	12.4%	15688.8	14.1%	24031.7	12.4%	30334.3	11.9%

	1991		1996		2001		2005		2007	
	数额	占比^e	数额	占比	数额	占比	数额	占比	数额	占比
4. 存款	18079.0	74.6%	68571.2	90.5%	143617.2	124.1%	287169.5	144.2%	389371.2	149.6%
企业存款	5050.1	21.3%	22287.2	29.2%	51546.6	44.4%	96143.7	49.3%	138673.7	52%
财政存款	485.8	2.0%	1271.0	1.7%	3369.8	3.2%	7996.3	3.9%	17632.5	5.9%
机关团体存款	752.8	3.2%	947.7	1.4%	2852.8	2.4%	12052.3	5.5%	19032.6	7.0%
储蓄存款	9241.6	38.0%	38520.9	50.4%	73762.4	64.1%	141051.0	71.1%	172534.2	69.1%
活期	1549.9	6.4%	7647.5	10.0%	22327.6	18.8%	48787.5	24.6%	67599.7	26.1%
定期	7691.7	31.6%	30873.4	40.4%	51434.9	45.3%	92263.5	46.5%	104934.4	43.0%
5. 金融债券	118.1	0.5%	2509.6	3.1%	8534.5	7.4%	19729.6	9.5%	68529.7	19.3%
6. 保险准备金^a	—	—	—	—	4591.3	3.7%	15226.0	7.4%	29003.9	10.0%
7. 对国内非金融机构债权 (8—11)	23796.7	100.9%	67694.1	91.5%	130523.4	113.9%	227402.5	118.3%	318115.2	119.9%
8. 贷款	21337.8	90.8%	61152.8	82.6%	112314.7	98.3%	194690.4	101.8%	261690.9	100.6%
短期贷款	16500.3	71.2%	40357.9	51.9%	67327.2	61.8%	87449.2	47.6%	114477.9	44.0%
中长期贷款	3044.4	12.3%	12153.6	16.5%	39238.1	31.2%	87460.4	44.8%	131539.1	49.1%
信托贷款	—	—	—	—	2497.6	2.3%	3126.2	1.6%	2356.3	1.0%
其他贷款	1793.1	7.3%	8641.3	14.2%	3251.8	3.0%	16654.6	7.8%	13317.6	6.4%
9. 财政借款	1067.8	4.3%	1582.1	2.3%	1582.1	1.5%	0.0	0.0%	0.0	0.0%
10. 政府债券^f	1060.0	4.5%	4361.4	5.7%	15618.0	13.3%	28774.0	14.9%	48741.0	16.5%
11. 企业债券	331.1	1.2%	597.7	0.9%	1008.6	0.9%	3938.1	1.6%	7683.3	2.9%
12. 股票^b	452.4	1.1%	9842.4	9.7%	43522.2	42.5%	32430.3	19.0%	327140.9	85.0%
二、国外金融资产 (13—16)^c	3779.3	17.3%	14819.0	18.9%	29356.5	24.4%	98666.3	47.9%	167136.6	60.6%
13. 对外直接投资	291.7	1.3%	1649.9	2.3%	2868.2	2.5%	5205.3	2.6%	7859.8	2.9%
14. 证券投资	—^d	—	—	—	—	—	9417.9	4.6%	17494.5	7.3%
15. 其他投资	—	—	—	—	—	—	17407.4	8.5%	29664.0	10.0%
16. 储备资产	2407.8	9.3%	8935.2	11.3%	18100.8	14.9%	66635.6	32.1%	112118.3	40.4%
货币黄金	34.5	0.16%	52.9	0.08%	256.0	0.14%	338.9	0.19%	336.0	0.14%
特别提款权	31.4	0.14%	51.0	0.07%	70.4	0.06%	96.8	0.05%	87.7	0.04%
在基金组织的储备头寸	23.5	0.11%	115.8	0.16%	214.4	0.17%	113.0	0.11%	58.4	0.03%
外汇	2318.4	8.8%	8715.5	10.9%	17560.1	14.5%	66086.9	31.8%	111628.9	39.2%
三、金融资产总量(一＋二)	49403.3	208.3%	172238.3	226.1%	375833.9	330.1%	704655.8	358.7%	1329631.7	456.4%

注:a. 按照 IMF《货币与金融统计手册》(2000)中的定义,保险准备金包括住户在人寿保险和养老基金中的净股权和针对未了结要求权而预先支付的保险费。鉴于中国没有官方公布的保险准备金数据,我们采用保险公司总资产作为保险准备金的近似。但官方公布的保险公司总资产数据只有从 1999 年开始的年度数据。事实上,1999 年以前我国保险业的规模很小,因此在统计 1999 年以前中国的金融资产总量时忽略保险准备金不会影响本文的结论。

b. 用股票市价总值表示。

c. 国家外汇管理局统计了 2004—2007 年的中国国际投资头寸。2004—2007 年的国外金融资产数据可以直接从国家外汇管理局公布的中国国际投资头寸表中获得;其他年份的数据无法直接获得,并且因为证券投资和其他投资数据的缺失,所以也无法由 13—16 加总获得。我们根据国家外汇管理局公布的中国国际投资头寸表中 2004—2007 年的国外金融资产数据以及 13 和 16 中的数据插值估计了其他年份的国外金融资产。

d. 表示数据目前不可得。

e. 此表中的占比是指占国民总收入的比重。

f. 债券均用面值表示。

数据来源:3、4、6、8、9 的数据来源于 Wind 资讯。

5、10 和 11 中 1991—2006 年的数据来源于《中国期货统计年鉴 2006》和《中国金融年鉴 2007》,2007 年的数据来源于易纲(2008)。

12 中的数据来源于各年的《中国金融年鉴》以及易纲(2008)。

13 中 1991 年、1996 年和 2001 年的数据来源于《世界经济年鉴 2006—2007》,2005 和 2007 年的数据来源于国家外汇管理局公布的中国国际投资头寸表。

14、15 中的数据来源于国家外汇管理局公布的中国国际投资头寸表。

16 中的数据来源于 IMF 的国际金融统计(IFS)和国家外汇管理局公布的中国国际投资头寸表。

1991—2007 年间我国金融资产总量及各类金融资产的数额相对于经济基础(用国民总收入表示)的变化主要表现在:

(1) 金融上层结构规模快速增长,**金融深化**高速前进。1991—2007 年间,我国经济高速增长,国民总收入剔除价格因素之后年均增长超过 10%。但金融上层结构(用金融资产总量表示)[13]的增速比经济基础的增速更高,**金融相关比率**(金融资产总量/国民总收入)由 1991 的 208.3% 上升到 2007 年的 456.4%,年均增幅约 5%,也就是说金融上层结构的增速比经济基础的增速还要快 5 个百分点。如果把近年来快速增长的金融衍生产品考虑进来的话,金融上层结构的增速则更快。这说明在金融改革的推动下,我国的金融深化不但没有停滞反而快速发展。

（2）相对于国内金融资产，国外金融资产的规模相对较小但增长幅度更大。从 1991 到 2007 年，国内金融资产与国民总收入的比率从 191% 上升到 395.7%，年均增幅超过 4%；而国外金融资产与国民总收入的比率则从 17.3% 上升到 2007 年的 60.6%，年均增幅超过 8%。国外金融资产快速增长的动因来自于两方面：一方面，20 世纪 90 年代，尤其是 2001 年我国加入 WTO 以来，我国的金融管制逐步放松，国内居民和企业开始投资国外的金融资产。例如，2006 年 4 月《商业银行开办代客境外理财业务管理暂行办法》出台，开始允许境内机构和居民个人委托境内商业银行在境外进行金融产品投资⑮。金融机构对此反应积极，迅速推出了多种代客境外理财产品并受到个人投资者的欢迎。另一方面，1991—2007 年间我国储备资产年均增幅接近 10%，而储备资产的增长主要是由外汇储备的快速上升所致。

（3）国内部门发行的债券中，金融债券增长迅猛，政府债券发展较快，企业债券增长缓慢。相对于经济基础的规模，金融债券从 1991 年的 0.5% 上升到 2007 年的 19.3%，年均增长逾 25%；政府债券从 4.5% 上升到 16.5%，年均增长逾 8%；企业债券从 1.2% 上升到 2.9%，年均增长接近 6%。

（4）股票相对于经济基础的规模波动很大，但存在明显的上升趋势。本文用股票市价总值来衡量股票这种金融资产的规模，而股票市价总值受股票价格的影响很大，所以与其他金融资产相比，股票相对于经济基础的规模波动很大，1991 年为 1.1%，2001 年上升到 42.5%，2005 年回落到 19%，2006 年、2007 年在股票价格上涨的带动下逐步回升，到 2007 年年末达到了 85%。虽然股票在经济中的规模出现了大起大落，但相对于 20 世纪 90 年代初来讲，股票与国民总收入的比率存在明显的上升趋势。

（5）贷款总量相对于经济基础的规模几乎没有变化，但中长期贷款相对于经济基础的规模上升很快。1991—2007 年间，中长期贷款与国民总收入的比率年均增长 9％,短期贷款与国民总收入的比率则出现了年均 3％ 的负增长。近年来,短期融资债券的推出,分流了部分对短期贷款的需求;住房抵押贷款的发展则增加了对中长期贷款的需求。

（6）保险准备金相对于经济基础的规模较小,但增幅较大。2001年,保险准备金与国民总收入的比率为 3.7％,2007 年上升到 10％。

（7）流通中现金在经济中的规模下降。与 20 世纪 90 年代初相比,近年来现金与国民总收入的比率有所下降。银行卡作为个人支付工具的推广,居民工资直存率的提高,银行划账转账、票据贴现和支票清算等基本业务服务质量的提高,都是导致流通中现金减少的可能原因。

三、我国货币市场和资本市场发展过程中金融资产结构的变化

金融工具内生于金融市场。按照货币基金组织的定义,除了有赖于未来不确定事件的金融工具之外,其他金融工具都属于金融资产。因此,货币与资本市场的发展必然影响到金融资产。由于 2004 年以前我国拥有的国外金融资产没有完全的分类统计数据,为了在比较时口径统一,我们只对国内金融资产的结构进行分析。根据表 1 中统计的各类金融资产的数量,我们可以计算出各类金融资产在国内金融资产中的比率（表 2）。

表 2　国内金融资产结构　　　　　　　　　　　　　　（％）

	1991	1996	2001	2005	2007
1. 对国内的总债权（2＋7）	99.0	93.7	87.4	94.6	71.9
2. 对国内金融机构债权（3—6）	46.9	50.7	49.8	57.1	44.5
3. 流通中现金	7.0	5.6	4.5	4.0	2.6
4. 存款	39.6	43.6	41.5	47.4	33.5
企业存款	11.1	14.2	14.9	15.9	11.9
财政存款	1.1	0.8	1.0	1.3	1.5

	1991	1996	2001	2005	2007
机关团体存款	1.7	0.6	0.8	2.0	1.6
储蓄存款	20.3	24.5	21.3	23.3	14.8
活期	3.4	4.9	6.4	8.1	5.8
定期	16.9	19.6	14.8	15.2	9.0
5. 金融债券	0.3	1.6	2.5	3.3	5.9
6. 保险准备金	—	—	1.3	2.5	2.5
7. 对国内非金融机构债权(8—11)	52.2	43.0	37.7	37.5	27.4
8. 贷款	46.8	38.8	32.4	32.1	22.5
短期贷款	36.2	25.6	19.4	14.4	9.8
中长期贷款	6.7	7.7	11.3	14.4	11.3
信托贷款	—	—	0.7	0.5	0.2
其他贷款	3.9	5.5	0.9	2.7	1.1
9. 财政借款	2.3	1.0	0.5	0.0	0.0
10. 政府债券	2.3	2.8	4.5	4.7	4.2
11. 企业债券	0.7	0.4	0.3	0.6	0.7
12. 股票	1.0	6.3	12.6	5.4	28.1
国内金融资产(1＋12)	100	100	100	100	100

对比 20 世纪 90 年代初的和目前的国内金融资产结构,我们可以发现如下变化:

(1)金融债券、政府债券占国内金融资产的比率都存在明显的上升趋势,而企业债券在国内金融资产中的比率与 20 世纪 90 年代初的水平相差无几。金融债券在金融资产中的比率虽有起伏,但纵观这 17 年的发展进程,金融债券在金融资产中的地位是逐步上升的,尤其是在近几年已表现出迅猛发展的势头。政府债券在国内金融资产中的比率先增后减,但这一比率目前仍明显高于 20 世纪 90 年代初的水平,稳定在 4% 以上。企业债券在国内金融资产中的比率仍然很低。1991 年到2001 年间,企业债券在国内金融资产中比重不升反降,从 0.7% 下降到0.3%,最近两年这一比重才恢复到 1991 年时的水平。而从企业债券的总量来说,在 1991—2007 年间,企业债券相对于国民总收入增长明显,年均增速为 5.7%。一方面是在金融资产中的比率徘徊不前,另一方面是总量的上升,造成这一局面的原因就在于企业债券的增速低于大多数其他金融资产的增长速度。

(2) 股票在国内金融资产中的份额存在波动,但增长非常明显。1991 年股票在国内金融资产中的比率仅 1%,2001 年上升到 12.6%,2005 年回落到 5.4%,但 2006 年、2007 年又快速上升,分别达到11.8%、28.1%。即使是最近一次的最低值 5.4%,也远远高于 1991 年的 1%。

(3) 在非金融机构的负债中,贷款明显减少。1991 年到 2007 年,贷款占国内金融资产的比率从 46.8% 下降到 22.5%。这主要是在短期贷款急剧减少的拉动下形成的。在过去的 16 年间,短期贷款在国内金融资产中的占比从 36.2% 下降到 9.8%。但中长期贷款在国内金融资产中的占比不但没有下降反而大幅上升,从 1991 年的 6.7% 上升到 2007 年的 11.3%。中长期贷款占比的增加与我国的住房体制改革紧密相关。1994 年我国全面推进住房市场化改革,这一改革必然导致对住房抵押贷款等中长期贷款的强劲需求,从而带动中长期贷款的快速增长。

(4) 保险准备金在国内金融资产中的比重明显上升,但规模仍然较小。2001 年保险准备金在金融资产中的比率为 1.3%,2005 年达到 2.5%,之后维持在这一水平。

(5) 流通中现金相对于经济基础的比率在减少,但相对于金融上层结构的比率减少得更多。分析表 1 中的数据时,我们已经观察到现金相对于经济基础的规模在下降;而表 2 中的数据则表明,流通中现金相对于金融资产总量的下降幅度更大,从 1991 年的 7% 下降到 2007 年的 2.6%。我国货币市场和资本市场发展的一个重要方面就是支付结算等金融基础设施日趋完善。日益现代化的支付结算系统极大地推动了非现金支付方式的运用,降低了对流通中现金的需求。2006 年,我国通过大额实时支付系统实行债券交易券款对付(DVP)结算金额达到 38.51 万亿元,占银行间债券交易结算金额的 73.82%。而小额批量支付系统则为银行业金融机构的小金额、大批量跨行支付清算业务提供了一个低成本、高效率的公共平台。由于有先进的支付清算系统的支持,近年来非现金支付工具在我国得到广泛应用。银行卡已成为我国个人使用最广泛的非现金支付工具。2006 年,使用银行卡支付的消费交易额为 1.89 万亿元,占全国社会消费品零售总额的比重达 17%(剔除批发性的大宗交易和房地产交易),比上年增加了 7 个百分点,其中,北京、上海、广州、深圳等大城市这一比例达到了 30%,已接近发达国家 30%—50%的水平。同时,票据这种便利性、安全性都优于现金的非现金支付方式在企业间得到广泛使用。此外,电子支付,如网上支付、电话支付、移动支付,在我国也迅速发展。非现金支付的发展降低了交易成本,提高了支付效率,有利于培育社会信用、促进金融创新和塑造新型支付文化(中国人民银行支付结算司,2007)。

四、部门资金运用/来源结构

前面的分析表明,随着我国货币和资本市场的发展,整个经济中的金融资产结构发生了明显变化。这一变化实际上是通过经济中各部门调整资金运用/来源结构而得以实现的。本节中所指的资金运用和资金来源都是存量的概念。部门的资金运用形成了部门的金融资产;部门的资金来源构成了部门的金融负债。在市场经济体制下,住户部门、非金融企业部门和金融机构部门是经济的主体,本节将分析这三个部门在 2004 年和 2005 年的资金运用/来源结构[16],从而更全面地分析我国目前的**金融资产结构**。[17]

(一) 住户部门

表 3 中的数据显示,在住户部门的资金运用中:(1)银行存款仍然是住户部门资金运用的主要形式,2004 年和 2005 年在住户部门的资金运用中均占 72%。(2)住户部门的保险资产迅速增长。2004 年保险准备金在住户部门的资金运用中的占比为 7.8%,低于证券的占比;而 2005 年则超过证券资产的占比 0.2 个百分点,达到 8.8%。(3)在证券

中,债券的比例明显低于股票。

对住户部门而言,其收入和积累的财富是其主要资金来源。从金融机构获得的贷款是其最重要的外部融资来源(表3)。从贷款结构来看,中长期贷款的占比几乎达短期贷款占比的两倍。目前住户部门的贷款结构是伴随着我国经济体制的一系列改革而产生的,其主要部分是住房抵押贷款。

表3　住户部门主要资金运用与来源一览表　　　　　（单位:亿元）

项目　　　　　　　　　　　　　　　年份		2004	2005
资金运用（资产）	通货	18246.1	20376.5
	在资金运用中占比	10.1%	9.7%
	存款	129479.9	150425.1
	在资金运用中占比	72.0%	72.0%
	证券	17569.8	18018.5
	在资金运用中占比	9.8%	8.6%
	债券	6293.4	6534.0
	在资金运用中占比	3.5%	3.1%
	股票	11276.5	11484.5
	在资金运用中占比	6.3%	5.5%
	保险准备金	14113.4	18314.9
	在资金运用中占比	7.8%	8.8%
资金来源（负债）	贷款	28730.0	31757.3
	在资金来源中占比	100.0%	100.0%
	短期贷款	10044.2	11077.4
	在资金来源中占比	35.0%	34.9%
	中长期贷款	18685.9	20679.8
	在资金来源中占比	65.0%	65.1%

(二) 非金融企业部门

非金融企业部门的资金来源主要包括银行贷款、发行股票和发行企业债。近年来,非金融企业的融资结构表现出了如下几个特点(表4):(1)随着直接融资的发展,贷款在非金融企业部门外部融资中的重要性开始下降,但仍居主导地位;中长期贷款的重要性不降反升,非金融企业对中长期贷款需求的上升成为中长期贷款在国内金融资产中比率上升的一个重要原因。(2)股票融资已成为非金融企业获取外部资金的一种重要渠道。(3)企业债券在非金融性企业外部融资中的比率虽小,但上升迅速。2004年债券在非金融企业资金来源中的占比仅0.6%,一年之后则上升到1.3%。

发行股票和企业债券都属于直接融资,而银行贷款则是间接融资。我们可以从直接融资与间接融资比率(用证券融资/贷款融资表示)看出非金融企业部门直接融资的发展状况(表4)。经过十余年的发展,我国非金融企业的直接融资从无到有,发展迅速,2004年、2005年直接融资与间接融资比率分别为25.2%和22%。但与发达国家相比,我国非金融企业的直接融资与间接融资比率还明显偏低,2005年美国非金融企业的直接融资与间接融资比率高达434%。[18]而从非金融企业直接融资的结构来看,虽然企业债券融资发展迅速,但在直接融资中的比率远远低于股票融资,2004年企业债券融资、股票融资与贷款融资的比率分别为1%、24.2%,2005年则分别为2%和20%。

表4　非金融企业部门主要资金来源与直接融资状况一览表

（单位:亿元）

项目　　　　　　　　　　　年份	2004	2005
贷款	156548.4	169128.5
在资金来源中占比	63.3%	64.0%
短期贷款	87593.7	91464.6
在资金来源中占比	35.4%	34.6%
中长期贷款	58299.3	66904.7
在资金来源中占比	23.6%	25.3%
证券	39499.2	37271.3
在资金来源中占比	16.0%	14.1%
证券融资/贷款融资	25.2%	22.0%
债券[1]	1567.4	3430.8
在资金来源中占比	0.6%	1.3%
债券融资/贷款融资	1.0%	2.0%
股票	37931.8	33840.5
在资金来源中占比	15.3%	12.8%
股票融资/贷款融资	24.2%	20.0%

注:非金融企业的债券融资即为企业债券融资。

表5　金融机构部门主要资金运用与来源一览表　　　　（单位:亿元）

项目 \ 年份		2004	2005
资金运用（资产）	贷款	188943.1	205789.7
	在资金运用中占比	54.2%	50.4%
	短期贷款	97827.5	103003.3
	在资金运用中占比	28.0%	25.2%
	中长期贷款	76985.1	87584.6
	在资金运用中占比	22.1%	21.4%
	债券	50622.6	73740.6
	在资金运用中占比	14.5%	18.0%
	国债	23341.1	28381.1
	在资金运用中占比	6.7%	6.9%
	金融债券	14302.6	20362.5
	在资金运用中占比	4.1%	5.0%
	中央银行债券	11420.1	22251.9
	在资金运用中占比	3.3%	5.4%
	企业债券	1558.7	2745.1
	在资金运用中占比	0.4%	0.7%
	准备金	26977.9	29455.7
	在资金运用中占比	7.7%	7.2%
	国际储备资产	51173.1	66634.9
	在资金运用中占比	14.7%	16.3%
资金来源（负债）	通货	21468.3	24031.7
	在资金来源中占比	5.8%	5.5%
	存款	251852.3	293118.9
	在资金来源中占比	68.2%	66.9%
	债券	25722.7	42614.4
	在资金来源中占比	7.0%	9.7%
	保险准备金	10496.4	13240.5
	在资金来源中占比	2.8%	3.0%

（三）金融机构部门

金融机构部门资金运用结构的特点主要表现在三个方面（表5）:
(1)贷款在金融机构资金运用中的重要性有所下降,但仍居主导地位。
2004年贷款在金融机构资金运用中的比率为54.2%,2005年下降到
50.4%。(2)金融机构运用于债券的资金规模明显上升。2004年债券
在金融机构资金运用中的比率为14.5%,2005年上升到18%。近年

来,金融债券、企业债券,尤其是中央银行债券成为了金融机构频繁运用的工具。(3)国际储备资产成为了金融机构资金运用的一种重要形式。2004年、2005年国际储备资产在金融结构资金运用中的比率分别为14.7%和16.3%。

金融机构资金来源结构的特点则表现在两个方面:(1)存款仍是金融机构最主要的资金来源。2004年、2005年存款在金融机构部门的资金来源中的占比分别为68.2%、66.9%。(2)发行债券已成为金融机构的一种重要的资金来源渠道。2004年债券在金融机构部门资金来源中的占比为7.0%,2005年上升到9.7%。

五、我国金融资产结构调整效果

易纲指出,20世纪90年代中期,金融改革中最重要的是积极稳妥地发展直接融资。经过十余年的努力,大力发展直接融资在我国已初见成效。到2007年年底,股票、债券⑩、保险准备金占国民总收入的比率分别为85%、38.7%和10%,原来落后的金融资产结构下存在的问题部分得到缓解:

1. 企业负债率有所下降,企业总体经营状况有所好转

中国人民银行5000户工业企业景气调查数据表明,1993年年末,5000户工业企业资产负债比率高达65.82%。近年来,资本市场的发展使融资结构趋于合理化,减轻了企业的债务压力,企业流动资金周转率、盈利情况和总体经营状况都逐步好转,2006年企业盈利情况上升为17.8%,企业总体经营状况达到34.2%,流动资金周转率高达1.9,资产负债比率下降到58%。财政部企业财务快报数据显示,2007年国有企业运行质量不断改善,盈利水平继续提高,截至2007年年底,国有企业实现利润1.62万亿元,资产负债比率为57.3%,净资产收益率为8.5%。

2. 银行行为逐步规范,经营风险逐步降低

稳步推进利率市场化。"银行商业化,利率市场化",让利率充分发挥市场利率配置资源的杠杆作用,才能根除银行寻租行为②。存款利率只管上限,贷款利率只管下限的政策大大加速了存贷款市场的利率市场化进程。1996 年在全国统一的同业拆借市场网络系统开通运行之后,我国放开了各期限档次的同业拆借市场利率。2006 年 1 月利率互换交易开始试点。2007 年 1 月,**上海银行间同业拆放利率**(Shibor)开始运行,并向社会公布包括隔夜、1 周、2 周、1 个月、3 个月、6 个月、9个月及一年的 Shibor 品种②。利率市场化的推进逐步消除了银行寻租的根源,规范了银行的行为。

加快商业银行改革。中国建设银行、中国银行、中国工商银行和交通银行等国有商业银行先后完成了股改上市,资本充足率进一步提高,不良贷款率大幅下降,到 2007 年年底已接近 3% 这一国际上正常的银行不良资产率水平。

表6   国家银行的资金运用(年末余额)　　　（单位:亿元）

年　份	贷　款	有价证券与投资	有价证券与投资/贷款
1994	31602.9	1785.8	5.7%
1995	39169.2	2935.4	7.5%
1996	47434.5	3970.2	8.4%
1997	59317.5	2188.1	3.7%
1998	68442.1	5673.0	8.3%
1999	73695.9	8090.6	11.0%
2000	76393.8	16419.4	21.5%
2001	80077.6	16913.4	21.1%
2002	90892.6	19488.4	21.4%
2003	106155.9	21860.6	20.6%
2004	116050.9	22494.9	19.4%
2005	120851.1	25067.5	20.7%
2006	136494.3	27801.2	20.4%

数据来源:Wind 资讯。

引导商业银行资产多元化。长期以来,银行的资产结构单一,贷款

在其金融资产中一直占主导地位,而且贷款中的绝大多数还是无抵押的信用贷款,这就导致了银行经营的高风险[22]。证券市场出现以后,银行加大了在有价证券上的投资,使银行资产多样化从而降低了经营风险。表6中国家银行[23]资金运用的数据显示,有价证券与投资相对于贷款的规模快速上升,1994年时仅为5.7%,2000年以后稳定在20%左右。而在贷款中,银行增大了对住房抵押贷款等有抵押贷款的投放,一方面配合了住房市场化改革,满足了居民的住房需求;另一方面有抵押的贷款相对于信用贷款的增加可以使银行的经营风险进一步降低。

3. 国家财政收入稳步上升

企业运行质量的改善,盈利水平的提高,扩大了国家财政的税收基础,国家财政的税收收入随着企业效益的提高稳步上升,2007年国有企业上缴税金1.57万亿元。[24]过去十几年中,国有企业因经营困难等原因一直没有分红。2007年9月《国务院关于试行国有资本经营预算的意见》公布并决定2007年进行国有资本经营预算试点,收取部分国有企业2006年实现的国有资本收益;中央一级的国有资本经营预算从2008年开始实施,2008年收取实施范围内企业2007年实现的国有资本收益。[25]部分国有资本收益还可用于充实社会保障基金。

目前,我国虽然化解了原来落后金融资产结构下的部分难题,但现在的金融资产结构仍然存在不合理成分,与我国经济的发展不相适应。

1. 债券,尤其是企业债券,规模过小

近年来,我国企业债券发展很快,但目前规模仍然很小。2007年年底,我国企业债券相对于国民总收入的比例仅为2.9%,企业债券作为直接融资工具的优势并未展现。相比之下,发达国家企业债券融资通常都很活跃。例如,2005年年末,美国企业债券市场规模达到了5万多亿美元,相对于国民总收入的比率超过40%。[26]不仅如此,相对于股票,我国各类债券的规模都偏小。2007年年底,我国股票与国民总收入的比率为85%,在国内金融资产总量中的比率为28.7%;而政府

债券、金融债券和企业债券三者之和与国民总收入的比率为38.7%,与国内金融资产总量的比率为11%。

2. 中国的保险市场规模较小

近年来我国保险市场发展迅速,但规模还较小,发展空间还很大。从 2001 年到 2007 年,保险准备金与国民总收入的比率由3.7%上升到10%;保险准备金在国内金融资产中的比率由 1.3%上升为 2.5%。与发展历史悠久的国外保险业相比,中国的保险业还很不成熟(见表7)。由于中国人口多,所以中国保费收入在世界保险业的排名比较靠前。2005 年,中国保费总额为 601.3 亿美元,世界排名 11,但保险密度(以美元计算的人均保费)只有46.3美元,居世界第 72 位,保险深度(保费总额占 GDP 的比率)仅2.7%,居世界第 50 位。保险市场的不完善使其应有的防范风险和保障经济稳定运行的功能难以充分实现。

表7　2005 年各国保险业基本状况比较

国家/地区	保费总额(百万美元)	保险密度(美元)	保险深度(%)
中国	60131	46.3	2.7
中国台湾地区	49005	2145.5	14.11
中国香港地区	17639	2544.9	9.93
印度	25024	22.7	3.14
印度尼西亚	4271	19.4	1.52
马来西亚	7227	283.3	5.42
泰国	6376	99	3.61
韩国	82933	1706.1	10.25
新加坡	10234	1983.4	7.47
瑞士	41077	5558.4	11.19
英国	300241	4599	12.45
法国	222220	3568.5	10.21
德国	197251	2310.5	6.79
美国	1142912	3875.2	9.15
加拿大	78723	2449	6.97
日本	476481	3746.7	10.54

数据来源:《中国保险年鉴(2007)》。

3. 股票相对于金融资产的比率波动过大

股票市场波动很大,并表现出投机性强,风险高的特征,应有的资金配置功能难以有效实现。

正如我们在引言中所强调的,货币化发展到一定阶段之后就必须依靠货币市场和资本市场发展这一载体才能继续深化,而金融资产结构的演进是货币市场和资本市场发展的结果。相对于 20 世纪 90 年中期,我国的直接融资已获得长足发展;但与发达国家相比我国的直接融资水平还较低。2005 年年底,我国非金融机构部门⑩的直接融资与间接融资比率为 36%,而美国非金融机构部门的直接融资与间接融资比率高达 157%。⑪因此,我国直接融资的发展空间还很大。

六、未来十年中国金融市场发展的最佳路径是市场的双向开放

当今的世界正处于全球金融一体化的浪潮之中,而全球金融一体化的一个重要特征是:主要经济体基本参与开放的全球金融市场,主要经济体的货币成为可兑换货币。在全球金融一体化的过程中,任何一个经济体成长到一定程度,都必须在国际金融市场上拥有发言权乃至国际市场规则制定权,才能维护本国市场的利益。而获得发言权的必要条件是参与国际金融市场并在一定程度上开放本国市场。

只有当本国金融市场成为国际金融市场的主场时,作为该市场主人的国家才有主导权。一个经济体如果能公平的制定和维护市场规则,那么全世界的投资者都会愿意进入并持续参与这一市场;反之,如果这一市场的规则不公平,投资者尝试几次后,就不再愿意参与该市场的活动了。因此,在全球金融一体化的大潮中,我国金融市场的发展也需要有全球化的视角。未来十年,我国金融市场发展的最佳路径是市场的双向开放。

在中国**金融市场双向开放**进程中,稳步实现人民币可兑换是关键。

1991—2007 年间,我国货币和资本市场的快速发展、国内市场的容量稳步提高为人民币的可兑换提供了必要的市场条件和市场环境;中国经济的高速发展、法制建设的加强则为人民币可兑换提供了良好的宏观环境。一旦人民币成为可兑换货币并且金融市场也对外放开,世界各国的投资者出于安全、收益、市场深度和流动性等多方面的考虑,将愿意持有人民币并投资于中国的金融市场。通过银行、证券、保险等途径,这些投资最终将流入实体经济,促进中国经济的发展。随着国外投资者对人民币持有的增加以及在中国金融市场上投资规模的扩大,人民币将成为亚洲的主要货币,中国的金融市场将成为亚洲的主要金融市场。不仅如此,人民币还有希望成为世界的主要货币之一,中国的金融市场还可能成为世界金融市场中的一个重要组成部分。

推进中国金融市场双向开放还应夯实**金融基础设施**,推进法制建设,为金融稳定和金融安全保驾护航。随着中国金融市场双向开放的逐步推进,大量国际资金将在国内金融市场和国际金融市场之间频繁流动。但由于中国的市场规模巨大,金融市场的容量很大,正常的资金流动也不会威胁到中国金融市场的安全。金融市场的开放程度和金融安全之间并不存在必然的联系。金融安全不在于谁提供金融服务,而在于谁掌握金融控制力。金融控制力主要体现在金融市场的交易、登记、托管、结算、反洗钱和征信系统。只要牢牢掌握这些系统,就可以随时获得货币流向、股票和债券市场的信息,从而保持金融控制力。金融基础设施是实现金融安全的硬件基础,而法律法规则构成了对金融安全的有效保障。完善的法律法规可以保护投资者的利益,维护市场秩序,促进市场健康发展。因此,良好的金融基础设施和完善的法律法规是保障中国金融安全的基础。

逐步放开中国居民和企业在国外金融市场上的投资是中国金融市场双向开放的一项重要内容。中国金融市场的开放应该是双向的,不仅包括允许国外资金投资于中国金融市场,还应包括允许国内资金投资于国外金融市场。通过对国外金融市场的投资,我国的资金还可以流入国外的实体经济。目前我国持有的境外金融资产主要是外汇储备。截至 2008 年第二季度,我国已拥有 2 万多亿美元的境外金融资产,其中 2 万亿美元是国家持有,只有零头是由居民和企业持有。在吸引全球投资者持有人民币资产的同时,我国还应允许和鼓励居民和企业放眼世界,走出国门,持有境外金融资产。在保持金融控制力的前提下,允许资金相对自由地流入和流出是金融市场双向开放的应有之义,这也是中国成为全球资金和资源配置中心之一的必要条件。

我们期待十年之后把我国境内金融资产和境外金融资产合并起来,再次讨论中国的金融资产结构。

注释

① R. W. Goldsmith,*Financial Structure and Development*,Yale University Press,1969.

② E.Shaw, *Financial Deepening in Economic Development*,Oxford University Press,1973.

③ J. G. Gurley,E. S. Shaw,*Money in a Theory of Finance*,The Brookings Institution,1960.

④ A. Demirgüc-Kunt,R. Levine,*Financial Structure and Economic Growth*:*A Cross-country Comparison of Banks*,*Markets*,*and Development*,Massachusetts Institute of Technology,2001.

⑤ 谢平:《中国金融资产结构分析》,《经济研究》1992 年第 11 期。

⑥ G. Yi:"The Monetization Process in China During the Economic Reform",*China Economic Review*,Spring,1991,pp.75 – 95.

⑦ 易纲:《中国金融资产结构分及政策含义》,《经济研究》1996 年第 12 期。

⑧ 之所以选择 1991 年为分析的起点是因为,1990 年、1991 年上海证券交易所和深圳交易所相继成立,标志着我国现代金融体系的基本建立。

⑨ 虽然我们不能说我们的分类统计是完全正确的,但我们试图把我们的分类统计方法和数据来源尽量详细的展现在大家面前,以供批评和参考。

⑩ R. W. Goldsmith,*Financial Structure and Development*,Yale University Press,1969.

⑪ 由于篇幅的限制,本文中只列出了主要年份的数据。如有需要,可以向作者索取其他年份的数据。

⑫　国民总收入原来称为国民生产总值(GNP)。

⑬　A. Demirgüç-Kunt, R. Levine, Financial Structure and Economic Growth: A Cross-country Comparison of Banks, Markets, and Development, Massachusetts Institute of Technology, 2001.

⑭　用金融资产总量表示金融上层结构遵循了戈德史密斯(1969)的表述。

⑮　资料来源:中国人民银行网站,"货币政策大事记"。

⑯　部门资金运用/来源结构分析中使用的数据来源于中国人民银行调查统计司。需要说明的是,中国人民银行调查统计司在统计债券时是按照市价定值,而本文在统计金融资产总量时债券是用面值计算。但这一区别并不会影响我们的基本结论。

⑰　限于只能获得 2004 年和 2005 年的部门金融资金存量数据,我们只能分析近年来我国的部门资金运用/来源结构,而无法与 1990 年代初的部门资金运用/来源结构进行比较分析。

⑱　由中国人民银行调查统计司的统计数据计算得出。

⑲　包括金融债券、政府债券和企业债券。

⑳　易纲:《中国金融资产结构分及政策含义》,《经济研究》1996 年第 12 期。

㉑　资料来源:中国人民银行网站,货币政策大事记。

㉒　谢平:《中国金融资产结构分析》,《经济研究》1992 年第 11 期。

㉓　国家银行包括中国人民银行、政策性银行、国有商业银行、邮政储蓄机构。

㉔　数据来源:《人民日报》2008 年 1 月 24 日第 2 版。

㉕　资料来源:人民网,http://ccnews.people.com.cn/GB/87320/6261894.html。

㉖　数据来源:彭博(Bloomburg)资讯、国际统计年鉴。

㉗　包括住户部门、非金融企业部门和政府部门。

㉘　由中国人民银行调查统计司的数据计算得出。

参考文献

国家统计局编:《中国统计年鉴》(1991—2007),中国统计出版社。

唐旭:《金融脱媒与多层次金融市场》,《新金融》2006 年第 1 期。

谢平:《中国金融资产结构分析》,《经济研究》1992 年第 11 期。

易纲:《中国金融资产结构分及政策含义》,《经济研究》1996 年第 12 期。

易纲:《市场机制调整见效,经济失衡正在收敛》,《CCER 中国经济观察》2008 年第 1 期。

中国保险年鉴编委会:《中国保险年鉴 2007》。

中国人民银行统计调查司:《中国人民银行统计季报(1999—2008)》,中国金融出版社版。

中国人民银行支付结算司:《中国支付体系发展报告(2006)》,中国金融出版社2007年版。

Demirgüc-Kunt, A., and R. Levin, *Financial Structure and Economic Growth: A Cross-country Comparison of Banks, Markets, and Development*, Massachusetts Institute of Technology, 2001.

Goldsmith, R. W., *Financial Structure and Development*, Yale University Press, 1969.

Gurley, J. G., and E. S. Shaw, *Money in a Theory of Finance*, The Brookings Institution, 1960.

IMF, *Monetary and Financial Statistics Manual*, International Monetary Fund, 2000.

Shaw, E., *Financial Deepening in Economic Development*, Oxford University Press, 1973.

Yi, G.:"The Monetization Process in China During the Economic Reform", *China Economic Review*, Spring, 1991, pp.75 – 95.

第五部分

农村金融和农村
信用社改革

认真学习 明确职责 确保实现农信社改革 资金支持政策目标[*]

提要 农村信用社改革试点**资金支持方案**的实施与考核,是当前人民银行特别重要的一项工作。大家要充分认识农村信用社改革试点工作的重要意义,把农村信用社改革试点资金支持作为当前的工作重点抓紧抓好。今天,我的讲话分为三个部分,第一部分讲农村信用社改革的意义,第二部分讲人民银行货币信贷部门在农村信用社改革试点资金支持方案中的责任,第三部分讲对几个问题的看法。

一、农村信用社改革试点具有重要的历史意义

农村信用社有 50 年的历史了,50 年来,作为农村的三大合作组织之一(生产合作、信用合作、供销合作),农村信用社对"三农"的服务功不可没,是农村金融的主力军和联系农民的纽带。在管理体制上,农村信用社很长时间内是由农业银行管理的。1996 年,国务院下发了《关于农村金融体制改革的决定》(国发〔1996〕33 号),规定了农村信用社改革的步骤,明确了农村信用社管理体制改革的方向。1996 年,农村信用社与农业银行脱钩,由人民银行管理,人民银行投入了人量的资源用于加强农村信用社改革和管理。2000 年以后,农村信用社总体情况有所好转,当年亏损挂账逐年减少。2003 年 1—11 月,全国农村信用

* 根据 2003 年 12 月 29 日在"深化农村信用社改革试点资金支持方案与考核"培训班上的讲话记录整理。

社净赢利 1.5 亿元。

深化农村信用社改革,促进农村信用社稳定健康发展,事关农业发展、农民增收、农村稳定的大局,党中央、国务院高度重视。1999 年,中农办组织了对农村经济的调研,我参加了农村信用社改革调研小组。到甘肃、宁夏、四川、贵州等地调研,了解了大量关于农村信用社的情况。我在基层社一待就是一整天。有一种说法,人均吸收存款在 50 万元以下,农村信用社是没法活的,因为要养活这么多人。但我到宁夏西海固地区的一个基层农村信用社调查,该社虽然人均吸收存款不到 50 万元,但收支基本能持平。总体看,西部地区的农村信用社存款量小,但资产质量不是最差的,可能是中等到偏下。总体看,我国农村信用社问题严重的在东三省和沿京广线各省。为什么最穷的地方农村信用社的资产质量不是最差的呢?通过对农村信用社管理体制、经营机制、财务状况等有关情况长时间的调研和思考,我深刻体会到,从中国农村的现状看,农村信用社确实是农村金融的主力军,农民、农业、农村的金融服务主要靠农村信用社。农村信用社改革成功与否,确实关系到农村的稳定,关系到农业的发展和广大农民收入的提高。"三农"问题是党中央、国务院最关心的问题,也是每年经济工作的重中之重。在这样一个大的背景下搞这次改革,大家的使命和任务是非常艰巨的。

这次改革的启动实际上是在 2002 年 2 月的全国金融工作会议。这次会议之后,中央下发了《中共中央、国务院关于进一步加强金融监管,深化金融企业改革,促进金融业健康发展的若干意见》(中发〔2002〕5 号)。这个文件已经勾画出了**农村信用社改革**的蓝图。关于农村信用社改革的论述在文件的第五部分,篇幅是比较大的,共讲了五个自然段。第一段讲了农村信用社改革的意义:"农村信用社改革的重点是明确产权关系和管理责任,强化内部管理和自我约束机制,进一步增强为'三农'服务的功能,充分发挥农村信用社支持农业和农村经济发展的金融主力军和联系农民的金融纽带作用。"第二段讲了农村信用社的产权制度改革:"农村信用社改革要因地制宜、分类指导。广大农村地区发展不平衡,应根据不同情况采取不同办法,不搞'一刀切',在人口稠密地区和部分粮食主产区,具备条件的可在清产核资的基础上,建立县一级法人体制;在其他地区,可在现行基层社、县联社两级法人体制基础上进行调整完善,采取有效措施对高风险基层社进行兼并和重组;在沿海发达地区和大中城市郊区少数符合条件的基层社,可进行股份制改造。"第三段讲了农村信用社的内部管理:"要健全内部运行机制,加强领导班子建设,选好一把手。要完善贷款审批、风险防范和内部财务等内控制度,建立村民互保、联保等信用担保机制。"第四段讲了农村信用社的监督管理体制:"农村信用社的监管由银行监管机构统一负责。农村信用社及其联社的党的关系实行属地化管理,各省政府要按照国家有关法规指导本地区的农村信用社加强自律性管理,并且统一组织有关部门防范和处置农村信用社的金融风险。"第五段讲了对农村信用社的政策支持。中发〔2002〕5号文件是指导农村信用社改革的纲领性文件。

另一个关于农村信用社改革的重要指导性文件,是十六届三中全会决定。《中共中央关于完善社会主义市场经济体制若干问题的决定》第七部分提出:"完善农村金融服务体系,国家给予适当政策支持。通过试点取得经验,逐步把农村信用社改造成为农村社区服务的地方性金融企业。""完善农村金融服务体系"和"国家给予适当政策支持"两句话的含金量很高,大家要深刻体会。

国发〔2003〕15号文件对本次农村信用社改革做了全面的部署:"各级人民政府和国务院有关部门要从战略高度充分认识深化农村信用社改革试点工作的重要性和紧迫性,坚持以邓小平理论和'三个代表'重要思想为指导,按照明晰产权关系、强化约束机制、增强服务功能、国家适当支持、地方政府负责的总体要求,加快农村信用社管理体制和产权制度改革,把农村信用社逐步办成农民、农村工商户和各类经济组织入股,为农民、农业和农村经济发展服务的社区性地方金融机构,充分发挥农村信用社农村金融主力军和联系农民的金融纽带作用,更好地支持农村经济结构调整,促进城乡经济协调发展。"

二、人民银行货币信贷部门在农村信用社
改革试点资金支持方案实施过程中的责任

这次改革,中央给予农村信用社如此之大的政策支持力度,在共和国的历史上是没有先例的,这对农村信用社的发展可谓是千载难逢的大好机会。正因如此,作为农村信用社改革的参与者,我们一定要全身心投入工作,兢兢业业,一丝不苟地按中央精神把工作做好。否则,会辜负党中央、国务院对我们的信任和期望。如果我们的工作做好了,真的可以把农村信用社的经营机制转换,产权关系理清,管理责任明确,可以使农村信用社走上良性循环的轨道。基于多年的研究,我深知农村信用社改革的复杂性和艰巨性。但这次我相信,如果我们把工作做好的话,农村信用社改革是有可能成功的。如果产权关系真正理清了,管理责任到位了,农村信用社能够真正成为农村社区服务的地方性金融机构,走上自主经营、自我约束、自我发展、自担风险的良性循环轨道。现在是一个关键的时刻,在座的同志负责八省(市)改革试点资金支持这个环节,你们的工作做得细、做得好,改革成功的可能性就大;做得粗、不负责任,改革成功的可能性就小。我要求同志们要发扬一种深入调研、细致工作的精神,设计好激励制度,学习好有关文件,制定好操作细则,把工作的每个环节、每个细节做好,不辜负党中央、国务院对我们的信任。

专项票据置换是人民银行拿真金白银置换农村信用社的不良资产,用真金白银买的是什么?能不能通过花钱买到好的机制,督促农村信用社改革?你们的工作很关键。有的同志说这事归银监会管。不错,农村信用社改革试点工作组织是由银监会牵头,但改革试点资金支持是由人民银行负责制定具体的操作办法,负责规定资金支持的条件,负责把关检查。所以,我们要负起责任来,人民银行各级分支行要负起

责任来。要认真学习、仔细研究国发〔2003〕15 号、银发〔2003〕181 号，以及银发〔2004〕4 号文件。如果对资金支持的条件没有严格把关，是在座各位的责任。

还有一点要提醒大家注意，就是要严防道德风险。为什么银发〔2003〕181 号文件设计得这么透明、这么公开，把所有的程序都告诉大家？为什么一定要坚持在向国务院请示和批复各省（市）农村信用社改革试点实施方案时，要求把分县（市）的资不抵债数额和资金支持方式及额度附上？理由就是希望有关各方面不要在政策上讨价还价，不要在数字上纠缠。如果大家的精力不放在讨价还价上，不放在多要资金上，那么大家的精力就会放在增资扩股上，放在转换经营机制上，放在农村信用社改革上。

我们这个方案的设计，为什么要用专项票据置换不良贷款？又为什么将不良贷款全部委托农村信用社清收，收回来人民银行又一分钱不要，全部还给农村信用社？我们的出发点就是要建立最有效的激励机制，充分调动地方政府的积极性，调动农村信用社的积极性，调动监管部门的积极性，从而上下一条心，地方政府、农村信用社、监管部门、人民银行一条心，把这件事情办好。

政策是透明的，数字是锁定的，政策是要严格执行的。你们不能松，你们一松，就没有人来把这个关了，你们不把关，谁来验收？谁来检查这些条件是达到还是没达到呢？如果你们都不理解这个政策的设计初衷，不严格把关的话，那么这个政策就失败了。所以，防范道德风险、落实组织责任，是我们的首要职责。有的同志有畏难情绪，怕与政府、银监会、农村信用社的关系理不顺、职责理不清。他们不知道自己负什么责任，认为农村信用社转换机制、增资扩股的真实性不该我们管，不是我们的责任。我的回答很清楚，以后对农村信用社的资本结构、资本真实性的监管，是监管部门的责任。但这一次，在资金支持方案实施与考核过程中，作为货币信贷部门，票据发行的协议是你签的，票据是你发行和兑付的，钱是从你手里出去的，如果农村信用社不够发行条件你发行了,不够兑付条件你兑付了,就是你的责任。当然,你们也要跟监管部门做好配合,做好协调。

按照国务院的文件,票据置换的顺序是不良贷款优先,不良贷款换完以后才能换历年亏损挂账。后来有关部门提出,能不能先换呆账,然后是历年亏损挂账、其他不良贷款。我们在座的很多同志也提出了这个问题。我的回答是这个问题可以考虑。但是,如果按这个顺序,票据置换不良贷款的比例不能低于整个票据量的65%。比如一个信用社有1000万元的票据,换了400万元的呆账,其他600万元都是亏损挂账,那是不行的。换了400万元呆账贷款后,你还得换250万元其他不良资产,最多只能换350万元的亏损挂账。否则怎么叫优先置换不良资产呢?今后对农村信用社的监管确实是监管部门的责任,但在考核票据发行、兑付的条件,监督检查票据置换的顺序,你是第一责任人。这是我要讲的第二部分,就是要大家清楚,我们的责任是什么。

三、需要正确认识的几个问题

我们对资金支持方案进行严格考核,目的是为了农村信用社的长治久安,是为了把农村信用社真正搞好。在工作中,你们要严格把关。可能会有人来攻击你,提出各种质疑,这是不可避免的。面对可能出现的问题,我们应如何回答?

一是资金支持方案是否体现了因地制宜、分类指导的原则?

根据国发〔2003〕15号文件精神,我们始终把因地制宜、不搞"一刀切"作为设计资金支持方案的主要原则。资金支持方案的出发点是,对专项票据设置适当的发行、兑付条件,以促进农村信用社经营机制的改革。对专项借款的前50%没有设置任何发放条件,以确保经营状况较差的农村信用社也能及时得到资金支持。当农村信用社平均资本净额提高50%时,对其再发放30%的专项借款;平均资本净额不为负时,再发放剩余额度专项借款。对选择专项票据的农村信用社,根据产权组织形式的差异,规定了三个档次的专项票据发行、兑付条件,兼顾了不同农村信用社之间经营管理水平和不同地区之间经济发达程度的差异。这样,我们对农村信用社的资金支持条件实际上设置了五个档次,基本上涵盖了各种经营财务状况和经济发达程度不同的需求。

二是为什么要对专项票据和专项借款设置条件?

设置适当的条件是为了撬动改革,力求取得"花钱买机制"的政策效果,在农村信用社改革试点期间,要按这些条件严格考核。在资金支持方案中强调,专项借款的发放进度与专项票据的发行,必须与试点省(市)改革试点实施方案的实施进程相结合,与农村信用社增资扩股、提高资本充足率和降低不良贷款比例的效果挂钩。通过设置专项借款发放和专项票据发行条件,督促地方政府切实采取有效措施,以达到撬动改革、取得"花钱买机制"的效果。

对专项票据从发行到兑付设置适当条件,其目的是为农村信用社改革建立一个持续性的激励机制,力求促进改革措施的真正到位。如果放弃发行条件,只保留兑付条件,仅仅在专项票据兑付这一时点上进行考核,容易造成"举重效应",不利于改革目标的实现。中国的事很难"宽入严出"。试想,我们的大学生能"宽入严出"吗?放弃发行条件,将来不兑付不是一种负责的态度。

对专项借款的后50％设置发放条件并分批发放,是在充分考虑到农村信用社资金运用和经营管理的实际能力后所做的决定。如果将专项借款一步到位全部发放,农村信用社可能无法按规定用途全部用出去,造成资金的闲置,导致成本上升,也有可能被挪作他用,甚至被用于代客理财等。从对江苏省农村信用社先行试点期间安排发放50亿元再贷款的实际情况和效果看,此次农村信用社改革试点对专项借款采取分批发放的方式利大于弊。

我不是不接受大家的意见,任何人只要提出更好的激励制度,我会毫不犹豫地接受。在起草资金支持方案的过程中,从第一稿到最后一稿我们多次征求有关部门的意见,并在最终出台的方案中吸收了上百条有益的建议和意见。

三是专项票据发行、兑付条件是否门槛过高？

从目前情况看，专项票据发行、兑付条件符合实际，试点省（市）认同。与参加试点的其他省（市）相比，吉林省具有农村信用社历史包袱沉重、潜在风险较大的特点。资金支持方案出台之初，吉林省政府曾认为专项票据发行和兑付条件过高，当初意向 51 个县全部选择专项借款。我们多次与吉林省沟通，建议其辖内少数经营状况相对较好的农村信用社选择专项票据。经反复动员，该省准备在一个县（公主岭）搞专项票据试点，其他 50 个县仍选择专项借款。后来，该省通过认真研究资金支持方案，在上报国务院的改革试点实施方案中，最终做出 50个县选择专项票据、一个县选择专项借款的决定。当时，我们曾对吉林省能否在规定的时间内达到专项票据发行条件表示过担忧，并在银监会会同人民银行对各试点省农村信用社改革试点资金支持方案的批复中明确，如果专项票据搞到半途搞不下去了，对试点省的资金支持只能等到改革向全国推开后再研究解决。但吉林省政府态度十分坚决，他们选择票据是经过慎重考虑的，有把握达到票据的发行和兑付条件。

吉林省的案例说明，现行专项票据的发行、兑付条件有极大的激励作用。在这种情况下，如果对专项票据的发行条件再有任何松动性的调整或松动的暗示，都会造成巨大的道德风险，可能延误改革试点工作。选择专项借款的省可能后悔，从而转选专项票据。

四是资金支持的条件能否降低？

我明确告诉大家，条件不能降低。央行资金支持方案的设计始终遵循透明、公开、公正的准则，在试点之初就明确规定了资金支持的条件和有关操作程序，目的就是力求促使试点省（市）政府把精力主要放在农村信用社管理体制和产权制度的改革上，而不是放在资金支持金额和条件的讨价还价上。

我们在银发〔2003〕181 号文件以及银监会会签我们的对试点省（市）改革试点实施方案的批复中，都明确提出了一系列资金支持操作的具体要求,从而使资金支持方案的操作更加透明、公开。例如,各试点省(市)选择的辖内分县的农村信用社资金支持方式,及其专项票据和专项借款额度,在经国务院批准后,人民银行将严格按此操作,不再变动;试点省(市)辖内拟认购专项票据的县应制订详细的增资扩股计划,经人民银行及银监会批准后,人民银行再向试点省(市)出具专项票据发行承诺书;对拟认购专项票据、但在规定期限内未达到专项票据发行条件的有关县,人民银行将推迟安排资金支持;对这部分县的资金支持方式,待改革在全国推开后,再另行研究解决;专项票据按季发行,每季发行日期公开透明,一年发行四次,等等。

我认为,资金支持的条件根据不同情况设置五个档次是符合实际的。在资金支持方案已经对改革产生了极大激励作用,并受到试点省(市)政府认可的情况下,不应该再就资金支持的具体条件进行任何讨价还价,而要把工作重点集中于农村信用社法人治理结构的完善和经营机制的转换。如果此时降低条件,会导致选择专项借款的地区要求重新选择资金支持方式,来回"翻烧饼",会乱了改革大局。

五是农村信用社采取两级法人体制好还是统一法人体制好?为什么要对两级法人体制的农村信用社设置较低的票据发行、兑付条件?

关于前一个问题争论已久。我认为,产权组织形式本身不存在好坏之分,关键要看它是否符合生产力发展的需要,是否坚持了因地制宜、分类指导的原则,是否充分考虑到地区间经济发达程度和农村信用社间经营管理水平的差异。从全国的实际情况看,多数农村信用社是适合县一级统一法人体制的,对此我不反对。但不能因此就搞"一刀切"、要求所有两级法人体制的农村信用社都转变为统一法人体制。应允许部分乡镇农村信用社在自愿原则下,保留独立法人的地位。

人民公社的发展历程值得农村信用社产权制度改革引以为戒。1949—1958年,我国农业生产组织形式经历了土地改革(分田地给农民、互助组、初级社、高级社)四个阶段。在实行高级社之前,一直允许农民保留生产资料私有和退社的权利。直到1956年以前,我国农村经济持续快速发展,证明从土改到初级社都是符合生产力发展需要的。1955—1956年,开始采取行政命令"一刀切"的方式,要求所有的初级社都要转变为高级社。高级社与初级社的重要区别就是将社员私有的生产资料转为集体所有,并且实际上不允许社员退社。由于高级社违反了自愿的原则,扼杀了农民劳动和创造的积极性,导致1958年以后犯了一些破坏生产力的错误。如果当时允许保留初级社,允许社员自由退社,允许农民单干,就可以在相当大的程度上避免犯1958年"大跃进"的错误。如果现在要求所有的两级法人体制农村信用社都转变为县一级统一法人体制,我担心,类似"大跃进"的错误可能会在农村信用社产权制度改革中重演。当然了,土改后农民对土地和生产资料的产权是清楚的,而农村信用社的产权从来就没有清晰过,这是制定政策时要考虑的一个重要因素。

据我近年来调查的情况看,全国信用合作系统的干部都希望农村信用社搞统一法人体制。我曾在全国范围内询问过60多个农村信用社县联社主任,他们一致表示赞成统一法人体制。江苏农村信用社试点也是县一级统一法人体制。但是,也有相当一部分赢利的乡镇农村信用社希望保留独立的法人地位。我曾在辽宁省葫芦岛市对其六个县联社主任和20个乡镇农村信用社主任进行了不记名问卷调查,所有的县联社主任和十个乡镇农村信用社主任都赞成统一法人体制;另外十个乡镇农村信用社主任希望保留独立法人地位,理由是赢利社可以有较多的积累用于公积金、公益金,利润可以自行支配使用,避免一级法人体制下吃"大锅饭"的弊端。到现在,我仍保存着这些原始问卷。

我认为,目前不应片面强调将所有的农村信用社两级法人体制都转变为统一法人体制,应该允许部分农村信用社保留两级法人体制,理由主要有两个:(1)从因地制宜的原则出发,经济相对发达、人口比较稠密的地区,适合统一法人体制;而地广人稀、管理半径大的地区,应允许其保留二级法人体制。(2)从改革试点、总结经验的角度出发,也应保留两级法人体制模式,要保留物种,不能斩尽杀绝。这样有利于对各种模式进行有益的探索和比较,找出适合农村信用社发展的道路。这一观点也得到了国内绝大多数农业方面知名专家学者的支持。

正是基于上述分析,在中发〔2002〕5 号文件和国发〔2003〕15 号文件中,我们都强调农村信用社产权制度改革要因地制宜、分类指导,不搞"一刀切":在经济比较发达、城乡一体化程度较高、农村信用社资产规模较大且已商业化经营的少数地区,可以组建股份制银行机构;人口相对稠密或粮棉商品基地县(市),以县(市)为单位将农村信用社和县(市)联社各为法人改为统一法人;其他地区,可在完善合作制的基础上,继续实行乡镇农村信用社、县(市)联社各为法人的体制;同时,采取有效措施,加大对高风险农村信用社兼并和重组的步伐。

一个县都搞统一法人体制,可行。一个县都搞两级法人体制,也可行。有的同志也许会问,如果一个县(市)辖内,有的乡镇农村信用社愿意联合起来搞统一法人体制,有的乡镇农村信用社愿意保留独立法人地位怎么办? 我认为也可以尝试。从自愿的原则出发,应允许乡镇农村信用社保留独立法人地位,前提是该社资能抵债、资本充足率和不良贷款率都符合一定的条件。这种做法有利于鼓励其自主经营、自我约束、自担风险、自我发展的积极性。要搞独立法人的农村信用社一定会努力经营,因为它一旦资不抵债就会丧失独立法人资格。

我讲了这么多,也不一定能保住几个乡镇农村信用社的独立法人地位。或许大家可以从以上讨论中对什么是产权、什么是市场、什么是行政命令有更深的理解。中国的国情复杂,地区差异大,大多数乡镇农村信用社的独立法人地位是名存实亡了,但也有少数地区乡镇农村信用社在相当大程度上是独立法人,应允许那些经营得好的乡镇农村信用社以他们选择的方式进行经营管理。

作为政策的制定者,我们应保持清醒的头脑,坚持以"三个代表"重要思想为指导,积极探索适合农村信用社发展的道路。对继续保留独立法人地位的乡镇农村信用社,人民银行要制定专门政策,给予与统一法人体制农村信用社平等的支持政策,确保其也能按规定比例得到再贷款。

对两级法人体制农村信用社设置较低的专项票据发行、兑付条件，主要是考虑到保留两级法人体制的地区，一般经济发展相对落后，各乡镇农村信用社经营管理水平差异较大。相对较低的专项票据发行、兑付条件，体现了对落后地区雪中送炭的倾斜性资金支持政策。

由于角度不同，各方面对有关问题的认识不尽相同很正常，但大家的目标是一致的：使改革试点成功，取得预期效果，真正实现"花钱买机制"。希望大家用120％的努力去协调，积极主动与当地政府、监管部门、农村信用社沟通，上下一心，积极推动改革。

如何正确认识和全面理解
农村信用社改革资金支持方案[*]

我主要讲四个方面的问题:第一个方面是这次农村信用社改革的意义;第二个方面是资金支持方案的流程,在座的每个人对方案流程要特别了解清楚;第三个方面是资金支持方案工作中的难点,比如说产权明晰、法人治理结构完善;第四个方面是如何准确定位人民银行在整个改革中的作用和位置,并且要坚定信心。

一、农村信用社改革试点的重大意义

这次农村信用社改革的意义在国发〔2003〕15 号、国办发〔2004〕66号等文件上已经讲得比较多了,人民银行的银发〔2003〕181 号文件、银发〔2004〕4 号文件、银发〔2004〕201 号文件也都讲了这次改革的意义,我在这次改革的意义上再加一点,就是从更高层面看,这次改革是"三个代表"重要思想的体现,是加强党的执政能力的体现。党的执政能力不是抽象的,是让老百姓拥护共产党。农村信用社改革对加强党的执政能力是十分明显的。

2002 年 2 月召开了全国金融工作会议。农村信用社改革问题是经过 2001 年一年的准备和研究,才在 2002 年全国金融工作会议上正

---

　　* 根据 2004 年 9 月 29 日在"农村信用社改革试点资金支持方案"培训班上的讲话记录整理。

式讨论的。在当时的金融工作会议上,江泽民总书记、朱镕基总理、温家宝同志都做了重要讲话,研究了农村信用社改革的问题。当时就农村信用社改革部分争论得很激烈,我作为座谈会的记录员,把这些与会者的意见都记录下来了,大都是"农村信用社资产质量差"、"经营不好"、"中央这个时候把它交给省里风险较大"等,省里对接收农村信用社的管理权顾虑很大。由此我们可以看出当时对农村信用社改革难度的估计有多大。这次会议之后,2002年3月,中央下发了《中共中央、国务院关于进一步加强金融监管,深化金融企业改革,促进金融业健康发展的若干意见》(中发〔2002〕5号)。中发〔2002〕5号文件中第五部分是关于农村信用社改革的。这个文件是整个农村信用社改革的纲领性文件,后来的国发〔2003〕15号等文件都是按照这个思路全面部署了农村信用社改革试点工作。

经过一年多的努力,在2003年8月18日国务院召开了深化农村信用社改革试点工作会议,接着全国的农村信用社改革试点方案出台,资金支持方案也出台。经过一年多的努力后,各省积极踊跃申请参加试点,要加入第一批试点的范围,试点的省市由原计划两三个省扩大至现在八个省(市),其中还包括了先行试点的江苏省;这次增加第二批试点地区时,大家思想认识都比较统一,基本上各省都争先恐后地踊跃报名,参加第二批试点,全国总共有29个省区市参加。29个省区市是什么概念呢?西藏没有农村信用社,除了海南省,农村信用社改革工作全国都覆盖了。在短短的一年时间里,为什么有这么大的变化呢?因为大多数省在这个问题上的认识是比较统一的,是看到这次改革中的机遇,是看到国家下决心要解决历史问题、帮助解决历史包袱。从原来的有顾虑到现在觉得是个机遇并积极参加,这个转变不容易。各个省对改革得失的计算工作和对风险的权衡非常细致,现在愿意参加试点,愿意对农村信用社的管理负起责任来,愿意在国家政策扶持下进行农村信用社改革试点,是有道理的。是因为现在这个改革的方式、资金支持的方式和整个方案的设计极大地调动了农民的积极性、农村信用社的积极性、监管部门的积极性、省级政府的积极性，从而上下一条心，地方政府、农村信用社、监管部门、人民银行一条心，把这件事情办好。从试点八省市的增资扩股情况、从改革一年以来的进展情况来看，虽然当初大家也预想了很多问题，工作中也遇上很多的困难，但谁都没有想到我们的改革会进展得这么快，思想这么统一，各个方面的积极性都这么高涨。大家虽然在利益上、在位置上是互不相同的，虽然在前进过程中还有很多很多相互制衡、需要协调的问题，但是总体来讲仍是朝着同一个改革目标前进，并且比我们估计的要快、要好。

所以，农村信用社改革对于支持"三农"、对于改善农村金融服务，对于体现"三个代表"重要思想、对于体现党的执政能力，意义都是非常重大的。我国金融改革的整体战略是"抓两头，带中间"。"抓两头"就是抓住国有商业银行改革、抓住农村信用社改革。农村信用社改革在全国经济建设的一盘棋中、在金融改革、迎接加入世界贸易组织挑战、实现整个中国2020年的经济目标以及到21世纪中叶的全面建设小康社会的总体目标中，都有着非常重要的战略意义，你们一定要充分认识这次改革的意义。所有的工作都是通过你们的手一点一点地做起来的，通过你们这些领导深入基层，一个一个县地调查，一个一个县地落实方案、批准方案做起来的。你们肩上的担子是很重的，所以我要在这里再次强调一下这次改革的意义。这次改革的初步结果和思想的统一来之不易，这和我们在座所有人的努力分不开，而且你们是在第一线的，是通过你们的工作，来把党的执政能力体现出来，把"三个代表"重要思想体现出来，把为"三农"服务的原则体现出来，使农民得到实惠、农村金融风险得到化解、农村金融服务得到改善、中国的农业基础得到巩固。

二、准确掌握农村信用社改革资金支持方案的工作流程

在座的各位是第一线作战的指挥官，你们对改革的流程一定要特

别清楚。这次改革方案的总体设计是在复杂的、考虑到各省态度和利益的情况下进行的，一开始对于出台的**资金支持方案**、对于**专项中央银行票据**从承诺到发行到兑付的流程、对于专项借款分批发放的程序等，大多数人都不能理解。但正是这样一种方案、这样一种设计，调动了方方面面的积极性，使得改革可以向前推进。刚才人民银行广州分行徐诺金同志讲，整体上这是一个用经济学的原理、博弈论的原理设计出来的改革的方案。但是有了总体的战略思想只是第一步，真正的重点在细节上。在宏观战略是正确的这一原则确定下来以后，能不能真正地取得成功，就靠细节的执行，所以资金支持方案的流程相当重要。仔细阅读国发〔2003〕15 号文件、国办发〔2004〕66 号文件、银发〔2003〕181 号文件、银发〔2004〕4 号文件，还有银发〔2004〕201 号文件以及要讨论的《农村信用社改革试点专项中央银行票据兑付考核办法》，就会发现这次农村信用社资金支持方案对流程的把握、细节的设计，是非常精心的，是花费了大量的人力和精力去设计、思考的。

有人说这几个文件内容丰富，每次学都有新体会，其中的细节确实很多。以发行专项票据为例，为什么中央银行要先承诺，为什么要经批准才发行；为什么审批增资扩股由银监会牵头，审批票据的发行是人民银行牵头；为什么有**专项票据置换**不良资产要达到 65％而置换亏损挂账最多 35％的这么一个近似于"黄金分割"的设置。这些方面，在改革初期争议很大，记得银监会在山东开会时，试点八省市有同志认为资金支持工作的流程有点繁琐，但这些流程最后还是能够为大家所接受，能够为银监会的同志所接受，能够被信用合作系统的同志所接受。在设计方案的时候，我们细致到每一步环节，包括县联社申请发行的资料一定要复制多少份、每份多少钱；什么材料留在县支行、什么材料留省里、什么材料送北京，等等，能想的细节都想了。当时对"股东的名册要留一份完整的给人民银行县支行，而往上报时只要前十户"的做法有争论，考虑到有的地方一个县有 18 万股东，如果印制很多份成本很高，所以往上报的时候只要报前十名股东的名册就行了。我要求中央银行设计方案的同志简化每一个细节,简化每一个程序,直到最简为止。现在的流程中坚持专项票据一年只发行四次,而且都固定了日期,当初也受到质疑,但现在获得了银监会对此流程设计的高度评价。固定发行的设计使所有省里的工作、市里的工作、县里的工作、人民银行的工作、银监会的工作有一个标尺,有一个固定的、明确的预期。发行前的 15 日资料要报到哪里,发行前的 5 日资料要报到哪里,都可以按照发行日倒推回来计算,整个工作程序是透明的,各级可以按部就班地做。将来票据的兑付也是如此。资金方案的操作流程是一环一环紧密相扣的,这些流程都是做好工作必需的,而你们就是控制这个程序的指挥员,对这个程序要非常清楚,要制定时间表,要控制好节奏、把握好质量;否则,是不能成功的。

另外,这次方案的实施是以省为单位进行设计。人民银行大区分行负责所在省的资金支持工作,省会中心支行负责全省资金支持工作,分工非常明确。以省为单位,责任清楚,因为资金支持工作要跟省政府打交道,要和省银监局打交道,所以人民银行面对这样一个形势,必须要以省为单位。希望大家能够理解和支持。而且资金支持工作的责任非常清楚,如果出了问题,就找第一责任人。我们要求人民银行各分行和各省会中心支行的行长任组长,主管副行长任副组长,实际上,主管的副行长是人民银行方面的第一责任人;行长为组长是为了体现人民银行党委对这件事的重视。

资金支持工作的流程方面还有一个特别重要的是锁定数字的概念。这是因为,数字是各方面矛盾谈判的焦点。但庆幸的是人民银行和银监会在这个问题上是高度统一并达成共识的。2002 年年末的实际资不抵债数在全国有两个计算口径,一个是按照全省辖内轧差计算的 2002 年年底全国资不抵债数额;另一个是以信用社法人为单位计算的全国资不抵债数额。银监会和人民银行一致确认,资金支持额度采用的是以农村信用社法人为单位计算的数,这个数可以分解为一些细项,如所有者权益、历年亏损挂账、呆账准备金、呆账贷款损失、逾期贷款损失、抵债资产损失、投资损失等。为什么要锁定 2002 年年底实际资不抵债的数为资金支持额度的计算基础？因为只有锁定了这个数，才能够在改革过程中不陷入数字争论的细节中，而使我们改革工作的重点放在明晰产权和改善公司治理结构上，放在为"三农"服务上，而不是放在与中央讨价还价，多争取一点票据额度上。所以，各省报上来的方案要以这个数为基础，如果不同，要做出解释。我们只有把数字锁定了，不在这个数字上纠缠了，我们才能把工作的重点真正放到改革上。

三、农村信用社改革工作中的一些难点

农村信用社改革过程中存在一些难点，如产权明晰、法人治理结构完善等。国发〔2003〕15 号文件中明确指出，专项票据的支付必须与农村信用社改革的效果挂钩，必须以县（市）为单位验收支付，标准为产权清晰、资本到位、法人治理结构完善。资金支持方案从一开始就对专项票据提出了资本充足率的要求、不良贷款率下降一半的要求以及其他很多要求。资金支持工作的原则是政策连续、执行严格。专项票据从承诺、发行到兑付都要严格按照文件的规定来执行，而且过去没有，现在不会，将来也不会提高兑付标准。我们现在做的并不是要提高兑付标准，而是把产权清晰、资本到位、法人治理结构完善这些比较定性的标准细化为可以操作的、量化的标准。我们都要严格地执行这些标准。

在刚才大家的发言和讨论中，大家都认为产权明晰、法人治理结构完善是特别困难的事，我完全理解。中发〔2002〕5 号文件已经确定农村信用社改革要"因地制宜，分类指导"，"不搞一刀切"，这都体现了对农村信用社改革复杂性的认识。

目前在改革中主要有两方面的认识：一是关于农村信用社改革后控制权的问题，二是关于在农村金融环境中引入竞争的问题。

第一个问题主要表现为三个特点：一是有些农村信用社股权高度

分散,股东的制约无法到位。例如,某个县有上万个股东,每个股东认购 50 元或 100 元的股本。在股权非常分散、股东无法行使权利的情况下,就可能发生内部人控制。对这一点,要研究一种机制,达到对内部人进行制约、让股东行使权利的目的。二是在一些比较发达的地区,企业比较有活力,入股农村信用社的资金较大,几个大企业做了大股东,就可能变成大股东控制了。银监会有限制最大股东比例的规定,防止出现大股东控制,防止农村信用社出现不为"三农"服务、"垒大户"、股东占用资金等现象。三是行政控制,即对农村信用社的人、财、物实行行政系统的控制,使"合作经济"变成"干部经济"。这种行政控制可能来自省联社,也可能来自各级地方政府的干预。行政控制肯定不好,不符合市场经济发展的方向。

由于内部人控制、大股东控制、行政控制都有弊端,但也都有一定的必然性,因此,周小川行长提出一个利益相关者作用的概念。我们在专项票据兑付办法里强调的信息披露就是用了周行长利益相关者的概念。农村信用社的利益相关者就是广大的农民,因为是农民在县联社里存款、得到贷款、得到金融服务。利益相关者必须知情,因为利益相关者一旦知情,就能对信用社形成一种制约。所以我们这次特别强调要求信用社在一定范围内用适当的方式进行信息披露。在专项票据兑付办法中将提出信息披露的最低标准,要按期披露。农村信用社可以根据情况多披露,但不能少于最低标准。信息披露后,所有当地的利益相关者——当地农民就会知情,从而对农村信用社的经营活动形成制约。这就是所谓的利益相关者的公司治理结构。利益相关者理论来自发达的资本主义国家(如美国),这些国家以前是完全崇拜股东控制,但现在部分学者认为股东控制要减少,在股东之外有利益相关者,而且要多给利益相关者一些控制权。这是国外目前对公司治理结构的一种思潮、一种学术观点。把这种思潮和学术观点引入中国,在农村信用社改革过程中引入利益相关者的概念。利益相关者的监督与制约可以在一定程度上制衡内部人、大股东、行政控制的弊端。

第二是关于在农村金融环境中引入竞争。部分学者认为农村信用社在农村是垄断的,所以永远不可能改进服务。只有引入竞争,再增加一家金融机构,才能改进农村信用社的服务。但实际上,有些贫困地方连一家农村信用社都养不活,引入更多的金融机构根本无法成活,市场没有这么大,不可能有两家金融机构在那里竞争。我们不是一概反对竞争,在有条件的地区我们是鼓励引入竞争的,但也要考虑到在很多地方,市场环境和人口密集程度只能养活一家金融机构。

所以对农村信用社这些天然的弱点不能一概地批评,或者一概地要求改进,"存在的就是合理的"。第一种股东分散、存在大量资格股的格局,尽管有无法行使股东权利的弊端,但也有一定的合理性,不能一概地说股东分散的县联社一定不好,不能下这个结论。这是一种模式,要在这种模式下去探讨怎样通过利益相关者、信息披露来改进金融服务。第二种是部分发达县由大企业、大股东控制的格局。不能一概地说大股东控制就是不好。因为只要监管到位、杜绝关联交易、大股东对信用社真正地负责也一样可以做好。第三种就是行政控制。行政控制一般来说是不好的,但在我们这个体制下,行政的作用很大,也没办法来一概排斥这种现象,而且目前可能找不到一个比省联社更好的省级负责机构,只能研究怎么来约束省联社。以前探讨过很多诸如省协会或者政府职能部门的管理模式,但现在八个试点省都选择了省联社这种模式,这是一种现实的选择。吴晓灵副行长也对省联社做了四个定位,要求省联社不能仅开展自己的经营业务,要重点抓好行业管理;慎重要求农村信用社上缴二级存款准备金;不能做自营的拆借,只能做代理的拆借等。我讲的这些都是要说明农村信用社改革要因地制宜,分类指导,不搞"一刀切",要能够尝试各种模式。产权清晰、法人治理结构完善这个问题非常复杂,我们一定要允许各种各样的实验,把这项改革工作做好。

四、坚定信心，准确定位人民银行的位置，
做好资金支持工作

　　我先讲如何准确定位人民银行的位置。刚才有同志提到改革以来人民银行的定位很困难，面对银监会、信用社和政府这几个利益相近的部门，所有压力都到了人民银行，而且这次农村信用社改革又是银监会牵头，人民银行的工作环境很复杂。我们如何把这个工作做好？大家在刚才的讨论中发表了很好的意见，我都同意。而且我本人的体会是有可能把工作做好的。要求大家记住两点，一是很多由银监会牵头的工作，如增资扩股的真实性、专项票据兑付的初审等，这些工作的结果一定要由银监会各级部门负责人签字、盖章。以前的传统是盖公章，但两三年以后，公章的责任人无法落实，而个人签名责任明确。二是只要是从工作出发，从人民利益出发，我们认真负责的工作并不一定得罪人。只要出于公心，而且有真实的依据，在工作中与其他部门进行交涉时不一定得罪人，银监部门、政府部门都能够体会到人民银行严格把关是出于责任心。这样的交涉不一定是被动，有可能还相当主动。所以，人民银行各级机构一定要切实地负起责任来。如果工作做实了，压力还是很大，那可以把压力推到上级行。总之，就是人民银行各级分支机构要切实地负起责任来，这是工作能不能做好的关键。

　　其次是要坚定信心。在改革方案实施初期，有人对整个改革的结果怀疑。我们也确实认识到这次改革的复杂性和艰巨性。改革最大的复杂性就是不能大量换人，政策要适应银监会、信用社、省政府、人民银行所有执行环节现有的人，在现有的水平上，把工作做好。所以农村信用社的改革肯定是一个渐进的过程，信用社机制的转变肯定是逐步进行的。

　　正是因为我们认识到这一点，所以设计了现在的资金支持方案，划分出使用专项票据的四种结果：提前兑付、按期兑付、推迟兑付和不予

兑付。专项票据有两年的持有期,有最长不超过两年的推迟兑付期,农村信用社到四年后还达不到标准,人民银行就不予兑付,把不良资产归还农村信用社,并收回票据,国家损失两年的利息。这些设计对农村信用社的行为约束是很强的,我本人对农村信用社改革结果是有信心的。

为制定切实可行的专项票据兑付办法,我们要从实际出发,把国发〔2003〕15 号文件中产权明晰、资本金到位、治理结构完善等要求在兑付标准中体现出来。目前我们正在与银监会的同志一起研究对农村信用社制定"三步走"的要求。第一是建章立制,即建立人事管理、财务管理、用工标准等制度;第二步是要信息披露,农村信用社要根据最低标准向股东、利益相关者披露信息;第三步就是法人治理结构完善。如果农村信用社一直按照这个要求去做了,通过我刚才说的这么多种模式,包括股权分散的模式、股权集中的模式、行政控制的模式、利益相关者的模式和竞争的模式、两级法人的模式、统一法人的模式、股份制商业银行的模式、合作银行模式等,通过这一轮的改革,全国可能有 2/3,甚至 2/3 以上的农村信用社会取得改革成效。我对农村信用社改革前景的预期甚至比对其他金融机构改革的预期要好,但是能不能达到这个预期,要靠我们的工作了。在此,我希望大家能积极工作,相互沟通,我相信通过大家的努力是可以圆满完成资金支持工作的!

加快农信社改革，
还要做些什么？[*]

一、建立良好的金融生态对缓解农村金融服务短缺至关重要

记者：现在，关于农村金融服务短缺、农民贷款难的呼声很高。那么，央行是如何看待这个问题的？

易纲：应该说，农村贷款难、农村金融服务相对城市而言比较落后，这是一个全世界普遍的问题。不仅仅在发展中国家，在转轨国家、发达国家都存在城市金融服务比农村金融服务好的情况。我们同样存在农村金融服务滞后的问题。但是，我们应该有个总体的判断：相对于其他的发展中国家，中国的农村金融服务应当说还是有一定的基础。我给你举个例子：我们国家大概有 8 亿多农民，农户是 2.26 亿农户。据银监会的统计，在近 2.3 亿农户中，有贷款需求的有 1.2 亿户，也就是说约有一半的农户有贷款需求。按银监会目前的统计，在有贷款需求的农户中，大概有 1 亿户符合贷款条件，占有贷款需求户数的 85%。从农村信用社贷款的情况看，发放了 7000 多万个贷款证、贷款卡。

记者：还真是不少呢！

易纲：一般说来，春耕的时候是农户贷款的高峰，冬季是贷款比较少的时候。据 2003 年的统计，贷款高峰的时候，农村信用社发放小额信贷的户数大概是 6000 万户，还有联保贷款 1000 多万户，当然，这二者有些重合。虽然有的同志对这个数字有质疑，我想在一年中贷款的

　＊　本文根据 2005 年 2 月 28 日《光明日报》的访谈记录整理。

高峰时期,农信社为大约6000万户农民提供了贷款还是比较接近实际的估计。6000万户超过了农户总数的25%,也就是说,有贷款需求的农户中有一半能够得到贷款。从这点上来说,我国农村信用社贷款的覆盖率比印度、孟加拉国等国的覆盖率高。

从中可以看出,尽管农信社有很多问题,还需要继续完善,但是与全世界相比,我国农村信用社覆盖农户的面积,经过这么多年的努力,还是有很大的进步。

记者:我到山东某县采访,发现好几个村庄都提到欠银行贷款难以归还的情况。商业银行离农而去,是否与此有关?农信社的不良贷款与此有多大关系?

易纲:农村欠款有这么几种情况:一种是农户欠信用社款,农户贷款买了果树、盖了大棚、买了猪、买了羊,发展生产之后还钱。另外一种是村集体、乡镇集体欠农村信用社的钱,比如公共事业、建学校、修路、建水塔。我们可以做这样一个判断:绝大多数农民都知道借债还钱、父债子还的道理。可以说,我们国家的老百姓借钱是讲信用的。农户什么时候不还钱呢?有一类是农民没有借这个钱,而是村集体把借的钱摊派到每个农民头上。还有是尽管以农民名义借钱了,但是却没有见到钱,只分到两袋化肥,农民就不还钱。

农户不还钱在银行的不良贷款中只占很小的比例。村级、乡镇政府借信用社的钱、欠其他银行的钱占一定的比例。再有第三种是乡镇企业造成的不良资产,比重比较大。最近,信用社不良贷款的数字变化得比较快。在农村信用社这轮改革之前、央行注资之前(2002年年底),农信社的不良资产率全国平均为37%。中央银行用专项票据置换之后,不良资产率会下降。

许多同志呼吁国家要支持农业,现在农村金融缺乏的问题亟待解决。这个判断我是同意的。我在这里强调的是金融支持"三农"的可持续性。

记者:我们也是想听听银行方面的声音。

易纲: 对农业的外部投入大致可以区分为两类:一类是无偿的投入,一类是商业性的金融投入。国家无偿的投入包括国家大的水利工程、道路、电网的改造等。而商业性的金融投入要远远大于无偿性的投入。比如,今年国家给农民的种粮直接补贴、良种补贴、购买大型农机具补贴、减免税费等,一共投入 500 多亿元。但是,如果算农民贷款的话,在粮食收购上农业发展银行、农信社、农业银行贷款的投入都非常大。后者从数量上要远远大于国家无偿的支持。2004 年,在金融机构各项贷款同比少增 4823 亿元的情况下,用于"三农"的涉农贷款却大幅度增加。截至 2004 年 12 月末,农业贷款、乡镇企业贷款和农副产品收购贷款比年初增加 2349 亿元,同比多增 504 亿元,如加上中长期贷款中用于农村的贷款,如农村电网改造贷款、农村公路建设贷款、农村小城镇建设贷款等,增幅还要大。可见,金融支持远远大于无偿投入的那块。

其次,金融要可持续,必须是商业上可持续的。银行里是老百姓的存款,要付给老百姓利息。这样,钱有成本,贷款就要收息,要还本付息。其实,存款中有很大部分是农民的存款。因此,这就要求银行是可持续的。如果竭泽而渔、有去无回,银行贷款损失严重,第二年就不贷款了,这样,就可能产生金融风险。金融投入是必不可少的,并要求在商业上是可持续的。地方政府也好、专家学者也好,应该看到各地方金融生态的不同。有的地方金融生态好,就是信用好,银行提供的钱能够收回来;一些地方的商业信誉不好,借的钱有去无回。有时候赖账的地方是叫嚷国家支持最厉害的地方。各地许多同志都会说,我这里的钱流失严重。为什么有些地方流入的资金远比不上流出的资金?为什么一些地方流出的资金比较少,有的地方还是净流入?资金会往安全的地方、往回报高的地方流动。有些地方为什么流入资金,就是因为它安全。有些地方资金流走了,因为这个地方存在高风险,银行一去就亏本。因此,应该认识到这一点。我们要营造一个良好的**金融生态**环境,吸引银行,让银行敢于放款。银行机构能够可持续地开展业务。否则就形成了金融风险。

记者：我想，在某种程度上，银行弃农而去是否也与有些地方的金融生态不好有关？

易纲：是的。这就要突出营造一个好的金融生态，使得地方风险比较低，让商业银行都回来，农民能够贷款种植大棚蔬菜、养牛、发展农业产业。如果只强调资金支持，但是资金总是有去无回，剩下的只能是国家的无偿投入，商业性的投入就难以维持。总之，要建立良好的信誉环境。金融生态好，整个经济发展的可持续后劲就好。

记者：以前，这个方面讲的比较少。

易纲：银行的钱与财政的钱不同。比如财政有 2.6 万亿元税收，花了就花了，不会要求收回来。银行的钱则不行，因为银行的钱是老百姓的存款，收回来后才能还老百姓的存款，否则就无法兑付。可以说，农业银行、农村信用社广大的存款人都是农民，如果钱提不出来，伤害了农民，就是损害了人民的利益。实际上，在产生金融风险的过程中，都存在着决策的失误或不同程度的腐败。有些村里、乡里有权有势的人很难避免一些不好的行为，他们造成的欠银行的不良贷款并没有使广大农民得利。从我们的案例分析看，这种造成贷款收不回来的情况绝大多数是肥了少数人。因此，我们旗帜鲜明地反对金融风险，提出创造良好的金融环境。只有创造良好的金融环境，才能惠及广大农民。如果贷款收不回来，肯定是肥了少数人，没有使广大农民得利。

为此，地方政府应整顿农村信用秩序，进一步规范企业改制行为，坚决制止企业逃废银行债务，加大司法、执法环节，维护金融债权的力度，完善金融债权联席会议制度，鼓励创建金融安全区。这样，通过为农村金融机构营造良好的投资环境和社会信用环境，从而为信贷资金更多、更好地支持"三农"创造条件。

二、改革制度的设计与问题的应对

记者：在现实制度安排下，农村信用社在信贷支农上空有主力作用,尚无应对实力。如何破解这一难题？

易纲：是啊！农村信用社离广大农民的要求、离党中央和国务院的要求还是有距离。但是,农信社确实为几千万农户提供了贷款。比如2004年,中央银行安排的支农再贷款,达到1200多亿元,这些支农再贷款必须贷给农户。此外,农业信用社自己还组织很多存款,给农民发放贷款。从短期看,央行给予再贷款是必要的,也起到了很好的效果。但是,从长期看,农信社必须做到在商业上是可持续的,不能依赖再贷款。

这次改革就是要解决你刚才说的问题,如势单力薄、历史包袱重、没有能力提供贷款与支农服务。我们整体上对农信社提供1650亿元的央行票据和专项贷款,央行的专项票据置换了农信社的不良资产。在实施的过程中是按省领导、以县操作。比如,一个农村信用社,我们按照2002年年底实际资不抵债数额的50%予以置换。不良资产是收不回来的贷款,历年挂账亏损是人吃马喂消耗掉的资金。农信社在持有央行票据期间,人民银行还付息给农信社。不良资产置换后归人民银行,也就是说央行拿票据买回不良资产,然后委托信用社收不良资产,收回后归还信用社。虽然在理论上讲收回的不良资产属于央行的资产,但实际上归农信社所有。这样,就大大增强了农信社的资本金、资本充足率和自我发展的能力。人民银行还将在逐省测算农村信用社资金和农业贷款情况的基础上,根据各省农业增加值所占GDP的比例、农村信用社的资金余缺、农业贷款占比、再贷款的使用等情况,对农村信用社再贷款限额的地区结构进行调剂,加大对中西部地区和粮食主产区的支持力度,进一步提高再贷款的使用效率,促进再贷款的合理布局。

党中央、国务院下大决心按照2002年实际资不抵债的50%给以资金支持。为什么是50%？农村信用社也得自我努力,当地的各级政府也得努力。中央只给了50%,另外的50%还是需要慢慢消化的。从实际资金的注入看,中央是拿了大头,地方拿了小头,这1650亿元是国家对农信社空前的支持。

记者：好像我们以前还没有过中央给农村信用社无偿的资金支持？

易纲：是的。这是第一次。在计划经济条件下，我们分全民所有制与集体所有制。国家从来没有大规模地、无偿地给集体所有制企业资金支持。农信社所有制结构是多种多样的，可能是股份制、合作制，也可能是混合所有制。不管怎样，党中央、国务院下决心给农信社资金支持。希望这个钱能够达到支持"三农"的目的。当然，这个支持是有条件的，这就是要求农村信用社产权清晰、公司治理结构完善、服务"三农"。

中央银行专项票据的持有期是两年，达不到标准，在两年内继续改革，两年之后达到规定标准，就兑付现金。此间还可以获得利息。

为什么不一下子给现金？这就是为了激励农村信用社，促进农村信用社做好改革工作，完善公司治理结构，做到产权清晰、责任明确，而且要为"三农"服务。这些都有具体的要求。

记者：各地农信社的差异比较大。在设计信用社改革的制度时，如何考虑到各地的具体情况来区别对待的？

易纲：农信社改革非常复杂。因为农村信用社可以分很多类，比如：在北京海淀一带可以看到中关村有很多农村信用社，过去这里是农村，现在中关村的信用社完全在城市。广东顺德的信用社、江苏常熟的农村信用社实力非常强，与商业银行一样。在甘肃、宁夏等西部广大少数民族地区，农村里只有农村信用社，没有别的金融机构。农信社在牧区、农区不一样；在城乡结合部与纯农村不一样；在沿海和内地也不一样。我们在改革时就提出要因地制宜、分类指导。这次在农信社改革的过程中就体现在各个方面，比如，在明晰产权上，不争论到底是股份制好还是股份合作制好还是合作制好，什么制度能够控制风险、能够为"三农"服务就采用什么制度。在不同的地方可以采取不同的形式。

三、改革中出现问题并不可怕

记者：试点改革一年多来，按照股份制和股份合作制改革农业信用社取得了哪些成效？遇到了哪些新问题？如何做？

易纲：改革取得了超过我预想的进展和效果。信用社改革是一件非常难、非常复杂的工程，但各地政府积极性高、信用社积极性高、农民积极性高。因为调动了各方面的积极性，所以在这么短的时期取得这么好的效果。这说明党中央、国务院的决策是正确的。

这次农信社改革是在中央的领导下，由银监会牵头组织实施的，人民银行负责**资金支持方案**。从资金支持看，截至 2004 年年末，人民银行已对试点八省（市）的 620 个县（市）农村信用社发行专项票据 355.5 亿元，发行总额占改革试点八省（市）全部申请使用专项票据县（市）和拟发行专项票据总额的比例分别为 99.2％和 98.5％。至此，基本完成了对先行试点八省（市）的专项票据发行工作，落实了资金扶持政策。认购专项票据的农村信用社，按拟组建的组织形式划分，两级法人体制、统一法人体制农村信用社及农村合作（商业）银行的资本充足率分别达到了 0％、2％、8％的专项票据发行条件。

经过一年的努力，八省（市）改革试点进展顺利，开局良好，取得了阶段性成效。

一是农村信用社支农资金实力明显增强，支农服务工作进一步加强。通过增资扩股，农村信用社股本金得到有效扩充，资本充足率快速提高。2003 年和 2004 年，八省（市）共增资扩股 367 亿元，资本净额和资本充足率明显提高（注：2004 年年末数据尚未出来，9 月末资本净额 500 亿元，资本充足率达到 7.6％，比 2002 年分别提高 710 亿元和 11.8 个百分点）。截至 2004 年年末，八省（市）农户贷款余额 2674 亿元，比 2002 年年末增加 1148 亿元，增长 75.2％，增幅高于全国平均增幅 15 个百分点。其中，农户小额信用贷款余额为 428 亿元，比 2002 年年末增加 210 亿元，增长 96.2％，增幅高于全国平均增幅 9.9 个百分点。另一方面，不断开拓新的支农服务方式和品种，满足较大额度贷款需求，提高支农服务水平。2004 年年末，八省（市）农业贷款余额 3328 亿元，比 2002 年年末增加 1304 亿元，增长 64.4％，增幅高于全国平均增幅 12.8

个百分点。在 2004 年春耕资金供应工作中,改革试点省份农村信用社资金供应能力较以前年度有了明显提高,支农服务工作得到加强,春耕资金供应明显好于往年。

二是农村信用社历史包袱得到初步化解,经营状况好转。目前,改革的各项扶持政策基本到位,扶持政策的落实取得了良好的政策效应。据初步统计,人民银行发行了 355.5 亿元专项票据,其中置换不良贷款 308 亿元,置换历年挂账亏损 47 亿元;财政部门共核定保值贴补息29.2 亿元,实际拨付到位的有 8.4 亿元;八省(市)两年(2003 年和 2004 年)共减免营业税 16.9 亿元,减免所得税 16.3 亿元。2004 年年末,八省(市)不良贷款比 2002 年年末下降 391 亿元,如果剔除票据置换因素,实际下降 83 亿元;不良贷款占比下降 13.3 个百分点;共实现赢利 69 亿元,比 2002 年年末增盈减轧 68 亿元;从经营效果看,2004 年全年,全国农村信用社盈亏轧差后,实现盈余 102.9 亿元,比去年增盈减亏 109 亿元,其中,改革试点八省(市)全部实现赢利,总额 68.8 亿元,占全国赢利总额的 66.9%。2004 年是近十年来全国农村信用社增盈减亏幅度最大的一年,也是近十年来首次实现年度轧差盈余的一年,是农村信用社经营状况发生显著好转的转折点。

三是八省(市)农村信用社产权制度改革,按照国务院批准的各地实施方案的规划,稳步推进。

截至 2004 年年末,八省(市)共组建完成 23 家农村商业银行和农村合作银行,另有 25 家农村商业银行和农村合作银行获准筹建;有 164 个县(市)已经完成以县(市)为单位统一法人,另有 204 个县(市)获准筹建。伴随产权制度改革的进行,农村信用社股权结构开始多样化,法人治理结构的建设工作开始步入正轨。

记者:在试点改革的过程中,又暴露出哪些问题?

易纲:在农信社改革取得初步成效的同时,也必须看到,农村信用社在完善法人治理结构、转换经营机制方面尚未取得突破性进展,建立和完善农村信用社内外部的激励约束机制还有很长的路要走,实现"国发 15 号文件"提出的明晰产权关系、强化约束机制、增强服务功能的改革目标还需要相当长的过程。存在的主要问题有：

一是一些农村信用社对完善法人治理结构、强化约束机制重视程度不足、措施不够有力。从实际情况看，前一段先行试点地区把工作注意力主要放在成立机构和取得资金支持上，而在明晰产权、完善法人治理结构等方面的工作不够细致，不够扎实。

二是改革试点地区农村信用社的资产负债规模迅速扩张，在内部约束机制不健全的情况下，新增贷款的投向和风险控制问题要引起高度重视。

三是改革试点工作的行政推动色彩比较强，政策宣传有一定的片面性；强调国家政策支持多，明确各自的责任少；强调农村信用社赢利分红前景多，向入股社员风险提示少。

四是一些地区的部分农村信用社增资扩股不规范，承诺对股金保息分红；个别县（市）农村信用社进行资产置换的法律手续不完备，有虚增资本净额的现象。

记者：据新华社记者报道，湖南的农信社出现存款股金化的情况。如何解决这类的问题？

易纲：按照银监会的股金管理办法，存款股金化的行为是不容许的。为什么一些农信社要把存款股金化？因为央行要求他的资本必须达到一定的水平。为此，一些信用社就告诉农民到农信社存款可以保息，然后把农民的存款当作股金。这实际上是作假的行为。

在改革中，一定要杜绝这种情况。我们在农信社改革前进行了大量的宣传，在改革政策上有很多计算公式、方法。在改革的过程中，在检查的过程中要想方设法杜绝这类问题。但是，在改革的过程中出现一些问题也是正常的，东北、湖南等地发生的这种存款股金化的情况有待纠正，同时，在解决问题的过程中要进一步推进农信社的改革。比如：存款股金化，农信社承担不了风险，因为到期要给农民付息、分红，农民要退股、要提款就更麻烦了。在这个过程中，恰好可以对农民、对信用社潜在的股东进行风险教育、提示。如果指望在一夜之间,让所有的农民都懂得什么是风险、什么是资本充足率、什么是资本的约束,这根本不可能,也不现实。通过这些出现的问题,就可以进行风险提示。这也是我们要求明晰产权的目的。

记者:以前,在特殊的背景下有关部门曾出台过一些限制农信社存款业务的规定,现在经济环境已经变化,但这些规定仍没有取消,严重制约了农信社业务发展。是否考虑取消这些规定?

易纲:我明白你的意思。比如,有关部门发文,要求存款不能放在信用社。确实有过这种现象。因为他们也有自己的考虑,如果把钱存到有高风险的地方,一旦取不出钱来,就要负责。因此,不能说这些规定有错误。

现在,我们应该从两方面说,一方面,农信社要苦练内功、提供优质的服务;另外一方面,建议国家、政府不应该出台歧视性的行政命令。另外,作为经济主体,愿意存在那里就存在哪里,它选择最安全、收益最高的地方存款。至于以前的这类规定可以逐步淡出,不用再利用这个问题爆炒,否则不利于解决农信社的问题。

记者:据了解,一些试点省对农村资金供应不足的问题反映也比较强烈。主要是农村资金经邮政储蓄机构大量流出农村,严重影响农村资金供应。**邮政储蓄改革**何时提上议事日程?

易纲:关于邮政储蓄改革的问题,近几年,人民银行一直在研究。邮政储蓄的钱原来全部通过邮政储蓄存在人民银行,实际上等于把农村的资金抽到北京。经过国务院批准,2003 年 8 月 1 日,人民银行规定邮政储蓄新增加的存款不再付给高息,而付给与其他金融机构一样的准备金存款利息。这样,利息与以往相比,低了很多,邮政储蓄就不愿意把钱存在人民银行。现在,这笔钱已经接近 2000 亿元,由邮政储蓄自主应用。那么,什么地方风险低、金融环境好,就可以与邮政储蓄商量,吸引邮政储蓄把资金用到那些安全、有收益的地方。

但是,邮政储蓄的问题比较复杂,一方面它使得部分资金外流,另外,中国的农民打工每年通过邮政系统给农村汇兑回几千亿的资金。现在每年农民通过邮政汇款给农村老家汇的钱估计有 3000 亿—4000 亿元。农民为了方便就存在邮政储蓄,所以也得两面看。2003 年相关的政策出台就是为了使邮政储蓄的一些资金返回农村。

记者:一些地方反映老少边穷地区的农信社,由于经济发展环境本身的问题,经营规模较小,大部分机构无法维持生存,更谈不上发展,这次改革的政策也享受不到,对这类机构,是否有特殊考虑和安排?

易纲:我们正在考虑激励制度如何向老少边穷地区倾斜,怎么向好人倾斜。正向的激励制度应该让好人得好报,向老少边穷倾斜与让好人得好报恰巧是一致的。因为老少边穷地区的人品质较淳朴,乡镇企业较少,因此,不良资产和呆账坏账很少。我们的制度设计出来之后,测算的初步结果与支持西部地区以及老少边穷地区是一致的。

记者:有些地方,比如地广人稀的农信社纯粹搞商业金融很难存活,怎么办?

易纲:应当考虑财政的功能,由财政给予适当的补助。这种补助是根据农信社支农的力度给予一揽子的支持。这样加上补助之后,信用社就可以做到持续发展。这种安排是经济学上叫做 lump-sum subsidy 的一种机制。那么,什么是 lump-sum subsidy 呢?比如助学贷款,肯定要亏损,这与农信社贷款存在高风险是一样的。但是另外一方面,又必须得有资金支持。怎么办?国家要求银行给多少学生发放多少贷款,同时设定一定的 lump-sum subsidy,要愿意做这项业务的各个银行来投标。有的银行投标说要求国家按照每年增量的 10% 给予补助,有的银行投标说要求按照每年增量的 9% 给予补助。那么,投标 9% 的银行就中标了。中央财政每年给这家银行这么多的补助,如果产生亏损,是银行的事情,国家不管;如果只亏损了 5%,银行就赚了 4%。

同样,国家在农信社支持"三农"的问题上也可以实行招标。农村信用社、农业发展银行、工商银行都可以投标,谁投的标低,业务就归谁做,补贴就归谁。这种财政补助有两条原则:第一,它不产生道德风险,不歪曲正向的激励制度;第二,加上补助后这项业务要商业上可持续。

记者:据了解,农信社员工普遍担心的问题是"养老保险交给谁"。按照现行规定,农村信用社归省级政府管理,那么养老保险是否也该由省级统筹? 职工担心把养老保险交给农信社所在当地基层政府会产生挪用养老保险的现象,担心基层政府对养老保险的保管、增值缺乏经验。

易纲:按照国务院的文件,农信社的改革由省级政府负责,银监会牵头组织,人民银行负责资金支持方案。我认为,对于养老保险,应该采取因地制宜、分类指导、安全且能调动广大农信社职工的方法,由各省作出合适的安排。

记者:多年来的经验证明,商业性金融机构根本无法兼顾政策性和商业性两种职能。如果按商业银行原则进行股份制改革,改制后如何保证大股东利益和服务"三农"的统一?

易纲:我认为可以调和。从理论上、实践上都可以调和。六年以前,我就负责对农业信用社的资金问题进行调查研究,一直参与农信社改革的调研。我大概去过 15—16 个省、70 多个县、200 多个农村信用社的基层社。所以,我对农村信用社的资产负债情况、业务都比较熟悉。我曾经在宁夏基层的一个农信社待过一整天,从开门干到关门,内勤、外勤、催款都学着做,怎么做贷款、新用户怎么评价、怎么上门服务、催收贷款都做了。因此,对农信社改革,我本身是有感情的,是抱着如何促进农信社服务"三农"的理念去做的。通过实践,我认为你刚才说的矛盾可以通过努力来取得协调一致。

实际上,农村信用社的重大债务、不良资产很多是发生在垒大户、支持大项目上。为了解决农信社支持"三农"不赚钱的情况,2004 年 1 月 1 日,人民银行将农村信用社贷款利率浮动上限由 1.5 倍扩大到 2.0 倍,10 月 29 日,又将上限扩大到 2.3 倍,以提高发放农村贷款的积极性。2004 年 4 月 25 日,人民银行决定上调金融机构存款准备金率 0.5

个百分点,但考虑到农村信用社资金普遍偏紧的实际情况,对农村信用社暂缓执行 7.5% 的存款准备金率,农信社一直都执行 6% 的法定存款准备金率,以保证对"三农"的信贷投入。可以说,农信社服务"三农"还是可以赚钱的,背离"三农"则可能造成巨大的亏损。其次,城市中的商业银行之间激烈竞争的格局使得农村信用社在城市没有什么优势。在城市,其他大银行、外资银行、股份制银行之间的竞争使得利益越来越少。在农村,农信社有优势,做得好,同样可以赚钱。我相信服务"三农"与赢利之间可以统一。

记者:中西部地区县域内由于经济不发达,缺乏足够的股本金投入来组建符合监管部门规定标准的中小型商业银行。在这种情况下需要考虑是否允许城市资本流入的问题?

易纲:应该容许城市资本流入,但是,现在来看城市资本不会大规模地流入。城市资本投入,如果为的是把农信社办成为社区服务的银行,当然欢迎。如果城市资本流入,控制农信社之后,又把资金调入城市,反而不利于农村信用社的改革。

记者:《深化农村信用社改革试点方案》提出"将信用社的管理交由地方政府负责"。从历史经验看,信用社交由地方政府管理,极易出现行政干预,变成政府的"小金库"。如何避免这种情况的重现?

易纲:在农信社改革的过程中,农信社的监管由银监会负责,人民银行在改革过程中负责资金的支持,管理金融服务,包括支付清算系统,农信社的准备金账户都开在人民银行。地方政府负责党的关系,是属地化。地方政府负责,既具有一定的权力,也承担起一定的责任。实际上,地方政府也尝到行政干预的不良后果。现在,如果地方政府还要干预农信社的业务,就可能意味着一些项目变成不良资产。农信社吸收的是当地老百姓的存款,出现金融风险,会影响当地社会的稳定,地方政府要负责任。在这种情况下,地方政府不太可能像以前那样干预农信社的业务,再加上中央的监管,应该不会出现以前的问题。

四、如果三分之二的信用社改革成功,此次改革就成功了

记者:为了进一步做好农村信用社的改革,下一步,人民银行有什么举措?

易纲:下一步的举措,应按照中央的部署,做好资金防范的工作,防范道德风险,严格按照确定的标准进行检查。央行的票据期限为两年,时间表非常清楚,具体的要求也非常清楚,都是具有高度可操作性的条件,所以,要严格坚持这些条件。现在,在试点八省(市),中央银行专项票据的99%已经发行了,农信社可以获得利息了。2004年,农信社试点在21省推开,是举动最大的一年。我相信到年底,21省的票据的发行大部分也会完成。

当然,农信社的改革是一项非常复杂的系统过程,如果期望一下子可以解决所有的问题,也不太现实,不能毕其功于一役。但是,只要现在的举措是正确的,至少三分之二的农村信用社可以成为市场机制的、良性循环的、产权清晰的、在商业上可持续的、主要为当地社区服务的金融机构。如果三分之二能够达到我刚才说的效果,那么,我们的改革就是非常成功的了。

记者:2004年,中央一号文件提出积极开展农村金融创新,逐步增加为"三农"服务的金融组织和金融产品。在这方面,央行有什么进一步的考虑?

易纲:一是为促进县域经济发展和金融机构适度竞争,可新设一些县域小型商业银行,允许民间资本、外资和国际资金参股。二是培育更加贴近农民和农村需要、由个人或企业发起的小额信贷组织。通过自有资金、受赠资金或转贷资金,小额信贷组织面向农户发放贷款,弥补大型金融机构信息不对称的缺陷,形成对农村信用社的竞争。三是监管部门制定相应法规,规范民间借贷。可考虑在一些民间金融比较活跃的地区,修订并试行有关规范民间借贷活动的规则,同时加大高利贷

的打击力度,保障农村地区金融秩序的稳定。四是鼓励各类担保机构的金融创新,拓展符合农村特点的担保业务,为农户和农村中小企业创造有效的担保形式和途径,解决农户和中小企业贷款难和抵押难问题。对于上述金融创新,需要监管部门抓紧制定相关的监管办法,并尽快选择有条件的地方启动试点。

我国农村金融改革的初步
设想和农信社改革[*]

首先我说一下我国**农村金融**的一些大概情况。中国有 8 亿多农民，一般都是四口之家，目前约有 2.4 亿家农户。根据银监会的统计和抽样调查的信息，这 2.4 亿户农户中约有一半有借钱的需求，希望从正规金融机构借到钱，例如农信社，农业银行等。这 1.2 亿农户中在农村信用社有贷款余额的，大概是 6000 万户到 7000 万户，其贷款余额有高有低。春天是农村的播种季节，是贷款的高峰期，大约能到 7000 万户。到了秋天收割以后，农户再还掉贷款，可以说在年末、过年的时候，是农户贷款的低谷，约有 6000 万户。贷款农户数的高低大概会相差 1000 万户左右。总体来说，中国有 25％的农户能够比较持续地从农村信用社得到贷款。在座的各位专家可以拿这个数字和孟加拉国、印度尼西亚等其他发展中国家的状况比较一下。另外还有一个比较有争议的说法，就是从农村融资的总量而言，包括农户生产、生活的融资，大约有一半是从正规金融如农信社中来的，另外一半是从民间融资例如亲戚朋友来的。这是农村金融一个总的概况。

我国农村金融还存在着很多问题：农民贷款难，农村金融机构治理结构不完善、监管不到位，农村金融服务水平还很初级、缺乏竞争，等等。我国农村金融有 50 多年的历史了，以前我们曾经搞过农村基金会，产生了很大的风险。这些农村合作基金会、股金服务部在前几年的

　＊　根据 2005 年 9 月 3 日在"农村金融改革学术研讨会"上的讲话记录整理。

治理整顿中都被关掉了,关掉时我们偿付了欠百姓的本金和利息,才化解了风险。现在相当多的地方,农村金融就主要靠农村信用社,因此有专家说农村金融市场的竞争不够。竞争和市场的容量上有矛盾,有些非常贫困的地方它所提供的市场容量、利润空间能不能养活多家金融机构,这是一个需要考虑的事情。

我们可以罗列出中国农村金融的很多问题。针对这些问题,我们提出**农村金融改革**的设想。

第一,农村信用社是农村金融的主体,因此在整体农村金融改革中,农信社改革居于首要的地位。

第二,国有商业银行要继续对农村进行金融服务。目前在很多利润比较差、亏损比较大的地方商业银行网点都有所减少,在这种情况下我们还是要继续要求国有商业银行发挥为"三农"服务的职能,特别是农业银行。

第三,政策性银行,如农业发展银行,要为农村做好金融服务工作。目前农业发展银行主要是搞好粮食收购,今后可以在更多的方面为农村提供金融服务。

第四,部分金融机构对扶贫的支持工作。扶贫是一个专门的课题,在扶贫工作中有一部分是通过金融支持来做的,比如说扶贫贷款,原来一直由农业银行发放,财政贴息。现在我们要考虑是否采取政府贴息的方式,是否可以有竞争、招标的机制;如何才能做得更好,使责任更加清晰、产权与激励制度更加对称,改进扶贫贷款发放工作。我认为可以由扶贫办挖坑,金融机构种萝卜,但挖的坑数要超过萝卜数。如扶贫办提供 100 户农户,金融机构承诺至少为其中的 50 户发放贷款,这样使金融机构有一定的权力来选择,在一定意义上负起责任米。

第五,民间金融。我刚才说大约有一半农村的融资需求是由民间金融来满足的。我们要考虑如何正确地引导民间金融,更大程度地发挥民间金融的积极作用。人民银行有一个规定,发放贷款的利率为基础利率的四倍以内均为合法利率,四倍以上定义为高利贷,只要民间金融的利率不超过四倍,还有很大的法律空间。比如说现在假如一年期贷款年利率是6%,民间金融贷款的最高利率就可以达到24%。

第六,邮政储蓄在全国有很多网点,大约有三分之二的邮政储蓄来自于县或者县以下,目前邮储有1.3万亿元,其中有8000多亿元来自于县和县以下。邮储在农村设了很多网点,吸收了很多存款,但没有把资金用于农村,而是抽到总行来。如何把邮政储蓄的资金用于农村,支持农村,也是值得关注的一个课题。

第七,小额信贷。我们现在要考虑在农信社以外培养小额信贷组织,可以是营利性的也可以是非营利性的。中国目前有大约300个小额信贷组织,大多数都是非营利性的。它们的典型特征是只发放贷款,不吸收存款,资金来源是自己的资本金或者是捐赠和委托。我们管理小额信贷一种理想的模式是借鉴各国经验,制定一个清晰的法规来指导和监管小额信贷组织。我们要为其提供正向的激励机制,设立记录。比如小额信贷组织三年或五年以来服务了多少农户,费用率如何,经营状况如何等。只要做得好,就可以得到进一步的业务许可,就会有更大的发展空间。

关于农村金融改革,我刚才讲了七个方面,但实际上内容要更为丰富。通过这一段的实践,我有这样一个体会,金融机构如果真正地为农户服务,提供小额信贷,风险是有的,但这个风险比起过去乱集资的风险,比起贷给企业的风险,还是要低一些,实际上大多数农户借债还钱、父债子还的观念还是很深的,传统道德对个人贷款行为的约束还是比较强的。

最后我再讲一讲农村信用社改革。农村信用社改革是农村金融改革中最重要的一部分,是在国务院的领导下,由银监会牵头负责,中国人民银行会同有关部门负责改革资金支持方案的设计、执行和考核工作。我们改革的重点是产权明晰,完善法人治理结构,强化激励约束机制。改革的目的是要更好地为"三农"服务。农信社改革目前是在29个省、自治区、直辖市进行试点,全国除了海南省以外,所有的农村信用社都已经加入了改革。

经过两年多的努力,农信社改革取得了明显的成绩。第一个明显的成绩是农信社的历史包袱在逐步得到化解,不良资产在快速地下降。到 2005 年 6 月末,全国的农村信用社不良贷款比率下降到了 17.5%,与 2002 年年末考核基期的数据相比下降了 19.4 个百分点,可以说是大幅度的下降。第二个方面是农村信用社的资本充足率有了明显的提高,到 2005 年 6 月末,我国农信社的资本充足率大概提高到了 5.9%,比 2002 年年末提高了 14.4 个百分点,就是说在 2002 年年末我国农信社的资本充足率还是负的。第三方面农村信用社的经营状况有了显著改善。农村信用社改革是 2003 年启动的,启动之前我们做了很多工作。农村信用社的亏损在 20 世纪 90 年代末,1999 年、2000 年达到了最高,2001 年经营开始改善,2003 年的时候盈亏相抵并略亏,2004 年农信社轧差以后,近十年以来首次出现盈余,2005 年上半年则实现了大约 93 亿元的利润。当然这些都是当年计算,还有历史累积的亏损挂账。经过改革,农信社的财务状况和可持续性得到了改善。第四,近几年来农信社的支农力度有所增强。截至 2005 年 6 月末,全国信用社农业贷款余额 9797 亿元,与 2002 年年末相比增长 76%,与同期贷款总额的增速相比高 21 个百分点;同时信用社农业贷款在其贷款总额中的占比由 2002 年年末的 40% 提高到 50%。第五,农村信用社的内部管理也在加强,其信息披露、财务管理和内控方面的制度都在抓紧建立。这是农信社改革启动两年多以来的总体情况。

同时农信社改革还存在着许多问题,不容忽视。一是部分农村信用社增资扩股不规范,存在虚增资本的现象;二是法人治理结构虽然初具形式,但激励约束机制还远未形成;三是财务状况虽然有明显好转,但内部管理仍存在较大缺陷,可持续的发展机制仍没有建立起来;四是有些对农信社改革的支持承诺还没有落实;五是省联社体制有行业管理行政化的倾向,影响了农信社改革的市场化方向。这些问题都不容乐观,其中农信社改革中明晰产权、完善法人治理结构、强化激励约束机制这三方面,还都在打攻坚战,都还没有理顺。

党中央、国务院对农村金融改革、农村信用社改革都做过重要的部署,目前我们取得的成绩都是在中央的统一领导下取得的。这里我提一下中发〔2002〕5号文件对农信社改革有非常重要的说明。在谈到农信社行业管理问题上,文中说农信社管理应主要以县联社为单位进行,不在全国按行政区划层层建立农村信用社行业管理组织。这个指示是很明确的。我们国发的指导文件是2003年15号文件,在行业管理上提出,地市级不再设立信用社联社或者其他形式的独立管理组织。

对农信社和农村金融改革,专家们都非常关心,纷纷献计献策,提出了很多建议。以后我们要继续努力,在党中央的统一领导下,由银监会牵头,人民银行提供资金支持方案,在这样一个框架下继续推动农村信用社改革。农信社经过改革,出现了一些好的迹象和趋势,同时也有很多问题需要进一步解决。农信社改革要切合中国实际,因地制宜、分类指导,因为中国太大,一个模式是不行的,这也是中发〔2002〕5号文件与国发〔2003〕15号文件的精神。在我们的资金支持方案中,针对不同的产权形式,设立了五个不同的门槛。我们遇到的一个不能逃避的问题就是农信社改革必须依靠在普通岗位上工作的成千上万的农信社职工。改革政策的设计要考虑这些职工的素质、水平以及承受能力,各种方案都要靠他们来贯彻和执行。建立明晰的产权制度、完善的公司治理结构和健全的内控机制都需要一个过程。这是农信社改革面临的最大的一个约束。考虑到了这个约束,很多问题我们就能心平气和地来讨论了。

改革中,我们要提供一个正向的激励机制,使好人得好报,这是我们改革设计的一个理念;另外一个理念是我们要提供一个及时的校正机制,一旦农信社财务状况等发生恶化,要能及时采取措施,而不是等快要破产了我们才发现。还有就是我们要尽力地推进改革,虽然我们知道有的地方有作假的行为。我们所要求的信息披露、完善公司治理、健全内控机制,一旦在操作中养成了习惯,就会逐渐地固定下来,最终形成有实效的制度。

我们对农信社改革的资金支持大部分都是使用票据,有承诺、发行、兑付三个环节。截至 2005 年 9 月 1 日,人民银行会同银监会按照规定的条件和程序经严格审查考核,共完成了七期信用社改革试点专项票据的发行工作,共计对 26 个省(区、市)的 2021 个县(市)发行专项票据 1378 亿元,所占全国选择专项票据资金支持方式的县(市)个数和专项票据总额的比例分别为 84%和 83%。票据从承诺、发行到兑付有一个过程,在这个过程中我们要求农信社不断完善治理结构、加强信息披露。即便是有人在作假,只要按照要求进行信息披露,经过几年的努力,很有可能会暴露,因为连续的作假是很难的。

经过这一轮改革,我相信全国的农信社,从资产量上看,有三分之二可以走上自负盈亏、财务上可持续的道路。如果我们能够达到这个目标,那么可以说,我们这次农信社改革是相当有成效的。

统一认识　各尽其责
推动农村金融改革再上新台阶[*]

一、对农村信用社改革形势的总体判断

农村信用社是农村金融的主力军。农村信用社的改革与发展,事关改善农村金融服务、推动社会主义新农村建设的大局。按照国务院的统一部署,此次深化**农村信用社改革**工作由银监会负责组织实施,人民银行负责制定和实施资金支持政策。自改革试点之初,人民银行就会同银监会及时制定并发布了资金支持政策。为发挥好资金支持政策的正向激励作用,人民银行会同银监会按照规定的条件和程序,严格考核农村信用社的改革成效。总体看,资金支持政策实施进展顺利。截至 2007 年 12 月,共计完成专项票据发行和兑付考核 16 期,对 2396 个县(市)发行专项票据 1656 亿元,置换农村信用社不良贷款 1353 亿元,置换历年亏损挂账 303 亿元。对 1201 个县(市)兑付专项票据 806 亿元,占全国选择票据资金支持方式的县(市)总数和票据额度的比例均约 50%。对陕西四个县(市)发放专项借款 5 亿元。目前,除海南外,全国专项票据发行和专项借款发放已顺利完成,专项票据兑付进程过半。资金支持政策的顺利实施,对化解农村信用社历史包袱、支持和推动改革发挥了重要的正向激励作用,"花钱买机制"的政策效应初步显现。

---

* 本文根据在 2007 年"中国农村金融论坛"上的讲话记录整理。

自 2003 年启动的农村信用社改革,已历时 4 年,改革取得了重要进展和阶段性成果。就改革的进展和成效,各方面因角度不同,认识和评价不尽一致,但在以下几个方面大家是有共识的:本轮改革是我国农村信用社发展历程中乃至农村金融领域的一项重大改革,也是只能成功不能失败的重大改革;本轮改革对农村信用社实现健康可持续发展、对全面改善农村金融服务、对促进解决"三农"问题和新农村建设意义十分重大;经过改革,农村信用社长期积累的沉重历史包袱逐步得到有效化解;长期存在的系统性、区域性支付风险问题得到了有效控制;同口径下的经营财务状况和资产质量明显改善;农户贷款等涉农信贷投放大幅增加,服务功能有所增强;内外部对农村信用社改革发展前景的信心大为提高。改革成效具体表现在以下几个方面。

(1) **扶持政策落实到位,资产质量明显改善。** 改革试点以来,农村信用社共计认购专项票据 1656 亿元,已兑付 806 亿元,获得专项票据利息 65 亿元;按照资产管理公司的最低清收比例测算,专项票据置换资产的清收所得超过 100 亿元;累计获得税收减免 243 亿元,保值贴补息 68 亿元;通过执行较低的存款准备金率增加可用资金来源约 1000 亿元。以上合计,中央对农村信用社的资金支持超过 3000 亿元。2007 年 9 月末,按四级分类口径统计,农村信用社不良贷款比例 9.2%,比 2002 年年末下降 27.7 个百分点。2002 年年末,农村信用社资本充足率为 -8.5%,2007 年 9 月末,提高到 10.9%。

(2) **各项业务快速发展,资金实力明显增强。** 2007 年 9 月末,农村信用社的各项存款 4.4 万亿元,各项贷款 3.2 万亿元。最近四年,农村信用社各项存款年均增长 18.6%,各项贷款年均增长 17.4%,均高于同期金融机构各项存贷款增速。改革试点以来,农村信用社贷款占金融机构贷款总额的比重由 10.6% 提高到 12.3%,提高了 1.7 个百分点。

(3) **财务状况逐步改善,盈利能力明显提升。** 农村信用社自 2004 年实现近十年来的首次盈利后,2005 年、2006 年分别盈利 180 亿元、281 亿元,2007 年前 9 个月又盈利 254 亿元。2007 年 9 月末,农村信用社历年亏损挂账余额 473 亿元,比 2002 年年末减少 841 亿元。

(4) **支农投放不断增加,支农力度明显加大。** 2007 年 9 月末,农村信用社农业贷款余额 1.49 万亿元,占其各项贷款的比例由 2002 年年末的 40% 提高到 46%;占全国金融机构农业贷款的比例由 2002 年年末的 81% 提高到 93%。农户贷款余额 1.22 万亿元,农户贷款户数超过 7742 万户,占全国农户数的比例为 33%。

(5) **产权制度改革开始起步,法人治理架构初步建立。** 截至 2007 年 9 月末,全国共组建农村商业银行 15 家,农村合作银行 101 家,组建以县(市)为单位的统一法人机构 1715 家,保留县、乡二级法人农村信用社的县(市)622 个。部分农村信用社在构建多种产权结构和组织形式、明晰产权关系、完善法人治理方面进行了有益探索,取得了初步成效。

实践证明,前期改革取得重要进展,是作为改革主体的农村信用社自身努力的结果,是各有关部门尤其是地方党委和政府高度重视、加强领导、大力支持的结果。在充分肯定农村信用社改革成效的同时,必须看到,本轮农村信用社改革政策性强、涉及面广,面临的形势复杂、任务艰巨,实现改革目标的难度超过改革之初的预期。当前改革面临的主要问题可以概括为“三个高于预期”和“一个亟待完善”。“三个高于预期”是指化解历史包袱、改善资产质量的难度明显高于预期,加强内部管理、转换经营机制的难度明显高于预期,明晰产权关系、完善法人治理的艰巨性明显高于预期。“一个亟待完善”是指支持包括农村信用社在内的农村金融可持续发展的系统性、制度性政策亟待完善。总体分析当前改革面临的形势,可以得出以下初步判断:改革成效显著、存在问题突出、实现改革目标任务艰巨。实现改革目标,还需要各有关方面进一步加强协调配合、各尽其责、最大限度地发挥政策合力的效应。

二、正确理解和认识农村信用社改革试点资金支持政策

资金支持政策关于资金支持与农村信用社改革效果挂钩的安排、

对推进改革所发挥的积极作用得到了各有关方面的充分肯定。但是，应该看到，目前仍存在对资金支持政策的理解不全面、不客观的情况，甚至产生了对政策本身的误解。必须澄清观念，统一认识，才能有效发挥资金支持政策对改革的正向激励作用。

（1）专项票据不兑付是否就意味着资金支持没有落实到位？有一种观点认为，只有兑付专项票据，资金支持政策才算落实到位。实际上，自专项票据发行之日起，农村信用社的资金支持就已经得到落实。专项票据发行是央行的负债行为、农村信用社的投资行为，但它是一种特殊的交易行为。因为票据发行交易不是等价交换，而是在央行向农村信用社提供可生息的优质票据资产的同时，将资产损失从农村信用社的资产负债表转移到了央行的资产负债表上。票据发行时是向农村信用社注入优质票据资产，兑付时是给付现金。票据发行就意味着等额置换了农村信用社的不良资产和历年亏损，就意味着等额化解其历史包袱；票据发行后表现为农村信用社等额的亏损挂账和资产损失转换为无风险、能生息的对中央银行的债权；票据兑付早一些或晚一些，以及兑付前后的差距，对农村信用社财务和资产负债的影响只有一个，就是利差，即不考虑风险损失因素将票据兑付资金用于投资和贷款的收益比票据利息高。因此，票据发行就意味着资金支持已经落实到位。

（2）与国有银行相比，中央对农村信用社的资金支持是否少了？有一种观点认为，中央对国有银行的资金支持力度大、无条件，对农村信用社支持力度小、有条件。其实，无论是产权结构、组织形式，还是改革路径、外部环境，农村信用社与国有商业银行都有很大的不同，不具有可比性。国有商业银行股改后，从维护我国金融安全的需要出发，国家对其拥有绝对控股地位，并按注资比例享受分红。农村信用社作为社区型金融机构，其股东和社员全部是社区内的法人和自然人，中央按照规定比例安排资金支持后，对其并没有股权要求。国家注资国有商业银行，实行财务重组，公开发行股票并上市，以此强化外部约束机制，是取得和保持国家对其控股地位所必需的，同时也是国家财务支持的核心条件。按照国务院关于农村信用社改革的总体要求,在资金支持政策制定中设置专项票据发行兑付条件,目的在于撬动改革,调动多个方面支持农村信用社改革、发展的积极性,多渠道采取措施共同解决农村信用社的历史包袱。关于资金支持比例和额度问题,专项票据和专项借款合计为 1661 亿元,实际执行过程中,加上执行较低的存款准备金率、票据利息和置换资产变现收入,以及税收减免和保值贴补息等因素,资金支持总额和比例比改革之初的方案设计要高得多。总体判断,国家对国有银行和农村信用社改革的资金支持力度都是很大的,只是方式上有所区别。

(3) 完善资金支持政策是否就是不断提高专项票据兑付"门槛"?
国发〔2003〕15 号文件明确规定:"中央银行票据支付必须与农村信用社改革效果挂钩,以县(市)为单位验收支付,标准为:产权明晰,资本金到位,治理结构完善。"为增强票据兑付考核的操作性、量化考核、准确把握要点,使改革取得实效的农村信用社及时进入票据兑付程序,人民银行会同银监会在最初发布的资金支持实施方案中,把不良贷款比例降幅和资本充足率最低标准作为票据兑付的条件。2006 年,对先行试点八省(市)农村信用社所发行的票据陆续进入票据兑付期。鉴于本轮改革试点的艰巨性和复杂性,当时初步判断,票据到期时,大部分农村信用社难以完全达到规定的票据兑付条件和符合监管最低标准的资本充足率,如期进入兑付程序难度大。为此,行会两家联合下发银发〔2006〕130 号文件,进一步完善了资金支持政策。明确强调,农村信用社在申请兑付专项票据时,明晰产权关系、完善法人治理结构应取得明显进展;重点考核其健全内控制度和强化内部管理的实际成效。提出了逐步提高资产质量、有效控制成本费用、不断改善财务状况的具体要求。以上有关经营财务指标的变化,能直观地反映农村信用社所取得的改革实效,有利于农村信用社按期兑付专项票据资金,增强改革试点资金支持政策的透明度、公信力和可操作性,同时也是经过广大农村信用社主观努力在票据兑付时应当而且能够达到的指标。考虑到明晰产权关系、完善法人治理结构的长期性,为便于改革取得实效的农村信用社按期进入兑付程序,票据兑付时重点考核其改善经营管理的实际成效,这相对于明晰产权关系、完善法人治理结构,以及建立在真实合规基础上的资本充足率和不良贷款比例要求,不能认为是票据兑付提高了"门槛"。

三、深化农村金融改革必须坚持的五个原则

(1)**为"三农"服务的原则**。解决好"三农"问题,事关全面建设小康社会大局。**农村金融改革**的根本目的在于通过改革,进一步增强支农服务功能、不断改善农村金融服务、加大金融支农力度。农村金融改革必须坚持服务"三农"这一根本宗旨。

(2)**商业可持续的原则**。只有坚持商业化经营,农村金融机构才能实现可持续发展。如果完全依靠国家政策扶持,由于国家财力有限,农村金融机构自身的生存发展将难以为继,服务"三农"也就成为无源之水、无本之木。农村金融机构要实现商业化经营,一定要坚持利率覆盖风险的原则。由于农业的弱质性,涉农贷款往往风险较高,其利率水平就应该等于甚至高于市场利率水平。不应该人为压低涉农贷款利率。否则,利率不仅不能覆盖风险,农村金融机构无法实现可持续发展,而且还可能导致寻租行为,贷款被特权阶层获得,急需贷款的普通农民却得不到贷款。实践证明,对涉农贷款执行市场利率,有利于保障农民获得贷款的权利。对于农村金融机构开办的政策性金融业务,在国家给予适当政策扶持(如财政贴息)后也要做到商业可持续发展。

(3)**适度竞争的原则**。垄断不利于提高农村金融服务效率,必须要完善市场准入退出制度,建立适度竞争的农村金融市场。要在综合评估各地农村金融市场容量、条件,以及当地风俗的基础上,在严格监管的前提下,适当放宽农村金融市场准入。按照投资主体多元化的原则,鼓励国内外各类社会资本通过入股、重组、兼并等方式进入农村金

融市场。在坚持产权关系清晰、组织形式多样化原则的基础上,大力发展小额信贷组织、村镇银行、贷款子公司、农村资金互助社等新型农村金融机构,构建真正的农村金融竞争主体。要规范民间金融,使其尽快浮出水面,积极创造条件,引导民间金融尽快成为农村金融市场的重要竞争主体。

在完善农村金融市场准入制度的同时,要抓紧健全市场退出机制。长期以来,一些农村信用社经营亏损及资产损失严重,原因是多方面的,主要是内外部约束机制不健全,突出表现为经营管理粗放、市场约束缺失。比如一些农村信用社长期严重资不抵债、资产损失巨大,却始终不能退出市场。为进一步巩固和深化改革成果、强化市场约束机制,应根据农村信用社的风险程度,对其采取逐步升级的校正措施,直至实施市场退出。对违反审慎经营原则,开始出现资不抵债的农村信用社,应鼓励经营稳健的金融机构按照市场化原则对其重组、兼并或收购。对经营财务状况持续恶化、支付风险突出、严重资不抵债的个别农村信用社,应及时予以撤销。在对个别农村信用社实施市场退出的同时,应鼓励其他金融机构及时进入当地农村金融市场,填补农村金融服务空白。这些机构可按照优胜劣汰、择优录用原则,对农村信用社的原有职工和高级管理人员重新聘任。尽快完善农村金融市场退出机制,是强化外部约束、保障农村金融健康可持续发展、促进不断改善农村金融服务的重要条件。

(4) **政策扶持的原则。**由于农业的弱质性和"三农"问题的复杂性,农村金融的服务范围、服务对象和服务方式有其特殊性,突出表现为涉农金融服务的高成本、高风险和低收益,与城市金融相比,农村金融的财务可持续问题比较突出。目前,国家已对农村信用社出台了一系列扶持政策。但支持包括农村信用社在内的农村金融可持续发展的系统性、制度性政策尚不完善。

目前,应进一步加强财税、监管和货币政策的协调配合,在资金引导、风险补偿、市场准入与退出等方面采取综合性配套措施,形成政策合力,逐步建立促进和改善农村金融服务、增加"三农"投入的长效机制。要进一步加大政策扶持力度,完善政策扶持措施并制度化、长期化,充分发挥扶持政策对推动农村金融改革的正向激励作用。

(5) **市场化的原则。**农村金融改革要坚持市场化原则。无论是农村金融机构产权制度的改革,还是组织形式的选择,都要坚持以市场为导向、以资本为纽带。当前,我国"三农"资金需求呈现出小额、分散的特征,需要小规模的零售银行提供金融服务,而不是全国性的大银行,而且我们国家也不缺乏大银行,缺少的恰恰是类似农村信用社能够满足市场需求的社区性金融机构。在农村金融改革中,应充分考虑当前农村经济发展的实际需要,充分尊重农村金融机构股东和法人的自主选择权,不宜通过行政手段推动农村金融机构的兼并、重组和联合,人为将农村金融机构做大。现阶段,坚持农村金融改革市场化原则的核心就是要在全国范围内保持农村信用社以县(市)为单位法人地位的长期稳定。

保持农村信用社以县(市)为法人单位的长期稳定,有利于农村信用社明晰产权关系,强化股权约束,建立可持续发展的长效机制;有利于将农村信用社办成为"三农"发展服务的社区性地方金融机构,发挥其农村金融主力军和联系农民的金融纽带作用;有利于构建多元化的农村金融市场,促进农村金融市场的适度竞争和繁荣发展;有利于防范农村信用社的金融风险,维护农村金融市场稳定。

健全体制机制 完善扶持政策
扎实推进农村信用社
改革取得新进展[*]

一、资金支持政策落实到位，
对推进改革发挥了重要的正向激励作用

按照国务院的统一部署，此次深化农村信用社改革工作由银监会负责组织实施，人民银行负责制定和实施资金支持政策。自改革试点之初，人民银行会同银监会就及时制定并发布了资金支持政策。总体看，资金支持政策实施进展顺利，改革初期的政策设计理念、实施步骤和激励效应基本如期实现。资金支持与改革效果挂钩的政策安排和顺利实施，对引导农村信用社明晰产权关系、完善法人治理发挥了连续的正向激励作用。

(1) **明确资金支持条件，建立连续正向激励机制。**根据国发〔2003〕15号文件精神，我们在设计资金支持政策时就明确强调，专项票据的发行、兑付和专项借款的发放，都要与农村信用社的改革效果挂钩，力求取得"花钱买机制"的政策效果。为此，我们制定并发布了有关专项票据和专项借款管理的一系列操作性文件，对专项票据从发行到兑付以及专项借款发放均设置适当条件，目的就是为了对改革建立一个持续的正向激励机制，促进改革措施的真正到位。在专项票据发行

---

    * 原文发表于《中国农村信用合作》2009年第4期。

环节,仅提出了资本充足率要求,以确保绝大部分农村信用社及时进入专项票据发行程序,充分发挥资金支持政策撬动改革的作用。在专项票据兑付环节,则围绕加强资本约束、提高资产质量、控制成本费用、增强盈利能力等提出了 18 项考核指标和 36 项监测指标,对农村信用社逐步深化内部改革、切实改善财务状况提出了明确要求。

(2) **加强资本充足率考核,引导农村信用社强化资本约束。**资本充足率是综合反映农村信用社经营财务状况和风险程度的核心指标,是衡量改革是否取得实效的重要标准。在资金支持政策设计中,我们始终以加强资本充足率考核作为贯穿政策实施的重要主线,以督促农村信用社切实强化资本约束、明晰产权关系。在资金支持政策实施中,我们会同银监会通过严格考核农村信用社资本充足率,高度关注影响资本充足率相关指标的变化情况,包括增资扩股、贷款形态、利润等指标的真实合规性,督促农村信用社保持股金稳定性,不断优化股金结构,杜绝违规入股行为,有效发挥股东的监督约束作用。在此基础上,引导农村信用社切实树立资本约束理念,及时建立资本补充机制,有序扩张资产规模,提高风险管理水平,确保资本水平与其业务发展的基本适应。

(3) **坚持分步实施原则,循序渐进推进改革。**针对改革前农村信用社历史包袱重、资产质量差、内控管理弱的特点,为促进实现改革目标,在改革初期人民银行就提出按照先易后难、循序渐进、逐步深化的思路,采取"三步走"战略,督促农村信用社在专项票据兑付前逐步达到以下要求:首先从健全内控制度、加强内部管理入手,重点要尽快建立成本费用控制机制、可持续发展的利润分配机制、不良贷款责任追究机制、能上能下的劳动用工机制并有效执行。其次要建立健全信息披露制度,在票据兑付前至少完成两个年度的信息披露,以发挥利益相关者的外部监督作用。最后应基本构建"三会一层"独立运作、有效制衡的法人治理架构。为此,我们还提出了相关的具体考核指标要求。

(4) **适度微调资金支持政策,加大对西部地区的资金支持力度。**为贯彻落实国务院文件要求,适度加大对老少边穷地区农村信用社的资金支持力度,在资金支持政策实施过程中,人民银行会同银监会经过反复认真研究,对资金支持政策进行了适当微调。针对西部地区农村信用社资产规模小、资产损失少、所获资金支持额度低的状况,微调方案的设计坚持体现强化正向激励机制、向老少边穷地区倾斜、对微调县(市)执行统一计算标准的原则。微调的对象为资产规模小、实际损失额少、经营相对规范稳健的农村信用社。北京、广东等东部七省(市)不纳入微调范围。微调后对中西部地区 616 个县(市)共计增加资金支持额度 33 亿元。从地区分布看,微调增加的资金支持额度和涉及增加资金支持额的县(市)总数中,西部 12 省(区)分别占 85%和 82%;国定贫困县(市)分别占 44%和 43%。从实际执行情况看,资金支持微调政策较好地体现了正向激励原则和向西部倾斜的政策意图。

(5) 健全考核工作机制,确保政策公信力和透明度。良法美策贵在能行。为切实发挥资金支持政策的正向激励作用,提高专项票据考核工作质量和效率,人民银行建立了以下四项专项票据考核机制:一是专项票据考核评审委员会制度。作为票据发行、兑付考核的决策机构,考评会负责对票据发行兑付申请以县(市)为单位进行评审,并形成最终考核意见,同时决定与资金支持政策相关的重大事宜。自改革以来,人民银行总行已召开评委会例会 15 次。二是专项票据考核申诉制度。对经各级分支机构审核未予通过的兑付申请,如农村信用社对审核意见不服,可向上级考核机构提出申诉。三是专项票据考核考评机制。为督促人民银行各分支机构认真履行专项票据兑付考核职责,总行对其考核工作质量进行考评,并纳入年度工作考核中。四是专项票据考核现场抽查机制。为提高考核工作质量,每期专项票据兑付考核中,人民银行会同银监会都按一定比例对申请兑付的农村信用社改革成效进行现场检查。目前,人民银行与银监会及各省级分支机构抽查的农村信用社达到 500 家以上,占全国农村信用社县(市)总数的比例超过 20%。以上机制的建立和实施,对强化考核职责、提高考核效率、扎实有序地推进资金支持工作发挥了重要作用。

（6）**严格考核改革成效，力求实现"花钱买机制"的政策目标。**在资金支持政策实施工作中，人民银行会同银监会认真履行考核职责，严格考核农村信用社改革成效。截至 2009 年 3 月末，人民银行会同银监会共计完成专项票据发行和兑付考核 20 期，对 2406 个县（市）农村信用社发行专项票据 1691 亿元，置换不良贷款 1389 亿元，置换历年亏损挂账 302 亿元。对 2259 个县（市）农村信用社兑付专项票据 1569 亿元，占全国选择票据资金支持方式的县（市）总数和票据额度的比例分别为 94％和 93％。对新疆等省（区）发放专项借款 15 亿元。目前，全国专项票据发行和专项借款发放已顺利完成，专项票据兑付进程超过 90％。资金支持政策的顺利实施，对有效化解农村信用社历史包袱，督促和引导农村信用社准确把握改革工作重点，尤其是在明晰产权关系、完善法人治理、加强内部管理等方面发挥了重要的正向激励作用，"花钱买机制"的政策效应初步显现。

二、农村信用社改革取得重要的阶段性成果

自 2003 年以来，**农村信用社改革**试点已历时五年。在国务院的正确领导和各有关方面的共同努力下，总体看，农村信用社改革取得重要进展和阶段性成果。据对全国 2382 个县（市）农村信用社的经营财务数据进行测算分析，改革以来，大部分农村信用社在增强资本实力、化解不良贷款、提高盈利能力方面均取得了显著进展：2008 年年末，按贷款四级分类口径统计，不良贷款比例低于 15％的县（市）有 1917 个，占全国县（市）总数的比例为 80％，资产总额占比达到 85％。资不抵债的县（市）个数占比由 2002 年年末的 98％下降到 2008 年年末的 8％。已全额弥补历年亏损挂账的县（市）个数达到 1554 个，个数占比由 2002 年年末的 8％上升到 2008 年年末的 65％，资产总额占比达到 77％。

总体判断，尽管按贷款四级和五级分类统计，有关数据存在差异，但改革前后同口径有关数据的变化表明，经过五年改革，全国县（市）个

数占比超过三分之二、资产总额占比超过四分之三的农村信用社改革取得明显成效、经营状况明显改善,已经具备商业可持续发展的基本条件。

(1) **整体经营状况明显改善。** 2008 年年末,按贷款四级分类口径统计,全国农村信用社不良贷款余额和比例分别为 2965 亿元和 7.9%,与 2002 年年末相比,分别下降 2182 亿元和 29 个百分点。历年亏损挂账 637 亿元,与 2002 年年末相比,下降 677 亿元,降幅达到 52%。自 2004 年实现近十年来的首次盈利后,农村信用社盈利水平逐年提高,累计实现利润 1596 亿元,其中,2008 年实现盈利 578 亿元,同比多增 125 亿元。

(2) **整体资金实力显著增强。** 2009 年 3 月末,全国农村信用社的各项存款余额 6.3 万亿元,各项贷款 4.1 万亿元。股本金和有价证券及投资分别为 2461 亿元、7130 亿元,比 2002 年年末分别提高 2033 亿元、5241 亿元。最近五年,农村信用社各项存款年均增长 20.1%,各项贷款年均增长 19.1%,均高于同期金融机构各项存贷款增速。全国农村信用社的各项贷款余额占金融机构贷款总额的比例由 2002 年年末的 10.6% 提高到 11.9%,提高了 1.3 个百分点,因此多增加贷款近 6800 亿元。

(3) **支农信贷投放明显增加。** 2009 年 3 月末,全国农村信用社农业贷款余额 1.9 万亿元,占其各项贷款的比例由 2002 年年末的 40% 提高到 45%,提高了 5 个百分点;占全国金融机构农业贷款的比例由 2002 年年末的 81% 提高到 96%,提高了 15 个百分点。2008 年年末,农村信用社发放农户贷款余额 1.33 万亿元,农户贷款户数接近 7800 万户,占全国农户数的比例为 32%。

(4) **产权制度改革继续推进。** 截至 2008 年年末,全国共组建农村商业银行 22 家,农村合作银行 163 家,组建以县(市)为单位的统一法人机构 1966 家。部分农村信用社在构建多种产权结构和组织形式、明晰产权关系、完善法人治理方面进行了有益的探索,取得了初步成效。

在充分肯定农村信用社改革取得显著成效的同时,应该看到,尽管农村信用社整体经营财务状况明显好转,但主要是在政策扶持和贷款扩张的基础上取得的成果。总体看,制约农村信用社改革发展的深层次机制体制问题尚未根本解决:一是内外部约束机制仍不健全,是部分农村信用社难以实现健康可持续发展的重要原因。主要表现为产权关系仍不明晰、法人治理仍不完善,加上市场退出机制不健全,部分农村信用社经营粗放、管理薄弱的问题仍然比较突出。二是管理体制仍未理顺,影响了产权制度改革的深入推进。省联社履职中重管理轻服务的倾向比较明显。三是要正确处理产权制度改革中行政推动与坚持市场化改革方向的关系。高度关注一些农村信用社法人层级升高后支农服务弱化的问题。四是支持农村信用社可持续发展的系统性、制度性扶持政策体系尚不完善。

三、健全体制机制、强化内外约束,扎实推进 农村信用社改革取得新进展

目前,农村信用社改革已向纵深推进。为全面贯彻落实党的十七届三中全会和中央经济工作会议精神,适应新形势下"三农"发展对改善农村金融服务提出的新要求,必须要着力解决当前制约改革发展的深层次体制机制问题,通过建立农村信用社商业可持续发展的长效机制,促进实现增强"三农"服务功能的改革目标。目前,进一步深化农村信用社改革迫切需要在健全体制机制、强化内外约束、完善扶持政策方面取得突破性进展。

(1)保持县(市)法人地位稳定是农村信用社产权制度改革应长期坚持的最主要原则。农村信用社改革的核心在于产权改革。自改革之初,人民银行就高度关注农村信用社产权改革。针对部分地区通过行政方式提高农村信用社法人层级的做法,人民银行始终强调,要坚决贯彻落实国发〔2003〕15 号文件要求,坚持农村信用社产权制度改革的市

场化原则,并提出现阶段坚持市场化原则的核心就是要保持农村信用社县(市)法人地位的长期稳定。这一观点,在十七届三中全会通过的纲领性文件《中共中央关于推进农村改革发展若干重大问题的决定》中也作出了明确阐述。

深化农村信用社改革的根本宗旨,在于不断改善农村金融服务。在我国,"三农"资金需求呈现出小额、分散的特征,需要小规模的零售银行提供金融服务,而不是全国性的大银行,而且我们国家也不缺乏大银行,缺少的恰恰是类似农村信用社能够满足市场需求的社区性金融机构。坚持农村信用社县(市)法人地位的长期稳定,对农村信用社坚持"三农"服务方向、提高创新竞争意识、增强可持续发展能力、发展适度竞争的农村金融市场、改善农村金融服务都具有重要的意义。目前,部分省份提出搞全省统一法人的要求,对此,应科学把握,正确引导。除服务半径小、城乡一体化程度高的省份可以尝试外,目前大部分省份不宜采取这种模式。更值得关注的是,把银行做大的兼并重组过程往往是行政主导,容易造成不尊重产权的负面影响。因此,无论是农村信用社产权制度改革,还是组织形式选择,都应坚持市场主导原则,充分尊重股东和法人的自主选择权,防止通过行政手段推动农村信用社兼并重组提高农村信用社法人层级的做法。

(2) 建立适度竞争的农村金融市场,强化外部约束。国内外金融业发展的实践表明,优胜劣汰、适度竞争和基本的市场准入退出机制,是促进金融机构健康可持续发展的重要外部条件。目前,应在严格监管的前提下,适度放宽农村金融市场准入。按照投资主体多元化的原则,鼓励国内外各类社会资本通过入股、重组、兼并等方式进入农村金融市场。坚持产权关系清晰、组织形式多样化的原则,大力发展小额贷款公司、村镇银行、贷款公司、农村资金互助社等新型农村金融机构,构建真正的农村金融竞争主体。要规范民间金融,使其尽快浮出水面,积极创造条件,引导民间金融尽快成为农村金融市场的重要竞争主体。

同时,要尽快健全市场退出机制,以强化市场约束。根据农村信用社的风险程度,采取逐步升级的校正措施,直至实施市场退出;对违反审慎经营原则,开始出现资不抵债的农村信用社,应允许经营稳健的金融机构按照市场化原则对其重组、兼并或收购。

(3) 进一步完善农村信用社管理体制,注重强化省联社服务职能。管理体制改革一直是农村信用社改革的焦点和难点。总体看,作为省级政府管理农村信用社的平台和载体,省联社管理体制建立以来,在建章立制、行业管理、电子化服务、清收不良贷款、案件治理等方面做了大量工作,对推进农村信用社改革发挥了积极作用。但是,由于省联社职责边界不清,在实际履职中,不同程度地存在履职不规范甚至影响基层农村信用社经营自主权的问题。

现阶段,省联社要重点履行好对辖内农村信用社的行业管理、指导、协调、服务职能,弱化行政管理,强化服务职能。要按照"明确职责、规范履职、改进管理、强化服务"的原则,深化改革,进一步明晰省联社履职边界、规范履职行为,逐步将履职重点由管理职能转向服务职能。按照市场化原则,开展与农村信用社相关的支付结算、产品研发、人员培训和法律咨询等服务性经营业务,但不宜参与资金融通业务,可按照以支定收原则,收取有关服务费,逐步将当前省联社的管理性收费转变为服务性收费,为农村信用社健康可持续发展创造良好的外部环境。

(4) 建立针对农村金融的系统性、制度性政策扶持机制。综合运用多种政策措施,紧紧围绕支农这一核心,加快建立具有正向激励作用的农村金融长效扶持政策体系,切实提高农村金融机构服务"三农"的主动性和积极性,这既是各国的普遍经验,也是中央的明确要求。目前,应进一步加强财政、税收、监管、货币政策的协调配合,在资金引导、风险补偿、市场准入与退出等方面采取综合性配套措施,形成政策合力,逐步建立促进和改善农村金融服务、增加"三农"投入的长效机制。

人民银行将继续按照强化正向激励、向中西部倾向、政策主动可控的原则,进一步加大对农村信用社改革的政策支持力度:一是对保持县(市)法人地位、坚持支农服务方向、涉农贷款比例较高的农村信用社,根据其扩大涉农信贷投放的实际合理需要,进一步安排增加支农再贷款额度;二是对保持县(市)法人地位的农村信用社继续执行较低的法定存款准备金率;三是稳步推进农村信用社贷款利率市场化进程,择机放开农村信用社贷款利率上限;四是会同有关部门抓紧研究制定鼓励县域内金融机构将新增存款用于当地的考核办法,拟对经考核新增可贷资金用于当地贷款达到一定比例的县域内金融机构,在财税、货币、监管方面给予正向激励的优惠政策。

总体看,建立现代农村金融制度,促进农村信用社健康可持续发展,需要进一步加大政策扶持力度,发挥政策合力的综合作用,切实把政策扶持与其改善财务状况、增强资金实力、提高支农服务水平有机结合起来。

新形势下农村信用社改革面临新的挑战,解决制约农村信用社改革发展的深层次体制机制问题,需要创新精神和开拓意识,让我们深入学习践行科学发展观,齐心协力、扎实工作,积极推动农村信用社改革发展再上新的台阶,为支持社会主义新农村建设做出新的贡献!

第六部分

研 究 方 法 论

中西方研究方法对比[*]

一、一则新闻引起的思考

2009 年 3 月 4 日 11 时,人大新闻发言人在新闻发布会上念了一个新闻稿,其中有这样一句话,"降低证券交易印花税并实行单边征收"。12 点 30 分,某海外著名新闻社记者据此发表新闻:"中国将下调证券交易印花税,并执行单向征收制度,但没有提及新税率水平。"实际上新闻发言人的意思是,这两项改革已经完成:2008 年 4 月 24 日印花税已经由千分之三降至千分之一,同年 9 月 19 日双边征收改为单边征收,这都是已经发生的事了。而这一海外媒体则理解成了进一步刺激经济的计划。之后,北京马上更正,说我们说的不是将来时,我们说的是已有的进展。其实,仔细一听就知道新闻发言人的原话一点都没错,熟悉情况的人也知道我们已经下调印花税了。国外这个媒体也是著名媒体,我想也不会存心捣乱。但是,这是什么问题呢?这是中文的语法问题,在中文上已经发生和将要发生的事情在动词上是一样的。这是一个小小的例子,但是说明我们的语言在动词上没有过去时和将来时的区别,如果写得很简练的语句没有相应的副词来指明,就会使人搞不清是已经发生的、正在发生的,还是将要发生的。如果这句话用英文、法文或是德文说出来的话,可能就不会产生这种误解,因为在这些

---

* 根据易纲 2009 年 3 月在中国人民银行研究生部和行内学术讲座,以及 2009 年 4 月在兰州大学、10 月在"长安论坛"演讲的内容整理而成。

语言中,动词的过去时和将来时是非常清楚的。

从这个事情可以看出来,中西方文化是有差异的,可以引申出两点讨论。首先可以看出来我们中文的特点,它和西方的字母文字是不一样的,它很形象、很简洁、有自己的很多优势,但是也有自己的问题,在历史上没有时态,也没有标点符号。第二,从中文的这种模糊性又可以联系到我们的思维方式。中国人非常聪明,思维能力非常强,但是中国和西方的一个很大的不同是我们在历史上没有发展出完整的形式逻辑框架,这使得我们讨论问题的时候常常没有一个框架,搞不清楚假设前提、推导过程和结论的区别和联系,导致有时没法进行有效的讨论和沟通。

我在这里谈到中国的文字和文化,以及中国人的逻辑思维能力,是想回答一个问题,也就是著名的**李约瑟之谜**:为什么在前现代社会中,中国科技遥遥领先,但工业革命却没有发生在中国,到了现代以来,中国的科技水平反而落后了? 对这个问题的回答已经了有很多个版本。李约瑟自己认为,中国强大的封建官僚制度是最主要的原因,在这一强大的制度下,商人难以获取地位与权力,商业得不到蓬勃发展,技术发明给发明者和使用者带来的利润和地位提高有限,因此工业技术革命没有发生。林毅夫则提出中国官僚制度中的科举制度扼杀了创造力,把人们都吸引到对四书五经的钻研上去了。这都是从制度角度出发解释。还有一个被广泛接受的解释是"高水平均衡陷阱"理论,这是一个经济学角度的解释。**"高水平均衡陷阱"**的意思是,中国的农业技术发展得太好,人口密度过高,这反过来阻碍了科技发展,因为人口太多,劳动力的相对价格就变低了,以至于任何节省人力的技术发明都显得没什么价值,因为只要把活儿交给人去干就可以了。

上面这些解释都各有自己的道理,我都赞成。不过我想换一个角度,从中国文字和逻辑的角度找找中国科技进步停滞的原因。我的观点是,我们的义字的模糊性和形式逻辑的缺乏阻碍了科学理论的建立,阻碍了技术的发展、传承和进步。我还想指出,这里面有些问题到现在还仍然存在。

这就是我对李约瑟之谜的解释。下面我会逐一展开讨论。

二、中文与西语

（一）中文竞争力起伏

汉字起源于象形文字（甲骨文、金文是象形文字），虽然目前已跟原来的形象相去甚远，但仍属于方块字、表意文字，形、音、意相互联系，为形象和抽象思维提供了方便的工具。中文代表了一个伟大的文明，我非常热爱中文。中华民族上下 5000 年的历史，有确切文字记载始于商朝（甲骨文），距今有 3000 多年历史，并且这个历史是一脉相承的，不像有些伟大文明，比如埃及文明就没有一直传承下来。中文有很多伟大的优点，在历史上很长一个时期，中文是有竞争力的，是先进文化的代表，中文汉字对日本、韩国等周边国家的影响就足以证明这一点。

中华文明伟大，但几千年来是精英的文明，一直没有穿透到大众。"五四"运动之前，我们的书写文字仍以文言文为主，和老百姓的日常生活语言不一样。历史上也曾出现过一些白话文经典作品，如《孔雀东南飞》《木兰辞》《石壕吏》《水浒传》《西游记》《儒林外史》《红楼梦》和《三国演义》，这些使用接近于当时白话文的语言写成的作品往往流传更广，更受老百姓欢迎；然而，更多的著作都是用文言文写成，难以被普通百姓所读懂、所接受，只能在精英阶层流传。

这种情况一直持续了几千年，直到新文化运动中，陈独秀、胡适等先进文人提出倡导白话文，这才把中国人书写的文字和日常语言统一了起来。胡适于 1917 年在《新青年》上发表《文学改良刍议》，率先提出用白话文代替文言文写作。他认为，**文学改良**应从八个方面入手：一曰，须言之有物；二曰，不摹仿古人；三曰，须讲求文法；四曰，不作无病之呻吟；五曰，务去滥调套语；六曰，不用典；七曰，不讲对仗；八曰，不避俗字俗语。

胡适说的这八点，不但在当时的白话文运动中产生了深远的影响，很多对现在都还很有借鉴意义。就拿第一条"须言之有物"，胡适说的是文章必须有情感、有思想、有实际内容。我们现在还能看到许多的文章，大话、套话、官话连篇。又比如最后一条"不避俗字俗语"，胡适以《水浒》《三国演义》等通俗文学为例，认为用俗语俗字，用当前人们在用的文字，写所有人都看得懂的文章才是真正有价值的文学，模仿洋人和古人写作是不可取的，这在现在看来也非常有道理。

与中国经济文化的落后相伴随，中文在20世纪中叶可以说是到达了一个低点，特别是在文字输入上有很大的劣势，甚至有专家提出汉字将最终被汉语拼音代替。20世纪70年代，计算机已经开始使用，但是中文输入问题还没解决。我是北京大学77级的学生，我在北京大学上学的时候也被中文的输入问题所困扰。有一次我写了一篇文章，老师认为这篇文章写得很好，说去把这篇文章打出来。我到了打字室以后，打字员很忙，没有时间打我的文章，所以我想我自己能不能打这篇文章。那是在1979年，当时我已经会英文打字了，但是我一看这个中文打字机就没办法了，我还得求这位打字员。因为那时中文打字机的键有几百个，找一个汉字要花很长时间。当时我曾想我们的中文能和西文竞争吗？我们幸亏有王选先生、五笔输入法等，现在已经完全解决了中文的输入问题。我在这里这么讲话，一个训练不久的速记员可以完全按我的语速，把我的讲话记录下来，就是说现在中文输入不比字母文字的输入差，有可能还更好。汉语拼音是中文的重要辅助工具，但我们现在不用再提"汉字要走拼音化道路"了。汉字是一种与字母文字完全不同的，但非常有竞争力的文字。

中文还有一个好处，就是它特别有利于所谓**"照相记忆"**（Photographic memory）。有些研究单位或者医学院，曾经做过许多类似的实验，实验是几百人甚至上千人的样本，就是把一张中文、英文或者其他文字的报纸交给被试者，报纸的复杂程度是差不多的，给你几秒钟的时间，比如说30秒钟，让你看一看这一版报纸，这一版报纸可能有十几个其至更多标题,有横标题、副标题、大标题、小标题,看你在 30 秒钟能记住多少内容,就是扫一眼能记住多少,结果中文和英文、法文、德文记忆的字数都是不一样的。这个实验要求被试者是同样的学历、同样的智力水平、受教育程度是一样的,实验中其他条件是一样的,只是文字不一样。调查结果表明,被试者在给定的时间内对中文大、小标题所记忆下来的内容比字母文字要多。这就是所谓中文有利于照相记忆的结论,我们的文字印在脑里,它首先是一个映像,然后在我们头脑里反映出这个映像所代表的概念,而字母需要把它读出来、念出来,字母文字是一个语流,而汉字一个文字就是一个概念,汉字组成的词是一个一个的映像。所谓照相记忆,中文处理起来很快。现在的信息时代,我就在琢磨为什么中文的短信这么发达。在欧洲生活,在美国生活,他们也有短信,电信技术是一样的,他们的技术并不比我们落后,但是他们一般普通人的生活,没有这么大量地使用短信。其实中文有这么大量的短信,和中文、和象形文字有关。

(二) 字母文字的起源与发展

距今约 5000 年前,古埃及人创造了一种象形文字——圣书字。公元前 15 世纪,在地中海产生腓尼基字母。腓尼基字母传入希腊,演变成希腊字母。希腊字母孳生了拉丁字母和斯拉夫字母,成为欧洲各种字母的共同来源。

在很长的一段时间里,欧洲也存在和我们一样的书面语言与日常语言的不统一:尽管各国各地都有自己的语言,精英们写作、谈话交流都使用拉丁文,不会拉丁文就没有办法读懂他们的著作。

700 多年前,意大利的大文学家但丁(Dante)极力主张用意大利语代替拉丁文用作书写语言。从这以后,各国逐渐放弃了使用拉丁文写作的习惯,书写文字渐渐改成本国语言。以英文为例,600 多年前英语(English)是伦敦附近的方言,叫做"中部土语"。大文学家乔叟(Chaucer,1340—1400)作中部土语诗歌、散文,大神学家威克利夫

(Wycliff，1320—1384)将《旧约》、《新约》译成中部土语，从此英语变成英国的标准语。后来许多伟大科学家的科学著作和文学家的文学作品，如莎士比亚用英语创作出的文学作品，使英语成为丰富、简洁、严谨的语言。

可见，西方国家大约在数百年前完成了书写文字与口语的统一，而我们直到新文化运动才完成这件事情，至今还不到100年。

（三）中文与西语的对比

我非常地热爱汉字，但是我们的文字、我们的文明，也有一些和人家相比起来不足的地方。从思维上说，要形成概念，需要抽象。例如，讲什么是苹果，拿出一个具体的苹果很简单，但是一个具体的苹果永远不能说清楚苹果的属性。要说清楚苹果的属性必须要抽象。马的概念和具体的马、山的概念和具体的山、水的概念和具体的水在一定条件下差得很远，人类只有在概念上做了抽象，才能对事物的本质做进一步的认识。英文和中文抽象的路径是不同的。中文始于象形文字，例如说山，我可以画三个山峰；水，我可以画三个水纹；"馬"，我可以画成马头、马脖子、马身子、马尾巴，然后四个点是马的四条腿。中文形成文字以后的马和实际的马是联系在一起的，它实际上是从映像、从眼睛中所看到事物的映像抽象出来的概念。而英文是创造了26个字母，是人类的创造，然后由这26个字母的排列组合组成任何一个概念，抽象的过程和方法与中文不同。马的英文就是"horse"，这几个字母和我们真实生活中的马根本没有关系，水的英文是"water"，这几个字母和我们看到的水也没有关系，字母文字更加抽象，与现实中我们所看到的映像形态无关。能否从这里得出西文字母文字的抽象能力高于中文呢？恐怕不能，这个问题很复杂，学术上有争论。但有一点是事实，仅仅从文字和人类眼中的映像是否相关而言，西文的抽象程度是高于中文的。此外，我们的文字一直到近代才在借鉴西文的基础之上引入了现代意义的语法和标点符号体系，之前的几千年中文都没有语法意义上的标点符号。

而且,我们的文字没有由动词变化表现的时态,没有由动词变化表现的语态,名词基本没有单数和复数,基本上没有性(阴性、阳性、中性)和格的变化,在主语和宾语上也没有变化。

中文是很简洁、很严谨的,如果你到联合国、国际大会,会看到一叠一叠的文件,比如说有英文、法文、西班牙文、阿拉伯文,还有中文——这是重要会议的几大官方语言——一眼望去,最薄的一叠就是中文,因为中文简洁。但是中文的简洁有一个问题,懂的人能够欣赏,但不懂的人不容易看懂。

我有一个亲身经历,1978—1980 年在北大期间,我试图读过凯恩斯的《就业、利息与货币通论》,当时凯恩斯的《通论》是北大的一位姓徐的教授翻译的。我是一个很用功的学生,但是中文的凯恩斯的《通论》我读了就是不懂,也不是完全不懂,只能读懂 50％,反正就是没有读得很明白。后来我到美国读研究生,我就把凯恩斯的《通论》原文找出来,我发现凯恩斯《通论》的原文特别的简单,非常的明确。然后等我把英文《通论》读懂了以后,我再回头读徐先生翻译的中文《通论》,我觉得徐先生翻译得真好,真准确、简练,"信"、"雅"都做到了,唯独"达"字没有做到,对于年轻人,对于不懂的人来讲就是看不懂。

此外,你们要是读一读数学、力学、物理学、化学的英文教材就会发现,他们的英文教材写得非常简单明白,写这个教材是为读者着想。我们的教授、我们的学者写东西,是为了要写得简练,是板着脸说话的,是为了要学术化,这是不一样的。这就引出这么一个问题:中国伟大的文明,传承了几千年,但是我们的文明始终是精英的,始终没有穿透社会的下层。

你们现在看一看网上,看一看社会上的议论,看一看我们中国发的很多很多的事,我们的文明好像还是没有穿透社会的底层。拿互联网来做例子吧,我们互联网上公共论坛的水平不高,网上的帖子有许多都是恶言恶语、谩骂发泄,少有理智的讨论,谩骂和诅咒是不能解决问题的。有人告诉我网上注册发言的网民有很大一个比例都是大学生,我看值得怀疑。如果真是这样，那就比较悲哀了，大学生的水平也太差了。

为什么我们的文明始终没能够穿透到社会的底层呢？究竟是什么阻碍了文明的传播？我觉得有三个原因。一是汉字本身的缺点。汉文可以写出唐诗宋词这种世界上最美的诗篇，但是在把事情写准确上有缺点，看文章的人常常不能弄清楚写文章的人要表达的准确意思。中文的时态和语态不用动词的变化来表达，但能用副词等修饰语表达清楚。过去一直没有标点符号是个大问题。三字经都有一句"明句读"，其中"读"发音为逗号的"逗"。讲的就是念古文要学会断句。三字经写于宋朝，但真正解决标点符号问题大约是在90年前的新文化运动。

二是观念上的问题。中国从古至今的大部分文人学者有这么一种心理，他们不愿意把事情用老百姓能明白的语言写清楚，不屑于记录描述细节过程，而是见大不见小，喜欢写大文章讲大道理。我们历史上，中华文明曾有非常细腻的、细节的办事操作方法，但是这个文明已经发展得很久了，而我们的学者总是乐于做那些大的东西，不屑于把这些小的、细节的东西记录下来，而重要的恰恰都在细节上。

三是历史上的封建专制和多次发生的文字狱，使得文人不敢把事情说明白。为什么是连篇累牍的官话和套话？就是不能把话说明白。对于官话、套话，社会精英尚且可以体会其中的含义，能够体会这种微妙的关系，但是你想一想社会基层的老百姓怎么样，他们云里雾里的，他们就是不明白。

以上三点加在一起，就使得我们的文明长期不能穿透到社会底层，老是陷入一种说不清道不明的状况，老百姓总是不明白，总是处于糊涂之中。

中华文明之伟大，在于她提供了一个与西方文明完全不同的参照系和坐标系，我们应该发扬其优势，克服其劣势。目前，普通话、电视和互联网提供了将中华文明穿透到大众的客观技术条件。我们要利用这些条件真正地把我们的文化知识传播到大众中，最直接的任务就是把话写明白,尤其在教学和学术探讨时语言要精确、严谨并把细节讲清楚。

三、形式逻辑与科学研究方法

形式逻辑(Formal logic)是研究演绎推理及其规律的科学,研究前提和结论之间的关系。它是对人思维形式的一种抽象。形式逻辑其实是把人们的认识和判断抽象成逻辑命题,然后研究这些命题可以有哪些形式,之间有怎样的关系,怎样从几个现有的命题推理出新的命题。

形式逻辑在西方文明中的历史很悠久。在欧洲,形式逻辑的创始人是古希腊的亚里士多德,他在自己的著作中提出了三段论,其实就是最简单的三个直言命题之间的推理关系。比如最常举的一个例子,"所有人都会死","我是人",所以"我也会死"。亚里士多德的这个三段论也是一种演绎法,是从前提假设出发推导出结论,前提是结论的充分条件。

大家可以体会到形式逻辑、演绎法、充分条件和必要条件的区分,这些在科学研究中都是很重要的,有了这些工具,研究者就可以从有限的前提假设中推导出结论,只要前提是对的,结论就是对的。古希腊欧几里得的伟大著作《几何原本》就从若干公理(最重要的是平行公理:两条平行线永不相交)出发,利用纯逻辑推理的方法,推导出一系列定理,组成一个定义和公理体系。《几何原本》分 13 卷,一共有 465 个命题,都是从这些公理推导出来的。只要你承认了这些公理,你就必须承认推导出来的定理;你要是换了公理,就会得出别的结果来,这就成了后来的非欧几何。

《几何原本》是开创性的,欧氏几何的建立使几何学成为一座建立在逻辑推理基础上的不朽丰碑,其严密的逻辑演绎方法成为训练科学思维的基础性工具。西方后来的科学研究大多都遵循了这个方法。牛顿在 1664 年 4 月的奖学金考试中落选,考官巴罗博士对牛顿说:"你的几何学基础太差,再用功也不行。"牛顿就重新深入钻研《几何原本》。莱布尼茨等人又进一步建立了数理逻辑,其实就是现代的形式逻辑,用数学符号让复杂的推理变得更加简单、容易操作。到了爱因斯坦,他的狭义相对论也是建立在两条公理上的:相对原理和光速不变原理。可以看到,形式逻辑方法的应用是广泛的。

形式逻辑在中国起源的时间也很早。春秋战国时期,墨子在《墨经》中就提出了"大故:有之必然,无之必不然"和"小故:有之不必然,无之必不然"的区别,实际上是充分条件和必要条件的雏形。但是,逻辑关系用于实际还有一个必要的条件,就是推理里面用到的概念必须是明确的。春秋战国时候中国的形式逻辑发育程度还不高,当时的名家代表惠施、公孙龙等人就通过对概念的混淆、对极限情况的讨论,比如"白马非马"、"离坚白"(就是石头不能同时既是坚的又是白的),建立起了这么一套诡辩论,把当时的形式逻辑初步框架搞垮了。其实名家当时的想法也是很有发展的,比如他们提出的"飞鸟未尝动",其实一定程度上是揭示了运动和静止之间的关系。但是他们并没有在此之上建立起新的逻辑体系,只是热衷于诡辩,把别人说糊涂了,他们就高兴了。形式逻辑在中国的发展就这么停滞了。形式逻辑在西方也遭到了批判,黑格尔第一个系统地批判形式逻辑,将逻辑研究的重心转向逻辑的内容,但是他不光是批判,还建立了自己的一个逻辑体系来替代它,就是黑格尔的辩证逻辑体系。

形式逻辑在中国没有发展的结果是什么呢?大家可以看到,我们这个文化,我们这个文明,见长于归纳,但是我们缺少形式逻辑,缺少演绎的、严格的框架。

我在北京大学教书的时候,曾向季羡林老先生请教过中国历史上是否有比较系统的形式逻辑的论述。季老是国学大师,我在北大工作的地方和季老住的地方很近,我经常去看季老并和他聊一些哲学历史、宗教文化问题。季先生治学严谨,对这个问题没有给我明确的回答。就我国古代有没有完整的形式逻辑,我还问过一些哲学家,都没有清楚地回答这个问题。我们知道数学上有二项式定理,我们中国历史上有杨辉三角形,杨辉三角形展开以后实际上就是二项式定理,但是它的表述和思考方法不一样。杨辉三角是中国古时候的数学家为解决高次开方问题找到的工具,但当时的著作中没能说明为什么要用这个三角,没有给出具体推导过程,所以我们只能认为杨辉三角是当时的数学家通过归纳总结发现的。而二项式定理不同,是逻辑推理演绎出来的,牛顿给出了二项式定理的一般公式和推导过程。我们知道欧几里得几何学有假设,比如说有两条平行线永不相交,在这个假设下,能够推理出非常有用的定理、推论和几何学的一套体系,他用的这个方法是逻辑的、是演绎的、是形式逻辑的。

所以,我的初步结论是到目前为止,我尚未找到中国历史上对形式逻辑成系统的论述和框架体系。我宁愿相信中国历史上有这样的框架体系,只是我没有找到。缺乏逻辑是解释李约瑟之谜的另一个重要原因。

四、目前经济类学术研究中存在的几个问题

好,以上我讲了我对李约瑟之谜的解释。现在这些问题应该解决了,我们汉语有了一套现代意义上的语法,我们也可以分析句式,分清主语、谓语、宾语和表语等。我们有完整的标点符号体系。在形式逻辑上,我们已经可以在各个领域运用形式逻辑、辩证逻辑、数理逻辑。

但是文化有很大的惯性,下面我讲几点目前我国经济类学术研究中存在的问题,你们就可以看到我上面分析的问题仍然存在。

(一) 研究选题上,见大不见小

现在经济学研究的问题,比如今天所讲的有关经济问题和货币政策,学者们发表了很多很多的意见,但是你们检索一下,你们用一个逻辑的框架检索一下这些文章、言论,你们就会发现我们很大一个比例的

讨论是没有逻辑的、是不讲逻辑的,而且我们习惯于这样。你们可以看网上的讨论,比如说汇率、利率,比如说要不要刺激经济,要不要实施适度宽松的货币的政策,要不要积极的财政策,刺激经济的方案要做到多大,经济是见底了还是没有见底,与其他很不搭配,等等。我们很多很多的文章不讲逻辑,就直接跳到了一个结论,而且我们喜欢把这个结论拔高,这是一个我们文化非常见长的事,我们喜欢把事情拔高。拔高就是上纲上线,就是我们动不动就把一个具体的问题上纲上线,比如说阴谋论,比如说"亡我之心不死",都上纲上线到这个高度。实际上世界是由具体问题组成的,你实施货币政策也好,你分析宏观经济金融形势也好,你要分析一个一个具体的问题。我们怕舆论,没有时间和耐心来分析这样一个一个具体的问题,而是把一个现象,把一个争论的问题,把它迅速地拔高到一个是爱国还是卖国的高度,是阴谋论还是"亡我之心不死",然后就是经济安全、金融安全,直接上升到这样一个高度。直接上到这个高度好不好呢?没有什么不好,但是上升到这个高度以后,我可以说已不是你们考虑的问题。在座的多是本科生和研究生,解决具体问题的能力可能是更加重要的,那么高、那么大的问题,可以等积累了经验再来做。你们毕业后要脚踏实地地从头做起,小问题需要千千万万人去做,比如金融市场交易系、支付清算系统、农村金融、小额贷款、住房抵押贷款、消费信贷等,都是具体的、有价值的问题。

古人云:"天下兴亡,匹夫有责。"北京人在皇城之下,好论国家大事。现今大家都忙,又有很多电视节目可看,聊国家大事的时间少了,唯独把这个传统保留下来的就是北京的出租车司机。你若运气好,来北京坐出租车兴许能遇到一位健谈的的哥,可以从党中央、国务院的人事安排一直说到美国总统大选,从美国发动伊拉克战争聊到朝鲜的核试验。

孔子、孟子、老子、庄子,他们实际上已经在哲学意义上把最大的道理都讲透了,我们今天的人,想在哲学层次上、在文化层次上、在伦理层次上、在道德层次上超过孔孟老庄,实际上是很难的。关心国家大事总的说来是一个好的文化现象,但我想向年轻人讲清楚,只有少数人可以把关心国家大事作为他的职业、以关心和处理国家大事为谋生的手段。绝大多数人对国家大事和世界政治只能是新闻性质的了解以满足好奇心。普选投票是表达政治倾向,评论调侃国家大事多半是娱乐话题。年轻人、学生选论文题目时,还是研究具体问题比较靠谱。现在你再看胡适先生《多研究些问题,少谈些主义》一文,会有更深的体会。

(二)人云亦云,研究跟风,缺乏独立的观察与思考

我们现在培养经济学和金融学的人才,一定要注意观察和思考。对自己身边发生的现象,要观察,要思考为什么。我们中国几位朋友出去吃饭多是一个人请客,外国人出去吃饭愿意 AA 制,这是为什么?我的解释是和人口(朋友圈子)流动性有关。中国人的朋友圈子流动性低,我这次请客,我的预期是你下次请,他下下次请,长期而言,大家都不吃亏。而外国朋友流动性高,此次见面,不知下次何时再见,干脆一把一清,AA 制,交易成本最低。你要观察地域文化的差异,比如说西北的文化和浙江的文化有什么不同,和东北文化有什么不同,文化和经济社会发展是一种什么样的关系。你们要注意观察身边发生的事,比如说去菜市场买菜,如果是去赶早市,可以看看老太太和卖菜的是如何讨价还价的,等等。如果有来自五湖四海的人,那就更有意思了。你要注意浙江人是这么行为的,江苏人是这么行为的,东北人是这么行为的,咱们西北人又是这么行为的。上海人为什么算事情这么细,这么精?你要观察,你要思考。我们周围发生的事情,小到刚才我所说的这些琐事、小事,大到汇率、利率、货币政策、宏观经济形势、国际金融危机、G20 峰会,是无穷无尽的经济学所能解释的问题。你要能够看得见这些问题,你要善于观察和思考,然后是注意研究小问题。

(三)概念定义不清,缺乏完整的逻辑框架

我们 20 多岁的一个年轻人愿意提出一个宏论,愿意提出一个框

架,那么一个框架是什么?比如说凯恩斯的宏观经济学是一个框架,弗里德曼的货币主义是一个框架,理性预期是一个框架,它是一个思维模型,它是一个逻辑框架,那么这个框架的要素是什么?你要谈问题,首先要定义你谈的是什么。我们现在很多的争论特别热闹,但是一看就知道这个争论没有意义,因为争论的双方所争论的概念、定义不一样,而在规范的经济学中特别忌讳这个。首先要定义我说什么、我的概念是什么,比如说我们争论最多的医疗改革,但是没有把医疗服务到底是一个公共产品还是私人产品这个问题讲清楚,它可以争论得非常感情化,可以上纲上线到特别高的高度。

什么是一个模型的要素,什么是一个框架的要素,如果你是一个认真学习、训练有素的学者,你首先要从定义开始,你要知道讨论的问题是什么,然后就开始想逻辑框架。实际上逻辑框架的始点是假设,一定要有一系列的假设,不管是凯恩斯、弗里德曼、理性预期,还是期权定价模型,都是从一系列的假定开始的,在这个假设条件下,才有逻辑框架,就是从我所说的形式逻辑开始了。形式逻辑开始了以后,就是由 1 就能推导到 2,一直往下推导,比如凯恩斯是怎么推导的,弗里德曼的货币主义是怎么推导的,理性预期是怎么推导的,真实周期理论是怎么推导的。逻辑框架以后就可以进行分析,如果你给出一个积极的财政政策,把它输入进去,那么根据假设和逻辑框架,它的产出会增加多少,对出口、价格会产生什么样的影响,对利率、汇率会有什么样的影响,会通过逻辑框架计算或推理出一个结果。推理出的结果是根据假设和逻辑框架得出的,这个结果正确与否要经过检验,就是要拿分析模型中推导出的结果和实践中观察的数字相对比,看推导的结果和实践观察的现象是相符还是不相符。如果相符,说明你的这个理论可以解释实践;如果不相符,就要看看是不是逻辑错了,还是假设不对,就要重新反思。什么是经济学,什么是货币政策,什么是宏观经济,我们要用训练有素的方法论来分析,我的结论可能不对,你可能不同意我的观点,但是你要找出来是我的假设不对,还是我的逻辑不对,这样我们的讨论就有基础了。

你现在检索一下关于宏观经济、货币政策的网上文章,包括很多学术杂志上发表的文章,没有办法读,讨论双方完全不知道相互的定义,然后就是因为结论不同,大家都非常情绪化地争论,所以文人相轻,情绪就来了。只要掌握了方法论,你就可以心平气和了,因为你找到了为什么我们的结论和人家的不一样的原因。我坐在这里讲课,也不是说我讲的都是对的,你可以不同意我的观点,你可以和我讨论,你可以批评,但是我们得有一个批评、讨论的基础,只要你说的对,我就听你的,这样就有了一个健康的学术氛围。

(四) 前不见古人,后不见来者,滥用参考书目

除了不讲逻辑,现在中国的学术研究还有一个很大的问题,就是"前不见古人,后不见来者"。现在有很多的研究成果、很多的学术文章,它最大的问题是你去看的时候,你分不清哪些是文献中已有的,哪些是作者的新贡献。很可能这一篇文章通篇讲的都是别人的东西,只有最后一小部分是作者自己的贡献,但是文章里就是不说清楚。用别人的模型是正常的,但要证明你在边际上的一点点贡献:或者是推广了一点限制条件,或者是改了一个变量,或者是加了一个变量,又或者是进行了实证检验,这都要说清楚,你这篇文章才有意义,才算是在现有的研究基础上做出了自己的贡献。尊重别人的成果,自己才能被尊重。

我们还有个问题就是出在参考文献上。研究经济问题,很重要的是要搞清来龙去脉,要吃透已经存在的文献,避免无根据的研究和重复研究,确立自己的研究方向。但是我们很多研究,后面列了一大堆的参考文献,但里面很多都是不必要的。参考文献中的文章可能是得诺贝尔奖的,但和论文一点关系都没有,有的作者自己都没有看过。信洋人,不信中国人,拿洋人经典文章吓唬人、充门面,喜欢引国外的文献,不喜欢引中国人的文献,明明中国已经有了很关键的研究,他就是不引用;更严重的是,读了近两年的不重要的文献,但是最经典的、最重要的

文献没有看,结果他的研究从头到尾就是错误的、重复的,而实际上这个问题很多年以前的经典文献就已经说得很清楚了。这个参考文献的坏风气不修正,经济学和社会科学的研究不可能繁荣。

五、创新之本

我们讲软实力、竞争力,讲思维方法、方法论,如果我们没有对中西方在这方面的差别有一个比较深刻的认识,对很多东西的理解就深入不到哪里去。我们就不会明白,为何制度体制创新概念、方法论多是西方的,西方比中国先进那么多。例如,公司、股份公司、有限公司等概念都来自西方,且在英文的法律中有非常清晰的定义。这就是制度创新,我们就缺乏这方面的**创新**。

我们现在要成为创新型国家,特别强调技术创新,但是我们所强调的这个技术创新,是在技术层面上、在专利层面上。比如世界产权组织公布,我们的华为公司是 2008 年度世界上递交专利申请最多的公司,注册了很多专利,技术上解决了很多问题,也就是说这些创新是技术层面的。技术层面的创新是非常重要的,我们所看到的技术型创新大多数是西方人做的。我们生活在现代社会里,如果我们问这个麦克风是谁发明的,是西方人发明的;笔记本电脑是谁发明的,也是西方人发明的;笔记本里面的软件 Microsoft Windows 是谁发明的,PowerPoint是谁发明的,都是西方人发明的。即使在华为夺得世界第一的 2008年,美国仍然是世界上申请专利最多的国家,并且遥遥领先于其他国家。但是这些都只是比较浅层的创新,西方人更为骄傲的是他们那些概念、制度、法律的发明,企业组织形式的发明。

举个例子,公司的概念是西方人发明的,独资公司、有限公司、无限公司、合伙人制、股份公司、上市公司、私募、公募所有这些,都是西方人发明的。现在看看公司的组织形式,公司是我们市场经济最基本的一个生产、服务提供的组织,公司从概念上以及种类上,每一种的定义上、特点上,那是规定得非常严格的,不仅仅有这个概念,还可以操作,而且还可以把操作用法律的形式固定下来。公司有这么多的组织形式,成立公司还要注册,得有资本金,还有年检,然后你如果资不抵债还有破产。就看看破产这个概念,西方破产的概念是非常严谨的法律概念,你可以讲第七章破产,就是破产清盘,你可以讲第十一章破产,就是破产保护,其实不是真的破产,第十一章破产其实就是告诉债权人现在不能马上进行追债。那这是不是就忽略了债权人的权利呢?破产保护可以,但是债权人得有相应的权利,它是讲究债权人、公司、社会公众的平衡利益问题,是防范道德风险的。我们来看一看能够把破产做到多精确呢?如果把这些概念讲得非常明确并且有一部法律叫作《破产法》,那么所有的公司,所有的公众,所有的债权人、债务人,都可以按照《破产法》来预测这些公司行为的话,那么节约了多少交易成本?法院判决的时候就可以依法判决,按照案例判决,提供了多少的方便?有了破产的法律,就使得公司和公众,就使得债权人和债务人在追索债权上,在他们的行为上有了一个透明的指引,大家可以根据《公司法》《破产法》《合同法》去追诉、去行为、去诉讼、去打官司。而如果这一套不成立的话,在讨债时就只有找别的方法,比如断几根手指头、打几个耳光,也就是暴力催收。

为什么产品的创新、专利大都是西方人发明的,因为从根本上它是由概念创新来的。比如说有公司组织形式的创新,有激励机制的创新,大多数创新都是在公司这种组织形式中诞生的,那么为什么公司这种组织形式能做出这个创新?公司有产权的所有者,公司有老板、股东,为什么老板、股东有这么大的动力能够调动人的积极性去创新,为什么比尔·盖茨能有这么大的号召力去创造一个 Microsoft?因为他的激励机制和组织形式是有效的。有了概念的创新才有组织形式的创新,有了组织形式的创新才有激励机制的创新,然后才是产品、技术专利的创新。如果我把所有这些制度创新逐步地、慢慢地、一点一点地用法律的形式固定下来,那么就有公司法了,就有破产法了,就有专利法了;在稳定的法律基础上,社会的每个人就可以有明确和稳定的预期,就有行为的激励机制了。美国为什么能有那么多的创新,一个重要原因是因为创新专利写入了美国的宪法。美国的宪法是 1789 年颁布的,美国是 1776 年建国的,它的一部宪法讨论了十几年,争论了十几年,在 1789 年,美国的创新专利条款就写入了宪法。美国的第一任专利局局长是托马斯·杰斐逊,他是独立宣言的起草者,在美国被称为建国之父之一。美国第一任总统是华盛顿,美国建国初期很多专利权的签字人就是华盛顿,可见美国对创新、对专利的重视程度。托马斯·杰斐逊是第一任专利局的局长,他从美国建国开始就看到创新、保护知识产权、保护专利的重要性。美国首都华盛顿商务部入口处有一个大门,大门上方刻了一段话,是富兰克林写的,这句话翻译成中文就是"专利是给那些有创新天才的人的创新行为火上浇油的那个东西"。这就是说不是所有人都能创新,只有一部分具有创新天才的人才可以创新,而专利是给那些有创新天才的人的创新行为火上浇油的那个东西。现在去美国商务部的时候,这些字由于刻写的年代比较远了,这段字还看得见,但是得仔细看。这些字像碑文一样,是刻在美国商务部入口处上方的石头上的。

我讲创新、讲概念、讲方法论,我更加强调的是概念的创新、思想的创新、组织形式的创新,有了这些东西,产品的创新、技术的创新是随之而来的,产品的创新和技术的创新是比较浅层的创新,是这些制度创新所带来的结果。我们都知道美国 VC(venture capital)即**创投风险基金**搞得好,因为这个创投风险基金有一整套机制,有上市退出机制,有公募、私募,有一般合伙人、有限合伙人等制度安排,这些机制可以保证创新源源不断地、可持续地发展下去。在这个概念创新上,我们落后了,不过将来我们也会奋起直追的。很多很多的概念、创新确实是西方人发明的,包括很多很多游戏规则的制定,包括 WTO、IMF、世界银行、布雷顿森林体系的游戏规则是他们制定的,现在就要增加发展中国家的话语权。在运动方面,很多的游戏规则也是他们制定的,我们中国人最喜欢打羽毛球，我们的羽毛球全世界第一，但是羽毛球场地大小、网高、游戏规则都是英国人制定的，羽毛球的发源地就是英国的一个小镇Badminton。我讲这些就是想让大家要从小处着眼，然后有一个持久的思考能力，争取将来我们也能够进行概念的创新、组织形式的创新。

　　我为中华文明而自豪。司马迁的《史记》是 2000 多年前写的，其中记载了大约 3000 年的历史和传说，这样就使中华文明有了上下 5000 年的传承[①]；四大发明等伟大贡献确立了中国在世界科技史上的地位。但是到了近代，中国的科学技术就落后了，这让我们意识到，我们也有弱点，要心平气和地对待。中华文明不是静态的，而是动态的和发展的，将会更伟大、更兼容并包，被广泛地接受和喜爱。

注释

　　①　当然中华文明上下五千年的传承不只是《史记》一本书，还有许多著作的佐证，但《史记》是最权威的一本，如果以有确切文字记载的文明计算，应该从甲骨文算起，中国文明史有三千多年。

索　引